DIE ZEIT

Die USA sind politisch, militärisch und wirtschaftlich die Weltmacht Nr. 1. Der US-Präsident bestimmt mit seinen Entscheidungen das Weltgeschehen. Welche Erwartungen müssen wir an den wiedergewählten Präsidenten richten? Wird er seinen Kurs fortsetzen oder wird er die gespaltene Nation einen und sich mit verprellten Freunden versöhnen?

Der dritte **Fischer Weltalmanach aktuell** beschäftigt sich mit diesen und weiteren wegweisenden Themen und gibt einen umfassenden Überblick über die Verhältnisse in den USA. Mit Reportagen, Essays, Kommentaren und Interviews aus der Wochenzeitung DIE ZEIT sowie Zahlen, Daten und Fakten aus dem Fischer Weltalmanach und zusätzlichen Informationen aus der Weltalmanach-Redaktion regt dieses Buch zu Diskussionen an und ist zugleich ein zuverlässiges Nachschlagewerk.

Die Herausgeber

Dr. Volker Ullrich, Studium der Geschichte, Literaturwissenschaft und Philosophie; Redakteur im Ressort Literatur der ZEIT und hier zuständig für das Politische Buch.

Felix Rudloff, Studium der Geschichte, Politikwissenschaften und Kunstgeschichte; Lektor, mitverantwortlich für den Fischer Weltalmanach.

Dr. Mario von Baratta, Studium der Zeitungswissenschaften; freier Journalist und Publizist, langjähriger Herausgeber des Fischer Weltalmanachs.

Der Fischer Weltalmanach aktuell
USA

**Herausgegeben von Volker Ullrich
und Felix Rudloff**

Unter Mitarbeit von Mario von Baratta

Mit Beiträgen u. a. von Niall Ferguson, Thomas Fischermann, Bruce Hoffman, Samuel Huntington, Josef Joffe, Thomas Kleine-Brockhoff, Paul Krugman, Charles A. Kupchan, Matthias Naß, Michael Naumann, Joseph S. Nye, Richard Rorty, Helmut Schmidt, Steven Spielberg und Heinrich August Winkler

Fischer Taschenbuch Verlag

Anschrift der Redaktion:
S. Fischer Verlag GmbH
Fischer Weltalmanach
Postfach 70 03 55
60553 Frankfurt am Main

weltalmanach@fischerverlage.de

Täglich aktuell im Internet:
www.weltalmanach.de
www.zeit.de

Originalausgabe
Veröffentlicht im Fischer Taschenbuch Verlag,
ein Unternehmen der S. Fischer Verlag GmbH,
Frankfurt am Main, Januar 2005

Redaktion Gero von der Stein und Heide Kobert
Herstellung Frank Geck
Umschlag und typografisches Konzept
Farnschläder & Mahlstedt Typografie, Hamburg
Karten BITmap, Mannheim
Grafiken Christiane von Solodkoff, Neckargemünd
Fotos (Umschlag und Innenteil) dpa Picture-Alliance
Gesamtherstellung Clausen & Bosse, Leck
Printed in Germany
ISBN 3-596-72301-9

Unsere Adressen im Internet:
www.fischerverlage.de
www.hochschule.fischerverlage.de

Inhalt

Vorwort der Herausgeber

Unter der Regierung von George W. Bush hat es in den Vereinigten Staaten einschneidende Veränderungen gegeben. Auf der einen Seite wurde die Rolle der USA innerhalb der internationalen Gemeinschaft neu bestimmt; auf der anderen Seite wurden aber auch die traditionellen westlichen Werte einer starken Belastungsprobe unterworfen. Die Präsidentschaftswahl vom 2. November 2004 markiert hier offenbar keinen Einschnitt, denn die Mehrheit der Wähler hat entschieden: Der Kurs von Präsident Bush soll fortgesetzt werden.

Ein gegebener Anlass, die derzeit einzige Weltmacht einer differenzierten Betrachtung zu unterziehen – jenseits jener mittlerweile beliebten Amerika-Kritik, die sich häufig in Klischees und bloßen Ressentiments erschöpft. Das geeignete Forum hierfür bietet die Buchreihe Fischer Weltalmanach aktuell. Wie schon in den beiden vorangehenden Bänden zur EU-Erweiterung und zum Irak-Krieg versammelt der vorliegende Band Analysen, Reportagen, Essays und Interviews aus der ZEIT, die seit 2001 erschienen sind, ergänzt um Informationen und Fakten zu Geschichte, Wirtschaft und Gesellschaft der USA, zusammengestellt von der Redaktion des Fischer Weltalmanachs.

Das einleitende Kapitel zur Präsidentschaftswahl 2004 lotet die möglichen Konsequenzen des Votums aus: Wohin steuert Amerika nach der Wahl? Diese Analyse leitet über zu einem Blick auf die amerikanische Außenpolitik seit der Zäsur des 11. September 2001. In ausgewählten Artikeln werden die politischen Leitlinien und Entscheidungen der vergangenen Jahre nachgezeichnet. Diskutiert wird, warum das traditionell enge Bündnis zwischen den USA und Europa ins Wanken geraten ist, auf welchem Fundament es heute steht und welche Perspektiven es hat. Die Koalitionen gegen den internationalen Terrorismus, aber auch die tiefgreifenden Auseinandersetzungen um den Irak-Krieg haben gezeigt, dass sich die USA neu positioniert haben. In welche Form des Multilateralismus lassen sich die Vereinigten Staaten künftig einbinden? Wie sieht ihr Verhältnis zu den Vereinten Nationen aus?

Ein weiteres Thema sind die Auswüchse des Anti-Terror-Kampfs, wobei deutlich wird, welchen Problemen sich ein Land ausgesetzt sieht, das sich nach dem Verständnis seines Präsidenten in einem permanenten Kriegszustand wähnt. Wie ist eine Politik zu bewerten, die sich dem Primat der Terrorbekämpfung untergeordnet hat? Und wie hat diese Politik den Alltag der Amerikaner, vor allem aber die weltpolitische Szenerie verändert?

Doch nicht nur militärisch und politisch prägen die USA das Weltgeschehen. Auch wirtschaftlich sind sie immer noch bestimmend und eine der treibenden Kräfte der Globalisierung. Welche Entwicklung hat die US-Ökonomie in den vergangenen Jahren durchgemacht? In welchem Zustand befinden sich Konjunktur und Arbeitsmarkt des Wirtschaftsriesen?

Weitere Beiträge befassen sich mit der amerikanischen Gesellschaft: Inwiefern hat sich in den jüngsten Jahren ein Wertewandel vollzogen und welchen Einflüssen unterliegt dieser Wandel? Vergleichende Studien zur Wissenschafts- und Bildungspolitik sollen die Frage beantworten helfen, ob die Vereinigten Staaten tatsächlich ein Vorbild abgeben können für die Reformdiskussion hierzulande. »Streifzüge durch die amerikanische Kultur« beschließen die Artikel aus der ZEIT.

Teil II bietet neben Zahlen, Daten und Fakten zu Bevölkerung, Landesnatur und Wirtschaft einen detaillierten Blick auf die Geschichte der USA. Jeder Bundesstaat wird ausführlich vorgestellt. Darüber hinaus findet sich eine Zeittafel und eine ausführliche Chronik der Ereignisse seit 1989. Eine Auswahlbibliografie soll zur weiterführenden Beschäftigung mit dem Thema USA anregen.

Volker Ullrich und Felix Rudloff
Hamburg und Frankfurt am Main,
im November 2004

TEIL I

Analysen und Reportagen

DIE ZEIT

Die Autorinnen und Autoren der ZEIT-Beiträge

Andrea Böhm
ist freie Journalistin.

Christine Brinck
ist freie Journalistin.

Mike Davis
lehrt Stadtsoziologie am Southern California Institute of Architecture in Los Angeles.

Niall Ferguson
ist Professor für Finanzgeschichte an der New York University und Gastprofessor für Geschichte an der Oxford University.

Evelyn Finger
ist Feuilleton-Redakteurin der ZEIT.

Thomas Fischermann
ist Korrespondent der ZEIT in New York.

Ulrich Greiner
ist Ressortleiter Literatur bei der ZEIT.

Bruce Hoffman
ist Direktor der Rand Corporation in Washington.

Gunter Hofmann
ist Chefkorrespondent der ZEIT.

Samuel P. Huntington
ist Professor für Internationale Beziehungen an der Harvard University.

Josef Joffe
ist Herausgeber der ZEIT.

Robert Kagan
ist Senior Associate am Carnegie Endowment for International Peace in Washington.

Thomas Kleine-Brockhoff
ist Korrespondent der ZEIT in Washington.

Paul Krugman
ist Professor für Wirtschaftswissenschaften am Massachusetts Institute of Technology in Cambridge.

Charles A. Kupchan
lehrt Internationale Beziehungen an der Georgetown University in Washington.

Reiner Luyken
ist Korrespondent der ZEIT in Großbritannien.

Matthias Naß
ist stellvertretender Chefredakteur der ZEIT.

Michael Naumann
ist Herausgeber der ZEIT.

Susan Neiman
ist Direktorin des Einstein Forums in Potsdam.

Katja Nicodemus
ist Feuilleton-Redakteurin der ZEIT.

Joseph S. Nye
ist Professor für Internationale Beziehungen an der Harvard University.

Francine Prose
ist Schriftstellerin und Publizistin.

Richard Rorty
ist Professor für Vergleichende Literaturwissenschaft an der Stanford University.

Tom Schimmeck
ist freier Journalist.

Helmut Schmidt
war von 1974 bis 1982 deutscher Bundeskanzler, seit 1983 ist er Herausgeber der ZEIT.

Anne-Marie Slaughter
ist Professorin für Internationales, Ausländisches und Vergleichendes Recht und Dekanin der Woodrow Wilson School of Public and International Affairs an der Princeton University.

Steven Spielberg
ist Filmregisseur und Produzent.

Gerhard Waldherr
ist freier Journalist.

Susanne Weiss
ist freie Journalistin.

Christoph Wolff
ist Professor für Musikwissenschaft an der Harvard University und Direktor des Bach-Archivs Leipzig.

Heinrich August Winkler
ist Professor für Neueste Geschichte an der Humboldt-Universität in Berlin.

Der Welt-Präsident

Kerry oder Bush? Amerika entscheidet, ob der Frieden eine Zukunft hat

Von Michael Naumann

Ginge es nach den Europäern, so hieße der neue amerikanische Präsident John F. Kerry. Fast 60 Prozent würden für den Demokraten stimmen. Und 80 Prozent aller Deutschen ziehen ihn George W. Bush vor. Die Amerikaner entscheiden bei der Weltwahl am kommenden Dienstag aber allein. Wen auch immer sie küren werden – der Monarch auf Zeit im Weißen Haus wird sich auf ein Mandat von allenfalls 35 Prozent aller Wahlberechtigten stützen können. Die Legitimität seiner Macht mag dies nicht in Frage stellen – es sei denn, die allfälligen kleinen Wahlmanipulationen oder ein unentschiedener Ausgang verlagerten die Entscheidung wieder in den Obersten Gerichtshof.

Ganz anders sieht es mit dem Legitimitätsanspruch der Vereinigten Staaten aus, als Führungsmacht ohnegleichen für Sicherheit und Ordnung in der Welt zu sorgen. Denn nach vier Jahren Bush ist der internationale Ruf Amerikas an einem Tiefpunkt angelangt. Der kulturell arrogante Antiamerikanismus der Alten Welt hat neue Rechtfertigung im waffenstarrenden Hochmut der Bush-Regierung gefunden, der bis zum Irak-Debakel die Außenpolitik der Vereinigten Staaten geprägt hat.

In der islamischen Welt mobilisierte der »Kreuzzug gegen den Terrorismus« (Bush) die antichristlichen Ressentiments der Massen. Der altböse Feind des Kalten Kriegs, Russland, fühlt sich zwar in seiner gewalttätigen Tschetschenien-Politik im Namen des »*war on terrorism*« bestätigt, zugleich aber notiert er mit Unbehagen die Stationierung amerikanischer Truppen auf ehemals sowjetischem Territorium in Asien.

Was im neokonservativen Washington als Jammer-Litanei schwächlicher Europäer belächelt wird, ist in der Welt: die Nichtratifizierung des Atomteststoppvertrags und des Kyoto-Protokolls, die Kündigung des Antiraketenvertrags, die Weigerung, dem Landminenvertrag beizutreten, der Auszug aus den Verhandlungen über ein neues Biowaffen-Protokoll, die Ablehnung des Internationalen Strafgerichtshofs, die Verstöße gegen die Genfer Konvention seit dem Afghanistan-Krieg – und schließlich der Bruch des Völkerrechts im Irak-Krieg, dessen Begründung sich als Lügengeflecht entpuppt hat.

Die Selbstverständlichkeit, mit der Washingtons republikanische Elite die Haustür der atlantischen Allianz zugeknallt hat, kam nicht völlig überraschend. Nach der Implosion der Sowjetunion hatte die Nato ihre *Raison d'Être* verloren. In der ersten Balkan-Krise bewiesen die europäischen Partner ihren geradezu zynischen Unwillen, in die blutigen Konflikte im eigenen Vorgarten einzugreifen. Während sie ihre Verteidigungsausgaben einfroren, rüstete Amerika weiter. Mit einem Etat von mehr als 400 Milliarden Dollar finanziert es die Stationierung seiner Soldaten in mehr als 150 Staaten. Der Hegemon ist überall. Er entscheidet allein über Krieg und Frieden, er ist der Souverän der ganzen Welt. So schien es bis zum 11. September 2001.

Im schockhaften Moment der eigenen Verletzbarkeit, im Anblick der zusammenstürzenden New Yorker Zwillingstürme, sagte sich die Bush-Regierung vollends von den mühsamen Ritualen althergebrachter Bündnisdiplomatie los.

Der Intellektuellen-Chor der neokonservativen Reaganauten stimmte die Hymne des neuen Unilateralismus an. »Nach einer Dekade, in der Prometheus sich als Pygmäe ausgegeben hat,« so der Chorführer Charles Krauthammer, »ist eine Regierung endlich willens und bereit, die amerikanische Handlungsfreiheit und den Primat amerikanischer Interessen durchzusetzen.« Indes – Aischylos' Prometheus-Tragödie endet in größerer Weisheit: »Dein Eigensinn kann ohne Verständigkeit und Maß / Für sich allein niemandes Meister sein im Streit.«
Auch das zählt zu den Erfahrungen des kriegs-

müden Europas. Was immer in den marsverzauberten *Think Tanks* Amerikas gedacht worden sein mag – »Venus Europa« hatte zu viele Krieger kommen und sterben sehen.

Wenn denn Kriegsmüdigkeit der neue Kern einer europäischen Identität sein sollte, so wäre dies kein schlechter Fortschritt in der Geschichte. Ginge es jedoch lediglich um die Selbstfindung Europas in emotionaler Distanzierung von Amerika, wäre ein Katzenjammer unvermeidlich. Angesichts der engen kulturellen und wirtschaftlichen Verknüpfung beider Kontinente, die sich fast die Hälfte des Welthandels teilen, wäre Antiamerikanismus der falsche Katalysator einer europäischen Nation.

Reparaturmaßnahmen der westlichen Allianz

Kerrys Wahlversprechen, die alten Verbündeten, an ihrer Spitze Frankreich und Deutschland, im Irak-Konflikt an die Seite Amerikas zurückzuholen, schreckt die Regierung Gerhard Schröders. Denn inzwischen vergeht kaum eine Woche, in der die »Koalition der Willigen« zwischen Euphrat und Tigris nicht genau so viele Opfer zu beklagen hätte wie während des »eigentlichen« Kriegs. Der geht jetzt weiter, daran ändert auch Gottes Ratschlag nichts, den Präsident Bush im Weißen Haus zu vernehmen glaubt.

Dennoch wird Europa nicht umhinkönnen, nach der Präsidentenwahl teilzunehmen an Reparaturmaßnahmen der westlichen Allianz. Einige »vertrauensbildende Maßnahmen« Washingtons wären allerdings die Voraussetzung: Rückkehr zu den Normen der Genfer Konventionen in den Lagern Guantánamo und Abu Ghraib; Abkehr von der Entwicklung weiterer A-Waffen; Abschied von einer Schuldenpolitik, die inzwischen die Weltwirtschaft gefährdet – die Liste ließe sich über die Themenfelder Umwelt- und Entwicklungspolitik bis hin zu Amerikas Verstößen gegen die Welthandelsvereinbarungen erweitern.

Gemeinsam mit Europa muss die nächste US-Administration einen neuen Friedensplan für den allzu lange schwelenden Konflikt zwischen Israel und den Palästinensern entwickeln: Jener Konflikt liefert den ideologischen Brennstoff des terroristischen islamischen Fanatismus. Gemeinsam mit Amerika sollte Europa einen »Marshall-Plan« für den Wiederaufbau Iraks entwickeln, der auch die Entsendung von deutschen und französischen Soldaten vorsieht – und sei es nur in symbolischer Stärke. Gleichzeitig müssen die Verbündeten Einfluss nehmen auf die regionale Vormacht Iran, um sie aufzuhalten auf ihrem Weg zur Atombombe.

Der Feldzug gegen den Irak hat die Skepsis nicht nur der Europäer, sondern auch vieler Amerikaner angesichts der strategischen Kompetenz der Regierung Bush bestätigt. Dass die U. S. Army nicht in der Lage war, 350 Tonnen des explosivsten Sprengstoffs der Welt vor den Toren Bagdads zu sichern, lässt am Verstand der Verantwortlichen zweifeln. Hoch explosiv ist inzwischen die ganze strategische Region des Nahen Ostens. Amerika ist schlecht gefahren mit seiner neuen Sicherheitsdoktrin des »präemptiven Kriegs». Deutschland allerdings wird genauso schlecht beraten sein, wollte es angesichts der Malaise am Persischen Golf festhalten an seiner Politik der präemptiven Abstinenz.

Am Dienstag werden Amerikas Wähler zu Gericht sitzen über die vierjährige Geschichte ihrer Regierung. Zur Abstimmung steht die zukünftige Ordnung der restlichen Welt. Eine heroische Fortschreibung kriegsbereiter Hegemonie unter George W. Bush droht neue Brandherde zu entfachen. Jener Halbgott Prometheus, mythischer Held der westlichen Aufklärung, war es, der vom Himmel das Feuer geholt hatte.

ZEIT-Nr. 45 vom 28. 10. 2004

Der ungeliebte Sieger

George W. Bush hatte zwei große Wahlhelfer – John Kerry und den Krieg gegen den Terror

Von Josef Joffe

Fast wäre John F. Kerry im Finish davongezogen. Deutlich im Rückstand wie Schröder hinter Stoiber 2002, begann er vor vier Wochen aufzuholen – bis zum Gleichauf. Und dann das sicherste Omen: Nach 86 fluchbeladenen Jahren katapultierten sich die Boston Red Sox, Kerrys Heimteam, in die Baseball-Meisterschaft – zum ersten Mal seit 1918! Dieser Fingerzeig musste bedeuten: Bye-bye, Bush II., es lebe JFK II., trägt doch Kerry dieselben Initialen wie John F. Kennedy.

Die Haruspexe lagen abermals falsch, die Götter grinsen. Und die Europäer sind bitter enttäuscht. George W. Bush bleibt Präsident, das meldeten am Mittwochmorgen die ersten Nachrichtensender. Landesweit führte er mit einem Vorsprung von gut drei Millionen Stimmen. Der Familienfluch, der ihn zu erdrücken schien, ist in letzter Minute verflogen. Der erste Bush hatte ebenfalls einen Irak-Krieg gewonnen, doch versank der Sieg in der Rezession. Gerade weil der Krieg vorbei war, konnten die Amerikaner wieder nach Kontostand wählen, und der gab damals den Ausschlag für Bill Clinton.

Des Sohnes Sieg ist umso erstaunlicher, als er eigentlich ins texanische Crawford hätte verbannt werden müssen, um von dort sein liebstes Amt anzustreben: das des Baseball-Commissioners. Der ist in Amerika noch machtvoller als in Deutschland DFB- und NOK-Chef in einem. Für George W. Bushs Abgang sprachen drei klassische Gründe.

Krieg: Der Sieg von 2003 lässt keinen Frieden erblicken. Über tausend Tote ließen sich noch verkraften, nicht aber ein Dauerkrieg gegen unsichtbare Feinde, die systematisch die demokratische Zukunft des Iraks zerschlagen, indem sie deren Träger – Beamte, Polizisten, Soldaten – ermorden. Dass sich W. bei den Waffen geirrt hatte, mochte ihm das Wahlvolk noch verzeihen. Aber einen fruchtlosen, frustrierenden Krieg in einem fernen Land, das Amerikas Sicherheit nicht bedroht?

Wirtschaft: Das ökonomische Omen für den zweiten Bush war zwar längst nicht so böse wie für den Vater 1992, aber nicht freundlich genug. Die Wirtschaft wächst zwar mit 3,8 Prozent schneller als fast jede andere. Doch nicht schnell genug: Noch immer gibt es weniger Arbeitsplätze als zu Bushs Amtsantritt 2001. Dass sich unter ihm ein Haushaltsüberschuss von 2,4 Prozent des Sozialprodukts in ein Defizit von vier Prozent verwandelt hat, sprach ebenso gegen Bush II. wie der sinkende Dollar-Kurs und der explodierende Ölpreis.

Die Person: Bush hat zwar, anders als Kerry, eine Vision und eine Überzeugung, aber er kann sie nicht ausdrücken. Freundlich umschrieben: Seine Stärke ist die rasche Entscheidung wie im Afghanistan- und Irak-Krieg, nicht aber die Redegewalt eines Churchill. Warum dieser Krieg? Warum dieses Horror-Defizit, warum ein 40-Prozent-Plus bei den Staatsschulden? Und wo ist die Morgenröte? Beim Papa mangelte es am »*vision thing*«, beim Sohn an der Überzeugungskraft. Und doch, trotz all dieser Mühlsteine, die eigentlich für zwei Niederlagen gereicht hätten, darf W. weiter mietfrei im Weißen Haus bleiben. Warum? Und was bedeutet sein Sieg?

Bushs beste Verbündete waren die beiden K: Kerry und, trotz aller Zweifel, der Krieg. Kerry sah zwar aus wie die ideale Präsidentenbesetzung, war auch debattenfester als Bush, aber die Leute haben längst gelernt, dass auf Wahlkampf-Rhetorik kein Verlass ist. Sie suchten die Berechenbarkeit und Vertrauenswürdigkeit, die ihnen der abgehobene, allzu geschmeidige Kerry nicht vermitteln konnte. Zu oft hat er seine Positionen vertauscht oder verschleiert. Er hatte gegen den ersten Golfkrieg gestimmt, obwohl der von einem UN-Mandat und einer weltweiten Koalition abgesegnet worden war, dann aber für den zweiten votiert, obwohl dem beide Gütesiegel fehlten. Und jetzt?

Kerrys Standard-Floskel lautete: »Falscher Krieg am falschen Ort zur falschen Zeit.« Gleichwohl ließ sich seine Position kaum von der bushistischen unterscheiden – so wenig sogar,

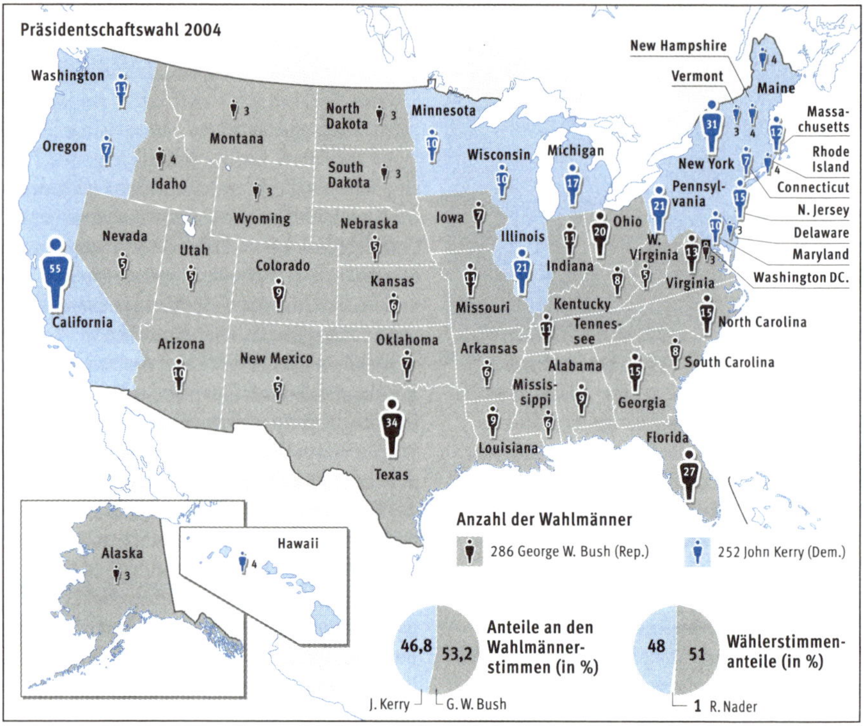

Amerika sind die Wal-Marts monströs und die Parkplätze so groß wie andernorts die Naturparks. Im blauen Amerika sind die Läden klein, aber die Preisaufschläge riesig.«

Brooks wohnt in einem Vorort, wo die Demokraten mehr als 60 Prozent der Stimmen holen. Das Durchschnittseinkommen beträgt mehr als 100 000 Dollar im Jahr. Die Nachbarn sind Anwälte, Ärzte oder Aktienhändler. Die Häuser haben Garten und Doppelgarage. Die Menschen fahren importierte Autos, gern Volvo oder VW. Sie essen importierten Käse, gern aus Frankreich, und trinken importierten Sprudel, gern Gerolsteiner. Das alles kaufen sie in einem Bio-Supermarkt, dessen Qualität die Frischwarenabteilung des Berliner KaDeWe mühelos hinter sich lässt. Das wichtigste Merkmal demokratischer Einflusszonen sind allerdings Fillialen von Starbucks-Kaffeehäusern. Linke sind Genussmenschen. Das haben sie aus Italien mitgebracht. Kerrys Amerika heißt deshalb Latte-Land und ist, schreibt Brooks, »eine riesige Espresso-Maschine«.

Wer nach Bush-Land will, muss die Latte-Linie überqueren: Jenseits gibt es nur noch Brühkaffee. Die meisten Bewohner des blauen Amerikas tun sich das selten an. »Einige von uns«, schreibt Brooks, »vermögen einen Fundamentalisten nicht von einem Evangelikalen zu unterscheiden. Wir haben keine Ahnung, wie man mit einem Gewehr schießt oder es auch nur säubert. Wir erkennen auf dem Feld keine Soja-Pflanze und an der Uniform eines Offiziers nicht seinen Dienstgrad.«

Natürlich ist die farbige Wahlkarte eine Vergröberung. Wer eine Lupe nimmt, erkennt innerhalb der meisten Bundesstaaten rote wie blaue Sektoren, meist übereinstimmend mit Stadt und Land. Wo eine Balance entsteht, werden die Staaten zu Schlachtfeldern, *battleground states* genannt. Dort ist die Entscheidung gefallen. Beispiel Pennsylvania: Eigentlich ein blauer Kernstaat mit den Metropolen Pittsburgh im Westen und Philadelphia im Osten, tut sich dazwischen eine gewaltige Fläche platten Landes auf. Wenige Stimmen entscheiden. Hier gewinnt am Ende Kerry. Beispiel Florida: Eigentlich ein roter Südstaat, doch verändern Migration

Gespaltene Nation

Wahlverhalten ausgewählter Bevölkerungsgruppen (in %)

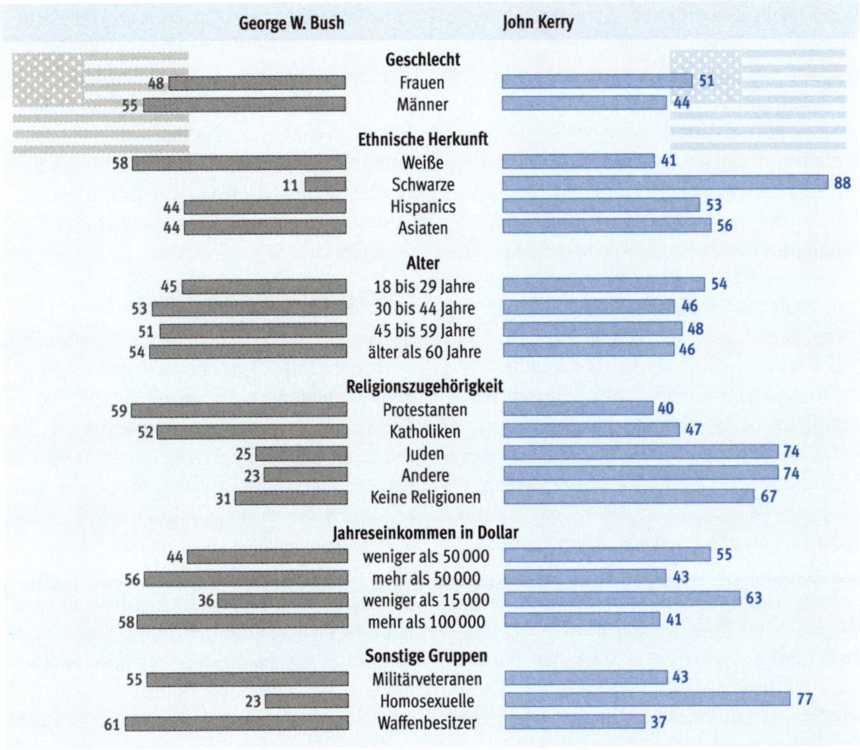

Quellen: CNN, USA Today, FAZ; insgesamt 27 000 Befragte

und Urbanisierung die Zusammensetzung der Bevölkerung und machen ihn langsam zum blauen Küstenstaat. Hier gewinnt am Ende Bush.

Die Wahl hat gezeigt, dass die Zahl solcher Staaten klein ist. Rundherum entsteht eine »Patchwork-Nation«, wie Jim Gimpel schreibt, Politologe an der University of Maryland. Nach seiner Beobachtung weichen heterogene Gemeinden gleich denkenden Eilanden. Die Zeitung *Austin American-Statesman* hat jüngst Fotofinish-Wahlen der Vergangenheit vergleichen lassen. Danach wohnten im Jahre 2000 doppelt so viele Wähler wie 1976 in Wahlkreisen, in denen der eine Kandidat den anderen entscheidend schlug. Das bedeutet: Die Amerikaner suchen – Familie für Familie – die politische Segregation.

Die Apartheid der Lebensverhältnisse erzeugt Vorurteile. Für viele Bewohner von Los Angeles oder New York liegen dazwischen sechs Stunden Überflugszone. Und am Boden vermuten sie Kreaturen, die zu dick sind und zu enge Hosen tragen, die mit Knarren und Gebetbüchern fuchteln, die rassistisch oder homophob oder ultranationalistisch sind. Umgekehrt sehen die Bewohner des Kernlandes sich selbst als arglos und rechtschaffen, als bescheiden und bodenständig, wertetreu und heimatverbunden: uramerikanisch eben. Die Bewohner des blauen Amerikas erscheinen ihnen elitär, materialistisch und wertevergessen. Sie laufen jeder Mode nach, glauben heute dies, morgen das und sind deshalb empfänglich für Verirrungen wie Homo-Ehe, Abtreibung oder Drogenkonsum. Sie beten die Gewaltwelt von Hollywood an statt den Herrgott. Ein antieuropäischer Unterton schwingt auch mit, denn das blaue Amerika importiert nach dieser Interpretation neben Käse und Autos auch Kultursnobismus und Wertereelativismus vom Alten Kontinent. Das alles beweist dem roten Kernland nur, dass der Linksliberalismus der blauen Staaten ganz unamerikanisch ist.

Beide Wahlkampfteams haben sich dieser grotesken Überzeichnungen nach Herzenslust bedient, um die Ressentiments der eigenen Basis zu schüren. Der Cartoon des Bush-Teams sah Kerry als reichen Snob aus Massachusetts, dem Staat der linken Eliten und der Libertinage. Seine Politik weise ihn als unzuverlässigen Gesellen aus, der anderen Nationen Mitsprache über amerikanische Entscheidungen einräume. Der Kandidat habe, wie Bush kurz vor der Wahl sagte, »wenige Kernüberzeugungen«, und die »ändern sich wie das Wetter«. Kurzum: ein typischer Wendehals von der blauen Küste.

Die Karikatur aus der Produktion des Kerry-Teams zeichnete Bush als geistig minderbemittelten Cowboy. Während eines Wahlkampfauftritts machte Kerry sich absichtlich stotternd über Bushs volkstümelnde Gemeinplätze lustig. Bush erscheint als Frömmler, der im Weißen Haus seine Weisungen vom lieben Gott annimmt. Zudem sei er zu rechthaberisch, um Fehler zu korrigieren.

George Bush geriet seine Biografie zum Vorteil. Zwar stammen beide, Präsident wie gescheiterter Herausforderer, aus dem Nordosten und aus reichem Hause, sie besuchten dieselben edlen Schulen und Universitäten. Aber danach machte sich George Bush auf den Weg seines Landes. Während sich das Machtzentrum aus dem Nordosten in den Süden und Westen verlagerte, zog er mit. Weil er in Texas zu Gott fand und abließ vom Alkohol, wird sein Selbstfindungsprozess zur machtvollen Parabel für die Erlösung Amerikas: Bush hat sich im gesunden Kernland aus dem Jungbrunnen ewiger Werte bedient und die Krankheiten der Ostküste hinter sich gelassen. Damit fußt Bushs Stärke geradezu auf der Spaltung des Landes. Durch seine Amtsführung, schreibt der Kolumnist E. J. Dionne, habe er »die Spannungen zwischen traditionellem und modernistischem Amerika sogar weiter verschärft«.

Das amerikanische Schisma ist Ausdruck des »großen Rückschlags«, wie Thomas Frank in seiner Studie *What's the Matter with Kansas?* schreibt. Die Konservativen geben sich als Widerstandsbewegung gegen die gesellschaftlichen Liberalisierungen seit der Bürgerrechtsära. Sie überzeugen ihre Wähler davon, dass es im politischen Prozess nicht mehr um ökonomische Interessenwahrung geht, sondern um die Verteidigung traditioneller Werte. Der Wahlabend ist ein eindrucksvoller Beleg. Die blau-rote Karte deutet kaum auf ökonomische Bruchlinien, sondern auf den Wertekonflikt. Iowa und Wisconsin galten einst als Hochburgen der Demokraten, weil dort der ökonomische Populismus eine linke Bauernschaft schuf. Aber die Gegenrevolution treibt die Bauern neuerdings der Rechten zu. Jetzt sind beide Staaten für beide Seiten zu haben.

Deutliche Machtverschiebung

So handelt es sich nur scheinbar um ein Gleichgewicht der Kräfte. Das Land ist in den vergangenen Jahren immer weiter nach rechts gerückt. Die Rechte hat so viel Macht wie zuletzt in den zwanziger Jahren. Sie gewann seit 1968 sechs von neun Präsidentschaftswahlen. Zum ersten Mal seit 1946 halten die Republikaner eine Mehrheit aller Sitze in den Staatsparlamenten besetzt. Vor allem dominieren Konservative die Agenda der Gesellschaft. Stützten Anfang der neunziger Jahre noch zwei Drittel der Amerikaner die gegenwärtige Abtreibungsregelung, so ist es heute nur noch die Hälfte. »Die Bühne ist bereitet«, schreiben John Micklethwait und Adrian Wooldridge in *The Right Nation,* »damit die Republikaner die Demokraten als natürliche Regierungspartei ablösen.«

Vielleicht ist die Wahl dieser entscheidende Moment gewesen. Auch wenn die rot-blaue Karte fast genauso aussieht wie zuvor, sie verhüllt eine deutliche Machtverschiebung. George Bush hat 3,5 Millionen Stimmen hinzugewonnen. Ins Amt trugen ihn Wählermassen aus dem roten Amerika, die zuvor bei Wahlen zu Hause geblieben waren, darunter viele Rechts-Christen. Das Land hat über die Stadt gesiegt, das traditionelle über das moderne, das religöse über das säkulare Amerika – eine Umkehrung der westlichen Modernisierungsgeschichte seit der industriellen Revolution. Nun werden die Republikaner versuchen, die Demokraten zur permanenten Minderheitspartei zu schrumpfen und in ein 30-Prozent-Ghetto rund um die städtischen Cappuccino-Bars einzupferchen. Das wäre der Sieg im kulturellen Bürgerkrieg Amerikas.

Originalbeitrag

Stahl statt Aspirin

Konservative Werte gegen den Lebensstil von »Sex and the City« – oder worum ging es wirklich bei dieser Wahl?

Von Mike Davis

Ist es, um mit Brecht zu sprechen, an der Zeit, ein neues amerikanisches Volk zu wählen? Amerikas Liberale tragen normalerweise einen großen Enthusiasmus für das gemeine Volk zur Schau. Aber der sentimentale Populismus musste am 2. November 2004 einen harten Schlag hinnehmen. Das Volk hat – mit knapper, aber entscheidender Mehrheit – für weitere vier Jahre Angst, Betrug und Gier ins Weiße Haus gewählt. Mit Ausnahme einer kleinen demokratischen Festung an den Great Lakes im Norden ist das innere Amerika von Idaho bis Alabama Gottes Ein-Parteien-Nation geworden. Nicht einmal Bruce Springsteen und 48 Nobelpreisträgern ist es letztlich gelungen, Ohio zu John Kerry hinüberzuziehen. Deshalb beansprucht Bush einen Wählerauftrag zum Umbau Amerikas für sich und seine Partei. »Ich habe in dieser Wahl einen Vorschuss erhalten«, drohte er sogleich, »und beabsichtige jetzt, ihn auszugeben.«

Tatsächlich wird er den Vereinigten Staaten durch seine Entscheidungen und Richterberufungen für mehr als eine Generation seinen Stempel aufdrücken. Die republikanische Kongressmehrheit kann es kaum erwarten, das, was noch an Wohlfahrts-Errungenschaften des New Deal übrig geblieben ist, endgültig platt zu walzen. Wie vorauszusehen war, herrschen an der demokratischen Ost- und Westküste Angst und Abscheu vor einer republikanischen Kulturrevolution. In San Francisco sieht man bereits Autoaufkleber, die eine Sezession fordern. Und viele befürchten einen Rückfall in die 1920er Jahre, als die marginalisierten Intellektuellen vor der Übermacht evangelikaler Reaktionäre ins Exil oder in die innere Emigration flohen.

Das bekannteste liberale Werk zum Verständnis des Wahldebakels ist Tom Franks Bestseller *What's the Matter with Kansas?* (»Was ist mit Kansas los?«). Frank schreibt, dass die amerikanische Arbeiterklasse dazu neige, sich für »Werte« und damit gegen ihre materiellen Interessen zu entscheiden. Er nennt als Beispiel den bitterärmsten Teils von Kansas, in dem sich die Wähler in den Jahren 2000 und 2004 mit überwältigender Mehrheit für Bush entschieden. Franks Analyse wurde von Umfragen bestätigt, die zeigten, dass »moralische Werte« für Wechselwähler ein viel stärkeres Argument darstellten als geschlossene Fabriken oder der Krieg im Irak. Auch hatte Bushs Gehirn Karl Rove sichergestellt, dass der Verfassungszusatz, der die Heirat von Schwulen verbietet, in 11 Schlüsselstaaten, inklusive Ohio, zum Wahlkampfthema wurde. Kein anderes Thema war so geeignet, traditionell eingestellte Wähler einzuschwören, auch eigentlich demokratisch wählende Latinos und Schwarze. Und doch wäre es zu simpel, zu denken, dass zynische Politstrategen einfach nur die Knöpfe »Abtreibung« oder »Schwulenrechte« zu drücken brauchten, um die politischen Auswirkungen von Armut, dem Verlust der Arbeitsstelle oder ruinöser Krankheit aufzuheben.

Nehmen wir West Virginia. Auf den ersten Blick scheint der gebirgige kleine Staat eine noch bessere Untermauerung für Franks These zu liefern als Kansas. Kein anderer Staat hat eine dramatischere Rechtswende vollzogen. Als eine Bastion mächtiger Stahl- und Minenarbeiter-Gewerkschaften war West Virginia berühmt für seine anhaltende Loyalität gegenüber den Demokraten, die in den Wahlen von 1956, 1968 und 1988 ansonsten vernichtend geschlagen wurden. Dennoch verlor Kerry in West Virginia mit einem schockierenden Rückstand von 13 Prozent. Zweifellos hatten die Republikaner in den Hunderten von Kleinstadtkirchen, wo gläubige Einwohner immer noch den Teufel austreiben und sich über die Legalisierung von Sodomie sorgen, große Zuwächse zu verzeichnen.

Damit Franks Theorie vollständig zutrifft, hätten die Wähler in West Virginia (oder Kansas oder Ohio) jedoch überhaupt die Möglichkeit zur Wahl zwischen »Werten« und »Interessen«, Kultur und Klasse, haben müssen. Gerade das Fehlen einer solchen Wahlmöglichkeit zeichnet

Schlagwort von der *axis of evil*, das drei Staaten auf dem asiatischen Kontinent zusammenfasste, die in Wahrheit kaum irgendeine Verbindung untereinander haben. Es gibt vielerlei Terrorismen auf der Welt, von Südamerika über die ETA in Spanien und die IRA in Irland bis nach Asien und Afrika; viele davon haben weder mit Al-Qaida noch mit anderem islamistischem Extremismus etwas zu tun, sie würden auch in dem günstigsten Falle einer völligen Auslöschung von Al-Qaida nicht beseitigt sein.

Für den notwendigen militärischen Angriff auf das mit Al-Qaida kooperierende Taliban-Regime Afghanistans war Washington klug genug, sich zunächst der politischen Unterstützung der Staaten der Europäischen Union, Russlands, Chinas und vieler anderer Staaten zu versichern, eine antiterroristische Koalition zustande zu bringen und einen Beschluss des Sicherheitsrates der UN herbeizuführen. Es war gut und richtig, dass die Regierungen und die Medien der europäischen Staaten ihre Solidarität mit den USA erklärt und auf vielfältige Weise kooperiert haben, so auch die Nato, die im Oktober 2001 für ihre Mitglieder die Beistandsverpflichtung gegenüber dem Allianz-Mitglied USA festgestellt hat. Washington hat bisher von der Nato kaum Gebrauch gemacht – zur Enttäuschung ihres Generalsekretärs George Robertson und einiger ihrer Militärs und Diplomaten. Im Ergebnis war es dankenswert, nicht das ganze Nordatlantische Verteidigungsbündnis und die Nato in den Krieg in Zentralasien zu verwickeln.

Stattdessen hat Washington sich der politischen und militärischen Kooperation einer Reihe einzelner Staaten bedient. Damit haben sich die Vereinigten Staaten zugleich aller multilateralen Beschlussfassung entzogen. Washington hat sich inzwischen eine von niemand einschränkbare nationale Handlungsfreiheit zur Richtschnur gemacht – und obendrein erklärt, jeden als Gegner betrachten zu wollen, der in ihrem Kampf nicht aufseiten der USA steht.

Anders als Wladimir Putin in Moskau und Jiang Zemin in Peking haben manche europäische Minister und Regierungschefs ziemlich würdelos auf diesen amerikanischen Unilateralismus reagiert. Sie haben sich darüber beklagt; sie reden immer wieder von einer gemeinsamen Außen- und Sicherheitspolitik der Europäischen Union, welche es in Wahrheit nicht gibt; sie geben Erklärungen ab, die nichts bewirken; sie reisen einzeln nach Washington, aber auch zu Scharon und Arafat, und geben mancherlei Ratschläge; sie kritisieren Amerika.

Die unilateralistischen Wortführer in Washington lächeln darüber. Robert Kagan verspottet die Europäer als pazifistische Idealisten, die angeblich einer von Kagan erfundenen »Kantianischen Weltordnung« anhängen. Dagegen ließe sich ein anderer europäischer Denker aus der Zeit der Aufklärung zitieren: Edmund Burke, der britische Konservative, der im 18. Jahrhundert für die Freiheit der amerikanischen Kolonien eintrat und geschrieben hat: »Nichts kann einer Nation verhängnisvoller werden als ein Übermaß an Parteilichkeit und eine totale Missachtung der natürlichen Hoffnungen und Befürchtungen anderer.«

Diejenigen europäischen Politiker, die nach einer eigenen »Rolle« in der Weltpolitik streben – in Wahrheit aber ebenso sehr nach Medienauftritten für das eigene Wählerpublikum –, haben mit mancher ihrer Kritiken an Washington durchaus Recht. Aber Washingtons freundlich verpackte Nichtachtung ist verständlich. Denn diese Europäer sollten sich einmal vorstellen, wie sie und ihre Nationen wohl reagiert hätten, wenn zwei von Selbstmordterroristen entführte Verkehrsflugzeuge auf das Bankenviertel in Frankfurt und auf das Reichstagsgebäude in Berlin gelenkt worden wären und Tausende ermordet hätten. Was wären die psychologischen und politischen Reaktionen in unseren Nationen? Würden unsere Regierungen kühle Vernunft bewahren? Wer sich solch einen Fall vorstellen kann, der wird die überspannte seelische Befindlichkeit der amerikanischen Nation etwas besser verstehen. Gleichwohl bleibt vielerlei Kritik am Verhalten der Bush-Administration gerechtfertigt. Es ist sehr fraglich, ob sie nützen wird.

In den zwei Jahrhunderten bisheriger amerikanischer Außenpolitik haben immer drei verschiedene Grundtendenzen nebeneinander existiert. Bisweilen hatte Isolationismus die Oberhand, bisweilen Internationalismus, den man auch Multilateralismus nennen kann, bisweilen unilateralistischer Imperialismus. Solange die USA ökonomisch und militärisch schwach waren, galt die isolationistische Monroe-Doktrin; aber schon in der Mitte des 19. Jahrhunderts erzwangen amerikanische Kriegsschiffe die Öffnung Japans für den internationalen Handel. Während des ganzen Jahrhunderts fand eine Erweiterung des kontinentalen Hoheitsgebietes der USA statt. Am Ende des Jahrhunderts kamen der Krieg gegen Spanien, der Erwerb der Philippinen, des Hawaii-Archipels und Guams sowie die machtpolitische Einflussnahme auf Mittelamerika und die karibischen Inseln. Unter dem Einfluss Alfred Mahans und Theodore Roosevelts hatten zu Beginn des 20. Jahrhunderts die schon damals so genannten »Imperialisten« die Oberhand. Aber am Ende des Ersten Weltkrieges scheiterte der missionarische Internationalist Woodrow Wilson am wieder erstarkten amerikanischen Isolationismus, seinem Völkerbund traten die USA nicht bei.

Amerikas Entschlossenheit zum Alleingang ist eine Tatsache

Am Ende des Zweiten Weltkrieges, aus dem Amerika endgültig als stärkste Militär- und Wirtschaftsmacht der Welt hervorgegangen war, konnten gleichwohl internationalistisch gesinnte Führer wie Truman, Marshall oder Acheson die UN und den Sicherheitsrat errichten, den Internationalen Währungsfonds und die Weltbank, sie erfanden die Entwicklungshilfe und den Marshall-Plan und halfen Europa wieder auf die Beine – sogar den bisherigen Feinden Deutschland und Japan. Gewiss hat Amerika diese in der Geschichte einmalige Leistung nicht bloß aus uneigennützigen Motiven vollbracht; aber sie ist fast der ganzen Welt zugute gekommen. Auch in der Zeit der Bedrohung Europas durch die hoch gerüstete, zugleich imperialistische Sowjetunion, welche den Nordatlantischen Beistandspakt und die Nato nötig machte, hat die damals noch ziemlich homogene politische Klasse in Washington am Multilateralismus festgehalten – freilich auch an ausgeprägter Führung durch die USA. Erstmalig unter Reagan gewann die nie ganz verstummte Tendenz zum Unilateralismus wieder an Boden. Unter George W. Bush hat der Unilateralismus seinen Durchbruch erzielt.

Die europäischen Regierungen wären klug beraten, wenn sie die heutige amerikanische Entschlossenheit zum Alleingang als Tatsache ansähen und sich darauf einrichteten, dass der Unilateralismus auf lange Sicht, möglicherweise auf Jahrzehnte, in Washington die Oberhand behalten wird. Zwar sind weder die isolationistischen noch die internationalistischen Kräfte innerhalb der amerikanischen Gesellschaft untergegangen. Jedoch wird die voraussichtlich lange Dauer des islamistischen Terrorismus die imperiale Phase ausdehnen; vor allem wird wahrscheinlich das Hochgefühl uneingeschränkter Macht entscheidend zur Fortsetzung des Unilateralismus beitragen. Schon heute hört man Amerikaner ihr Land mit dem Weltreich des klassischen Rom vergleichen, dabei weisen sie ganz Europa die provinzielle Rolle Athens zu, wohin die römischen Patrizier ihre Söhne schickten, um Rhetorik und Philosophie zu studieren. Weil es noch lange dauern wird, bis die Europäische Union eine umfassende Handlungsfähigkeit nach außen erreicht, werden die Europäer sich mit diesem Zustand abfinden müssen. Allenfalls werden sie punktuell dann erfolgreich eingreifen können, wenn sie sich im Einzelfall zu gemeinsamem Handeln aufraffen.

Die Europäer haben es allerdings keineswegs nötig, sich selbst zu Instrumenten amerikanischer Weltpolizei zu machen oder machen zu lassen. Sie sind 1999 auf dem Gipfel zum fünfzigjährigen Jubiläum der Allianz mit der Ausrufung einer »neuen Nato« und mit ihren Reden über neue Verantwortungen schon viel zu weit gegangen. Gegen welchen Feind sollte sich die neue Nato richten? Etwa gegen alle sechs oder sieben der damals noch so genannten Schurkenstaaten? Oder hatten die versammelten Regierungschefs neue friedenschaffende militärische Interventionen außerhalb Europas im Sinn – à la Balkan oder à la Somalia oder Ruanda oder Timor? Oder à la Desert Storm im Irak?

Gegenwärtig bereitet sich Washington militärisch und logistisch auf einen abermaligen Krieg gegen den Irak vor. Ob und wann der Entschluss dazu tatsächlich gefasst werden wird, steht dahin. Auch ist offen, ob George Bush junior dazu, wie seinerzeit sein Vater, einen Beschluss des Sicherheitsrates der UN für nötig hält. Die amerikanische Öffentlichkeit wird heute zunehmend auf präventive Kriegsführung eingestimmt. Sogar vom Erstschlag mit nuklearen

Waffen ist die Rede. Unklar ist, wie man sich die anschließende innenpolitische Situation im Irak oder in Saudi-Arabien vorstellt, im Libanon, in den von zwanzig Millionen Kurden bewohnten Teilen des Irak und der Türkei, in Israel, im Westjordanland und in Gaza – und wie Washington damit umgehen will.

Es gibt einige Einsichten, vor denen Washington die Augen nicht verschließen sollte:

1) Ein Krieg gegen den Irak kann zwar die beiden Risiken der Unberechenbarkeit des Machthabers Saddam Hussein und der irakischen Verfügung über Massenvernichtungswaffen beseitigen. Der Krieg kann aber nicht den vielfältigen islamistischen Terrorismus auslöschen, dieser würde vermutlich im Gegenteil von einem amerikanisch-irakischen Krieg eher noch angestachelt werden.

2) Die heterogenen islamistischen Terrorismen haben in manchen der über sechzig islamisch geprägten Staaten geheimen Unterschlupf gefunden. Sie werden erheblich aus einigen reich gewordenen Opec-Staaten finanziert. Neben mehreren religiös-fanatischen geistlichen Führern und Missionszentren spielt in den arabischen Staaten die Solidarisierung mit den Palästinensern eine entscheidende Rolle. Auf dem Nährboden der Armut, zumal in den übervölkerten Städten, bedroht der Extremismus fast überall den inneren Frieden und die Regierungen, die durch die einseitig proisraelische Politik der USA in Bedrängnis geraten. Ihnen kann nur durch eine weitsichtige Politik und finanzielle Unterstützung, nicht durch Raketenschläge geholfen werden.

3) Die USA besitzen im Mittleren Osten eine singuläre Einflussposition, nur sie können dort für Ordnung und Frieden sorgen; sie haben gute Beziehungen zu Israel, zu Saudi-Arabien, Ägypten und zur Türkei und verfügen außerdem in der Region über einzigartige militärische und finanzielle Hebel. Jedoch ist die Politik Washingtons gegenüber der komplexen Problematik im Mittleren Osten seit Jahrzehnten inkonsistent und ohne eindeutiges Ziel – und zwar weitgehend aus innenpolitischen Gründen. Solange es dabei bleibt, wird niemand sonst im Mittleren Osten eine friedliche Ordnung herstellen können.

4) Ein amerikanischer nuklearer Ersteinsatz – gegen wen auch immer – wäre eine globale Umwälzung der bisher von den USA, von allen Nato-Partnern und von Russland einvernehmlich verfolgten Nuklearstrategie der Nonproliferation. Er würde zugleich ein gefährliches Präjudiz für die anderen sieben Staaten, die heute über Nuklearwaffen verfügen.

Für die Europäer ergeben sich einige klare strategische Prinzipien:

1) Hunderte Millionen Muslime leben in geografischer Nähe zu Europa und zum kleinen Teil bereits in den Staaten der EU. Deshalb und wegen des starken Zuwanderungsdrucks aus den übervölkerten Städten Asiens und Afrikas hat Europa ein vitales Interesse an der Vermeidung eines globalen *clash of civilizations* mit dem Islam; die Massen islamischer Gläubiger machen heute schon ein Fünftel der Menschheit aus, und ihr Anteil steigt. Deshalb muss die Europäische Union für Dialog und Toleranz gegenüber dem Islam eintreten. Deshalb kann die EU keine politischen Aktionen unterstützen, die von den islamischen Völkern als Provokation empfunden werden.

2) Europa erlebt Terroristen von vielfältiger Provenienz (schon vor 25 Jahren wurde – siehe Mogadischu! – die terroristische deutsche RAF von muslimischen Terroristen unterstützt!). Die europäischen Regierungen haben in ihrer Abwehr bisher stets die Gebote des gesetzten Rechts beachtet. Zugleich ist es ihnen selbstverständlich, international zu kooperieren. Es gibt für sie keinen Grund, diese erprobten Prinzipien zu verletzen.

Warum sollte Europa mehr Geld für Rüstung ausgeben?

3) Die Mitglieder des Nordatlantischen Verteidigungsbündnisses wären im theoretischen Fall eines durch die USA geführten »präventiven« Krieges nicht zum militärischen Beistand verpflichtet. Eine deutsche Beteiligung ist durch den Zwei-plus-Vier-Vertrag vom 12. September 1990 sogar verboten. Der Fall könnte dann anders liegen, wenn ein positives Votum des Sicherheitsrates der UN vorläge.

Es wäre gut, wenn die Europäer den Amerikanern diese Einsichten ins Bewusstsein heben könnten, einschließlich der genannten europäischen strategischen Vorgaben. Wir Europäer sollten aus Gründen der gemeinsamen Geschichte und der einander verwandten Kultur die Freundschaft und das Bündnis mit Amerika pflegen. Das muss uns nicht hindern zu erkennen, dass wir kein Interesse am Ausbau der amerikanischen Tendenz zum Alleingang oder gar zum Imperialismus haben. Wir müssen keineswegs jedweder außenpolitischen Wendung der USA folgen, so auch nicht dem Druck, künftig wieder mehr Geld für Rüstung auszugeben. Wir haben guten Grund, keineswegs den Beispielen der sehr hohen und täglich wachsenden Auslandsverschuldung der US-Wirtschaft oder der wachsenden Staatsverschuldung Amerikas oder den erschreckenden Auswüchsen des amerikanischen Raubtierkapitalismus zu folgen.

Die dringlichsten Aufgaben der Europäer liegen keineswegs in der Weltpolitik, sondern vielmehr innerhalb des Kontinents. Denn bisher sind die EU-Mitgliedsstaaten mit wenigen Ausnahmen unfähig, ihre selbst verschuldete Arbeitslosigkeit zu überwinden. Sie bedürfen wegen der Schaffung neuer Arbeitsplätze dringend eines weitreichenden Umbaus ihrer Strukturen sowie einer großen, anhaltenden Anstrengung in der Forschung und anschließend in der technologischen Entwicklung. Sie sind bisher der Aufgabe der Integration von Millionen hier ansässig gewordener Ausländer ebenso wenig gewachsen wie der Vermeidung weiteren Zustroms. Die Europäische Union findet sich seit Maastricht, wo man vor zehn Jahren den Euro beschlossen hat, in einer Stillstandskrise; ihre Institutionen und Verfahren, auch ihre finanzielle Ordnung sind für eine Aufnahme von zehn oder sogar zwölf neuen Mitgliedsländern immer noch nicht vorbereitet. Die politische Führung der EU, die von 1974 bis 1989 von Frankreich und Deutschland mit großem Erfolg ausgeübt worden ist und die den Integrationsprozess Schritt für Schritt vorangebracht hat, bedarf der Erneuerung.

Die Vollendung der Europäischen Union liegt noch in der Ferne – möglicherweise brauchen wir noch einmal fünfzig Jahre. Unterdessen müssen wir uns nicht von Amerika bevormunden lassen.

ZEIT-Nr. 32 vom 1. 8. 2002

Amerikas Hochmut

Strafgerichtshof und Bosnien-Mission: Keine Erpressung, bitte

Von Matthias Naß

Gespensterstunde am East River, in Europa graute schon der Morgen. Für manchen Völkerrechtler zog ein Freudentag herauf, denn an diesem 1. Juli 2002 trat das Statut des Internationalen Strafgerichtshofs in Kraft. In New York aber, im Sicherheitsrat der Vereinten Nationen, legte am 30. Juni der amerikanische Botschafter sein Veto gegen die Verlängerung der Friedensmission in Bosnien-Herzegowina ein. Keine Teilnahme von US-Soldaten, lautete seine Order aus Washington, so lange diesen nicht Straffreiheit vor dem neuen Weltgericht zugesichert wird.

Kaltblütig hat die amerikanische Diplomatie zwei Fäden zu einem Strick zusammengeflochten. Damit könnte sie das frisch geborene Tribunal, das künftig über Völkermord, Kriegsverbrechen und Verbrechen gegen die Menschlichkeit verhandeln soll, schon in der Wiege erdrosseln. Obendrein könnte sie den UN-Friedensmissionen, die auf Amerikas Soldaten und Geld angewiesen sind, mit ihrem Nein den Garaus machen.

Vielleicht waren die Europäer, die den Strafgerichtshof zu ihrer Herzenssache gemacht haben, ein wenig naiv. Vielleicht haben sie die Härte der amerikanischen Ablehnung unterschätzt. Vielleicht haben sie zu rasch pikiert abgewinkt, als ideologische Büchsenspanner der Regierung Bush ihnen »utopische Einfalt« vorwarfen.

Dieser Konflikt rührt an den Kern der transatlantischen Beziehungen. Haben Europäer und Amerikaner die gleiche Vorstellung von einer internationalen Rechtsgemeinschaft? Haben sie denselben Begriff von nationaler Souveränität? Verteidigen sie ihre gemeinsamen Werte mit den gleichen Waffen? Am Ende: Können sie sich aufeinander noch verlassen?

Eine Stimme – wie Luxemburg?

Verkehrte Fronten. Diesmal sind es die Europäer, die pragmatisch argumentieren. Nur theoretisch könne ein US-Bürger vor das Haager Gericht gebracht werden. Denn das werde erst dann aktiv, wenn ein Staat nicht willens oder nicht fähig sei, über schwerste Verbrechen eines seiner Bürger selbst zu urteilen – ein Fall, der in den Vereinigten Staaten schwer vorstellbar sei.

Prinzipiell dagegen der Widerspruch. Kein Amerikaner dürfe vor fremde, demokratisch nicht legitimierte Richter gerufen werden. Kein anderes Land sei an so vielen Militäreinsätzen beteiligt; die Gefahr sei daher groß, dass seine Soldaten aus rein politischen Motiven vor das Völkertribunal gezerrt werden könnten. Ein Staat, dessen Truppen rund um den Globus stationiert seien, könne im Internationalen Strafgerichtshof nicht die gleiche Stimme haben wie Luxemburg oder Nauru.

Worauf die Europäer, nachdem im Gerichtsstatut alle denkbaren Sicherungen gegen einen Missbrauch eingebaut worden sind, nur antworten können: Vor dem Völkerrecht sind alle Staaten gleich. Warum verleugnet ihr Amerikaner, die ihr vor einem halben Jahrhundert diesen Kontinent von der Tyrannei befreit habt, heute das Recht, das ihr als Sieger und weise Richter in Nürnberg gesprochen habt? Das Recht, dem wir alles verdanken: unsere Freiheit, unsere Demokratie, unseren Wohlstand?

Multilateralismus à la carte

Übermut und Kleinmut: Es sind stets dieselben Quellen, aus denen sich der amerikanische Unilateralismus speist, der fatale Hang zu Alleingängen. Die Ablehnung des Kyoto-Protokolls, die Aufkündigung des ABM-Vertrags zur Raketenabwehr, die Absage an das Landminenverbot – jedes Mal gingen die Vereinigten Staaten ihren eigenen Weg. Meist protestierten die Europäer, bald laut, bald kleinlaut. Manchmal sahen sie auch ein, dass sie voreilig Alarm geschlagen hatten – etwa, als sich die Russen flugs mit den Amerikanern beim ABM-Vertrag verständigten.

Dann kam der 11. September, der Amerikaner und Europäer im Schock und im Schmerz vereinte. Und der, so schien es, in der Regierung Bush den Verfechtern einer multilateralen Außenpolitik, abgestimmt mit den Partnern, Auftrieb gab. Doch es blieb beim »Multilateralismus à la carte«, wie es Richard Haass, Planungschef im State Department, einmal formuliert hatte: Wenn möglich, handelt Amerika mit anderen gemeinsam; wenn nötig, handelt es eben allein.

Inzwischen haben die Unilateralisten längst wieder Oberwasser gewonnen. Bush will einen Regimewechsel in Bagdad und die Abhalfterung Arafats in Palästina; mit ihren Bedenken und Einwänden stoßen die Europäer in Washington auf wenig Verständnis. Hat George W. Bush vergessen, was er vor zwei Jahren im Wahlkampf sagte? »Wenn wir eine arrogante Nation sind, werden wir als solche gesehen; wenn wir bescheiden auftreten, wird man uns respektieren.«

Kluge Beobachter wie der Harvard-Politologe Joseph S. Nye wünschten, ihr Präsident erinnerte sich der eigenen Worte. »Sogar eine Supermacht braucht Freunde«, schreibt Nye in seinem jüngsten Buch *(The Paradox of American Power)*. »Unilaterales Handeln kann einfach nicht zu richtigen Ergebnissen führen, wenn es um Probleme geht, die von Natur aus multilateraler Art sind.«

Ist die weltweite Strafverfolgung von Kriegsverbrechen und Völkermord ein solches Problem? Im Prinzip schon, sagt der frühere US-Außenminister Henry Kissinger. Aber ihn schaudert bei dem Gedanken, es werde »die Tyrannei der Richter anstelle jener der Regierungen« gesetzt; allzu oft habe »die Diktatur der Tugendhaften zu Inquisition und Hexenjagd geführt«.

Kissingers Argwohn

Auf den Internationalen Strafgerichtshof blickt Kissinger voller Argwohn – vielleicht auch deshalb, weil ihn selbst von Paris bis Santiago Rechtsanwälte wegen angeblicher Verwicklungen der USA in Verbrechen des Pinochet-Regimes zur Rechenschaft ziehen lassen wollen. Immerhin würdigt er die Tribunale zu Jugoslawien und Ruanda als Präzedenzfälle, die bewiesen hätten, »dass es möglich ist, zu bestrafen, ohne den Prozess allen politischen Urteils und aller Erfahrung zu berauben«. Die »Schwächen und Gefahren« des Strafgerichtshofs, argumentiert er, ließen sich durch Nachverhandlungen ausräumen.

Stattdessen widerrief Bush schroff die von Bill Clinton in letzter Minute geleistete Unterschrift unter das Statut des Gerichtshofs. Der Kongress berät über ein Gesetz, das sogar die gewaltsame Befreiung von GIs erlaubt, die vor den Schranken des Haager Gerichts stehen.

Soll es künftig bei jeder Mandatsverlängerung eines Blauhelm-Einsatzes im Sicherheitsrat zur Kraftprobe kommen? Bis der Strafgerichtshof seine Glaubwürdigkeit verspielt hat (denn was ist ein Weltgericht wert, das von der einzigen Weltmacht unterminiert wird)? Bis die *peacekeeping operations* von Osttimor bis Zypern, vom Libanon bis zum Kosovo abgebrochen werden müssen?

Die Regierung Bush hat sich verrannt. Grund genug zur unmissverständlichen Klarstellung: Freunde, bitte keine Erpressung! Doch wer Amerika kennt, der weiß: Stets hat es geschwankt zwischen Interventionismus und Isolationismus, zwischen Realismus und Idealismus. Zwischen Hybris und Selbstzweifel.

Aber immer wieder hat Amerika Irrwege rasch erkannt, Irrtümer rechtzeitig korrigiert. Hoffen wir, dass es diesmal nicht anders ist. Denn die »unverzichtbare Nation« (Madeleine Albright) wird auch in Den Haag gebraucht. Am Ende wird sie den Weg dorthin wohl finden – ohne dass Marines den Strand von Scheveningen stürmen.

ZEIT-Nr. 28 vom 4. 7. 2002

Der ungeschickte Hegemon

Bushs Doktrin des Präventivkrieges ist richtig. Aber ohne die Vereinten Nationen hat sie keine Zukunft

Von Joseph S. Nye

Der Krieg im Irak macht deutlich, wie dramatisch sich die amerikanische Außenpolitik nach dem 11. September 2001 verändert hat. Einige der Neokonservativen in George Bushs Regierung hegten zwar schon bei ihrem Amtsantritt Anfang 2001 die Absicht, das irakische Regime zu stürzen. Doch in den ersten acht Regierungsmonaten gelang es ihnen nicht, das Thema ganz oben auf die politische Tagesordnung zu bringen. Erst der 11. September eröffnete ihnen die Chance, *ihre* Irak-Politik durchzusetzen. Leider führte ihr Drängen dazu, dass Bushs neue Sicherheitsstrategie am falschen Objekt getestet wurde.

Als Bush im Januar 2001 sein Amt antrat, war er auf eine »realistische« Außenpolitik festgelegt. Er wollte sich auf Großmächte wie China und Russland konzentrieren und nicht auf gescheiterte Nationalstaaten in der weniger entwickelten Welt. China galt fortan als »strategischer Konkurrent« und nicht mehr – wie während der Amtszeit Bill Clintons – als der »strategische Partner«. Und auch Russland gegenüber nahmen die USA eine unbeugsamere Haltung ein.

Bis zum September 2002 hatte Bushs Regierung eine neue Nationale Sicherheitsstrategie vorgelegt. Sie geht davon aus, dass die Vereinigten Staaten »weniger von Flotten und Armeen bedroht sind als vielmehr von verhängnisvollen Technologien, die in die Hände einiger weniger Verbitterter fallen«. Anstelle von strategischer Rivalität »befinden wir großen Mächte der Welt uns heute auf derselben Seite – vereint durch die Gefahr von terroristischer Gewalt und Chaos«.

Unter dieser rhetorischen Oberfläche aus Strategiepapieren lebte die traditionelle Weltpolitik natürlich größtenteils fort. Überdies zog ein Teil der Rhetorik breite Kritik auf sich. Das Dokument posaunte die amerikanische Vorrangstellung nur so heraus, statt den alten Rat Teddy Roosevelts zu befolgen: Wer einen großen Stock trägt, sollte sachte laufen. Amerika wird die Nummer eins bleiben, aber das musste man ja nicht jedem unter die Nase reiben. Die neokonservativen Versprechen wiederum, sich im Irak und in anderen Ländern für Demokratie und Freiheit einzusetzen, erschienen manchem Realisten als gefährliche, weil grenzenlose Unterfangen. Die Pläne schienen in der Tradition Woodrow Wilsons zu stehen, entsprangen jedoch nicht der linken, sondern der rechten Hälfte des politischen Spektrums. Dem Bekenntnis zu Kooperation und Koalitionen folgte weder eine gleichwertige Diskussion über die entsprechenden Institutionen noch die Beachtung der Vereinten Nationen. Und der viel kritisierte Anspruch auf ein Recht auf »vorbeugende Selbstverteidigung«, auf den *pre-emptive strike,* konnte je nach Lesart als übliche Form der Selbstverteidigung oder aber als gefährlicher Präzedenzfall aufgefasst werden.

John Lewis Gaddis, der renommierte Historiker der Universität Yale, hat den jüngsten Strategiewechsel mit jener Neudefinition amerikanischer Außenpolitik verglichen, wie sie in den entscheidenden Tagen der vierziger Jahre vollzogen wurde. Das mag übertrieben sein. Doch die neue Strategie reagiert auf jene tief greifenden Entwicklungen in der Weltpolitik, die der 11. September 2001 ans Licht gebracht hat. Die Globalisierung ist mehr als ein wirtschaftliches Phänomen. Durch sie schrumpften die natürlichen Pufferzonen, mit denen Amerika dank der großen Entfernung zu anderen Mächten und zweier Ozeane ausgestattet war. Besonders beunruhigend sind die Auswirkungen dieser Entwicklung auf den Terrorismus.

Viele Europäer weisen zu Recht darauf hin, dass Terrorismus nichts Neues ist. Sie sind jahrzehntelang damit zurechtgekommen, ohne dass ihre Demokratien sonderlich beeinträchtigt worden wären. Mit dem technologischen Fortschritt jedoch haben die Terroristen im Lauf der Jahrzehnte sowohl an Tötungspotenzial als auch an Beweglichkeit gewonnen, und dieser Trend scheint ungebrochen. Im 20. Jahrhundert brauchten böswillige Leute wie Hitler oder Stalin noch die Macht eines Regierungsapparates, um Millionen Menschen zu töten. Verschaffen sich die Terroristen des 21. Jahrhunderts Massenvernichtungswaffen, so steht diese Zerstörungskraft erstmals abtrünnigen Gruppen oder Einzelpersonen zur Verfügung. Diese »Privatisierung des Krieges« bedeutet einen erheblichen Wandel der Weltpolitik. Es steht zu befürchten, das gewisse Abweichlerstaaten wie der Irak oder Nordkorea solche Terroristengruppen unterstützen. Das hat Bush begriffen und in seiner neuen Strategie zum Ausdruck gebracht.

Nicht im Klaren ist sich die amerikanische Regierung hingegen darüber, wie ihre neue Strategie einzuführen ist. Sie zeigte sich tief zerstritten zwischen Neokonservativen und dezidiert imperialistischen Unilateralisten einerseits und den eher multilateral orientierten, bedächtigen, traditionellen Realisten andererseits. Unmittelbar nach den Anschlägen vom 11. September waren zunächst multilaterale Ansätze gefragt. Der amerikanische Kongress bezahlte endlich seine Schulden bei den Vereinten Nationen, und der Präsident schmiedete engagiert an einer internationalen Koalition gegen den Terrorismus. Aus dem raschen Erfolg des Militäreinsatzes in Afghanistan jedoch zogen einige Regierungsmitglieder und Kommentatoren den Schluss, dass Unilateralismus funktioniert. Der Kolumnist der konservativen *Washington Post* Charles Krauthammer beispielsweise argumentierte, der Erfolg gegen die Taliban-Regierung sei in Wahrheit der Erfolg eines »neuen Unilateralismus« gewesen, bei dem die USA ihre Rolle als »zahmer Weltbürger« abstreiften und unverhohlen ihre eigenen Ziele verfolgten.

In der Irak-Politik wurde das Tauziehen zwischen diesen beiden Strömungen innerhalb der Regierung sichtbar. Im vergangenen August äußerten sich Vizepräsident Cheney und Verteidigungsminister Rumsfeld abschätzig über die Vereinten Nationen und warnten, dass man sich bei einer Rückkehr der UN-Waffeninspektoren in den Irak in einem »falschen Gefühl von Sicherheit« wiegen würde. Traditionelle Realisten unter den Republikanern wie Brent Scowcroft oder James Baker dagegen schalteten sich mit öffentlichen Plädoyers für multilaterale Strategien in die Debatte ein. Präsident Bushs Rede vor den Vereinten Nationen am 12. September 2002 war ein Sieg des Außenministers Colin Powell. Der UN-Sicherheitsrat verabschiedete die Resolution 1441 einstimmig und bürdete damit Saddam Hussein die Last auf, seine Abrüstungsfortschritte nachzuweisen. Dabei war Powell überzeugt, mit den Franzosen eine Abmachung getroffen zu haben: Falls Saddam Hussein seine Verpflichtungen nicht einhielte, würde Paris eine zweite Resolution unterstützen, die den Einsatz militärischer Gewalt billigen würde.

Aber Powells Politik wurde einerseits durch Rumsfelds Ungeduld untergraben und andererseits durch Chiracs Politikwechsel im Januar. Plötzlich schien sich Frankreich mehr auf die Ablehnung eines amerikanischen Gewalteinsatzes zu konzentrieren als auf Saddam Husseins unerfüllte Auflagen. Überdies litt die Glaubwürdigkeit der Bush-Regierung unter ihrer inkonsequenten Rhetorik: Mal rückte sie die Entwaffnung, mal den Regimewechsel im Irak in den Mittelpunkt. Dank plumper diplomatischer Ungeschicklichkeiten beiderseits des Atlantiks standen schließlich immer weniger Saddam Husseins Abrüstungsversäumnisse zur Debatte. Stattdessen ging es um die Macht Amerikas und den Sinn von Präventivschlägen. Dies bedeutete ein Scheitern sowohl der UN als auch der USA. Denn Saddam Hussein ist ein Diktator mit der eindeutigen Absicht, Massenvernichtungswaffen herzustellen – und mit dem unter Beweis gestellten Willen, diese auch einzusetzen.

Seit 1945 bewahrt die Charta der Vereinten Nationen in Artikel 51 den breiten Konsens, dass ein Staat Gewalt nur zur persönlichen oder kollektiven Selbstverteidigung einsetzen darf. Militärische Präventivschläge im Angesicht eines unmittelbar bevorstehenden Angriffs – wie 1967 in Israel – werden weithin als vertretbare Form der Selbstverteidigung betrachtet, aber vorbeugende Kriege, um eine latente Gefahr zu beseitigen, sind nicht anerkannt. Angesichts der neuen Bedrohung durch transnationalen Terrorismus und Massenvernichtungswaffen könnte, wie Präsident Bush argumentiert hat, der Preis für das Abwarten zu hoch sein. Deshalb muss die Definition des »unmittelbar bevorstehenden Angriffs« weiter gefasst werden.

Voraussetzung jedoch für den Übergang von militärischem Zuvorkommen zur kriegerischen Vorbeugung sollte eine irgendwie geartete kollektive Legitimation sein, am besten unter Kapitel 7 der UN-Charta, das Fälle von Bedrohung des Friedens ebenso regelt wie Angriffshandlungen. Ein multilateraler Präventivkrieg kann gerechtfertigt sein, wenn es ein unilateraler Präventivkrieg nicht wäre. Anderenfalls würden die grässlichen Lektionen aus der ersten Hälfte des 20. Jahrhunderts in Vergessenheit geraten, und ein jeder Staat könnte sich als Richter, Geschworenen-Jury und Henker zugleich aufspielen. Ein solcher Präzedenzfall fiele unweigerlich wie ein Fluch auf uns zurück.

Doch auch für erlaubte multilaterale Präventivkriege muss eine sorgfältige Kriterienliste erarbeitet werden, damit die Zahl der künftigen Fälle begrenzt bleibt. Der Irak-Fall freilich erfüllt diese Bedingungen: Der UN-Sicherheitsrat hat die Aggressivität des Regimes hinlänglich verurteilt. Saddam Hussein hat Massenvernichtungswaffen eingesetzt. Er hat den Terrorismus unterstützt. Das Regime unterdrückte jedwede pluralistische Politik. Ein multilateraler Krieg hätte mithin den Anforderungen der Gerechtigkeit genügt. Aber für den Krieg gegen den Irak fehlt eine wichtige Voraussetzung: die breite Koalition von Verbündeten. So wurde der Irak zum Fall eines rechten Krieges zur falschen Zeit.

Es ist zwar unwahrscheinlich, dass die Inspektoren Saddam Hussein noch davon überzeugt hätten, dass die Entwaffnung des Irak seine einzige Überlebenschance darstellt – selbst wenn Bush noch einen oder auch sechs Monate gewartet hätte. Aber die Kriegskoalition hätte auf diese Weise erweitert werden können. Hätte Bush versucht, im Gegenzug zu einem Ja zu einer Inspektionsverlängerung konkrete Abrüstungsziele zu bestimmen sowie ein festes Fristablaufsdatum von Frankreich und Russland zu erhalten, dann hätte er einen weit besseren Präzedenzfall für die neue Bush-Doktrin geschaffen als mit seinem Alleingang.

Meinungsumfragen zeigen, dass die Amerikaner zwar bereit waren, den Gewalteinsatz zu billigen, ein Vorgehen mit breiter internationaler Unterstützung aber vorgezogen hätten. Präsident Bush hat die richtige Frage zum Präventivkrieg gestellt. Aber mangels Ausdauer und diplomatischen Geschicks hat Bush darauf verzichtet, die komplette Checkliste für den Ernstfall abzuarbeiten.

Im Falle von Nordkorea dürfte es für Amerika kaum leichter werden, die neue Strategie durchzusetzen. Im letzten Herbst gab das Regime von Pjöngjang zu, dass man den Bau einer Atomwaffe mit angereichertem Uran anstrebe. Die Regierung Bush reagierte vorsichtig und in Absprache mit Verbündeten. Viele fragen, warum dem Irak mit Gewalt gedroht wurde und Nordkorea nicht. Die Antwort scheint zu sein, dass Abschreckung funktioniert. Wobei es sich in diesem Fall um die Fähigkeit Nordkoreas handelt, die Amerikaner von Militäraktionen abzuschrecken, denn im Kriegsfall könnte das Land die südkoreanische Hauptstadt Seoul konventionell verwüsten.

Pjöngjang nutzt die Ablenkung der Bush-Regierung durch die Irak-Krise aus, um seine Verhandlungsposition zu verbessern. Es hat sich aus dem Nichtverbreitungsvertrag zurückgezogen, Inspektoren der Internationalen Atomenergiebehörde ausgewiesen und angekündigt, dass es mit der Wiederaufbereitung von Plutonium aus verbrauchtem Reaktorwasser beginnen werde. Schätzungen besagen, dass Nordkorea damit innerhalb eines Jahres ein Arsenal von sechs bis acht Atomwaffen zur Verfügung stehen könnte. Angesichts der Bereitschaft des verarmten Regimes, gefährliche Stoffe zu verkaufen, könnte sich hier ein Weg auftun, auf dem Plutonium oder Waffen in die Hände anderer Staaten oder terroristischer Gruppen gelangen könnten.

Die Fälle Irak und Nordkorea offenbaren sowohl die Chance als auch die Grenzen der amerikanischen Vorrangstellung. Die neuen Probleme sind real. Aber das Paradox der amerikanischen Macht besteht in einer veränderten Weltpolitik, in der das stärkste Land seit dem Römischen Reich einige seiner vordringlichsten internationalen Ziele nicht durch alleiniges Vorgehen erreichen kann. Präsident Bush hat die neuen Herausforderungen seit dem 11. September 2001 richtig erkannt. Möge er lernen, mit anderen Ländern besser zusammenzuarbeiten, um sich diesen Herausforderungen auch erfolgreich zu stellen.

Aus dem Englischen von Andreas Ross

ZEIT-Nr. 17 vom 16. 4. 2003

Nicht nur einer wird gewinnen

Amerika gegen den Rest der Welt – das kann nicht gut gehen. Europa setzt dem Einfluss der Vereinigten Staaten Grenzen

Von Charles A. Kupchan

Beim Kampf der USA um eine politische Ordnung im Irak zeichnet sich immer noch kein Ende ab. Somit ist es noch zu früh, darüber zu urteilen, wie der Irak-Krieg und der Riss in den transatlantischen Beziehungen, der mit ihm entstand, die zukünftige Entwicklung des internationalen Staatensystems beeinflussen werden.

Eine Auffassung besagt, dass die Vereinigten Staaten nunmehr ihre überwältigende militärische Macht und ihren Willen bewiesen hätten, sie auch einzusetzen. Woraus eindeutige Lehren zu ziehen seien: Deutschland, Frankreich und Russland sollten lieber alles in ihren Kräften Stehende tun, um sich mit der einzigen Supermacht der Welt auf guten Fuß zu stellen, und alle Schurkenstaaten könnten sich schon mal auf das Schlimmste gefasst machen. Ein neues amerikanisches Jahrhundert kündige sich an.

Einer anderen Sicht der Dinge zufolge bedeutete der Krieg das genaue Gegenteil: das Ende des amerikanischen Zeitalters. Die USA haben ihre neue Doktrin vom Präventivkrieg und ihren Anspruch auf Vorherrschaft in die Tat umgesetzt. Aber sie haben damit auch gegen das Urteil der Weltmeinung gehandelt und ihre internationale Legitimation beschädigt. Amerikas gütige Hegemonie ist nicht mehr gar so gütig. Von jetzt an werden sich die anderen Nationen dem amerikanischen Führungsanspruch eher widersetzen, als sich hinter den USA zu sammeln.

Diese zweite Ansicht dürfte die zutreffende sein. Der Krieg im Irak war nur ein Symptom, nicht die Ursache für die Kluft, die sich jetzt zwischen Amerika und dem größten Teil der restlichen Welt auftut. Die meisten Mitglieder des UN-Sicherheitsrats hatten sich von vornherein darauf eingestellt, Washingtons Drängen auf einen Krieg Widerstand entgegenzusetzen. Denn sie waren längst zu der Überzeugung gelangt, dass die Vereinigten Staaten eine größere Bedrohung für die internationale Stabilität darstellten als der Irak. Der amerikanische Unilateralismus, der von den Verletzungen und der Wut genährt wird, die der 11. September zurückgelassen hat, zerreißt das Gefüge der internationalen Gemeinschaft.

Obwohl Amerikas militärische Überlegenheit über Jahrzehnte hinweg unantastbar bleiben dürfte, wird dieser grundlegende Wandel in der Wahrnehmung amerikanischer Macht und ihrer Ziele die Stellung der USA als einzige unangefochtene Supermacht langsam, aber sicher untergraben. Viele Länder gehen jetzt auf Distanz zu den Vereinigten Staaten und befördern damit den Übergang in eine Welt, die aus mehreren Machtzentren besteht. Die Wiederkehr einer multipolaren politischen Landschaft wird die Konkurrenzinstinkte wieder erwecken, die durch die Vorherrschaft der USA in Schach gehalten worden waren. Es gehört zu den zentralen Herausforderungen der Weltgemeinschaft, sich auf diesen Umbruch vorzubereiten.

Die meisten politischen Beobachter stimmen zwar darin überein, dass die gegenwärtigen Erschütterungen der transatlantischen Beziehungen die schwerwiegendsten seit dem Zweiten Weltkrieg seien. Doch sie betrachten diesen Zustand als vorübergehend. Er sei die Folge negativer Wesenseigenheiten der Bush-Regierung. Das ist jedoch eine gefährliche Illusion. Unter der Oberfläche macht die internationale Ordnung grundlegende Veränderungen durch, die nicht mehr umkehrbar sind.

Der Aufstieg eines selbstbewussteren und zuversichtlicheren Europa ist eine wesentliche Triebkraft dieses Umbruchs. Das Volkseinkommen der EU nähert sich dem der USA, und der Euro gewinnt gegenüber dem Dollar ständig an Boden. Investoren tendieren mehr und mehr zu Euro-Anlagen, was für Amerika, das in hohem Maße von Zuflüssen ausländischen Kapitals abhängig ist, zu einer ökonomischen Achillesferse werden könnte.

Das stetige Heranwachsen Europas zu einem alternativen Zentrum der Macht hat aber nicht nur eine wirtschaftliche Seite. Die EU-Mitglieder

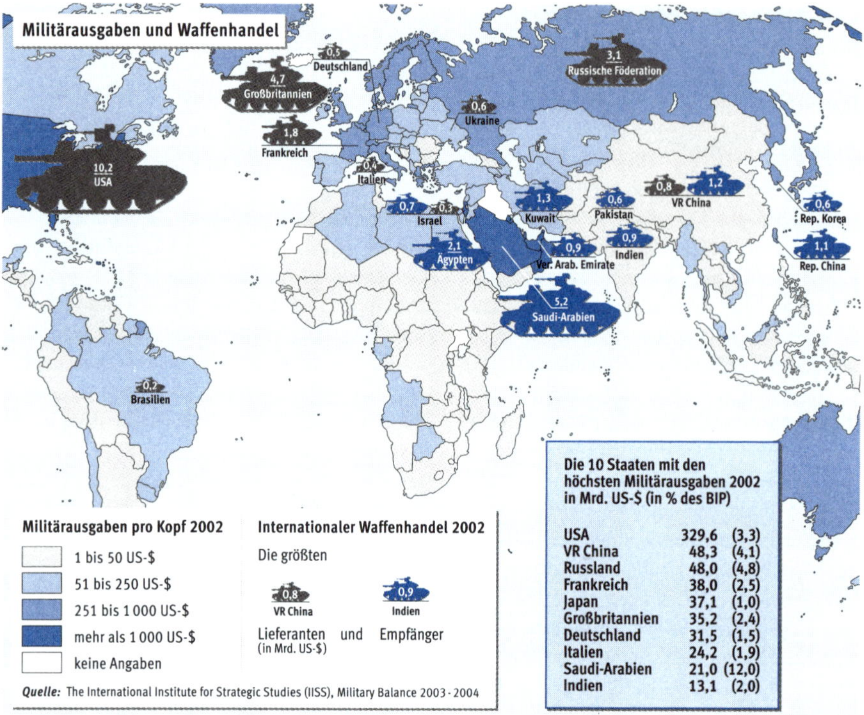

Die 10 Staaten mit den höchsten Militärausgaben 2002 in Mrd. US-$ (in % des BIP)

USA	329,6	(3,3)
VR China	48,3	(4,1)
Russland	48,0	(4,8)
Frankreich	38,0	(2,5)
Japan	37,1	(1,0)
Großbritannien	35,2	(2,4)
Deutschland	31,5	(1,5)
Italien	24,2	(1,9)
Saudi-Arabien	21,0	(12,0)
Indien	13,1	(2,0)

debattieren derzeit über die Verabschiedung einer gemeinsamen Verfassung sowie über die Ernennung eines einzigen Außenministers und eines direkt gewählten Ratspräsidenten. Die EU hat die USA als wichtigsten diplomatischen Vermittler auf dem Balkan abgelöst, und die EU-Erweiterung wird den Einfluss der Union auf ganz Mittel- und Osteuropa verstärken. Die europäischen Neumitglieder sind von der Entwicklung der Union zu einem Gegenspieler der USA zwar weit weniger begeistert als die alten EU-Staaten. Aber in dem Maße, wie die europäische Sicherheitsstruktur unvermeidlicherweise europäischer und weniger atlantisch wird, muss auch den Mitteleuropäern klar werden, dass es in ihrem eigenen Interesse liegt, ihr Gewicht in eine starke EU einzubringen.

Kein Zweifel, die Anstrengungen der EU, ihre militärischen Fähigkeiten zu vergrößern, bleiben weit hinter den Fortschritten auf der ökonomischen und politischen Ebene zurück. Aber es gibt auch hier ermutigende Anzeichen. Frankreich erhöht seine Verteidigungsausgaben um 20 Prozent. Und unter dem Eindruck der Turbulenzen des Irak-Konflikts planen Deutschland, Frankreich, Belgien und Luxemburg neue Schritte zur Vertiefung ihrer Verteidigungsgemeinschaft.

Selbst bei optimistischsten Annahmen wird die EU Amerikas militärische Übermacht in absehbarer Zeit nicht infrage stellen können – wenn überhaupt jemals. Aber Europas Sicherheit wird in Zukunft in viel geringerem Maße von den Vereinigten Staaten abhängen als bisher. Das wird seine Unabhängigkeit fördern und seinem Willen, sich gegenüber Amerika zu behaupten, Auftrieb geben. Die Veränderungen auf der anderen Seite des Atlantiks sind ebenfalls von grundlegender Art. Statt seine Führungsrolle auf Konsens und die Zusammenarbeit mit internationalen Institutionen zu gründen, hat sich Amerika einem sturen Unilateralismus verschrieben. Der Grund ist nicht allein George W. Bush. Es gibt dafür tiefere Ursachen.

Der Unilateralismus ist ein fester Bestandteil der amerikanischen Kultur mit ihrer Fixierung auf Freiheit und Selbstbestimmung. Nach dem Ende des Kalten Krieges und seiner Gefahren, die Amerika an seine Verbündeten und an internationale Organisationen fesselten, setzt sich diese libertäre Tradition wieder durch. Das bodenständige amerikanische »Kernland« – es ist der am schnellsten wachsende Teil des Landes – bevorzugt solche populistischen Neigungen. Und der 11. September hat die Kräfteverhältnisse bei Wahlen auf viele Jahre hinaus nach rechts verschoben – es ist jetzt politisch gefährlich geworden, sich gegen die Falken zu stellen.

Die prägende geopolitische Entwicklung dieses Jahrzehnts wird deshalb voraussichtlich die Trennung zwischen einem aufstrebenden Europa und einem schwierigen Amerika sein, was zu einer inneren Spaltung des Westens führen wird. Zwar ist es unwahrscheinlich, dass die USA und die EU durch die Auflösung der atlantischen Allianz zu Feinden werden, mit Sicherheit aber entwickeln sie sich zu ausgeprägten Konkurrenten. Wegen der militärischen Unterlegenheit Europas wird es keine bipolare Welt geben. Weil sich Europa aber entschiedener gegen Amerika behaupten kann, wird die Welt auch nicht unipolar sein.

Zu Beginn des zweiten Jahrzehnts dieses Jahrhunderts wird sich die geopolitische Achse wahrscheinlich zum Pazifik hin verschieben. China entwickelt sich nach und nach zu einer erstrangigen Wirtschaftsmacht – möglicherweise mit entsprechender militärischer Stärke. Japan wird sich irgendwann aus der Rezession befreien und zum Aufstieg Asiens beitragen. Dieses Jahrhundert wird weder Amerika, Europa noch Asien gehören – sondern niemandem.

Somit tritt die Welt in eine Epoche des geostrategischen Umbruchs ein und nicht in eine Ära fortgesetzter US-Hegemonie. Veränderungen im System zwischenstaatlicher Beziehungen sind immer mit Gefahren verbunden; es ist daher unbedingt nötig, den Wandel zur Kenntnis zu nehmen und eine Strategie zu entwickeln, wie er friedlich bewältigt werden kann.

Eine effektive Strategie des Umgangs mit diesen Herausforderungen hat drei Bestandteile. Erstens muss Amerika wieder entdecken, dass der Multilateralismus zumindest einige Vorteile hat. Geschieht dies nicht, wird das internationale Gleichgewicht zusammenbrechen, und Europa und Amerika werden eine hässliche Scheidung statt einer freundschaftlichen Trennung erleben. Es kann sein, dass sich in den USA die vernünftigen Stimmen wieder Gehör verschaffen, auch wenn das politische Klima weiterhin von der Furcht vor dem Terrorismus durchdrungen bleibt. Sollten jedoch die Mechanismen der Selbstkorrektur versagen, obliegt es anderen, vor allem den Europäern, Amerika Zügel anzulegen.

Ein Europa, das seine Anstrengungen zum Aufbau einer Union, die auf der weltpolitischen Bühne gemeinsam handeln kann, verdoppelt, ist der zweite entscheidende Faktor einer neuen Strategie. Zurzeit befindet sich die EU in einem Niemandsland. Sie ist zu stark, um Amerikas Vasall, aber auch zu schwach und zu gespalten, um entweder ein effektiver Partner oder ein nennenswerter Gegenspieler der USA zu sein. Das fordert die Geringschätzung Washingtons heraus. Wenn die USA es aber mit einem starken und zielstrebigen Europa zu tun haben werden, wird es für sie zumindest eine Option sein, eine ausgewogenere, reife Partnerschaft mit Europa zu pflegen. Ob sich nun Amerika als vernünftig genug erweist, den Multilateralismus wiederzubeleben oder nicht, die EU wird am Ende als ein verantwortliches Machtzentrum dastehen, das seinen Teil dazu beiträgt, einer unsicheren Welt Halt zu geben.

Das gemeinsame Bemühen, China und andere sich entwickelnde Regionen in die globalen Märkte und Institutionen einzubeziehen, macht die letzte Komponente einer Strategie aus, die den Rückweg in die Multipolarität ebnen kann. Nur so kann erreicht werden, dass sich China mit Amerika und Europa abstimmt, statt seine Macht gegen sie zu richten. Das wird nicht zuletzt eine Entschärfung jener Verhältnisse möglich machen, die Instabilität, Proliferation von Waffen und Terrorismus hervorbringen. Das ist eine enorme Aufgabe – was umso mehr unterstreicht, wie dringend ein gezähmtes Amerika und ein geschlossenes Europa gebraucht werden.

Aus dem Englischen von Richard Herzinger

ZEIT-Nr. 22 vom 22. 5. 2003

Wenn die Macht Recht spricht

Eine konservative Revolution bedroht das weltgeschichtliche Erbe Amerikas. Jetzt muss Europa die westlichen Werte verteidigen

Von Heinrich August Winkler

Erlebt Amerika derzeit, was es in Deutschland vor über sieben Jahrzehnten gab: eine »Konservative Revolution«? So nannte und nennt man jene Bewegung der intellektuellen Rechten, die in den Jahren vor und nach 1930 zum Sturm auf den liberalen Zeitgeist aufrief. Einer ihrer einflussreichsten Vertreter war der Staatsrechtler Carl Schmitt. 1927 legte er einen seiner berühmtesten Essays, *Der Begriff des Politischen*, vor. Die spezifisch politische Unterscheidung sei die zwischen Freund und Feind, so lautete die alsbald leidenschaftlich diskutierte Kernthese. Der Rezensent, der sich am gründlichsten auf Schmitt einließ, war der deutsche Philosoph Leo Strauss. An der Freund-Feind-Lehre fand er nichts auszusetzen. An Schmitts Liberalismuskritik aber bemängelte er, sie sei nicht radikal genug, weil sie sich noch im »Horizont des Liberalismus« bewege. Zur Vollendung könne diese Kritik nur kommen, wenn es gelinge, »einen Horizont jenseits des Liberalismus« zu gewinnen.

Von 1937 bis zu seinem Tod im Jahre 1973 lehrte Strauss in den USA, am längsten an der Universität von Chicago. Er wurde zum Mittelpunkt einer Schule, die sich Neoconservatives nennt und unter Bush dem Jüngeren fand, was Carl Schmitt letztlich vergeblich gesucht hatte: den »Zugang zum Machthaber«. Zu den bekanntesten Straussianern gehören heute der stellvertretende Verteidigungsminister Paul D. Wolfowitz, der Begründer des neokonservativen Zentralorgans *Weekly Standard*, William Kristol, und Gary Schmitt aus der Chefetage des Project for the New American Century, eines der neokonservativen Think Tanks. Sie sind auf dem Weg, den ihnen Strauss gewiesen hat: der Vollendung der Liberalismuskritik von Carl Schmitt.

Abkehr von den Gründervätern

Natürlich ist der amerikanische Neokonservativismus nicht einfach eine Kopie der deutschen Konservativen Revolution. Die jungkonservativen Gegner der Weimarer Republik verachteten die westlichen Werte, die amerikanischen Neokonservativen halten sie hoch. Sie wollen diesen Werten, die ja in erster Linie aus der amerikanischen Revolution stammen, in der ganzen Welt zur Geltung verhelfen. Aber die Art, wie sie es tun, bringt sie mit ebendiesen Werten in Konflikt. In der Unabhängigkeitserklärung vom 4. Juli 1776 bekannten sich die Gründerväter der USA zur »geziemenden Rücksichtnahme auf die Meinung der Menschheit« *(»a decent respect to the opinions of mankind«).* Davon ist bei den Wortführern der heutigen Neokonservativen nichts übrig geblieben. Wer sich ihrer voluntaristischen Weltsicht nicht anschließt, den verachten sie. In ihrem Freund-Feind-Denken sind sie würdige Nachfolger des Deutschen Carl Schmitt.

Die Neokonservativen wären nicht ins Zentrum der Macht gelangt, hätten sie nicht einflussreiche Verbündete, obenan den protestantischen Fundamentalismus mit dem »wiedergeborenen Christen« im Weißen Haus an der Spitze. Viele dieser Fundamentalisten glauben an den heilsgeschichtlichen Auftrag Amerikas, die Welt von der Tyrannei des Bösen zu erlösen, und sie leiten daraus den Gedanken einer Weltmission im Dienste von Fortschritt, Freiheit und Demokratie ab. Dieser Glaube ist älter als die Vereinigten Staaten selbst. Es ist der Geist des radikalen Puritanismus, der schon die Pilgrim Fathers beflügelte.

Der politische Messianismus der zweiten Ära Bush hat also viele Väter. Das Sendungsbewusstsein der Neokonservativen und der christlichen Fundamentalisten verstärkt sich wechselseitig. Die »reinen« Machtpolitiker, zu denen man Vizepräsident Dick Cheney und Verteidigungsminister Donald Rumsfeld rechnen muss, halten zwar nicht viel von ideologischer Politik, ob sie nun im christlichen oder im neokonservativen Gewand auftritt. Aber solange es um geostrategische und um Erdölinteressen geht, fallen die Unterschiede zwischen den »rechten«

Denkschulen nicht sehr stark ins Gewicht. Beim Irak-Krieg waren, in der Nahostpolitik sind sie sich im Wesentlichen einig. Ihr gemeinsamer Nenner ist der Unilateralismus: die Überzeugung, dass Amerika so stark ist, dass es auf internationale Organisationen und widerspenstige Bündnispartner im Zweifelsfall keine Rücksicht mehr nehmen muss.

Außer Außenminister Colin Powell gibt es kaum noch ein maßgebliches Mitglied der Administration, das man, wenn auch nur sehr bedingt, zu den Multilateralisten, den Anhängern einer engen Zusammenarbeit mit den Vereinten Nationen und den europäischen Mitgliedern der Nato, zählen kann. Jenseits des Regierungslagers haben die Multilateralisten mehr Einfluss. Doch die Europäer sollten sich keine Illusionen machen. Multilateralismus wird in Amerika anders buchstabiert als in Europa. Der renommierte Völkerrechtler Michael J. Glennon, der alles andere als ein »Bushist« ist, hat im neuesten Heft der Zeitschrift *Foreign Affairs* zustimmend den Neokonservativen Francis Fukuyama zitiert: »Die Amerikaner neigen dazu, keine höhere Quelle demokratischer Legitimität anzuerkennen als den Nationalstaat.« So ist es, und so wird es wohl auch bleiben, wenn der Präsident nicht mehr George W. Bush heißt: Die USA sind die einzige weltweit agierende Supermacht, und sie sind ein uneingeschränkt souveräner klassischer Nationalstaat.

Darin liegt der fundamentale Unterschied zwischen den Vereinigten Staaten und Europa. Die Europäische Union ist keine Supermacht, und ihre Mitgliedsstaaten sind, auch wenn es noch nicht alle eingesehen haben, keine klassischen Nationalstaaten mehr. Sie sind postklassische, supranational eingebundene Nationalstaaten, die ihre Souveränität teilweise gemeinsam ausüben. Ihr Bekenntnis zum Multilateralismus entspricht ihren historischen Erfahrungen und ihren politischen Interessen. Sie werden folglich immer wieder versuchen, Amerika im Sinne einer multilateralen Politik zu beeinflussen. Aber eines wird ihnen schwerlich gelingen: eine europäische *reeducation* der USA. Dass Amerika zugunsten supranationaler Institutionen auf wesentliche Souveränitätsrechte verzichten wird, ist eine ehrenwerte, aber keine realistische Hoffnung.

Soll Europa also tun, wozu ihm manche Kommentatoren raten und was für manche Praktiker bereits eine ausgemachte Sache ist: nämlich gegenüber den USA zur »Realpolitik« zurückkehren? Die vermeintlichen »Realpolitiker« argumentieren frei nach Gertrude Stein: Eine Großmacht ist eine Großmacht ist eine Großmacht. Da die Vereinigten Staaten die einzige verbliebene Supermacht sind, lohnt es nicht, mit ihnen zu rechten. Bei solchen Auseinandersetzungen kann der Schwächere immer nur den Kürzeren ziehen. Also ist es spätestens jetzt an der Zeit, die unterschiedlichen Meinungen über den Irak-Krieg auf sich beruhen zu lassen.

Doch so einfach wird das nicht gehen. Denn selbst wenn sich die öffentliche Meinung in Deutschland und Frankreich an die Aufrufe zur »Realpolitik« halten sollte, in Großbritannien und den USA tut sie es nicht. Die schonungslose, offene Debatte über die Rolle der Regierungen und der Geheimdienste bei der Vorbereitung des Irak-Krieges beweist eine der größten Stärken der westlichen Demokratie: ihre Fähigkeit zur Selbstkritik und Selbstkorrektur. Diese Fähigkeit kann sich aber nur frei entfalten, wenn es Institutionen gibt, die Meinungsvielfalt ermöglichen, und Werte, an die alle Verfassungsorgane gebunden sind. Eine »Realpolitik«, die nur die Wirklichkeit der Macht, nicht aber die Wirksamkeit von Werten anerkennt, mag in einem autoritären Staatswesen möglich sein. Eine Demokratie, die sich einer solchen Auffassung von Politik verschreibt, gerät in einen Widerspruch zu ihren normativen Grundlagen und damit in eine schwere Legitimationskrise.

Mangelhaftes Völkerrecht

Die Vereinigten Staaten würden, wenn sie dem uramerikanischen Prinzip der *rule of law*, der Herrschaft des Rechts, in den internationalen Beziehungen abschwören, mit dem Gesetz brechen, nach dem sie bei ihrer Gründung angetreten sind. Die Nationale Sicherheitsstrategie, die Präsident Bush am 17. September 2002 unterzeichnet hat, bedeutet einen großen Schritt in diese Richtung. Die Bush-Doktrin erhebt für die USA den Anspruch auf ein globales Interventionsrecht, wann immer sie ihre nationale Sicherheit bedroht sehen. Die Gefahr muss durchaus nicht so konkret sein, dass sie unter den Begriff der »unmittelbaren Bedrohung« fällt, die nach der Charta der Vereinten Nationen das Recht auf Selbstverteidigung begründet.

Die »asymmetrische Bedrohung« durch einen neuartigen, nichtstaatlichen, internationalen Terrorismus rechtfertige vielmehr vorbeugende Maßnahmen, für die ein Mandat des Weltsicherheitsrates nicht unbedingt erforderlich sei: Das ist der Kern der Bush-Doktrin, die man durchaus einen revolutionären Bruch mit dem (wesentlich von den USA geschaffenen) modernen Völkerrecht nennen darf.

Europa kann sich mit diesem Diktat nicht abfinden. Aber es genügt auch nicht, auf dem Zustand vor dem Irak-Krieg, der ersten praktischen Anwendung der Bush-Doktrin, oder vor den Terroranschlägen vom 11. September 2001 zu beharren. Das Völkerrecht ist ein mangelhaftes Recht, und es bedarf ebenso der Weiterentwicklung, wie die Vereinten Nationen einer grundlegenden Reform bedürfen. Zwischen dem Anspruch eines Staates auf Achtung seiner Souveränität und seiner Pflicht zur Wahrung der unveräußerlichen Menschenrechte kann ein so extremes Spannungsverhältnis eintreten, dass »humanitäre Interventionen« selbst ohne ausdrückliche Ermächtigung durch den Sicherheitsrat der UN gerechtfertigt sein können. (An diese Maxime hat sich die Nato 1999 bei ihrem militärischen Eingreifen im Kosovo gehalten.) Berechtigt ist auch die Frage, ob die Neuartigkeit des globalen Terrorismus eine Neubestimmung des Begriffs der »unmittelbaren Bedrohung« erfordert.

Eine Europäische Sicherheitsstrategie, die diesen Namen verdient, kann zur Weiterentwicklung des Völkerrechts nicht schweigen. Sie sollte dem auf das Militärische verengten Sicherheitsdenken der derzeitigen Washingtoner Administration einen umfassenden Sicherheitsbegriff gegenüberstellen, der politische, soziale und interkulturelle Anstrengungen zur Milderung und Lösung von Konflikten einschließt. Die Mitglieder der EU werden mehr als bisher für ihre gemeinsame äußere Sicherheit tun und diese arbeitsteilig organisieren müssen, wenn sie ihre einseitige Abhängigkeit von den USA verringern wollen. Andernfalls werden die Proteste gegen den amerikanischen Unilateralismus nur ein Ausdruck europäischer Ohnmacht bleiben.

Das Elend der »Realpolitik«

Eine Abkehr von Amerika bedeutet dieser europäische Weg nicht. Mit den Vereinigten Staaten verbindet die Europäische Union die Zugehörigkeit zur politischen Kultur der westlichen Demokratie. Deswegen wäre es ein Irrweg, der erweiterten EU (oder ersatzweise irgendeinem »Kerneuropa«) eine politische Identität zuzuschreiben, die im Wesentlichen von der Abgrenzung gegenüber den USA lebt. Europa kann aber auch die Erfahrungen nicht verdrängen, durch die es geprägt ist. Diese Erfahrungen sollten den Alten Kontinent gegenüber verkürzten Auffassungen von »Realpolitik« skeptisch machen, in denen für normatives Denken kein Platz ist – skeptisch aber auch gegenüber einem ahistorischen Wunschdenken, das sich über jede widerstrebende Realität mit einem Willensakt hinwegsetzen zu können glaubt.

Wenn die westliche Wertegemeinschaft nicht zur bloßen Floskel werden soll, müssen die Meinungsverschiedenheiten unter den transatlantischen Partnern offen ausgetragen werden. Ohne einen Konsens in der Frage, auf welchen Normen die neue Weltordnung aufgebaut werden soll, hätte das atlantische Bündnis keine politische Zukunft. Wer diesen Konsens erreichen will, muss dafür sorgen, dass sich zunächst einmal die alten und die neuen Mitglieder der Europäischen Union darauf verständigen, was sie gemeinsam zur Verteidigung der westlichen Werte tun wollen.

ZEIT-Nr. 26 vom 18. 6. 2003

Präzisionswaffe Völkerrecht

Die Demokratien müssen sich verbünden – zu einer neuen Kraft innerhalb der UN

Von Anne-Marie Slaughter

Die Vereinigten Staaten von Amerika und die Europäische Union sollten ihre Kräfte vereinen. Denn es gilt, die gemeinsame Vision einer weltweiten politischen Ordnung zu verwirklichen. Die wichtigste Plattform, auf der diese Anstrengung stattfinden muss, bieten die Vereinten Nationen. Damit aber die UN ihre Rolle ausfüllen können, müssen die USA und die EU auf eine Reform der Weltorganisation hinarbeiten.

Von welcher Vision ist hier die Rede? Es geht um die Ausbreitung der Gemeinschaft liberaler Demokratien. Die EU hat auf dem Gebiet des internationalen Rechts Pionierarbeit geleistet, indem sie Kriterien für eine liberale Demokratie aufstellte und deren Erfüllung zur Aufnahmebedingung für neue Mitglieder gemacht hat. Der Europäische Gerichtshof für Menschenrechte stellt ähnliche Anforderungen. Die Nato zog nach, als sie sich ausdrücklich nicht nur dem Prinzip kollektiver Sicherheit verpflichtete, sondern ebenso der Förderung der kollektiven Freiheit und des Wohlstands mit Hilfe der Demokratie. Und auch die Organisation für Sicherheit und Zusammenarbeit in Europa (OSZE) hat sich der Fortentwicklung von Demokratie und Menschenrechten verschrieben.

Zudem verfügt die EU über eine wegweisende kollektive Regierungsform, die ein Minimum an gegenseitiger Angleichung der nationalen politischen Systeme verlangt. Die Regierungsform der EU stützt sich sowohl auf Netzwerke nationaler Beamter als auch auf supranationale Institutionen wie die EU-Kommission, den Europäischen Gerichtshof und das Europäische Parlament. Dieses Geflecht aus nationalen Entscheidungsträgern, Richtern und Parlamentariern hilft dabei, neuen Beitrittsländern die Werte der liberalen Demokratie zu vermitteln. Man denke zum Beispiel an die European Commission for Democracy through Law (Europäische Kommission für Demokratie durch Recht), die so genannte Kommission von Venedig. Sie unterhält eine Website und ein Bulletin, wo man die Urteile von Verfassungsgerichten ganz Europas, Amerikas und der ganzen Welt nachlesen kann. Ihr erklärtes Ziel ist es, den Austausch von Ideen und Informationen »zwischen den alten und neuen Demokratien auf dem Gebiet der Rechtsprechung« zu erleichtern und damit die »neu etablierten Verfassungsgesetzgebungen in Mittel- und Osteuropa« zu unterstützen.

Die Vision, die Werte der liberalen Demokratie zu verbreiten, ist Ausdruck einer gemeinsamen westlichen Hoffnung auf weltweiten Frieden und Wohlstand. Sie stammt aus dem Innersten unseres transatlantischen Erbes. Amerikaner und Europäer teilen die Vorstellung, wie ein angemessenes Verhältnis zwischen den Einzelnen und ihrer Regierung auszusehen habe. Die Bürger eines Landes oder eines Gemeinwesens sollen sich in der Form einer repräsentativen Demokratie selbst regieren. Aber auch nachdem die Bürger eine Regierung eingesetzt haben, müssen sie ihr gegenüber unverletzliche Rechte behalten – das Recht auf Leben, Freiheit, Gleichheit und Eigentum. Wie diese Werte im Verhältnis zueinander jeweils gewichtet werden und welches Ausmaß von Schutz ihnen dementsprechend gewährt wird, ist von Land zu Land unterschiedlich. Die Grundlage aber ist dieselbe.

Sie ist inzwischen nicht nur die Basis unserer nationalen Verfassungen, sondern auch des internationalen Rechts. Die Allgemeine Erklärung der Menschenrechte ebenso wie die Konventionen über bürgerliche und politische sowie über ökonomische, soziale und kulturelle Rechte begründen ein übergreifendes Recht auf demokratische Selbstregierung. Der ehemalige UN-Generalsekretär Butros Butros-Ghali und sein Nachfolger Kofi Annan haben dies ausdrücklich als ein Teil des Selbstverständnisses der Vereinten Nationen bezeichnet.

Wenn sie zusammenarbeiten, haben die USA und die EU alle notwendigen Mittel in der Hand, ihrer Vision Nachdruck zu verleihen. Die Vereinigung von Amerikas militärischer Macht mit den zivilen Fähigkeiten der EU – Friedenssicherung, Aufbau der Demokratie, Ausbau von

Handelsbeziehungen – ergibt eine unschlagbare Kombination. In manchen Fällen wie im Kosovo, in Afghanistan und im Irak müssen die USA und ihre Alliierten militärische Gewalt einsetzen, um ein Regime zur Einhaltung des internationalen Rechts zu zwingen. In der Phase nach den unmittelbaren Kriegshandlungen mit ihren unvermeidlichen und schrecklichen Folgen von Tod und Zerstörung aber wird zivile Macht umso wichtiger. Kein Zweifel: Gewalt ist eine Option im Kampf gegen Regierungen, die sowohl ihre eigene Bevölkerung als auch andere Staaten bedrohen. Der prinzipielle Zweck der Anwendung militärischer Macht kann aber nur die Unterstützung einer langfristigen Diplomatie des Drucks sein.

Eine Partnerschaft zwischen den USA und der EU in dieser Frage wird allerdings nur im Rahmen der Vereinten Nationen funktionieren – der übergeordneten Weltorganisation, die für Sicherheit und Frieden in der ganzen Welt zuständig ist. Die USA und die EU könnten das Kernstück einer Allianz der liberalen Demokratien sein, doch die gesamte Allianz reicht viel weiter. Sie existiert bereits: Sie wurde auf einer Konferenz in Warschau 1999 ins Leben gerufen. Zu den Initiatoren dieser Gemeinschaft der Demokratien gehören die Republik Korea, Indien, die USA, Mexiko, Chile, Polen, Tschechien, Portugal, Mali und Südafrika.

Die USA und die EU sollten diesen Gedanken eines globalen Demokratiebündnisses in die UN selbst hineintragen und dort eine Fraktion liberaler Demokratien gründen. Sie sollte allen UN-Mitgliedern offen stehen, die genau ausgearbeitete Kriterien im Sinne demokratischer Rechtsstaatlichkeit erfüllen und bereit sind, für eine Reihe gemeinsamer Ziele zu arbeiten. Zu den Aufgaben dieses Gremiums würde die Entscheidung gehören, ob und wann zur Verteidigung der Rechte von Individuen gegenüber ihren Regierungen wie auch der Rechte von Regierungen untereinander Gewalt eingesetzt werden muss.

Dabei gilt es, den Menschenrechtsaspekt auf allen Arbeitsebenen der UN gleichwertig mit dem Sicherheitsaspekt zu verbinden. Anders gesagt: Liberale Demokratien müssen gemeinsam darauf hinwirken, die Begriffe humaner und staatlicher Sicherheit miteinander zu vereinen. Die kanadische Regierung hat hart daran gearbeitet, eine Definition humaner Sicherheit zu entwickeln, die das traditionelle Verständnis von staatlicher Sicherheit ergänzen kann. Humane Sicherheit bedeutet demnach »Freiheit von massiven Drohungen gegen die Rechte, die Sicherheit oder das Leben von Menschen«. Ab einem bestimmten Punkt kann eine Regierung, die sich als unfähig erweist, ihren eigenen Bürgern ein Minimum an humaner Sicherheit zu gewähren, nicht mehr als legitim betrachtet werden. Dies ist der Fall, wenn sie entweder ihr Machtmonopol verloren hat, das sie überhaupt erst zu einer Regierung macht. Oder wenn sie ihre Macht, unkontrolliert von internen Institutionen oder einer heimischen Opposition, gegen das eigene Volk wendet. Wann genau dieser Punkt erreicht wird, lässt sich schwer sagen. Aber wenn er erreicht ist, wird eine solche Regierung zu einer Bedrohung nicht nur für ihr eigenes Volk, sondern auch für andere Staaten.

Das klingt wie ein Fahrplan für »Regimewechsel«. Für die Vereinten Nationen, die auch auf dem Prinzip der Souveränität und der Nichteinmischung in die nationalen Gesetzgebungen ihrer Mitglieder basieren, klingt dieser Begriff erschreckend. Und in der Tat: Besser, als Repressalien gegen ganze Regierungen in Gang zu setzen, ist es, einzelne Regierungsvertreter ins Visier zu nehmen, die schwere und systematische Menschenrechtsverletzungen, Verbrechen gegen die Menschlichkeit, massive Kriegsverbrechen oder Völkermord begangen haben. Den UN-Sicherheitsrat auf eine Strategie internationaler Strafverfolgung festzulegen bringt viele Vorteile. Strafrechtliche Verfolgung kann als frühe Verteidigungslinie gegen die Bedrohungen der internationalen Sicherheit dienen. Und es wird damit in Rechnung gestellt, was das internationale Recht bereits ausdrücklich festhält: dass es Einzelne sind, die Befehle für Mord, Folter, Deportation und Zerstörung geben.

So hätte Slobodan Milošević schon als Kriegsverbrecher unter Anklage gestellt werden sollen, nachdem er seinen ersten Befehl zu einer ethnischen Säuberung gegeben hatte. Saddam Hussein wäre an der Reihe gewesen, als er chemische Waffen gegen iranische Soldaten einsetzte – und allerspätestens, als er sie auf kurdische Zivilisten werfen ließ. Eine Anklage gegen Kim

Die Völkergemeinschaft an einem Tisch: Der UN-Sicherheitsrat in New York

Jong Il war fällig, nachdem er Hunderttausende Menschen seines eigenen Volkes hatte verhungern lassen. Eine Anklageerhebung gegen noch herrschende Regierungschefs würde die Opposition im Inneren stärken. Sie würde es Einzelnen ermöglichen, unter Anklage stehende Verantwortliche an ein internationales Tribunal auszuliefern oder sie zumindest als internationale Parias zu brandmarken.

Wenn diese Maßnahmen einem Land nicht dazu verhelfen können, sich von der Unterdrückung zu befreien und eine funktionierende und halbwegs kontrollierbare Regierung einzusetzen, die das Recht achtet, könnte die internationale Gemeinschaft weitere Schritte ins Auge fassen – etwa gezielte Sanktionen. In besonders schweren Fällen könnte der Sicherheitsrat als letztes Mittel einen gewaltsamen Eingriff beschließen. Dieser sollte sich aber zielgenau gegen Einzelpersonen richten, deren verbrecherisches Treiben klar erkannt ist. Ein solcher Fall wäre gegeben, wenn Beweise für willkürliche brutale Machtausübung vorliegen und gleichzeitig offenkundig ist, dass diese Machthaber in aggressiver Absicht Massenvernichtungswaffen herstellen wollen.

Wer würde solche Anklagen erheben? Der Internationale Strafgerichtshof ist die erste Adresse, aber nicht die einzige. Kurzfristig eingerichtete Tribunale, nationale Gerichtshöfe, die vom UN-Sicherheitsrat autorisiert werden, ständige regionale Einrichtungen wie der Europäische Gerichtshof oder entsprechende panamerikanische oder afrikanische Institutionen – sie alle bieten Möglichkeiten zur Strafverfolgung, die je nach der politischen Lage ergriffen werden könnten. Vor allem auf eines kommt es an: den Zusammenhang zwischen individuellem kriminellen Verhalten in großem Ausmaß und den Bedingungen zu bestimmen, unter denen der Einsatz militärischer Macht infrage kommt. Dieser Zusammenhang muss im internationalen Rechtsverständnis fest verankert werden. Dabei kann internationale Polizeiarbeit militärisches Handeln nicht vollständig ersetzen. Aber Militäraktionen müssen zukünftig darauf abzielen, jene Gruppen von Individuen abzuschrecken oder zu bestrafen, die die Regierung bilden, nicht jedoch das Volk, das sie beherrschen.

Bei einer solchen Reform der UN geht es keineswegs darum, den Einsatz von Gewalt leichter zu machen. Krieg ist immer und unter allen Umständen eine Schreckensvorstellung. Mag sein, dass wir in einer Welt der Präzisionswaffen leben – aber auch Präzisionswaffen töten Unschuldige, einschließlich der Soldaten, die zum Militärdienst zwangsverpflichtet wurden. Außerdem trägt der Einsatz von Waffen jeder Art im Zeitalter von Massenvernichtungswaffen das Risiko einer furchtbaren Eskalation in sich. Das Grundprinzip der internationalen Ordnung muss deshalb die strikte Begrenzung des Einsatzes von Gewalt bleiben. Jede militärische Aktion muss multilateral und von einer anerkannten Körperschaft im Rahmen bestehender internationaler Institutionen autorisiert sein.

Das bringt uns zur UN zurück – zum Sicherheitsrat, zur Vollversammlung und zu dem vorgeschlagenen Zusammenschluss der Demokratien. Wenn der Sicherheitsrat sich zum Handeln unfähig zeigen würde, könnte ein Land oder eine Gruppe von Ländern, die die Anwendung von Gewalt verlangt, bei diesem Gremium um Zustimmung werben. Sie wäre dort aber womöglich noch schwerer zu bekommen als in den offiziellen UN-Gremien. Schließlich waren die Auseinandersetzungen über einen Militäreinsatz im Irak unter den liberalen Demokratien nicht weniger hart als zwischen Demokratien und Nicht-Demokratien. Einer US-Regierung würde es jedenfalls viel schwerer fallen, vor der eigenen Öffentlichkeit einen Militäreinsatz zu rechtfertigen, der von Staaten, die den gleichen Werten und politischen Prinzipien verpflichtet sind wie die USA, abgelehnt wird.

Die Fraktion der Demokratien innerhalb der UN könnte auch dem Vorbild der EU folgen und verantwortliche Funktionsträger unterschiedlicher Nationen zusammenbringen – vor allem aus dem Bereich der Legislative. Diese Zusammenkünfte sollten unter der Beobachtung der UN stattfinden. So könnte man Kommunikationskanäle als Ergänzung zu laufenden diplomatischen Aktivitäten innerhalb des Systems der UN entwickeln.

Die USA und die EU sollten sich zusammenraufen und gemeinsam den Irak wieder aufbauen. Aber es wäre gut, wenn sie dies im Rahmen eines nachhaltigen Projekts tun würden. Viele Länder in der ganzen Welt würden es nur allzu gern sehen, wenn die EU die Rolle der Sowjetunion übernähme – als eine Macht, die die Ambitionen Amerikas in den UN sowie auf anderen bi- und multilateralen Ebenen bremst. Das aber wäre ein Rückfall in die Machtpolitik alten Stils – sie würde schwächeren Nationen zahlreiche Möglichkeiten bieten, die großen Mächte gegeneinander auszuspielen und ihre humanitären Anstrengungen zu torpedieren. Die USA und die EU müssen vor aller Welt deutlich machen: Die großen Mächte lassen sich auf diese Gesetze der Machtpolitik nicht mehr ein. Sie müssen zeigen, dass liberale Demokratie im Inneren in eine dauerhafte demokratische Kooperation auf internationaler Ebene umgesetzt werden kann. Zusammenarbeit bei der Verwirklichung gemeinsamer Ziele bedeutet natürlich nicht automatisch Harmonie. Aber sie kann sicherstellen, dass selbst dauerhafte Konflikte nicht zu anhaltender Feindschaft führen.

Die globalen Herausforderungen sind zu groß, als dass die USA und die EU ihre Energie mit Streitereien untereinander verschwenden dürften. Ein Terrorist könnte Millionen von Menschen töten. Aids hat es schon getan. Neue Bedrohungen erfordern neue Strategien und neue Institutionen. Amerika und die EU müssen bei der Reform der Vereinten Nationen und bei der Verbreitung der Demokratie die Führung übernehmen.

Aus dem Englischen von Richard Herzinger

ZEIT-Nr. 28 vom 3. 7. 2003

Die transatlantische Tragödie

Den Europäern ist es wichtiger, Amerika einzuhegen, als mit der Supermacht Gefahren zu bekämpfen

Von Robert Kagan

»Welche Weltordnung wollen wir?« Diese Frage, aufgeworfen vom deutschen Außenminister Joschka Fischer im März 2003, am Vorabend der amerikanischen Invasion im Irak, beschäftigt in diesen Tagen viele Europäer. Ohne Zweifel hatte die große transatlantische Debatte über den Irak ihre Wurzeln in der fundamentalen Uneinigkeit beider Seiten über die Frage der künftigen Weltordnung. Gewiss, Amerikaner und Europäer waren unterschiedlicher Auffassung hinsichtlich des konkreten Problems, wie mit dem Irak zu verfahren sei. Sie diskutierten darüber, ob Saddam Hussein eine ernsthafte Bedrohung darstelle und ob Krieg die richtige Antwort darauf sei. Eine deutliche Mehrheit der Amerikaner bejahte beide Fragen; noch größere Mehrheiten in Europa verneinten sie.

Diese Meinungsverschiedenheiten spiegelten mehr wider als taktische oder analytische Einschätzungen der Situation im Irak. Nach den Worten des französischen Außenministers Dominique de Villepin ging es in der Auseinandersetzung nicht so sehr um den Irak, sondern um »zwei Visionen der Welt«. Die Unterschiede betrafen nicht allein das politische Handeln. Im Grunde ging es ums Prinzip.

Meinungsumfragen vor dem Krieg, während des Krieges und danach zeigen zwei Völker, die in ideologischer und strategischer Hinsicht auf verschiedenen Planeten leben. Mehr als 80 Prozent der Amerikaner meinen, Krieg könne Gerechtigkeit schaffen; weniger als die Hälfte der Europäer glaubt, dass es je Umstände gebe, die Krieg rechtfertigen könnten. Amerikaner und Europäer sind sich uneinig über die Rolle von Völkerrecht und internationalen Institutionen sowie über die ebenso nebulöse und abstrakte wie bedeutende Frage der Legitimität in der Weltpolitik.

Diese unterschiedlichen Weltsichten existierten bereits vor dem Irak-Krieg und der Präsidentschaft von George W. Bush, wenngleich sowohl der Krieg wie auch die Außenpolitik der Regierung Bush die transatlantische Kluft zu einem dauerhaften Bestandteil der internationalen Landschaft vertieft und verbreitert haben. »Amerika ist anders als Europa«, gab der deutsche Bundeskanzler Gerhard Schröder schon Monate vor dem Krieg betont nüchtern zu Protokoll. Wer würde diese Einsicht heute noch bestreiten?

Doch die Lage droht noch düsterer zu werden. Ein großes philosophisches Schisma hat sich in der westlichen Welt aufgetan, und statt gegenseitiger Gleichgültigkeit droht nun offene Feindseligkeit beide Seiten der transatlantischen Gemeinschaft zu schwächen. In der historischen Phase vielfältiger neuer Gefahren und Krisen, die wir gegenwärtig erleben, könnte dieses Schisma schwerwiegende Folgen haben. Dass sich Europa und die Vereinigten Staaten strategisch voneinander abgekoppelt haben, ist schlimm genug. Was aber, wenn der Prinzipienstreit über die Weltordnung auch noch die übrigen Sphären dessen infiziert, was wir als den freiheitlichen Westen bezeichnen? Wird der Westen dann noch der Westen sein?

Es ist die Legitimität der Macht und der Führerschaft Amerikas in der Welt, die heute von der Mehrheit der Europäer angezweifelt wird. Zum ersten Mal seit dem Zweiten Weltkrieg leidet Amerika an einer Krise seines internationalen Führungsanspruchs. Die Amerikaner werden erkennen, dass sie dieses Problem nicht einfach ignorieren können. Zu definieren, was internationale Legitimität bedeutet, und sie zu erringen, dürfte sich in dieser neuen Ära als eine der entscheidenden Herausforderungen erweisen.

Avantgarde der freiheitlichen Revolution

Die Amerikaner haben sich über lange Phasen der vergangenen drei Jahrhunderte als Avantgarde einer weltweiten freiheitlichen Revolution verstanden. Von Anfang an hat sich ihre Außenpolitik nicht nur damit beschäftigt, materiell verstandene nationale Interessen zu verteidigen und durchzusetzen. »Wir kämpfen nicht nur für uns selber, sondern für die gesamte Menschheit«, sagte Benjamin Franklin. Ob dieser Satz stets wahr gewesen ist oder nicht – die meisten Amerikaner haben ihn für die Wahrheit gehalten. Deshalb kann es in der amerikanischen Politik keine klare Trennlinie zwischen innen und außen geben. Auch lässt sich das, was die Welt über Amerika denkt, nicht ohne weiteres von dem trennen, was die Amerikaner über sich selbst denken.

Jede gründliche außenpolitische Debatte der amerikanischen Geschichte seit der Zeit, als Jefferson und Hamilton miteinander disputierten, war im Kern eine Debatte um die nationale Identität und betraf die erste aller Fragen: »Wer sind wir?« Weil den Amerikanern diese Frage nicht egal ist, wird die fortgesetzte Erosion ihrer internationalen Legitimität die Vereinigten Staaten auf die Dauer schwächen, womöglich sogar lähmen.

Deshalb müssen sich die Amerikaner über ihre neue Rolle in der unipolaren Welt Rechenschaft ablegen. Vielleicht liegt das größte Versagen der Regierung Bush darin, dass sie dies nicht schnell genug erkannt hat. Als George W. Bush und seine Ratgeber ins Weiße Haus einzogen, waren sie geprägt von dem engstirnigen »Realismus«, der die außenpolitischen Zirkel der Republikaner in der Ära Clinton dominierte. In einem – mittlerweile berühmten – Essay schrieb Bushs Sicherheitsberaterin Condoleezza Rice im Januar 2000, die Regierung Clinton habe sich zu wenig um die »nationalen Interessen« gekümmert und zu viel um »humanitäre Interessen« oder jene der »internationalen Gemeinschaft«. Demgegenüber werde die Regierung Bush alle eingegangenen Verträge, Verpflichtungen und Bündnisse im Lichte des »nationalen Interesses« der Vereinigten Staaten überprüfen.

Derart verengte Vorstellungen von den »nationalen Interessen« Amerikas waren schon immer falsch. Aber vom analytischen Irrtum abgesehen, war es in der neuen unipolaren Ära auch ein schwerer außenpolitischer Fehler der einzigen Supermacht, diesen »realistischen« Ansatz zu verkünden. Der globale Hegemon kann der Welt schlechterdings nicht verkünden, er lasse sich ausschließlich von der eigenen Definition seiner »nationalen Interessen« leiten. Dies ist exakt, was selbst die engsten Freunde Amerikas befürchten: dass die Vereinigten Staaten ihre beispiellose Macht ausschließlich für die eigenen Zwecke nutzen werden.

In ihrem Essay machte sich Rice über die Vorstellung lustig, »dass die Vereinigten Staaten von ihrer Macht nur dann in legitimer Weise Gebrauch machen, wenn sie diese im Namen von jemand anderem oder anderer Zwecke wegen einsetzen«. Aber welche weitere Quelle der Legitimität könnte es aus der Sicht der übrigen Welt geben? Wenn die Vereinigten Staaten im eigenen Interesse handeln, so behauptete Rice (und viele Amerikaner würden ihr darin zustimmen), dann handeln sie notwendigerweise zugleich im Interesse aller. »Es ist sicherlich nicht verkehrt«, schrieb sie, »etwas zu tun, was der gesamten Menschheit zugute kommt. Allerdings ist das in gewisser Weise ein Nebeneffekt zweiter Ordnung.«

Sowohl die neue unipolare Lage der Welt als auch der amerikanische Charakter erfordern eine weit umfassendere Definition amerikanischer Interessen. Die Vereinigten Staaten dürfen weder den Eindruck erwecken, nur im eigenen Interesse zu handeln, noch können sie sich so verhalten, als ob es nur auf ihr nationales Interesse ankomme. Selbst in Zeiten extremer Notlagen – und vielleicht gerade dann – muss die einzige Supermacht beweisen, dass sie ihren enormen Einfluss im Namen ihrer Prinzipien und all derer einsetzt, die diese Prinzipien teilen.

Viel Ansehen steht auf dem Spiel

Wie die USA heute im Irak agieren, ist unter diesem Gesichtspunkt besonders wichtig. Auf dem Spiel steht nicht nur die Zukunft des Iraks und des Nahen Ostens insgesamt, auf dem Spiel steht auch die Zukunft des Ansehens, das Amerika genießt, sein Ruf der Verlässlichkeit und seine Legitimität als führende Macht der Welt. Die Vereinigten Staaten werden daran gemessen – und sollten daran gemessen werden –, wie viel Mühe sie auf sich nehmen, um einen demokratischen Frieden im Irak zu sichern. Sie werden daran gemessen, ob sie im Irak und anderswo das Anliegen der freiheitlichen Demokratie vor-

Ansehen der USA
Anteil der Bevölkerung mit positivem Bild

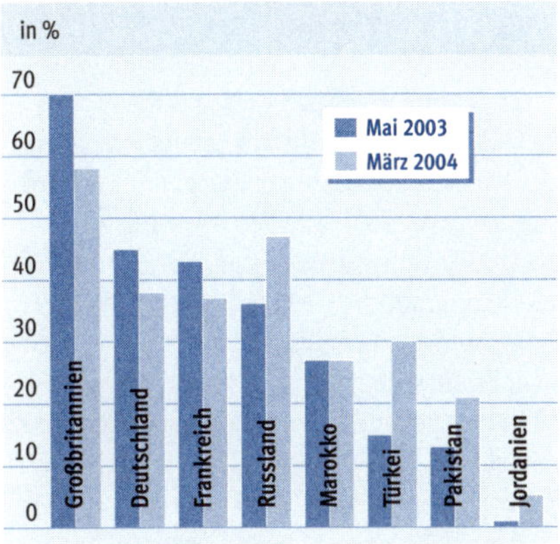

Quelle: Pew Research Center 2004

anbringen – oder ob sie nur ihre eigenen Interessen verteidigen.

Keiner hat diese Position so kraftvoll und klarsichtig vertreten wie der idealtypische Realist Henry Kissinger. Im Irak, so argumentiert er in einem Essay, gehe es nicht nur darum, den Krieg zu gewinnen, sondern auch darum, dem Rest der Welt zu vermitteln, »dass die Notwendigkeit uns unseren ersten präventiven Krieg aufgezwungen hat und dass wir die Interessen der ganzen Welt im Sinn haben, nicht ausschließlich unsere eigenen«. Als mächtigste Nation der Welt trage Amerika die »besondere Verantwortung«, so Kissinger, »auf ein internationales System hinzuarbeiten, das auf mehr beruht als militärischer Macht – ja, das sich zum Ziel setzt, Macht in Zusammenarbeit zu verwandeln. Jede andere Haltung wird uns nach und nach isolieren und aufzehren«.

Kurzum, Amerika muss Legitimität in derjenigen Weise anstreben, die seiner ganzen Natur am meisten entspricht: indem es den Prinzipien der freiheitlichen Demokratie nicht nur als Mittel zum Zweck der größeren Sicherheit, sondern als Ziel an sich Geltung verschafft.

Die Vereinigten Staaten sollten zu einem neuen transatlantischen Geben und Nehmen ihren Teil beitragen, indem sie den Europäern ein gewisses Maß an Einfluss darauf einräumen, wie die amerikanische Macht ausgeübt wird – sofern die Europäer im Gegenzug von diesem Einfluss weise Gebrauch machen. Die Nato, ein Bündnis freiheitlicher Demokratien für freiheitliche Demokratie, könnte für solch einen Handel das geeignete Forum sein. An sie haben die Vereinigten Staaten bereits Einfluss abgetreten. Hier stimmen die Europäer über alle Beschlüsse gleichberechtigt mit der Supermacht ab. Tatsächlich ist die Nato seit Jahrzehnten als einzige Organisation in der Lage, die amerikanische Hegemonie einerseits sowie die Autonomie und den Einfluss Europas andererseits zum Ausgleich zu bringen. Selbst heute noch übt die Nato auf die Amerikaner einen sentimentalen Reiz aus, der jedenfalls größer ist als die Attraktivität der Vereinten Nationen.

Aber können die Vereinigten Staaten Macht an Europa abtreten, ohne dabei die eigene Sicherheit, ja die Sicherheit Europas und der gesamten freiheitlich-demokratischen Welt aufs Spiel zu setzen? Hier liegt das Problem. Um zusammenarbeiten zu können, müssen sich beide Seiten darauf verständigen, welche globalen Bedrohungen heute existieren und wie wir mit ihnen fertig werden. Hier aber tut sich eine Lücke zwischen sehr unterschiedlichen Wahrnehmungen auf. Und gerade diese waren es, die die Vereinigten Staaten und Europa nach dem Ende des Kalten Krieges auseinander getrieben haben.

Europäische Nervosität angesichts der Unipolarität

Existiert innerhalb des Westens heute, da der Kalte Krieg vorüber ist, überhaupt noch eine Gemeinsamkeit von Werten und Geschichte? Selbst wenn die Vereinigten Staaten ihren Beitrag zum Gelingen des Handels leisten und den Europäern jenen Einfluss einräumen würden, den diese sich wünschen – würden die Europäer mit ihrem ganz anderen Blick auf die Welt dann im Gegenzug ihren Anteil beitragen?

Solange Europäer und Amerikaner sich nicht auf eine gemeinsame Einschätzung der Bedrohung einigen können, die von Terrorismus und Massenvernichtungswaffen ausgeht, wird es keine gemeinsame Strategie geben. Zugleich werden die USA aus Sicht der Europäer keine Legitimität genießen, wenn sie diesen Bedrohungen auf eigene Faust und auch mit demjenigen Mittel entgegentreten, das aus US-Sicht manchmal das einzig mögliche ist – mit Gewalt.

Was also sollten die Vereinigten Staaten tun? Sollten sie im Interesse transatlantischer Harmonie ihre Wahrnehmung globaler Bedrohungen so ändern, dass sie besser zu den Auffassungen ihrer europäischen Freunde passt? Das wäre verantwortungslos. Nicht nur die Sicherheit Amerikas, sondern auch die Sicherheit der gesamten freiheitlichen und demokratischen Welt hängt heute – wie während des gesamten vergangenen halben Jahrhunderts – von der Macht der Vereinigten Staaten ab. In Momenten der Hellsicht erkennen sogar Europäer, dass dies so ist. Die meisten Europäer glauben aber heute, dass die Vereinigten Staaten die Gefahren dieser Welt übertreiben. Die meisten Amerikaner hingegen befürchten seit dem 11. September 2001, dass sie diese Gefahren nicht ernst genug genommen haben.

Darin liegt die Tragödie. Um den globalen Bedrohungen der Welt begegnen zu können, benötigen die Amerikaner die Legitimität, die Europa ihnen verschaffen könnte. Aber es ist wahrscheinlich, dass die Europäer ihnen hier nicht behilflich sein werden. In ihrem Bestreben, die Supermacht einzuhegen, werden sie die wachsenden Gefahren dieser Welt aus den Augen verlieren. In ihrer Nervosität angesichts von Unipolarität werden sie womöglich die Gefahren der Multipolarität vergessen, in der Europa im globalen Wettbewerb von nichtliberalen und undemokratischen Mächten übertrumpft werden könnte.

Auf diese Weise werden die Europäer die Vereinigten Staaten möglicherweise schwächen. Aber da sie nicht die Absicht haben, amerikanische Macht durch ihre eigene zu ergänzen, wird schließlich per Saldo die Verringerung der gesamten Macht herauskommen, die die freiheitlich-demokratische Welt zu ihrer eigenen Verteidigung und zur Verteidigung der freiheitlichen Demokratie selbst aufbieten kann.

Derzeit spekulieren viele Europäer, dass die Risiken der »Achse des Bösen«, des Terrorismus und der Tyrannei niemals so groß sein werden wie das Risiko, das von einem ungezügelten amerikanischen Leviathan ausginge. Diese Einschätzung mag in der Natur des postmodernen Europa liegen. Doch vielleicht ist es an der Zeit, dass die klügsten Köpfe Europas, einschließlich jener in der Heimat Pascals, sich zu fragen beginnen, welche Konsequenzen es hätte, sollte ihre Wette nicht aufgehen.

Aus dem Englischen von Tobias Dürr

ZEIT-Nr. 8 vom 12. 2. 2004

Der Kampf gegen den Terrorismus

Neue Härte, langer Atem

In der Terrorismusbekämpfung kann wenig bleiben, wie es war

Von Bruce Hoffman

Ein neues Zeitalter des Terrorismus ist angebrochen. Sein Potenzial ist blutiger und zerstörerischer als alles bisher Dagewesene. Die Herausforderung, vor der die Regierung der Vereinigten Staaten und die Regierungen aller anderen betroffenen Staaten heute stehen, besteht darin, nicht die schicksalhafte Erfahrung jener deutschen Generäle zu wiederholen, die sich am Vorabend des Ersten Weltkriegs darauf vorbereiteten, den vorangegangenen Krieg noch einmal zu führen. Diesen alten Krieg hätten sie gewonnen, an der neuen Konstellation scheiterten sie. Unsere heutige Lage ist ähnlich. Spätestens seit dem 11. September 2001 muss klar sein, dass sich kein Land der Erde auf den Lorbeeren ausruhen kann, die es in der Vergangenheit beim Kampf gegen den Terrorismus erworben hat – mögen die Erfolge noch so groß gewesen sein.

Eine ganz neue Generation von religiösen Terroristen ist aufgetaucht, die vor Selbstmordanschlägen und dem Einsatz von Massenvernichtungswaffen nicht zurückschreckt. Das zwingt uns zu einer grundlegenden Änderung unseres Denkens über den Terrorismus und die Strategien zu seiner Bekämpfung. In der Vergangenheit haben wir uns gern eingeredet, der Terrorismus zähle zu unseren weniger ernsten und komplexen Sicherheitsproblemen. Das können wir uns nun endgültig nicht mehr erlauben.

Seit langer Zeit bestimmt das Prinzip der Verhältnismäßigkeit die Antiterrorstrategie der Vereinigten Staaten. Die Befürworter dieses Grundsatzes meinen, Amerikas militärische Reaktionen müssten in einem angemessenen Verhältnis zu den terroristischen Angriffen, die sie provozieren, stehen. Dasselbe erwarteten in der Vergangenheit auch Amerikas Verbündete in Europa und anderswo. Entsprechend vergalten die Vereinigten Staaten 1986 den Bombenanschlag auf die West-Berliner Diskothek La Belle, in den das libysche Regime des Muammar al-Ghaddafi verwickelt war, mit Luftangriffen auf Ziele in Tripolis und Benghazi. Auch der Wohnsitz des libyschen Staatschefs wurde unter Feuer genommen. Ghaddafi selbst zu beseitigen war das Ziel dieses Gegenschlags.

Ähnlich sah die Reaktion der Amerikaner 1998 aus, nachdem sie den saudi-arabischen Terroristen Osama bin Laden als Urheber der Bombenanschläge auf die amerikanischen Botschaften in Kenia und Tansania identifiziert hatten. US-Einheiten feuerten fast 100 Cruise-Missiles auf Osama bin Ladens Trainingslager in Afghanistan ab, wiederum in der Hoffnung, den Strippenzieher selbst zu töten. Darüber hinaus griffen sie eine pharmazeutische Fabrik im Sudan an, die angeblich mit bin Laden zu tun hatte und die, wie die Amerikaner glaubten, chemische Waffen herstellte.

Beim Bombenanschlag auf die Diskothek La Belle waren zwei Amerikaner ums Leben gekommen, zwölf wurden beim Angriff auf die Botschaft in Kenia getötet. Man mag darüber diskutieren, ob der amerikanische Gegenschlag nicht gerade im letztgenannten Fall unverhältnismäßig dürftig ausgefallen sei.

Doch solche Debatten wirken spitzfindig angesichts der neuen Lage, die am vergangenen Dienstag eingetreten ist. Wenn der Schutt weggeräumt sein wird, dort, wo bis zu jenem Tag das World Trade Center stand, wenn die erschütterten Wände des Pentagons notdürftig abgestützt und die letzten Toten von dem Acker in Pennsylvania aufgelesen sein werden, auf den das vierte Flugzeug stürzte – dann wird die Zahl der Toten um ein Vielfaches höher sein. Zum Vergleich: Bis zum 11. September 2001 waren nicht mehr als 1000 Amerikaner im Ausland und in den Vereinigten Staaten selbst terroristischen Anschlägen zum Opfer gefallen. Das Ausmaß der Selbstmordanschäge auf New York und Washington stellt alles bisher Dagewesene weit in den Schatten – ganz gleich, ob man einzelne Anschläge betrachtet oder die Gesamtzahl der Toten. Wenn das Prinzip der Verhältnismäßigkeit weiter gelten soll, dann muss auf den beispiellosen Angriff der vergangenen Woche ein Vergeltungsschlag von beispielloser Härte folgen.

Nur der dauerhafte Anti-Terrorkampf führt zum Erfolg

Doch die militärische Option ist nur eines der Instrumente, mit denen dem Terrorismus entgegengetreten werden muss. Die Erfahrungen anderer Staaten belegen zweifelsfrei, dass der antiterroristische Abwehrkampf dort am wenigsten effektiv, ja geradezu wirkungslos bleibt, wo man es versäumt, eine umfassende, rundum koordinierte Strategie aus einem Guss zu entwickeln. Erfolg bei der Terrorismusbekämpfung wird sich nicht einstellen, wo nicht bestimmte Bedingungen erfüllt werden: Nur wenn der Kampf dauerhaft und nachhaltig aufgenommen wird, besteht die Chance zum Sieg. Dazu sind Leidenschaft, politischer Wille, Geduld und ein langer Atem vonnöten. Die erfolgreiche Strategie setzt sich realistische Ziele und verzichtet von vornherein darauf, überhöhte Erwartungen zu wecken. Und schließlich muss sie ganz ohne kosmetische Rezepte auskommen, die bloß den Anschein von Sicherheit erwecken, ohne diesen Anspruch einzulösen. Auf diese Weise – und nur so – lassen sich dauerhaft positive Ergebnisse erzielen. Dabei kommt es allerdings auf die richtige Kombination der folgenden Gegenmittel an: Militärische Optionen. Die Zeit, in der man auf terroristische Anschläge mit einmaligen Luftangriffen oder stundenlangem Bombardement durch Cruise-Missiles reagierte, ist vorbei. Heute stehen die Vereinigten Staaten einem ungemein barbarischen Feind gegenüber, dessen vollständige Zerstörung unverzichtbar ist. Die Bedrohung muss beseitigt werden – nicht nur, damit die eindrucksvollsten aller bisher bekannten Terrorkapazitäten verschwinden.

Vielmehr kommt es auch darauf an, eine glasklare Botschaft der Abschreckung an jeden zu richten, der auch nur entfernt mit dem Gedanken spielt, in die Fußstapfen des Terrorismus zu treten. Damit dieses Ziel erreicht werden kann, müssen die militärischen Machtmittel systematisch und abgestimmt, unnachgiebig und pausenlos eingesetzt werden. Und zwar so lange, bis der Feind und seine Ressourcen so nachhaltig zerstört sind, dass zumindest aus dieser Richtung niemals wieder eine Bedrohung für Amerika ausgeht.

Dabei sollte sich jedoch niemand der Illusion hingeben, das Schreckgespenst könne jemals komplett ausgetrieben werden. Keine Gesellschaft, am wenigsten eine lebendige, offene und demokratische wie jene der Vereinigten Staaten, darf realistischerweise darauf hoffen, sich hermetisch und vollständig vor jeglicher Bedrohung abschirmen zu können. Und trotzdem: Angesichts der beispiellosen Dimension des Angriffs vom vergangenen Dienstag kann nichts anderes das Ziel sein als die völlige Beseitigung der Gruppierungen, die für diese Taten verantwortlich sind.

Zugleich müssen wir sicherstellen, dass unsere mächtige Militärmaschinerie sehr gezielt und sehr besonnen eingesetzt wird. Es gilt, die Schuldigen an den Verbrechen von New York und Washington zu bestrafen, ebenso diejenigen, die sie anstiften und unterstützen. Es gilt aber auch, so weit wie nur irgendwie möglich zu vermeiden, dass dabei unbeteiligte Zivilisten in Mitleidenschaft gezogen werden – ganz gleich, ob sie Amerikaner sind oder anderer Nationalität. Tod und Leid über Unbeteiligte zu bringen –unbeabsichtigt oder nicht – ist schon für sich genommen falsch. Aber nicht nur das: Es ist obendrein kontraproduktiv. Es würde uns auch den moralischen Vorsprung kosten, den wir als Opfer des Terrorismus derzeit haben. Und es würde in Amerika selbst und in der Welt heftige Proteste auslösen.

Reform der Geheimdienste

Wir müssen darauf vertrauen können, dass die amerikanischen Geheimdienste richtig organisiert sind. Das sind sie dann, wenn sie allen denkbaren terroristischen Bedrohungen der Gegenwart und Zukunft gewachsen sind – und nicht bloß denen der Vergangenheit. Derzeit ist das mehr als zweifelhaft. Denn im Grunde ist das gesamte Arrangement der amerikanischen Geheimdienste noch immer ein Gebilde aus der vergangenen Ära des Kalten Krieges. Aufgebaut vor mehr als einem halben Jahrhundert, sollte dieser

Komplex eine ganz spezifische Bedrohung durch einen ganz spezifischen Staat und eine ganz spezifische Ideologie abwehren. Seine gesamte Architektur hatte vor allem den Zweck, militärischen Angriffen standzuhalten. Sein wichtigstes Mittel bestand folgerichtig darin, militärische Geheimnisse auszuspionieren. Wie anachronistisch diese Konstruktion inzwischen ist, hat der 11. September eindrücklich belegt. Der neue Feind ist weder ein Staat noch eine militärische Macht. Die größte Herausforderung stellen heute mächtige, transnational operierende und nichtstaatliche Gegner dar. Deren zerstörerisches Potenzial verweist drastisch darauf, dass die geheimdienstlichen Aufgaben und Ressourcen heute nicht mehr sinnvoll geordnet sind.

Die anachronistische Struktur der Geheimdienste hat darüber hinaus zu einer gefährlichen Verteidigungslücke geführt. Die Central Intelligence Agency (CIA) ermittelt ausschließlich im Ausland. Jede Tätigkeit im Inland ist ihr per Gesetz untersagt. Damit fällt die Terrorbekämpfung auf amerikanischem Territorium in die Zuständigkeit des Federal Bureau of Investigation (FBI). Doch das FBI ist in erster Linie eine Strafverfolgungsbehörde, keine geheimdienstliche Organisation. Die Bekämpfung des Terrorismus ist nur eine unter seinen vielen anderen Aufgaben.

Daher spricht vieles für einen radikalen Umbau der Geheimdienste innerhalb der US-Grenzen. Die Vereinigten Staaten halten das Drogenproblem für eine so ernste Bedrohung der nationalen Sicherheit, dass sie eine eigenständige Behörde zu seiner Bekämpfung geschaffen haben, die Drug Enforcement Agency (DEA). Es ist an der Zeit, darüber nachzudenken, ob eine ähnliche Organisation sich nicht ausschließlich der Bekämpfung des Terrorismus widmen sollte. Weniger bedrohlich als das Drogenproblem ist er gewiss nicht.

Achillesferse Flughafensicherheit

Alle anderen Bemühungen werden wirkungslos verpuffen, solange es uns nicht gelingt, die praktischen Sicherheitsmaßnahmen im Alltag angemessen zu organisieren. Dass gerade hier die größten Lücken in Amerikas Verteidigungsanlagen bestehen – auch das hat der vergangene Dienstag schmerzlich gezeigt. Die Zeit der bloß kosmetischen oder oberflächlichen Sicherheitsvorkehrungen auf amerikanischen Flughäfen ist ein für allemal zu Ende. Ab sofort müssten die bestehenden Prozeduren zumindest den jetzt erkannten Defiziten Rechnung tragen.

Wenn die Sicherheitsvorkehrungen nicht so zahnlos bleiben sollen wie bisher, muss als Erstes dafür gesorgt werden, dass die Bedienung der Röntgengeräte und Metalldetektoren auf den amerikanischen Flughäfen nicht mehr wie bisher in den Händen schlecht bezahlter, unmotivierter und bloß oberflächlich überprüfter Mitarbeiter von privaten Sicherheitsfirmen liegt. Dies ist eine öffentliche Aufgabe, die vereidigte Staatsbeamte übernehmen müssen. Diese sollten einer neuen, einheitlichen Bundespolizei nach dem Muster des Federal Protective Service angehören, der in Amerika mit der Bewachung der öffentlichen Gebäude betraut ist. Angehörige dieses Dienstes müssten eine gründliche Überprüfung ihres persönlichen Hintergrundes durchlaufen und eine ordentliche Ausbildung erhalten, sie müssten gut genug bezahlt sein und den hohen Standards für Beschäftigte der Bundespolizeibehörden genügen. Sie müssten außerdem bewaffnet sein.

Keine dieser Reformen wird auf wundersame Weise kurzfristige Gesamtlösungen für die vielfältigen Probleme bringen, die in langen Jahren entstanden sind. Sie brauchen Zeit, sie brauchen ausreichende Mittel, sie erfordern politischen Willen. Und sie sind ohne langen Atem nicht zu verwirklichen. Aber wenn die amerikanische Regierung anfängt, das Problem des Terrorismus in seiner Komplexität zu begreifen, wenn sie eine integrierte Strategie zu seiner Bekämpfung ausarbeitet, dann lassen sich die Fehler der Vergangenheit vermeiden, die zu den tragischen Ereignissen des 11. September geführt haben.

Der Kampf gegen den Terrorismus hört niemals auf. Doch nur, wenn dieser Kampf mindestens so innovativ und entschlossen betrieben wird wie der Terrorismus selbst, werden wir ihn gewinnen.

ZEIT-Nr. 39 vom 17. 9. 2001

Die blutigen Grenzen des Islam

»Im 21. Jahrhundert hat die Ära der muslimischen Kriege begonnen.«
Ein ZEIT-Gespräch mit Samuel P. Huntington

Das Gespräch führte Josef Joffe

DIE ZEIT Vor fast zehn Jahren schrieben Sie *The Clash of Civilizations*, einen Artikel in *Foreign Affairs*, der weltberühmt und 1996 zum gleichnamigen Buch wurde, das in 32 Sprachen übersetzt worden ist. Hat der 11. September Sie bestätigt?

Samuel Huntington In gewisser Hinsicht schon.

ZEIT *Nine-eleven* war doch die perfekte Illustration Ihrer These. Es war nicht ein Krieg zwischen Staaten wie im 19. Jahrhundert oder Ideologien wie im 20., sondern der Angriff einer privat operierenden islamistischen Gruppe gegen ein Sinnbild der westlichen Zivilisation, Amerika.

Huntington Richtig, das waren Leute, die sich dezidiert mit einem Zweig islamischer Zivilisation identifizierten. Osama bin Laden hat auch von einem »Kampf der Kulturen« gesprochen.

ZEIT Für ihn war das ein »Krieg gegen Christen und Juden«.

Huntington Genau. Obwohl es ein begrenzter *Clash* war. Gleich nach 9/11 habe ich gesagt: Dies darf nicht in einen Kampf zwischen dem Westen und dem gesamten Islam ausarten. Ein wirklich weltweiter Zusammenstoß würde es nur werden, wenn islamische Regierungen und Gesellschaften sich hinter bin Laden stellten.

ZEIT Im Golfkrieg haben noch Araber aufseiten Amerikas gegen den Irak gekämpft. Jetzt aber, da ein zweiter Irak-Krieg heraufzieht, steht fast die gesamte muslimische Welt gegen Amerika und gegen Israel sowieso – beides prototypische Repräsentanten des Westens. Der *Clash of Civilizations* zeigt sich also in seiner ganzen Schärfe.

Huntington Das Potenzial für einen echten *Clash* besteht. Im Kampf der Kulturen ist gar noch zweierlei hinzugekommen: die Eskalation zwischen Indien und Pakistan und die zweite Intifada. Muslime rings um die Welt identifizieren sich mit den Palästinensern …

ZEIT … und der Clash weitet sich aus. Ihre These hat seinerzeit viel Kritik erfahren. Jetzt klingt sie überzeugender denn je. Die Liste der Zivilisationskonflikte wird immer länger: Muslime gegen Hindus in Indien, gegen Christen in Nigeria, gegen Juden in Nahost …

Huntington Die erste Hälfte des 20. Jahrhunderts war die Ära der Weltkriege, die zweite die Ära des Kalten Krieges. Im 21. hat die Ära der Muslim-Kriege begonnen.

ZEIT Was heißt das, »Muslim-Kriege«?

Huntington Einmal jene, die Sie schon erwähnt haben. Dazu kommen Tschetschenien, Aserbaidschan, Afghanistan und Zentralasien, Kaschmir, Philippinen, Sudan und natürlich Nahost. Es sind all die Kriege, wo Muslime gegen Nichtmuslime wie auch untereinander kämpfen.

ZEIT Dann ist es wohl kein »Kampf der Kulturen«, sondern einer zwischen einer Kultur, dem Islam, und allen anderen. Ein berühmter Satz in Ihrem Artikel lautet: »Der Islam hat blutige Grenzen.«

Huntington So ist es.

ZEIT Warum?

Huntington Nicht weil der Islam grundsätzlich blutrünstig wäre. Viele Faktoren spielen mit. Einer ist das historische Gefühl unter Muslimen, vor allem unter Arabern, dass sie vom Westen unterjocht und ausgebeutet worden seien. Ein anderer ist Groll über konkrete westliche Politik, insbesondere der amerikanischen Unterstützung Israels. Ein dritter ist die »demografische Beule« in der islamischen Welt. Die Altersgruppe 15 bis 30 ist dort die größte. Diese jungen Männer finden zu Hause keine Jobs. Sie versuchen nach Europa auszuweichen oder lassen sich für den Kampf gegen Nichtmuslime rekrutieren. Al-Qaida zahlt sehr gut.

ZEIT Ist der Kulturenkampf dann ein demografischer, der von der Massenarbeitslosigkeit der Jungen genährt wird?

Huntington Das eine fügt sich in das andere.

»Alte« Gesellschaften führen keinen Krieg. Hinzu kommt, dass Muslime dem Westen vieles übel nehmen.

ZEIT Europa ist also friedlich, weil es alt ist?

Huntington Die Europäer waren besonders gewalttätig vor 100 Jahren, als ihr demografisches Profil dem der islamischen Welt ähnelte. Das Abschlachten im Ersten Weltkrieg konnte nur stattfinden, weil es so viele Menschen zum Abschlachten gab. Aber übertreiben wir diesen Faktor nicht. Im Jahre 2020 wird diese Kohorte stark geschrumpft sein. Dieser Wandel wird friedliche Beziehungen zum Islam einfacher machen.

ZEIT Und bis 2020?

Huntington Es gibt noch einen anderen Faktor: Ressentiments, die gegen den Westen, zumal die USA, gerichtet werden. Vor 9/11 lagen die amerikanischen Sympathien aufseiten der Tschetschenen oder der Kaschmiris. Westliche, zumal amerikanische Sympathien für die Palästinenser waren stärker.

ZEIT Die westliche, jedenfalls die europäische Meinung tendiert doch heute viel stärker zugunsten der Palästinenser – trotz des Terrors.

Huntington Ich meinte auch, dass die Palästinenser und Araber den Vereinigten Staaten ihr Eintreten für Israel übel nehmen.

ZEIT Würde der Islam seine »blutigen Grenzen« verlieren, wenn die USA diese Unterstützung einstellten?

Huntington Die »blutigen Grenzen« beziehen sich auf ein breiteres Phänomen als den israelisch-palästinensischen Konflikt. Es ist aber richtig, dass Muslime die USA für parteiisch halten und dass die USA Israels Sicherheit als nationales Interesse definieren.

ZEIT Und all die anderen Konflikte, die Muslime gegen Nichtmuslime mobilisieren? Von Nigeria über den Sudan bis zu den Philippinen? Bernhard Lewis, der große Islamkenner, glaubt, dass der Islam insgesamt ein Problem mit dem Westen habe. Auch er hat von einem *clash of civilizations* gesprochen …

Huntington … richtig, schon vor mir.

ZEIT Er sieht die »historische Reaktion eines alten zivilisatorischen Rivalen gegen unser jüdisch-christliches Erbe, unsere säkulare Präsenz und die weltweite Ausbreitung von beidem«.

Huntington Es ist in der Tat eine historische Rivalität, die seit dem 7. Jahrhundert besteht, seit der Geburt des Islams und der arabischen Eroberung Nordafrikas, des Nahen Ostens und weiter Teile Europas. Im 19. Jahrhundert wendete sich das Blatt – als der Westen den Nahen Osten zu kolonisieren begann und das im 20. Jahrhundert komplettierte.

»Die meisten Regime in der islamischen Welt sind Diktaturen.«

ZEIT Sie selbst haben von der islamischen Feindseligkeit gegenüber spezifisch westlichen Ideen geschrieben: Individualismus, Liberalismus, Konstitutionalismus, Menschenrechte, Gleichheit von Gruppen und Geschlechtern, Demokratie.

Huntington Wir müssen unterscheiden zwischen verschiedenen Stömungen und Gruppierungen. Natürlich gibt es Muslime, die all diese westlichen Werte teilen. Nur scheinen sie überall in der Minderheit mit wenig Einfluss und Macht zu sein. Die meisten Regime in der islamischen Welt sind Diktaturen.

ZEIT Handelt es sich also um eine Kollision der Herrschaftsformen?

Huntington Die Frage ist: Warum gibt es keine Demokratie in Arabien? Vielleicht ist der Grund ein kultureller. Aber betrachten wir den Islam insgesamt. Die Türkei ist eine Art Demokratie. Bangladesch hat eine demokratische Regierung. Pakistan hatte sie manchmal. Ich glaube nicht, dass der Islam als solcher undemokratisch ist.

ZEIT Also nur der arabische Islam?

Huntington Richtig ist, dass es dort keine Demokratie gibt, mit Ausnahme des Libanons. Aber der Libanon war mehr christlich als muslimisch; als die Mehrheiten sich drehten, brach der Bürgerkrieg aus. Dennoch: Es herrschen große Unterschiede unter den 40 islamischen Ländern.

ZEIT Sie haben auch von einer »islamisch-konfuzianischen Verbindung« geschrieben – siehe den Waffenfluss von China und Nordkorea nach Nahost. Ist das Kultur oder Realpolitik?

Huntington Die Basis sind gemeinsame Interessen. Die Kulturen sind sehr verschieden.

ZEIT Also wiegt Interesse schwerer als Kultur.

Huntington Die Interessen beziehen sich auf einen gemeinsamen Gegner, die USA. Vielleicht auch auf den Westen insgesamt. Machtpolitik hört nie auf. Sie wird allerdings verstärkt durch Kultur und Religion, obwohl die nicht alles erklären können. Siehe die Allianz zwischen der Türkei und Israel.

ZEIT Es gibt noch mehr Beispiele, die Ihrer These vom Kampf der Kulturen zuwiderlaufen. Sie beschreiben Russland als Zentrum des »östlichen Christentums«. Indes: Bewegt sich nicht diese »östliche« Kultur nun entschieden nach Westen?

Huntington Seit Peter dem Großen hat Russland das gelegentlich getan. Verwestlichung und Modernisierung sind ein altes Motiv in der russischen Geschichte. Aber auch das Gegenteil: das »slawische Motiv«, wonach Russland eine andere Bestimmung als der Westen habe und sich nicht mit ihm vereinen dürfe. Dieser Strang findet sich übrigens auch im Bolschewismus, unter rotem Vorzeichen: »Wir sind anders und besser, wir sind die Zukunft, und wir werden den Westen begraben.«

ZEIT Und der Putinismus?

Huntington Dieser unterscheidet sich vom Jelzinismus, der sich mit dem Westen ideologisch und kulturell identifizierte. Putin ist bloß ein Pragmatiker. Wenn es ihm passt, kooperiert er mit den USA, mit dem Westen. Gleichzeitig mag er genau das Gegenteil tun – wie jetzt, wo er eine Politik im Iran, im Irak und in Nordkorea verfolgt, die sich gegen die amerikanische richtet.

ZEIT Die Konflikte innerhalb der Kulturen sind manchmal schärfer als die zwischen den Kulturen. Der Irak hat den Iran und Kuwait angegriffen. Andererseits drängt die Türkei in die christliche EU.

Huntington Gewiss gibt es ernsthafte Konflikte im Islam selbst, wie ich es in meinem Buch betont habe. Apropos Türkei: Die versucht seit 20 Jahren, der EU beizutreten, bleibt aber immer am Ende der Schlange. Polen, Tschechien, Estland, Litauen werden vorrücken, die Türkei nicht, weil die EU nicht glaubt, dass sie in den Club gehört – und zwar aus kulturellen Gründen.

ZEIT Was haben denn all die »-stan«-Länder – Usbekistan, Kasachstan et cetera – gemeinsam mit Ägypten, Algerien oder Irak?

Huntington Alle sind Muslime, und alle haben fundamentalistische Bewegungen. Und extrem autoritäre Regime. Das Interessanteste am früheren Sowjetblock ist doch, dass Demokratisierung und Wirtschaftsreform präzise entlang kultureller Grenzen verlaufen. Alle Länder, die einst zum Westen gehörten, also Zentraleuropa, verzeichnen große Fortschritte. Die orthodoxen Kulturen wie Bulgarien, Weißrussland und Ukraine hinken hinterher, und das muslimische Albanien oder die »-stan«-Länder Zentralasiens sind ganz weit hinten.

ZEIT Der Islam leidet in seiner Entwicklung an einer »Kultur der Rückständigkeit«?

Huntington Nur im politisch-wirtschaftlichen, nicht im kulturellen Sinne. Grundsätzlich: Unter den 25 Ländern des früheren Sowjetblocks korreliert die demokratische und wirtschaftliche Entwicklung mit den zivilisatorischen Unterschieden. Warum geht es Polen besser als der Ukraine, wo doch dieses Land einst das industrielle Kraftzentrum der Sowjetunion war?

ZEIT Demnach wäre Kultur Schicksal.

Huntington Nichts ist als solches Schicksal. Aber die Kultur war historisch eine mächtige Kraft, und sie es auch heute.

»Im Kalten Krieg gab es zwei Supermächte, jetzt gibt es nur noch eine plus ein halbes Dutzend Regionalmächte.«

ZEIT Gibt es nicht auch zivilisatorische Bruchlinien innerhalb des Westens, trotz der gemeinsamen Kultur? Die Konflikte zwischen Europa und Amerika mehren sich – von Kyoto bis zum Strafgerichtshof. Auch will fast kein Europäer in den Krieg gegen Saddam ziehen.

Huntington Vorweg müssen wir zwischen Kultur und Struktur, also der Struktur globaler Macht, unterscheiden. Im Kalten Krieg gab es zwei Supermächte, jetzt gibt es nur noch eine plus ein halbes Dutzend Regionalmächte. Zwischen diesen und der Supermacht entsteht ein natürliches Konfliktpotenzial. Warum? Weil Amerika überall in der Welt Interessen hat. Deshalb mischt es sich überall ein, um die Dinge zu beeinflussen. Auf der anderen Seite versuchen die Regionalmächte – die EU, Russland,

China, Indien, der Iran, Brasilien –, die Dinge in ihrem Beritt in ihrem Sinne zu lenken. Das erzeugt die Spannungen.

ZEIT Also wiegt Struktur schwerer als Kultur?

Huntington Nicht wirklich. Die USA und die EU teilen eine gemeinsame westliche Kultur, folglich arbeitet die Logik der Kultur gegen die Logik der Macht. Nehmen wir doch 9 / 11, wo dieser kulturelle Zusammenhalt eine Woge des Mitgefühls und der Identifizierung mit Amerika auslöste. Die Europäer sahen sich als Mitglieder einer gemeinsamen westlichen Kultur. Jetzt aber setzt sich wieder die Logik der Macht durch, zusammen mit den alten Differenzen. Die Europäer wollen nicht in den Krieg gegen Irak gezogen werden, auch Kritik am Krieg gegen den Terror wird laut. Hinzu kommen die ökonomischen und ökologischen Streitfragen. Der Machtkonflikt hat auch einen zweiten Aspekt. Die Sekundarmächte, die von der Hauptmacht in der Region nicht dominiert werden wollen, lehnen sich als natürliche Partner an die USA an.

ZEIT So wie England …

Huntington … das den USA auch kulturell am nächsten steht. Polen, die Ukraine und Usbekistan werden amerikafreundlicher, weil sie nicht wieder unter die Fuchtel Russlands geraten wollen.

ZEIT Das heißt, dass die klassische Gleichgewichtspolitik doch den Ausschlag gibt.

Huntington Nein, beides zählt, Kultur wie Struktur. Die gefährlichsten Bruchlinien sind dort, wo Macht- und Kulturunterschiede überlappen. Amerika und die EU werden nicht gegeneinander in den Krieg ziehen. Indien und Pakistan können das sehr wohl tun, genauso wie Israel und die Araber. Und China und Amerika.

ZEIT Ein anderes Huntington-Zitat lautet: »the rest against the West«. Nimmt man aber die wachsenden transatlantischen Spannungen, könnte daraus »the rest of the West against the U. S.« werden?

Huntington Nein, denn die gemeinsame Kultur moderiert den Machtkonflikt. Das trifft nicht auf den Fall China / USA zu, wo die kulturelle Kluft den Interessenkonflikt verschärft.

ZEIT Also werden Gewaltakte im Falle des Internationalen Strafgerichtshofs ausbleiben?

Huntington Bestimmt nicht, obwohl sich hier ein Machtkonflikt aufgetan hat. Amerika will sich nicht an die Kette legen lassen, weil wir überall in der Welt Soldaten stationiert haben und sie nicht der Gefahr der Strafverfolgung aussetzen wollen.

ZEIT Wir wussten, wie wir in der Vergangenheit mit den großen ideologischen und machtpolitischen Konflikten umzugehen hatten. Der Westen hat Nazideutschland niedergekämpft, die Sowjetunion diplomatisch eingedämmt und militärisch abgeschreckt. Wie aber kämpft man in einem Krieg der Kulturen? Und gegen wen?

Huntington Das hängt vom Szenario ab. Al-Qaida ist etwas ganz Neues. Bush redet von einem Krieg gegen den Terrorismus. Politisch ist das ein nützlicher Begriff, weil alle Welt gegen den Terrorismus ist. Analytisch ist er problematisch, weil verschiedene Kriege unter dieses Rubrum fallen. Russen, Chinesen, Inder, Israelis – alle nennen sie ihre Feinde Terroristen. Das ist die eine Art, im Kern sind es Territorialkonflikte. Al-Qaidas Krieg gegen die USA und die westliche Zivilisation steht auf einem anderen Blatt, weil es hier nicht um einen Territorialkrieg …

ZEIT … sondern um einen Zivilisationskrieg geht?

Huntington Natürlich ist er das.

ZEIT Wie führt man einen solchen Krieg?

Huntington Vorweg muss man die Unterstützung kappen, die eine Gruppe wie al-Qaida von anderen Mitgliedern ihrer Zivilisation erhält. Wenn diese, Gruppen oder Staaten, sich mit einer Konfliktpartei verbünden, droht die Eskalation. Wie in Serbien, wo Belgrad die Serben in Bosnien und im Kosovo militärisch unterstützte. Folglich muss Al-Qaida in der muslimischen Welt isoliert werden. Das ist so schwer, weil al-Qaida in 50, 60 Ländern operiert. Also muss man diese Länder auf seine Seite ziehen. Die Regierung Bush hatte aber ein Problem nach 9 / 11: Wie all jene Regionalmächte für sich zu gewinnen, die nicht gerade die besten Freunde der USA waren, also Russland, China, gar der Iran?

ZEIT Wird Al-Qaida wieder zuschlagen?

Huntington Versuchen wird sie es auf jeden Fall.

ZEIT-Nr. 37 vom 5. 9. 2002

Die Schule der Angst

Überwachung und Paranoia prägen den Alltag in New York. Bericht aus einer Stadt im dauernden Alarmzustand

Von Francine Prose

Neulich hatte ich eine Begegnung mit einem New Yorker Polizisten, der die Aufgabe hatte, unseren »Heimatschutz« zu gewährleisten. Er musste die Ausweisdokumente all derer überprüfen, die das Gebäude der städtischen Verwaltung in Downtown Manhattan betreten wollten. Ich erlebte einen jener Augenblicke, in denen das Leben die Kunst zu imitieren scheint – eine Erfahrung, die Schriftstellern nur allzu vertraut ist.

Ich war auf dem Weg zu einem regionalen Rundfunksender, der ein Interview über einen Roman mit mir machen wollte, den ich für Jugendliche geschrieben hatte. Zufällig handelt dieses Buch von der heimtückischen Verwandlung einer öffentlichen Oberschule in einen autoritären Polizeistaat, mitsamt Metalldetektoren, Rucksackdurchsuchungen und stichprobenartigen Drogentests – kurz, mit all den kleinlichen Verletzungen der Privatsphäre und täglichen Demütigungen, die die Bildungserfahrung so vieler amerikanischer Schüler an öffentlichen Oberschulen um einiges bereichern. Mein Roman ist, das muss ich zugeben, zumindest in Teilen allegorisch, und er ist geprägt von meiner eigenen Beunruhigung angesichts der Beschneidung unserer bürgerlichen Freiheiten durch die Gesetzgebung der Bush-Regierung nach den Ereignissen vom 11. September.

Der Roman ist auch eine Reaktion auf die Verhaltensregeln, die gegenwärtig den Alltag in den USA und vor allem in New York City beherrschen, wo es für uns gewöhnliche Staatsbürger zunehmend unmöglich wird, ein Bürogebäude zu betreten, einen Freund im Krankenhaus zu besuchen oder an einer Party an einem öffentlichen Ort teilzunehmen, wenn wir nicht zweifelsfrei beweisen können, dass wir die sind, die zu sein wir behaupten. Als ich das letzte Mal meinen Verlag aufsuchte, um mich mit dem Redakteur meines Buchs zu besprechen, wurde ich nicht nur aufgefordert, mich auszuweisen, ich sollte mich auch fotografieren lassen. Die High-Tech-Kamera, eine raffinierte Maschine, die sicher so teuer war, dass man etliche New Yorker Obdachlose mit dem Geld hätte durchfüttern können, druckte mein Foto umgehend auf ein Etikett, das ich auf meine Jacke heften und während meines Aufenthalts im Haus tragen sollte.

Der Rundfunksender, den ich für das Interview aufsuchen sollte, befindet sich im 25. Stockwerk des städtischen Verwaltungsgebäudes, das eine Reihe von Ämtern beherbergt, darunter auch das Standesamt, wenn ich mich recht entsinne. Die Prozedur des Eintritts in dieses Gebäude ähnelt sehr dem, was die Schüler in meinem Roman Tag für Tag ertragen müssen, wenn sie zur Schule gehen, und was wir alle durchstehen müssen, bevor wir in einem amerikanischen Flughafen an Bord eines Flugzeugs gehen. Erst bilden wir lammfromm eine Schlange, sodass ein Polizist unsere mit Bild versehenen Ausweispapiere prüfen kann, dann legen wir unsere Handtaschen und Aktentaschen pflichtbewusst auf ein Förderband, damit es durchleuchtet werden kann. Und so weiter.

Der Polizist übte seine Pflichten sehr gewissenhaft aus. Er stellte beifällig fest, dass der Mann vor mir in derselben rein weißen, Mittelklasse-Wohngegend in Brooklyn zu Hause war wie er selbst. Und er stellte weit weniger erbaut fest, dass meine Fahrerlaubnis abgelaufen war. Leider könne er mich mit einem abgelaufenen Führerschein nicht in das Gebäude hinauflassen, sagte er. Er betonte, dass ich seinen Standpunkt doch verstehen müsse. Die Feststellung meiner Identität sei nicht ausreichend. Meine Papiere seien nicht in Ordnung.

Dachte er, es handele sich um eine Verkehrskontrolle? Glaubte er, ich hätte vor, mit dem Auto zum 25. Stock hochzufahren? Ich verkniff mir diese Fragen. Denn Menschen sind anpassungsfähige, pragmatische Geschöpfe, und die meisten Amerikaner, die ihr Flugzeug erreichen wollen, haben gelernt, dass sie den Mund halten und gehorchen sollten, wenn man sie auffordert, ihre Schuhe und Gürtel abzulegen. Sie haben sich auch daran gewöhnt, dass Sicherheitsleute ihr Gepäck durchwühlen und ihre Unterwäsche begrapschen. Sie werden nicht protestieren (so wie ich nicht protestierte), wenn sie sehen (wie ich vor einigen Monaten sah), dass ein verängstigtes siebenjähriges Mädchen durchsucht wird und mit einem elektrischen Schlagstock bedroht wird, weil es das Verbrechen begangen hat, gegen den Flughafen-Metalldetektor zu stoßen und ihn in Gang zu setzen. Wenn sie doch protestieren, wie mein Mann es tat, werden sie darüber belehrt, wie er belehrt wurde, dass solche drastischen Maßnahmen notwendig sind, weil die Terroristen demnächst kleine Mädchen als Selbstmordattentäter einsetzen werden.

Ich wollte zu meinem Radiointerview, und ich wollte pünktlich sein. Anstatt mich mit dem Polizisten anzulegen, anstatt an die Vernunft und den gesunden Menschenverstand zu appellieren, zeigte ich ihm das Autorenfoto auf der inneren Umschlagseite meines Buches. Es war ein Bild von mir, genauso wie das Foto auf meiner Fahrerlaubnis ein zwar etwas schmeichelhaftes, aber erkennbares Bild der Frau war, die vor ihm stand. Hätte es nicht selbst für den einfallsreichsten und fanatischsten Terroristen furchtbar viel Arbeit und Planung bedeutet, einen Roman zu schreiben und sich eine Fahrerlaubnis des Staates New York zu besorgen und sie dann ablaufen zu lassen, nur um sich dadurch die falsche Identität von jemandem zu verschaffen, der so hieß wie ich und so aussah wie ich?

Der Polizist winkte mich schließlich durch und ließ mich nach oben. Entweder glaubte er mir, oder er hatte keine Lust, die Schlange ungeduldiger New Yorker hinter mir länger aufzuhalten.

Die Begründung für derartige Absurditäten lautet – und daran werden wir ständig erinnert –, dass wir vor künftigen Anschlägen geschützt werden müssen. Die liberaler gesinnten oder einfach mutigeren Zeitgenossen unter uns, die lieber das Risiko einer »laxen« Sicherheitslage in Kauf nehmen würden, als so weiterzuleben, werden vermutlich durch das häufig wiederholte Argument auf Linie gebracht, es gebe keinen Mittelweg zwischen *racial profiling* (einer Fahndung, die bestimmten Rassenmerkmalen folgt) und dem Durchsuchen von Siebenjährigen. Entweder man belästige bloß jene, deren äußere Erscheinung auf den Mittleren Osten schließen lässt, oder man belästige jeden in gleicher und gerechter Weise – einschließlich greiser Großmütter, deren Herzschrittmacher sie daran hindert, Metalldetektoren zu durchschreiten.

Aber glauben die Amerikaner das? Wir sind uns völlig klar, dass unsere Freunde es nicht glauben, doch sonst tappen wir im Dunkeln. Wir trauen unseren Medien nicht mehr; wir wissen nicht, wie wir all die zweifelhaften Umfragen und manipulierten Erhebungen interpretieren sollen. Und natürlich sind einige hellsichtige Amerikaner schon seit längerem zu dem Schluss gekommen, dass es bei diesen restriktiven, überzogenen und oft lächerlichen Maßnahmen weniger darum geht, Terror zu vereiteln, als darum, die eigene Bevölkerung auf eine Weise einzuschüchtern, die der Bush-Regierung politisch nützt.

»Nichts davon hat wirklich mit Terroristen zu tun«, sagte eine Freundin, die gerade aus Europa zurückgekehrt war, wo sie an etwas erinnert wurde, was sie bereits vergessen hatte: dass es möglich ist, einen gewöhnlichen Tag zu bewältigen, seinen Geschäften nachzugehen und sogar zu reisen, ohne die tägliche Dosis Verdacht, Angst und Demütigung verkraften zu müssen. »Es geht um uns; es geht darum, uns gehorsam und ängstlich zu machen.«

Aber diese Erkenntnis verlangt eine gewisse Unabhängigkeit und Schärfe des Denkens – Eigenschaften, welche der Regierung nicht behagen, weil sie lieber möchte, dass wir uns fürchten, anstatt zu denken. Denn der Terror ist im Interesse der Republikaner. Immer dann, wenn wir einem Wachtposten gegenüberstehen oder unsere Ausweise zeigen sollen oder gezwungen werden, eine Durchsuchung über uns ergehen zu lassen, werden wir daran erinnert, dass wir »im Krieg« sind, in einem fortwährenden Belagerungszustand, dass wir also gute Gründe haben, uns zu fürchten, und dass wir unsere Regierung – besonders die derzeit amtierende Regierung – zu unserem Schutz brauchen.

Vor kurzem sah ich ein Fernsehinterview mit einer verheirateten Frau aus der Mittelklasse; die Frau gehörte zu dem Typus, der jetzt häufig als *soccer mom* bezeichnet wird – ein spöttischer Ausdruck, der anstelle von »Hausfrau« gebraucht wird. Die Frau erklärte, sie hätte bei der

New York im Ausnahmezustand: Die scharf bewachte Wall Street im August 2004

letzten Wahl für Al Gore gestimmt – wie übrigens die Mehrheit der amerikanischen Frauen –, habe aber vor, ihre Stimme das nächste Mal George W. Bush zu geben. Sie bewundere, wie erfolgreich die Regierung den Krieg gegen den Terrorismus geführt habe – schließlich hat es seit dem 11. September keine größeren Anschläge mehr gegeben –, und sie wolle nicht, dass die Demokraten ganz von vorn anfangen und erst lernen müssten, was die Republikaner, die mittlerweile die nötige Erfahrung hätten, schon mit großer Sachkenntnis leisteten.

Da wir angeblich in diesem endlosen »Kriegszustand« leben und da uns ständig gesagt wird, es sei »unpatriotisch«, Fragen zu stellen und Protest anzumelden, halten es nur wenige der prominenten Amerikaner – und so gut wie keiner unserer Politiker – für nötig, auszusprechen, dass viele dieser Regierungsmaßnahmen und im Grunde genommen dieser ganze neue Lebensstil den Verfassungsgrundsätzen der Vereinigten Staaten und unserer Bill of Rights direkt widersprechen. Diese hervorragend durchdachten, visionären Dokumente sind der Erhaltung und Förderung von »Leben, Freiheit und dem Streben nach Glück« gewidmet: drei Werte, die von den neuen Gesetzen und Sicherheitsprozeduren weder befördert noch verbessert werden; sie werden im Gegenteil durch das tägliche Quantum an Irrationalität und unverhohlenem Wahnsinn, mit dem wir fertig werden müssen, ernsthaft gefährdet.

Wir können nur hoffen, dass immer mehr Menschen die Propaganda und das wilde Durcheinander aus Angst und Paranoia durchschauen werden, hinter dem die derzeitige Regierung ungeniert ihren Geschäften nachgeht und Gesetze verabschiedet, die die Armen weiter entrechten, die es den Arbeitern erschweren, ihren Arbeitsplatz zu behalten und ihre Rechnungen zu bezahlen, und die ein paar ungemein reichen Amerikanern die Taschen füllen. Einige dieser Reichen profitieren auch von der höchst lukrativen *security industry*. Das jährliche Budget des Ministeriums für Heimatschutz beläuft sich auf 30 Milliarden Dollar, und einem Leitartikel der *New York Times* zufolge nimmt die Zahl der Lobbyisten, die in Washington die Interessen der Anti-Terror-Industrie vertreten, in rasantem Tempo zu. Zufällig finden sich unter diesen Lobbyisten auch Tom Ridge, ein früherer Berater des Ministers für Heimatschutz, sowie der Bruder eines hohen Beamten im selben Ministerium.

Die wachsende Nachfrage nach neuester und spektakulärster Sicherheitstechnik wird gewaltige Vermögen entstehen lassen, und es ist kein Zufall, dass die Intensivüberwachung zu einem wesentlichen Bestandteil unserer Unternehmenskultur geworden ist. Als Faustregel kann gelten: Je größer und einflussreicher das Unternehmen ist, mit dem man Geschäfte macht, desto größer ist die Chance, dass man auf dem Weg zur Sitzung einer eingehenden Überprüfung unterzogen wird. Um in das Hochhaus eingelassen zu werden, das in Manhattan die Time-Warner Communications beherbergt, muss man ein kleines Martyrium durchmachen, nicht unähnlich den Strapazen bei Flugreisen in diesem Lande. Interessanterweise scheint es aber dort keine Sicherheitsbedenken zu geben, wo Konsumenten ihr Geld ausgeben sollen. So gibt es keine Ausweis- oder Gepäckkontrollen beim hiesigen McDonald's, das sicherlich ein ebenso sichtbares und angreifbares amerikanisches Symbol darstellt wie die Büros unserer bekanntesten Unternehmen.

Doch selbst wenn das Recht, in unsere Privatsphäre einzudringen, gewinnbringend vermarktet wird, selbst wenn die Bush-Administration mit dem Patriot Act die Befugnisse des Staates erweitert, uns unserer bürgerlichen Freiheiten zu berauben, gibt es Anzeichen – wenn auch kleine Anzeichen – des Widerstands. Die Regierung einer Stadt im nördlichen Kalifornien hat die Zusammenarbeit mit FBI-Ermittlern zur Straftat erhoben. Überall im Land diskutieren Bibliothekare darüber, ob sie einer Anordnung des Patriot Act nachkommen sollen, die von ihnen verlangt, die Ausleihlisten ihrer Benutzer offen zu legen.

In einem anderen Fernsehinterview – nicht weniger aufschlussreich als die Unterhaltung mit der *soccer mom* – erklärte der Besitzer eines Geschäfts in Los Angeles, der mit Ausrüstungen für Tiefseetaucher handelt, warum er FBI-Agenten, denen es um die Verhinderung von Unterwasseranschlägen auf Häfen und Brücken ging, nicht die Liste seiner Kunden aushändigte. Seiner Meinung nach sei die Verfassung der Vereinigten Staaten nicht geschrieben worden, damit er Tag für Tag nachweisen müsse, dass er kein Terrorist sei, sagte er.

Der Mann bringt auf den Punkt, warum meine Begegnung mit dem Polizisten vor dem städtischen Verwaltungsgebäude (und alle ähnlichen Erfahrungen, die New Yorker mehr oder weniger täglich machen) so empörend, demoralisierend und deprimierend war. Ich wurde verdächtigt, mir wurde misstraut, ich musste beweisen, dass ich nicht vorhatte, eine schreckliche Gewalttat zu verüben, während meine Harmlosigkeit die ganze Zeit auf der Hand lag. Ich wurde eingeschüchtert und dazu gebracht, mich einer sinnlosen Autorität zu beugen, ich wurde gezwungen, meine natürlichen Regungen, meine Vernunft, meinen gesunden Menschenverstand, meine Ideen von Gerechtigkeit und Anstand zu unterdrücken. Ich erhielt eine Lektion in der neuen, staatlich geförderten »Schule der Angst und des Gehorsams«.

Ich sollte nicht unerwähnt lassen, dass es den bedauernswerten Schülern in meinem Roman wesentlich schlechter ergeht als mir in dem geschilderten Fall. Ihre Welt wird zunehmend von willkürlichen, grausamen und sinnlosen Regeln und Vorschriften beherrscht und entwickelt sich daher immer furchterregender, Orwell-artiger und Science-Fiction-ähnlicher, als wir uns das für die Zukunft unserer Kinder ausmalen möchten. Meine Hoffnung ist allerdings, dass die Geschehnisse des Buchs frei erfunden sind, eine reine Ausgeburt der Fantasie, und dass die paranoide Handlung in keiner Weise prophetisch ist: dass sich unser Leben als Bürger der Vereinigten Staaten nicht tatsächlich als Nachahmung der schwärzesten Fantasien der Kunst erweisen wird.

Aus dem Englischen von Karin Wördemann

ZEIT-Nr. 32 vom 31. 7. 2003

»Wir sind enorm stolz«

Im Gefangenenlager Guantánamo auf Kuba quetschen GIs Tag für Tag Häftlinge aus. Nun werden für sie Gerichte gebaut – im rechtsfreien Raum fern der USA

Von Reiner Luyken

GUANTÁNAMO
Generalmajor Geoffrey Miller, Kommandant der Häftlingskolonie Guantánamo, kneift die Augen zusammen und gibt den Satz zum Besten, mit dem er jede unliebsame Erkundigung abblockt: »Meine Einheit hat den Auftrag, feindliche Kombattanten zum Zwecke nachrichtendienstlicher Ermittlungen in Haft zu halten und dadurch einen Beitrag zum Sieg der USA und unserer Alliierten im fortdauernden globalen Krieg gegen den Terror zu leisten.«

Zum zweiten Mal befragt, was er empfindet, wenn das Lager als »amerikanischer Gulag« (*New York Times*) bezeichnet wird, erwidert er, er sei »enorm stolz« auf den Beitrag seiner Truppe im globalen Krieg gegen den Terror. Zum dritten Mal aufgefordert, die immer noch offene Frage zu beantworten, erklärt er: »Ich bin ein professioneller Soldat. Ich erfülle meine Aufgabe im Einklang mit den Verfahrensregeln der amerikanischen Armee. Wir gewähren den feindlichen Kombattanten eine humane Behandlung.«

Guantánamos Strände und kakteenbestandene Hügel wimmeln von exotischem Getier: Leguanen, Bananenratten, Truthahngeiern. Am Ostufer des seit 1903 von Kuba gepachteten Seehafens liegt eine amerikanische Kleinstadt mit Kindergärten, Schulen, Einkaufszentren, Tennisplätzen und einem Segelclub. Um die Enklave verläuft ein 28 Kilometer langer, mit Minenfeldern und Panzersperren gesicherter Zaun. Marineinfanterie patrouilliert auf der einen, Castros Grenzbrigade auf der anderen Seite.

Wasser und Klopapier zählen als »Komfortartikel«

Nicht weit vor der Grenze dösen in einer Senke die leeren Gebäude von Camp X-Ray, dem mittlerweile aufgegebenen ersten Gefangenenlager, in dem Anfang 2002 die ersten aus Afghanistan eingeflogenen Taliban eingesperrt wurden. Die mit Sperrholzplatten abgedeckten Gitterkäfige sind von dichtem Gestrüpp überwachsen. In dem Gestrüpp leuchten orange-gelbe Früchte, aus denen, wenn man sie aufdrückt, blutrote Kerne spritzen. Die Luft riecht modrig. Die Wachtürme, die Scheinwerfer, die Lautsprecher, die Entlausungsduschen – alles erinnert irgendwie an ein KZ. Ein Eindruck, den die charmante Offizierin der militärischen Presseabteilung gar nicht verwischen will. Die Besichtigung von Camp X-Ray soll verdeutlichen, wie sehr sich im neuen Camp Delta, wo die Häftlinge heute untergebracht sind, alles verbessert hat.

Die Offizierin hat eine Dreitagesvisite organisiert, bei der dem Reporter bis zu vier Aufpasser auf Schritt und Tritt folgen. Jede Unterhaltung wird überwacht, obwohl sämtliche Militärs ein intensives Medientraining absolviert haben. Ein Aufpasser interveniert sogar, als Brigadegeneral Mitchell LeClaire, Generalmajor Millers Stellvertreter, beim Dinner im feinen Bayview Club eine unvorsichtige Meinung zum Besten gibt. Der Brigadegeneral begnügt sich daraufhin mit leichterer Konversation, »der Verdauung wegen«.

Die Überwachung ist nicht nur Sicherheitsgründen geschuldet. Die offiziell verbreitete Wahrheit deckt sich nicht immer mit den Tatsachen. Generalmajor Miller betont, dass alle Häftlinge seines Lagers auf dem afghanischen Kriegsschauplatz (der schließt in seiner Version Pakistan ein) gefangen genommen worden seien. Zwei in England wohnhafte Iraker wurden jedoch aus Gambia verschleppt, eine Tatsache, die das britische Außenministerium nachdrücklich bestätigt. Festnahmen fern des Kriegsschauplatzes lassen sich jedoch nur schwer mit der politischen Rechtfertigung einer zeitlich unbeschränkten Haft in Guantánamo in Übereinstimmung bringen. Die skizziert William Taft, Rechtsberater des amerikanischen Außenministers Colin Powell, so: »Wir befinden uns im Krieg. Den im Kriegszustand geltenden Gesetzen, Konventionen und Bräuchen zufolge dürfen feindliche Kämpfer für die Dauer der Feindseligkeiten festgehalten werden. Das ist keine Strafaktion, sondern entspricht unserem Sicherheitsbedürfnis und militärischer Notwendigkeit.«

So in etwa steht es in der Genfer Konvention. Die legt aber auch fest, dass Gefangene nur Namen, Rang und Einheit preisgeben müssen. Jeder Zwang zu weiteren Aussagen ist ausdrücklich verboten. Offiziell erkennen die USA die Inhaftierten deshalb nicht als Kriegsgefangene an. Dennoch behauptet Oberstleutnant James Young, dem der Alltagsbetrieb in Camp Delta obliegt: »Wir übererfüllen die Auflagen der Konvention.«

Die Fahrt von der Hafenmole zu Camp Delta dauert eine knappe Viertelstunde. Sherwood Avenue, Kittery Beach Road, vorbei an einem feinen Villenviertel, über eine Anhöhe, dahinter eine Straßensperre, an der Soldaten die Zugangsberechtigung kontrollieren. Von außen sieht man einen langen, mit grünem Tuch verhängten Zaun, über den Dutzende zylindrischer Lüftungsschächte und etliche Wachtürme ragen. Dahinter die in der Sonne flirrende Karibische See.

Am Küchenbetrieb gibt es wenig auszusetzen. Die Krankenanstalt kann jemanden, der mit dem britischen Gesundheitssystem vertraut ist, mit Neid erfüllen. Zwanzig Betten, ein OP, ein Röntgensaal, Einrichtungen zur Physiotherapie und psychischen Behandlung, ein Zahnarztzimmer für maximal 1000 Häftlinge. Die erhielten hier die beste medizinische Versorgung, die sie je erlebt haben, erklärt Stabsarzt John Edmonson. Sie seien »gesundheitlich generell in guter Verfassung«.

Warum aber unternahmen 21 Insassen insgesamt 34 Selbstmordversuche? Die Betreffenden, erwidert Edmonson kalt, versuchten vor allem, »ihre Umgebung zu manipulieren« – sprich: ihre Haftbedingungen zu erleichtern. Hatten die Versuche nichts mit Haftbedingungen und durch Verhöre hervorgerufener Belastung zu tun? Anpassungsschwierigkeiten und Verhöre, gesteht der Militärarzt ein, führten zu Angstzuständen und Schlaflosigkeit. Die Rate mentaler Funktionsstörungen liege bei den Gefangenen jedoch nicht höher als in der US-Bevölkerung, zwischen 12 und 15 Prozent. Spuren von Folter, auch psychischer Folter, schließt er aus.

Drei unter 16-jährige Kinder litten bei ihrer Einlieferung unter posttraumatischem Stress. Sie wurden in einem abseits gelegenen Haus untergebracht, mit Blick weit über das Meer, ohne Wachtürme, ohne Stacheldrahtrollen. Der Kommandant der exklusiven Jugendhaftanstalt war ein Reservist, im Zivilleben Mittelschullehrer, der von der »positiven Arbeit, die wir hier leisteten«, schwärmt, von der »positiven Umgebung« und der »positiven Entwicklung der Kinder«. Sie wurden Anfang Februar entlassen.

88 Insassen kamen bislang wieder frei, einer wurde an Spanien ausgeliefert. Die Rückführung fünf britischer Staatsbürger und eines Dänen steht kurz bevor. Jeder Entlassung geht ein Gutachten von Generalmajor Miller an das Pentagon voraus, wonach der Betreffende nachrichtendienstlich »ausgeschöpft« sei und keine Bedrohung für die Sicherheitsinteressen der USA mehr darstelle. Ein von hier Freigekommener organisierte pakistanischen Angaben zufolge allerdings wenig später den Ausbruch von 41 Taliban aus einem Gefängnis in Kandahar. Ein Sprecher seiner Organisation kommentierte: »Einmal Taliban, immer Taliban.«

Anderen Häftlingen stehen Militärtribunale bevor. Zuvor muss der Oberste Gerichtshof entscheiden, ob Guantánamo amerikanisches Hoheitsgebiet ist. Die Regierung Bush argumentiert, Castros Kuba sei nach wie vor der eigentliche Souverän. Wenn die USA volle Hoheitsrechte besäßen, könnten die Lagerinsassen amerikanische Gerichte anrufen. Das will die Regierung verhindern. Militärtribunale, die den Angeklagten weniger Rechte einräumen, wären hinfällig. Schon jetzt arbeiten Schreiner und Maler bis in die Dunkelheit hinein an einem die Hafenbucht überblickenden Gebäude, das Schauplatz der Tribunale werden soll.

Um die 660 (die genauen Zahlen sind aus unerfindlichen Gründen geheim) Häftlinge 44 verschiedener Nationalitäten sitzen gegenwärtig in Camp Delta ein. Manche sind Teenager, der Älteste ist 70 Jahre alt. Das Gefängnis ist in vier Blöcke unterteilt. Nummer 3 ist der am striktesten geführte Hochsicherheitstrakt. Hier müssen die Insassen um alles betteln, sogar um Klopapier und Trinkwasser. In Block 1 und 2 gehört Wasser zu den »Komfortartikeln«, die als Anreiz zu Kooperationsbereitschaft bei Verhören und Unterwerfung unter die Gefängnisdisziplin dienen. Alle 30 Tage wird entschieden, ob sich ein Häftling für die Versetzung in ein »milderes« Regime qualifiziert.

In Block 4, einem »halboffenen« Komplex für besonders kooperative Häftlinge, sind kaltes Mineralwasser aus einer Eisbox und Klopapier frei zugänglich. Die etwa 100 hier Festgehaltenen dürfen weiße Kluft anstatt der orangefarbenen Standardkleidung amerikanischer Gefängnisse tragen. Sie bekommen ein Kopfkissen und Gebetsteppiche anstelle von Gebetsmatten aus Gummi. Sie sind statt in Einzelzellen in Schlafsälen untergebracht. Sieben, acht bärtige Männer sitzen unter einem Verandadach um einen Tisch, als wir uns nähern. Manche haben schulterlange Haare. Ihnen ist erlaubt, sieben bis acht Stunden am Tag außerhalb ihrer Schlafräume zuzubringen. Ein Soldat bedeutet ihnen, sich jetzt dorthin zurückzuziehen. Jeder Kontakt mit der Außenwelt ist verboten.

Die Türschlösser werden von einem dunkel verglasten Kontrollturm aus per Magnetsteuerung verriegelt. Jeder Schlafsaal wird von zwei in schwarzen Kugeln verborgenen Kameras überwacht; ein Soldat sitzt in einem abgetrennten Zwickel und beobachtet die Bilder auf Monitoren. Die Aufsicht mag übertrieben erscheinen. Aber man darf nicht vergessen, dass die Insassen nicht nur zufällig aufgelesene afghanische Bauern und Viehtreiber sind. Sie wurden (amerikanischen Angaben zufolge) aus 10 000 Verhafteten ausgesiebt und oft monatelang auf dem Luftwaffenstützpunkt Bagram nördlich von Kabul in einem grimmigen, noch aus sowjetischer Besatzungszeit stammenden Hangar ausgequetscht, bevor sie hierher kamen.

»Deine Kinder vermissen dich«, steht an der Käfigwand

Das Regime in Block 4 folgt mit wenigen Ausnahmen den Auflagen der Genfer Konvention. Die Zustände in den anderen Lagerteilen sind dagegen ein Schandfleck für eine Nation, die für sich das Motto »Der Freiheit verpflichtet« – Guantánamos Wahlspruch – in Anspruch nimmt. Besuchern ist nur die Inspektion eines unbesetzten Zellenblocks erlaubt. Um hineinzugelangen, muss man sich durch vier Doppeltore schleusen lassen. Ein Soldat mit schweren, über die Schultern hängenden Ketten streift sich gerade grüne Latexhandschuhe über. Die Baracke besteht aus zwei durch einen Mittelgang getrennten Reihen von je 24 Zellen. Die Außenwände sind aus starkem Eisenprofil gefertigt, die Innenwände aus Stahlgitter.

Jede Zelle ist 2,40 Meter hoch, 2,40 Meter tief und 2,10 Meter breit. Ein fest verschweißtes Eisenbett, ein Waschbecken und ein in den Boden eingelassenes Hockklo aus Nirostastahl nehmen den größten Teil der Bodenfläche ein. Der Mittelgang wird ständig von vier bis sechs Soldaten abgeschritten. Die ganze Nacht hindurch brennen im Gang Neonröhren, draußen große Flutlichtstrahler. Zur »Freizeitbeschäftigung« werden je zwei Gefangene in Ketten in einen zwölf mal acht Meter großen Käfig am Ende des Blocks geführt. Zwei Plakate in arabischer Schrift, »Deine Kinder vermissen dich« und »Dein Land wird wiederaufgebaut«, schmücken die Käfigwand. Zwei Stunden lang dauert der Auslauf. Dreimal in der Woche. Das sind sechs Stunden in sieben Tagen. Die Genfer Konvention verlangt eine »der den Soldaten der inhaftierenden Macht vergleichbare Unterbringung«. Das heißt: keine Käfighaltung, die, würde man sie Affen im Zoo angedeihen lassen, gegen das Tierschutzgesetz verstieße.

Vermutlich führen alle Kriege zu einer Entmenschlichung, die beide Seiten der Fähigkeit beraubt, sich in die Lage der anderen zu versetzen. Generalmajor Miller hat den Sinn dafür völlig verloren. Er weist die Vorstellung entrüstet zurück, dass die meisten Gefangenen in seinen Augen zwar fehlgeleitete, doch für ihre Sache einstehende, furchtlose Männer seien, nicht anders als Elitesoldaten der amerikanischen Streitkräfte: »Sie sind weder Soldaten, noch sind sie tapfer. Sie verteidigen nicht ihr Heimatland. Sie sind Terroristen, die unschuldige Menschen angreifen.« Deshalb geht es in Ordnung, die Genfer Konvention systematisch zu verletzen?

Miller klammert sich an seine vorgefertigten Formeln: »Die Vereinigten Staaten halten feindliche Kombattanten in dem fortdauernden globalen Krieg gegen den Terror entsprechend der Genfer Konvention in Haft, außer wenn militärische Notwendigkeit es anders diktiert. Wir sind enorm stolz auf unseren Haftbetrieb.« Er lächelt dünn. Dann wagt er sich aus seiner mentalen Wagenburg und sagt: »Niemand außer Amerika würde seine Feinde so behandeln.«

ZEIT-Nr. 10 vom 26. 2. 2004

Feind im Visier

Im Kampf gegen den Terror gefährden westliche Demokratien die Grundlagen ihrer Freiheit

Von Richard Rorty

Von Albert Einstein stammt bekanntlich die Bemerkung, falls ein Dritter Weltkrieg mit aller verfügbarer Technik geführt werden sollte, dann würde der Vierte Weltkrieg wieder mit Stöcken und Steinen ausgetragen werden. Seitdem hat man sich in Abertausenden von Untergangsvisionen die Anarchie ausgemalt, in die die Zivilisation nach einem thermonuklearen Schlagabtausch zurückfiele. Bibliotheken und Museen würden geplündert, um Brennmaterial fürs Lagerfeuer zu ergattern. Und nach einer Generation wären die Menschen wieder Jäger und Sammler und die Errungenschaften unserer Gattung aus den letzten fünftausend Jahren wie ausgelöscht.

Einstein befürchtete einen atomaren Schlagabtausch für den Fall, dass sich die Vereinten Nationen nicht zu einer echten Weltregierung mit einer durchsetzungsfähigen Polizeitruppe weiterentwickeln würden. Nichts, was wir seitdem gelernt haben, schwächt dieses Argument. Aber Einstein konnte sich eines nicht vorstellen: dass in Pakistan oder Nordkorea fabrizierte, gerade einmal koffergroße Atomwaffen irgendwelche Individuen – zum Beispiel solch einen Playboy wie Osama bin Laden – in die Lage versetzen würden, Dinge zu tun, die früher nur Staaten möglich waren.

Nun liegt etwas Tröstliches in dem Umstand, dass es Terroristen wahrscheinlich nur gelingen wird, die Weltuhr um zweihundert Jahre zurückzudrehen und nicht um fünftausend. Denn die größte Wirkung, die sie mit ihren Höllenmaschinen und ihren grausamen Anschlägen erzielen, werden nicht Leid und Tod sein. Die größte Wirkung wird von den Maßnahmen ausgehen, mit denen westliche Regierungen auf den Terror reagieren. Diese Reaktionen könnten das Ende für einige Institutionen bedeuten, die in den zwei Jahrhunderten nach den bürgerlichen Revolutionen in Europa und Nordamerika entstanden sind.

Der weit verbreitete Verdacht, der Krieg gegen den Terror sei potenziell gefährlicher als der Terrorismus selbst, scheint mir vollkommen gerechtfertigt. Denn wenn die direkten Folgen des Terrorismus alles wären, was wir zu befürchten hätten, gäbe es keinen Grund für die Annahme, westliche Demokratien würden die Explosion von Atombomben in ihren Metropolen nicht überleben. Naturkatastrophen, die ein vergleichbares Ausmaß an Tod und Zerstörung über die Menschen brächten, wären schließlich auch nicht imstande, demokratische Institutionen zu gefährden. Würden sich zum Beispiel die tektonischen Platten an der Pazifikküste verschieben und Hochhäuser zum Einsturz bringen, bedeutete dies für Hunderttausende den sicheren Tod. Doch kaum wären die Opfer beerdigt, würde man mit dem Wiederaufbau beginnen. Und auch die Notstandsbefugnisse wären zeitlich beschränkt.

Politik der Härte

Ganz anders verhielte es sich im Fall eines Terrorangriffs. Politiker, die alles daransetzen, weitere Anschläge zu verhindern, wären versucht, sich an Härte zu überbieten und weitergehende Maßnahmen zu ergreifen – Maßnahmen, die sogar der Rechtsstaatlichkeit ein Ende setzen könnten. Und die Wut, die man verspürt, wenn namenloses Leid durch menschliches Tun verursacht wird und nicht durch Naturgewalten, wird die Öffentlichkeit dazu bringen, diese Maßnahmen zu akzeptieren.

Gewiss, das Ergebnis wäre kein faschistischer Putsch. Das Ergebnis wäre eine Kaskade von Maßnahmen, die einen Wandel in den sozialen und politischen Bedingungen des westlichen Lebens einleiten würden. Richter und Gerichte verlören ihre Unabhängigkeit, und regionale Militärbefehlshaber erhielten über Nacht eine Autorität, wie sie früher nur gewählte Beamte innehatten. Und die Medien wiederum sähen sich gezwungen, Proteste gegen Regierungsbeschlüsse zu unterdrücken.

Die Angst vor solchen Entwicklungen ist unter Amerikanern wie mir allerdings weit mehr verbreitet als unter Europäern, denn nur in den Vereinigten Staaten hat die Regierung behauptet, wir befänden uns in einem anhaltenden Kriegszustand. Der Essayist Christopher Hitchens hat bereits darüber gespottet, amerikanische Linke hätten mehr Angst vor dem Justizminister John Ashcroft als vor Osama bin Laden selbst.

In der Tat, ich gehöre genau zu der Sorte Mensch, an die Hitchens dachte. Mein erster Gedanke am 11. September 2001 war, dass »die Bush-Regierung dies in der gleichen Weise ausnutzen wird wie die Nazis den Reichstagsbrand«. Diese Befürchtung hat sich zwar nicht ganz, aber doch teilweise bewahrheitet. Das Weiße Haus verlangte sofort nach Sondervollmachten, und viele davon wurden ihm auch vom Kongress gewährt.

Ob die Sondervollmachten im Patriot Act mit der amerikanischen Verfassung zu vereinbaren sind, darüber ist an juristischen Fakultäten viel gestritten worden. Im April wird dieses Thema sogar das Oberste Gericht der Vereinigten Staaten beschäftigen. Zweihundertfünfzig Gemeinden und Städte in den USA haben Resolutionen gegen den Patriot Act verabschiedet, und einige Verfasser weisen die lokalen Polizeikräfte sogar an, bei seiner Durchsetzung nicht mit der Bundesregierung zusammenzuarbeiten. Ohnehin sehen die Kritiker des Patriot Act darin nur den Vorgeschmack auf noch weitergehende Notstandsbefugnisse, die in dem Augenblick verlangt würden, sobald Terroristen weitere Anschläge von der Größenordnung des 11. September verüben sollten.

Der Patriot Act ist ein sehr kompliziertes, 342 Seiten langes Sammelwerk. Wie sein britisches Gegenstück, der Anti-Terrorism, Crime and Security Act, wurde er nach dem 11. September buchstäblich durch die Institutionen »gepaukt«. Es ist unwahrscheinlich, dass alle Kongress- oder Parlamentsmitglieder, die für ihn gestimmt hatten, eine klare Vorstellung von seinem Inhalt hatten. Jedes Parlament eines westlichen Landes, in dem al-Qaida einen massiven Anschlag verübt, wird vermutlich rasch ähnliche Gesetze verabschieden.

Obwohl ich John Ashcroft tatsächlich als eine finstere Gestalt betrachte, glaube ich nicht, dass die Bush-Regierung aus lauter machthungrigen Kryptofaschisten besteht. Auch die britische Regierung sehe ich nicht so. Ich denke aber, dass das Ende der Rechtsstaatlichkeit sowohl in den USA als auch in Europa fast unbeabsichtigt eintreten kann, allein durch die institutionellen Veränderungen, die im Namen des »Kampfes gegen den Terrorismus« angestrengt werden.

Sollte es weitere Terroranschläge auf europäische Hauptstädte geben, werden das Militär und die für nationale Sicherheit zuständigen Bürokratien in allen EU-Staaten plötzlich über nie gekannte Vollmachten verfügen. Die Öffentlichkeit wird dies im Großen und Ganzen angemessen finden. Die Regierung wird ihre patriotische Entschlossenheit unter Beweis stellen und Gesetze beschließen, die an das alte deutsche Berufsverbot erinnern. Sie wird dazu übergehen, jede öffentliche Kritik als Unterstützung und Beschwichtigung des Terrorismus zu brandmarken. Und bald werden die europäischen Justizminister ihren Kritikern dasselbe zurufen wie vor ihnen John Ashcroft. »Für diejenigen, die friedliebenden Menschen mit dem Phantom verlorener Freiheit Angst einjagen, habe ich folgende Botschaft: Eure Taktik hilft nur den Terroristen, denn sie schadet der nationalen Einheit und vermindert unsere Entschlossenheit.«

Nach und nach würden diese Entwicklungen die Kanäle verstopfen, über die die öffentliche Meinung die Politik beeinflussen kann. Am Ende dieses Abschleifungsprozesses würde die Demokratie durch etwas ganz anderes ersetzt werden, nicht durch eine Militärdiktatur, auch nicht durch einen Orwellschen Totalitarismus, sondern durch einen aufgeklärten Absolutismus, der von einer Nomenklatura erzwungen würde.

Ende der offenen Gesellschaft

Diese Art von Machtstruktur überlebte ja das Ende der Sowjetunion und wird nun unter Putin und seinen ehemaligen KGB-Genossen erneut verfestigt. Dieselbe Struktur scheint sich in China und Südostasien herauszuschälen. In Ländern, die auf diese Weise regiert werden – sie mögen noch so aufgeklärt sein –, übt die öffentliche Meinung wenig Einfluss auf Regierungsentscheidungen aus. In dieser Art Feudalismus würden Wahlen zwar nach wie vor abgehalten werden, doch sie wären so bedeutungslos wie die jüngsten Wahlen zur russischen Duma. Da selbst die Gerichte und Untersuchungsausschüsse verhältnismäßig machtlos wären, könnte es

Geschäftsleuten geboten erscheinen, Schutzgelder an die Polizei oder an die von ihr geduldeten Banden zu zahlen. Und falls sich ein Bürger über Korruption oder Amtsmissbrauch beschwert, könnte es für ihn gefährlich werden.

Nicht nur das. Die Hochkultur würde politisch bedeutungslos, wie es in der Sowjetunion üblich war und in China noch immer ist. Keine unzensierten Medien mehr, auch keine Studentenproteste. Und so gut wie keine Zivilgesellschaft. Das allerdings bedeutete die Rückkehr zum Ancien Régime, wobei das Establishment derer, die für nationale Sicherheit zuständig wären, die Rolle des Hofes in Versailles innehätten.

Würde dieses trostlose Szenario im Westen Wirklichkeit, dann würde sich für weite Teile der Welt das Leben kaum ändern. Denn in den armen Ländern wird die Gesellschaft noch immer nach feudalem Muster organisiert. Im Nordosten Brasiliens oder in den Dörfern Äquatorialafrikas und Zentralasiens würde niemand zur Kenntnis nehmen, dass sich die Welt verändert hat und ein Licht verloschen ist. In den Ländern allerdings, die den größten moralischen Fortschritt erlebt haben, käme alles zum Stillstand. Und einige Generationen später würde eine Hand voll verträumter Leser in alten Büchern den utopischen Fantasien von der offenen Gesellschaft nachtrauern.

Vielleicht ist diese Prognose viel zu pessimistisch. Möglicherweise bin ich von Ashcroft so eingeschüchtert – und mit mir viele Amerikaner –, dass wir überall Gespenster sehen. Ich hoffe sehr, dass dies der Fall ist. Dennoch stelle ich fest, dass die demokratischen Institutionen, zumindest in meinem Land, recht fragil geworden sind. Zwar bin ich nicht ganz von Chalmer Johnsons These überzeugt, die Vereinigten Staaten seien »wahrscheinlich dem Militarismus preisgegeben«. Aber immerhin, in seinem Buch *Der Selbstmord der amerikanischen Demokratie* (Blessing Verlag) sammelt er eine Menge Beweise dafür, dass das »eiserne Dreieck« – der Verteidigungssektor, das Pentagon sowie Vertreter der Streitkräfte im Kongress – bereits so viel Macht an sich gezogen hat, dass der Präsident mit dem Pentagon bestenfalls verhandeln kann, statt ihm Befehle zu erteilen. Ich fürchte, all die Präzedenzfälle, welche die US-Regierung in Reaktion auf den 11. September geschaffen hat, werden die Regierungen anderer Demokratien beeinflussen. Nach den Anschlägen von Madrid könnte sich das amerikanische Szenario auch in Europa wiederholen. Zwar sind die Geheimdienste und das Militär in den EU-Staaten längst nicht so stark wie in den USA. Dennoch könnten sie plötzlich Befugnisse an sich reißen, nach denen sie vorher nie verlangt hatten. Die Junta in Washington wird es begrüßen.

So viel zu den Ängsten, die mich und viele andere plagen. Wenn man sie einleuchtend findet, wird man sich fragen, ob die Bürger in den westlichen Demokratien etwas tun können, um zu verhindern, dass ihre Enkel irgendwann in einer Art von Neofeudalismus leben müssen. Sie können. Als Erstes müssten sie die obsessive Geheimhaltungspolitik infrage stellen. Sie müssten fordern, dass ihre Regierungen den Bestand an Massenvernichtungswaffen offen legen und darüber Auskunft geben, was sie zu tun gedenken, wenn Nuklearwaffen durch andere Staaten oder kriminelle Gruppen wie al-Qaida eingesetzt werden.

Wider die Politik der Zweiteilung

Damit nicht genug. Die Bürger könnten auch verlangen, dass ihre Regierungen Anstrengungen unternehmen, um das Völkerrecht und die Gesetze zur internationalen Strafjustiz zu verändern. Zu Recht bemängeln viele Juristen, das Völkerrecht sei allein auf das Handeln von Staaten zugeschnitten. Und das Strafrecht beziehe sich nur auf Taten, die von den eigenen Bürgern innerhalb der Landesgrenzen begangen würden. Die Neufassung böte im Übrigen auch eine gute Gelegenheit, um multilaterale Abkommen zu vereinbaren und über eine Strukturreform der UN nachzudenken.

Kurzum, wenn westliche Regierungen gezwungen wären, ihre Notstandspläne offen zu legen, hätten es autoritäre und demagogische Politiker schwerer, einen möglichen Ausnahmezustand für eigene Zwecke auszunutzen. Je intensiver die Öffentlichkeit über künftige Krisen diskutiert, desto geringer ist der institutionelle Wandel, den diese auslösen. So gibt es keinen guten Grund, warum die Regierungen Frankreichs, Großbritanniens, der USA und Israels ihre Bürger nicht darüber informieren, wie viele atomare Sprengkörper sie besitzen, wie viele künftig gebaut werden und unter welchen Umständen sie zum Einsatz kommen sollen. Es gibt auch keinen Grund, die Wahrheit über die Entwicklung chemischer und biologischer Waffen zu verschweigen und der amerikanischen Öffentlichkeit Informationen darüber vorzuenthalten, warum mit ihren Steuergeldern »waffenfähiges Anthrax« hergestellt wurde. Und warum werden die Budgets und die Aufgaben der U. S. National Security Agency oder ihres britischen Gegenstücks geheim gehalten?

Im Übrigen ist es höchste Zeit, endlich jene Abkommen offen zu legen, die es möglich gemacht haben, die Erde mit über 700 US-Militärstützpunkten zu überziehen. Die Gründe dafür, der Öffentlichkeit diese Informationen vorzuenthalten, waren schon im Kalten Krieg schwach genug.

Der Fortschritt, den die Menschheit im 19. und 20. Jahrhundert gemacht hat, verdankte sich vor allem der Rolle der kritischen Öffentlichkeit und ihrem Einfluss auf die Politik. Dennoch haben die Geheimhaltungsmaßnahmen der Regierungen in den vergangenen sechzig Jahren eine neue, fragwürdige politische Kultur entstehen lassen. Eine Führungsschicht in den USA und der Europäischen Union hat sich an den Gedanken gewöhnt, sie könne ihren Auftrag, für die nationale Sicherheit zu sorgen, nur dann erfüllen, wenn ihr Tun der Öffentlichkeit vollständig verborgen bliebe. Der 11. September hat ihre Überzeugung noch verstärkt, und weitere Terroranschläge werden diese Eliten vermutlich zu der Überzeugung bringen, die Demokratie müsse erst zerstört werden, um sie zu retten. Kommt es allerdings zur schlimmstmöglichen Wendung, dann müssten die Historiker den Menschen eines Tages erklären, warum das goldene Zeitalter im Westen lediglich zweihundert Jahre währte. Und die traurigsten Abschnitte ihrer Bücher würden davon handeln, wie die Bürger der Demokratien durch Feigheit selbst dazu beitrugen, die Katastrophe herbeizuführen.

Aus dem Englischen von Karin Wördemann

ZEIT-Nr. 13 vom 18. 3. 2004

Wirtschaftsmacht Nr. 1 – Die Entwicklung der US-Ökonomie

Der amerikanische Albtraum

Vom Millionär zum Milliardär: Befreit von allen Gleichheitsidealen, reißen die Reichen in den USA immer mehr Wohlstand an sich. Die Mittelschicht löst sich auf

Von Paul Krugman

Als ich ein Teenager war und auf Long Island nahe New York lebte, machte ich oft Ausflüge zu den Villen an der Nordküste. Diese Villen waren Monumente eines vergangenen Zeitalters, in der sich die Reichen ganze Armeen von Sklaven leisten konnten. Die brauchte man auch, um Häuser von der Größe europäischer Paläste zu unterhalten. Als ich diese Häuser sah, war diese Ära, die wir heute das Goldene Zeitalter nennen, längst Vergangenheit. Kaum eine der Villen auf Long Island war noch in Privatbesitz. Entweder waren sie zu Museen umfunktioniert worden, oder sie wurden als Kindergärten oder Privatschulen genutzt.

Denn das Amerika der fünfziger und sechziger Jahre, in dem ich aufwuchs, war eine Mittelklassegesellschaft. Die großen Einkommens- und Wohlstandsunterschiede des Goldenen Zeitalters waren verschwunden. Natürlich lebte so mancher reiche Geschäftsmann oder Erbe weit besser als der durchschnittliche Amerikaner. Aber sie waren auf eine andere Weise reich als die Räuberbarone, die sich um die Jahrhundertwende riesige Villen hatten bauen lassen, und sie waren nicht so zahlreich. Die Tage, in denen Plutokraten eine wichtige Rolle in der amerikanischen Gesellschaft gespielt hatten, politisch wie ökonomisch, schienen passé.

Die tägliche Erfahrung vermittelte uns den Eindruck, in einer einigermaßen gleichen Gesellschaft zu leben. Die wirtschaftlichen Disparitäten waren nicht besonders ausgeprägt. Berufstätige mit höherer Ausbildung – Manager der mittleren Ebene, Lehrer, sogar Anwälte – behaupteten oft, weniger zu verdienen als gewerkschaftlich organisierte Arbeiter. Wer als wohlhabend galt, ließ sich einmal pro Woche eine Putzfrau kommen und verbrachte den Sommerurlaub in Europa. Aber auch diese Wohlhabenden schickten ihre Kinder in öffentliche Schulen und fuhren im eigenen Auto zur Arbeit so wie jeder andere auch.

Doch das ist lange her. Heute leben wir wieder in einem Goldenen Zeitalter – ähnlich extravagant wie das Original. Villen und Paläste erleben ihr Comeback. 1999 porträtierte das *New York Times Magazine* den Architekten Thierry Despont, die »Eminenz des Exzesses«, der darauf spezialisiert ist, Häuser für die Superreichen zu gestalten. Seine Kreationen entstehen gewöhnlich auf einer Fläche von 2000 bis 6000 Quadratmetern; Häuser am oberen Ende dieser Skala sind kaum kleiner als das Weiße Haus. Natürlich sind auch die Armeen von Bediensteten zurückgekehrt. Ebenso die Yachten.

Nur wenigen Leuten ist bewusst, wie sehr sich in diesem Land die Kluft zwischen den sehr Reichen und dem Rest innerhalb relativ kurzer Zeit verbreitert hat. Wer sich mit diesem Thema beschäftigt, setzt sich unweigerlich dem Verdacht aus, »Klassenkampf« oder eine »Politik des Neides« zu betreiben. Und nur wenige Leute sind tatsächlich willens, über die weitgehenden Auswirkungen dieser sich immer weiter öffnenden Schere zu sprechen – ökonomische, soziale und politische Auswirkungen.

Doch was in den USA heute geschieht, kann nur verstehen, wer das Ausmaß, die Ursachen und Konsequenzen der zunehmenden Ungleichheit in den letzten drei Jahrzehnten begreift. Wer begreifen will, wieso es in Amerika trotz allen ökonomischen Erfolgs mehr Armut gibt als in jeder anderen großen Industrienation, der muss sich die Einkommenskonzentration an der Spitze ansehen.

Das Durcheinander beim Ausscheiden von

Jack Welch als Chef des US-Konzerns General Electric hatte einen positiven Nebeneffekt: Es gab Einblick in die Sozialleistungen, die die Wirtschaftselite einstreicht und die der Öffentlichkeit normalerweise verborgen bleiben. Wie sich herausstellte, wurde Welch die lebenslange Nutzung eines Apartments in Manhattan (inklusive Essen, Wein und Wäsche) gewährt, ebenso die Nutzung von Firmenjets und einige andere geldwerte Vorteile im Wert von mindestens zwei Millionen Dollar pro Jahr. Diese Abfindung veranschaulicht, wie sehr Firmenlenker mittlerweile erwarten, ähnlich königlichen Hoheiten des Ancien Régime behandelt zu werden. Finanziell dürften diese Sonderleistungen Welch wenig bedeutet haben. Im Jahr 2000, seinem letzten kompletten Dienstjahr bei General Electric, bezog er ein Einkommen von 123 Millionen Dollar.

Man mag einwenden, es sei nichts Neues, dass die Chefs amerikanischer Konzerne eine Menge Geld kassieren. Aber es ist neu. Zwar waren sie im Vergleich zum durchschnittlichen Arbeiter immer schon gut bezahlt, doch was ein Manager vor 30 Jahren verdiente und was er heute verdient, ist nicht zu vergleichen.

Das neue Goldene Zeitalter

In den vergangenen drei Jahrzehnten sind die Gehälter der meisten US-Bürger nur moderat gestiegen: Das durchschnittliche jährliche Einkommen wuchs inflationsbereinigt von 32 522 Dollar im Jahr 1970 auf 35 864 Dollar 1999. Zehn Prozent in 29 Jahren – ein Fortschritt, wenn auch ein bescheidener. Glaubt man dem *Fortune Magazine,* stiegen in derselben Zeit die Jahresgehälter der Firmenchefs der 100 größten US-Unternehmen aber von 1,3 Millionen Dollar – dem 39fachen des Gehaltes eines durchschnittlichen Arbeiters – auf 37,5 Millionen Dollar, dem mehr als 1000fachen Lohn eines normalen Arbeitnehmers.

Diese Explosion der Vorstandsgehälter in den vergangenen 30 Jahren ist an sich schon erstaunlich. Aber sie deutet nur auf einen größeren Zusammenhang hin: die erneute Konzentration von Einkommen und Wohlstand in den USA.

Offizielle Erhebungen belegen, dass ein wachsender Einkommensanteil an die oberen 20 Prozent der Familien fließt, und innerhalb dieser Schicht besonders an die obersten fünf Prozent, während die Familien in der Mitte immer weniger abbekommen. Dies sind die Fakten. Trotzdem beschäftigt sich eine ganze, gut finanzierte Industrie damit, sie zu leugnen. Konservative Denkfabriken produzieren reihenweise Studien, die diese Daten, die Methoden ihrer Erhebung und die Motive jener Statistiker diskreditieren sollen, die doch nur das Offensichtliche berichten. Vor vier Jahre hielt Alan Greenspan – wer konnte diesen Mann ernsthaft für objektiv halten? – eine Rede bei der Konferenz der US-Notenbank in Jackson Hole. Die Rede war ein einziger Versuch, die reale Zunahme von Ungleichheit in Amerika abzustreiten.

Tatsächlich jedoch haben Studien, die sich seriös um das Aufspüren hoher Einkommen bemühen, zu erschreckenden Ergebnisse geführt. Eine kürzlich veröffentlichte Untersuchung des unabhängigen Haushaltsamts des amerikanischen Kongresses hat beispielsweise Daten zur Einkommensteuer und andere Quellen herangezogen, um die bisherigen Schätzungen zu verbessern. Dabei stellte sich heraus, dass zwischen 1979 und 1997 die Nettoeinkommen des obersten Prozents der Bestverdienenden um 157 Prozent stiegen – gegenüber zehn Prozent bei den durchschnittlichen Einkommen. Noch aufrüttelnder sind die Ergebnisse einer Studie von Thomas Piketty und Emmanuel Saez vom französischen Forschungsinstitut Cepremap. Piketty und Saez nutzten Daten aus der Erhebung der Einkommensteuer, um die Einkommen von Wohlhabenden, Reichen und sehr Reichen bis zurück ins Jahr 1913 zu schätzen.

Aus diesen Berechnungen kann man einiges lernen. Zunächst, dass das Amerika meiner Jugend weniger als normaler Zustand unserer Gesellschaft gelten sollte, sondern eher als Interregnum zwischen zwei Goldenen Zeitaltern. In der amerikanischen Gesellschaft vor 1930 kontrollierten wenige Superreiche einen Großteil des Wohlstandes. Eine Mittelklassegesellschaft wurden wir erst, nachdem sich die Einkommenskonzentration während des New Deal von Präsident Franklin D. Roosevelt und besonders während des Zweiten Weltkriegs auflöste. Die Wirtschaftshistoriker Claudia Goldin und Robert Margo haben die Verengung der Einkommenskluft während dieser Jahre »Great Compression«, Große Kompression, getauft. Bis in die siebziger

Jahre blieben die Einkommen relativ gleichmäßig verteilt: Der rapide Anstieg der Einkommen der ersten Nachkriegsgeneration verteilte sich gleichmäßig auf die Gesamtbevölkerung.

Seit den siebziger Jahren klaffen die Einkommen allerdings zunehmend auseinander. Und die großen Gewinner sind die Superreichen. Ein häufig gebrauchter Trick, um die wachsende Ungleichheit herunterzuspielen, ist der Rückgriff auf relativ grobe statistische Aufschlüsselungen. Ein konservativer Kommentator wird zwar zum Beispiel einräumen, dass tatsächlich die obersten zehn Prozent der Steuerzahler einen immer höheren Anteil am nationalen Einkommen abbekommen. Aber dann kann er gelassen darauf verweisen, dass bereits ein Einkommen von 81 000 Dollar aufwärts zu diesen zehn Prozent zählt. Demnach reden wir nur von Einkommensverschiebungen innerhalb der Mittelschicht, oder?

Falsch. Die oberen zehn Prozent umfassen zwar tatsächlich eine Menge Leute, die wir der Mittelklasse zuordnen würden. Sie aber waren nicht die großen Gewinner. In Wahrheit profitierte das oberste eine Prozent der bestverdienenden zehn Prozent vom Einkommenszuwachs mehr als die folgenden neun Prozent der Steuerzahler. 1998 verdienten alle, die unter dieses eine Prozent fielen, jeweils mehr als 230 000 Dollar. Andererseits wanderten 60 Prozent der Zuwächse dieses einen Prozents in die Taschen von 0,1 Prozent, nämlich derjenigen, die über ein Einkommen von über 790 000 Dollar verfügten. Und fast die Hälfte dieser Steigerungen wiederum floss 13 000 Steuerzahlern zu, den obersten 0,01 Prozent, die über ein Einkommen von mindestens 3,6 Millionen Dollar, im Durchschnitt aber über Einnahmen von 17 Millionen Dollar verfügten.

Diese Schätzungen stammen aus dem Jahr 1998. Hat sich der Trend seitdem umgekehrt? Mit ziemlicher Sicherheit nicht. Alles weist darauf hin, dass die Einkommen an der Spitze im Jahr 2000 weiter nach oben schnellten. Seither fielen die hohen Einkommen wegen der fallenden Aktienkurse vermutlich etwas niedriger aus. Aber bereits für das Jahr 2001 weisen Erhebungen ein wieder wachsendes Auseinanderklaffen der Einkommen aus, was vor allem mit den Auswirkungen der Rezession auf die Geringverdiener zusammenhängt. Am Ende der derzeitigen Konjunkturschwäche werden wir uns mit ziemlicher Sicherheit in einer Gesellschaft wiederfinden, in der die Ungleichheit größer ist als in den späten Neunzigern.

Es ist also keineswegs übertrieben, von einem zweiten Goldenen Zeitalter zu sprechen. Als die Mittelklasse in Amerika an Boden gewann, war die Klasse der Villenbauer und Yachtbesitzer weitgehend verschwunden. 1970 besaßen 0,01 Prozent der Steuerzahler 0,7 Prozent des Gesamteinkommens – sie verdienten also »nur« 70-mal so viel wie der Durchschnitt, nicht genug, um eine Riesenresidenz zu kaufen oder zu unterhalten. 1998 hingegen flossen mehr als drei Prozent des Gesamteinkommens den oberen 0,01 Prozent zu. Das bedeutet, dass die 13 000 reichsten Familien in Amerika über fast ebenso viel Geld verfügten wie die 20 Millionen ärmsten Haushalte; die Einkommen dieser 13 000 Familien waren etwa 300-mal so hoch wie die der durchschnittlichen Familien. Und dieser Wandel ist längst noch nicht abgeschlossen.

Rücknahme des New Deal

Mitte der Neunziger, als die Ökonomen eine Veränderung der Einkommensverteilung in Amerika ausmachten, formulierten sie drei Haupthypothesen über ihre Ursachen.

Die Globalisierungsthese verknüpfte die sich verändernde Einkommensverteilung mit dem Wachstum des Welthandels, besonders mit dem zunehmenden Import verarbeiteter Güter aus der so genannten Dritten Welt. Diese These besagt, dass Arbeiter – Leute, die in meiner Jugend oft ebenso viel verdienten wie Manager der mittleren Ebene mit College-Abschluss – gegenüber den billigen Arbeitskräften aus Asien nicht konkurrenzfähig waren. Folglich stagnierten die Löhne normaler Leute oder sanken sogar, während ein größerer Anteil des nationalen Einkommens an die besser Ausgebildeten ging.

Eine zweite Hypothese sah den Grund für die wachsende Ungleichheit nicht im Außenhandel, sondern in den Innovationen im Inland. Der ständige Fortschritt in der Informationstechnologie hatte demnach die Nachfrage nach hoch qualifizierten Arbeitskräften stimuliert. Die Einkommen verteilten sich also zunehmend nach Hirn statt nach Muskeln.

Die »Superstar«-Hypothese des Chicagoer Ökonomen Sherwin Rosen variierte die These vom technologischen Fortschritt. Rosen argumentierte, moderne Kommunikationstechnologien machten den Wettbewerb häufig zu einem Wettkampf, bei dem der Gewinner reich belohnt werde, während die Unterlegenen weit weniger bekämen. Als klassisches Beispiel dient die Unterhaltungsbranche. Rosen führte an, dass früher Hunderte von Komödianten ihr bescheidenes Auskommen durch Live Shows verdienen konnten. In den Zeiten des Fernsehens sind die meisten verschwunden, übrig geblieben sind ein paar TV-Superstars.

Die Verfechtern dieser drei Hypothesen trugen erbitterte Kämpfe aus. In den vergangenen Jahren haben jedoch viele Ökonomen ein Gespür dafür entwickelt, dass keiner dieser Erklärungsansätze trägt.

Die Globalisierung kann zwar die sinkenden Arbeitergehälter teilweise erklären, kaum aber den 2500-prozentigen Anstieg der Vorstandsgehälter. Technologischer Fortschritt mag erklären, warum die Top-Gehälter mit zunehmendem Bildungsgrad gestiegen sind. Aber es ist schwer, dies mit der wachsenden Ungleichheit unter den College-Absolventen in Einklang zu bringen. Die Superstar-Theorie ist auf den Star-Talkmaster Jay Leno anwendbar, erklärt aber nicht, wieso Tausende von Leuten ungeheuer reich wurden, ohne zum Fernsehen zu gehen.

Auch die Große Kompression – die substanziell sinkende Ungleichheit während des New Deal und des Zweiten Weltkriegs – ist mit Hilfe der gängigen Theorien schwer zu verstehen. Während des Kriegs ließ Roosevelt die Lohnentwicklung staatlich kontrollieren, um Einkommensunterschiede auszugleichen. Aber wäre die Mittelklassegesellschaft nur ein Kunstprodukt des Krieges gewesen, hätte sie dann weitere 30 Jahre lang Bestand gehabt?

Manche Ökonomen nehmen mittlerweile eine These ernst, die sie noch vor einer Weile für verrückt gehalten hätten. Diese These betont die Rolle sozialer Normen, die der Ungleichheit Schranken setzt. Der New Deal hatte demnach einen viel tieferen Einfluss auf die amerikanische Gesellschaft, als ihm selbst glühende Bewunderer jemals zugestanden hätten. Er setzte Normen relativer Gleichheit, die die kommenden 30 Jahre überdauerten. Diese Normen wurden seit den siebziger Jahren ausgehöhlt.

Ein Beleg dafür ist die Entlohnung von Führungskräften. In den sechziger Jahren verhielten sich die großen amerikanischen Unternehmen eher wie sozialistische Republiken und nicht wie kapitalistische Halsabschneider, und die Firmenchefs verhielten sich eher wie auf das öffentliche Wohl bedachte Bürokraten und nicht wie Industriekapitäne.

35 Jahre später schreibt das Magazin *Fortune*: »Überall in Amerika kassierten die Führungskräfte in Aktien ab, während ihre Unternehmen vor die Hunde gingen.«

Lässt man die aktuellen Vergehen beiseite und fragt, wie die relativ bescheidenen Gehälter der Top-Angestellten von vor 30 Jahren zu gigantischen Entlohnungspaketen anwuchsen, stößt man auf zwei Erklärungsstränge.

Der optimistischere stellt eine Analogie her zwischen der Explosion der Gehälter von Konzernchefs und der Explosion der Gehälter von Baseball-Spielern. Sie besagt, dass hoch bezahlte Chefs ihr Geld wert sind, weil sie einfach die richtigen Männer für diesen Job sind. Die pessimistischere Sicht – die ich plausibler finde – besagt, dass die Jagd nach Talenten eine untergeordnete Rolle spielt. Denn schließlich gingen die voll gepackten Lohntüten oft genug an Leute, deren Leistung bestenfalls mittelmäßig war. In Wirklichkeit werden viele so gut bezahlt, weil sie es sind, die die Mitglieder des Aufsichtsrats ernennen – und der wiederum legt ihre Kompensation fest. Es ist also nicht die unsichtbare Hand des Marktes, die zu den monumentalen Bezügen führt. Es ist der unsichtbare Handschlag in den Hinterzimmern der Unternehmenszentralen.

Vor 30 Jahren wurden Vorstände weniger großzügig bedacht, weil die Angst vor einem öffentlichen Aufschrei die höheren Gehälter unter Kontrolle hielt. Heute empört sich niemand mehr. Insofern spiegelt die Explosion der Gehälter von Führungskräften eher einen sozialen Wandel wider als die rein ökonomischen Kräfte von Angebot und Nachfrage.

Wie aber konnte sich die Unternehmenskultur so verändern?

Ein Grund ist die gewandelte Struktur der Finanzmärkte. In seinem Buch *Auf der Suche nach dem Unternehmensretter* argumentiert Rakesh Khurana von der Harvard Business

School, in den achtziger und neunziger Jahren sei der Kapitalismus der Manager durch den Kapitalismus der Investoren ersetzt worden. Institutionelle Investoren ließen die Konzernchefs nicht länger selbst ihre Nachfolger aus der Mitte der Firma heraus bestimmen. Sie wollten heroische Führergestalten, oft von außerhalb, und waren bereit, immense Summen dafür zu bezahlen. Khurana brachte dies im Untertitel seines Buches auf den Punkt: *Die irrationale Suche nach charismatischen Vorstandschefs.*

Moderne Management-Theoretiker hingegen glauben nicht, dass dies so irrational war. Seit den achtziger Jahren wurde die Bedeutung von *leadership,* von persönlicher, charismatischer Führung, zunehmend betont. Als Lee Iacocca von Chrysler in den frühen Achtzigern eine Berühmtheit wurde, war er eine Besonderheit. Khurana berichtet, dass die *Business Week* 1980 lediglich einen Vorstandschef auf dem Titelblatt hatte. 1999 waren es bereits 19. Und als es für einen Konzernlenker erst einmal als normal oder sogar notwendig galt, berühmt zu sein, wurde es auch leichter, ihn reich zu machen.

Der Preis der Ungleichheit

Auch die Ökonomen trugen dazu bei, dass Gehälter in vorher undenkbarer Höhe möglich wurden. In den achtziger und neunziger Jahren behauptete eine Flut von akademischen Abhandlungen, dass die Filmfigur Gordon Gekko aus Oliver Stones *Wallstreet* Recht hatte: Gier ist gut. Wer Führungskräfte zur Spitzenleistung treiben wolle, müsse ihre Interessen mit denen der Aktionäre in Einklang bringen, argumentierten diese Studien. Und das sollte durch die großzügige Gewährung von Aktien oder Aktienoptionen geschehen.

Piketty und Saez schlagen vor, die Entwicklung der Gehälter in den Führungsetagen in einem breiteren Kontext zu sehen. Löhne und Gehälter sind von sozialen Normen bestimmt – weit mehr, als die Ökonomen und Verfechter des freien Marktes sich vorstellen mögen. In den dreißiger und vierziger Jahren wurden neue Gleichheitsnormen etabliert, vor allem auf politischem Wege. In den Achtzigern und Neunzigern wurden diese Normen demontiert und durch einen Ethos des *anything goes* ersetzt. Die Folge war die Explosion der Spitzeneinkommen.

Trotz allem: Amerika ist noch immer das reichste der großen Länder dieser Welt, mit einem realen Bruttoinlandsprodukt (BIP), das 20 Prozent höher ist als etwa das von Kanada. Aber: Die Lebenserwartung in den USA ist um einiges niedriger als in Kanada, Japan und jedem größeren Land Westeuropas. Im Durchschnitt haben wir Amerikaner eine Lebenserwartung, die etwas unter der der Griechen liegt. Dabei war es ein amerikanischer Glaubenssatz, dass die Flut alle Boote steigen lässt – dass also alle vom zunehmenden Wohlstand profitieren. Hat unser wachsender nationaler Reichtum sich etwa nicht in einem hohen Lebensstandard für alle Amerikaner niedergeschlagen?

Die Antwort ist: nein. Amerika hat zwar ein höheres Pro-Kopf-Einkommen als alle übrigen großen Industrieländer, das aber vor allem, weil die Reichen viel reicher sind als anderswo. Wir Amerikaner sind stolz auf unser rekordverdächtiges Wirtschaftswachstum. Nur: In den letzten Jahrzehnten kam nur wenig von diesem Wachstum bei normalen Familien an. Das durchschnittliche Familieneinkommen ist nur um 0,5 Prozent jährlich gestiegen.

Darüber hinaus spiegeln die Einkommensstatistiken die zunehmenden Risiken der Arbeitswelt für normale Arbeiter kaum wider. Als der Autokonzern General Motors noch als *Generous* Motors bekannt war, konnten sich die meisten Mitarbeiter ihres Jobs ziemlich sicher sein. Sie wussten, die Firma würde sie nur im Extremfall feuern. Viele hatten Verträge, die ihnen eine Krankenversicherung garantierten, selbst bei einer Entlassung. Ihre Pensionen hingen nicht vom Aktienmarkt ab. Mittlerweile sind Massenentlassungen auch bei etablierten Unternehmen üblich. Und Millionen von Leuten mussten erleben, dass ein betrieblicher Pensionsplan keineswegs eine komfortable Rente garantiert.

Manche Leute mögen dem entgegnen, dass das System der USA bei aller Ungleichheit auch für höhere Einkommen sorge. Dass also nicht nur unsere Reichen reicher sind als anderswo, sondern dass es auch der typischen amerikanischen Durchschnittsfamilie besser gehe als den Menschen in anderen Ländern, ja sogar unseren Armen.

Doch das ist nicht wahr. Man sieht das am Beispiel von Schweden, der großen *bête noire* der

Konservativen. Die Lebenserwartung in Schweden liegt um drei Jahre höher als in den USA. Die Kindersterblichkeit ist halb so hoch und Analphabetentum weit weniger verbreitet als in Amerika.

Zwar weist Schweden ein geringeres Durchschnittseinkommen auf als die USA, aber das liegt vor allem daran, dass unsere Reichen so viel reicher sind. Einer normalen schwedischen Familie hingegen geht es besser als der entsprechenden amerikanischen Familie: Die Einkommen sind höher, und die höhere Steuerlast wird durch die öffentliche Gesundheitsvorsorge und die besseren öffentlichen Dienstleistungen wieder wettgemacht. Und selbst schwedische Familien, die zu den 10 Prozent der Ärmsten gehören, verfügen über ein 60 Prozent höheres Einkommen als vergleichbare amerikanische Familien. Mitte der Neunziger lebten nur 6 Prozent aller Schweden von weniger als 11 Dollar pro Tag. In den USA waren es 14 Prozent.

Der Vergleich zeigt: Selbst wenn man die große Ungleichheit in den USA als den Preis ansieht, den wir für unsere große Wirtschaftskraft bezahlen, ist nicht klar, dass das Ergebnis diesen Preis wert ist. Denn die Ungleichheit in den USA hat ein Niveau erreicht, das kontraproduktiv ist.

Zum Beispiel die außergewöhnlich hohen Gehältern der heutigen Top-Manager. Sind sie gut für die Wirtschaft?

Nach dem Platzen der Spekulationsblase zeigt sich, dass wir alle für diese dicken Lohnpakete aufkommen mussten. Wahrscheinlich haben die Aktionäre und die Gesellschaft insgesamt einen Preis bezahlt, der die Geldmenge, die an die Manager gezahlt wurde, bei weitem übertraf.

Ökonomen, die sich mit Wirtschaftskriminalität beschäftigen, versichern, Verbrechen sei ineffizient – in dem Sinne, dass ein Verbrechen die Wirtschaft mehr kostet als das Gestohlene. Verbrechen leiten Energie und Ressourcen weg von dem, was nützlich ist: Kriminelle verwenden ihre Zeit eher aufs Stehlen als aufs Produzieren, potenzielle Opfer aufs Schützen ihres Eigentums. Das gilt auch für Wirtschaftskriminalität. Manager, die ihre Tage damit verbringen, das Geld ihrer Aktionäre in die eigenen Taschen zu leiten, haben keine Zeit für ihre eigentlichen Aufgaben (denken Sie an Enron, WorldCom, Tyco, Global Crossing, Adelphia …).

Das Hauptargument für ein System, in dem einige Leute sehr reich werden, war immer: Die Aussicht auf Reichtum ist ein Leistungsanreiz. Nur: Für welche Leistung? Je mehr bekannt wird, was in amerikanischen Firmen vor sich ging, desto unklarer wird, ob diese Anreize die Manager dazu gebracht haben, in unser aller Interesse zu arbeiten.

Ungleichheit und Politik

Im September debattierte der Senat über den Vorschlag, US-Bürger, die ihren Wohnsitz ins Ausland verlegen, um in den USA keine Steuern zahlen zu müssen, mit einer einmaligen Steuer auf Kapitalgewinne zu belegen. Senator Phil Gramm wetterte dagegen: Dieser Vorschlag stamme »direkt aus Nazideutschland«. Ziemlich heftig, aber nicht heftiger als die Metapher, die Daniel Mitchell von der Heritage Foundation in einem Beitrag in der *Washington Times* benutzte, um eine Gesetzesvorlage zu charakterisieren, die Unternehmen daran hindern sollte, ihren Firmensitz aus Steuergründen zu verlegen. Er verglich dieses Vorhaben mit dem infamen Erlass des Verfassungsgerichts von 1857, der den Bundesstaaten im Norden vorschrieb, geflohene Sklaven in die Südstaaten zurückzubringen.

Solche Äußerungen sind Indikatoren großer Veränderungen in der amerikanischen Politik. Zum einen sind unsere Politiker immer weniger geneigt, sich auch nur den Anschein von Mäßigung zu geben. Zum anderen neigen sie immer stärker dazu, die Interessen der Wohlhabenden zu bedienen. Und ich meine wirklich die Wohlhabenden, nicht nur die, denen es finanziell gut geht. Nur wer mindestens über ein Nettovermögen von mehreren Millionen Dollar verfügt, könnte es für nötig befinden, ein Steuerflüchtling zu werden.

Eigentlich hätte man erwarten können, dass die Politiker auf die sich öffnende Einkommensschere reagieren, indem sie vorschlagen, den Reichen Geld aus der Tasche zu ziehen. Vermutlich hätte das Wählerstimmen gebracht. Stattdessen nutzt die Wirtschaftspolitik vor allem den Wohlhabenden. Die wichtigsten Steuererleichterungen der vergangenen 25 Jahre, unter Reagan in den Achtzigern und jetzt unter Bush, hatten alle eine Schieflage: Sie begünstigen die ohnehin schon ziemlich Reichen.

Das stärkste Beispiel dafür, wie die Politik zunehmend die Wohlhabenden begünstigt, ist das Ansinnen, die Erbschaftsteuer abzuschaffen. Diese Steuer trifft überwiegend die Reichen. 1999 wurden nur zwei Prozent aller Erbschaften überhaupt besteuert, und die Hälfte des Steueraufkommen stammte von 3300 Haushalten – also von nur 0,16 Prozent aller amerikanischen Haushalte, deren Besitz aber durchschnittlich 20 Millionen Dollar wert war. Die 467 Erben, deren Besitz 20 Millionen Dollar überstieg, zahlten ein Viertel der Steuer.

Eigentlich wäre zu erwarten, dass eine Steuer, die so wenige Leute trifft, aber so große Erträge bringt, politisch sehr populär ist. Zudem könnte diese Steuer demokratische Werte fördern, weil sie die Möglichkeit der Reichen einschränkt, Dynastien zu formen. Woher also der Druck, sie aufzuheben, und warum war diese Steuererleichterung das Herzstück der Steuerreform George W. Bushs?

Die Antwort fällt leicht, wenn man sieht, wem die Abschaffung der Steuer zugute kommt. Zwar würden nur wenige von einer Aufhebung der Erbschaftsteuer profitieren. Aber diese wenigen haben eine Menge Geld, und beruflich kontrollieren sie meist noch mehr. Genau diese Sorte Mensch zieht die Aufmerksamkeit von Politikern auf sich, die auf der Suche nach Wahlkampfspenden sind.

Aber auch ein breiteres Publikum wurde davon überzeugt, dass die Erbschaftsteuer eine schlechte Sache sei. Wer so denkt, ist meist überzeugt, dass kleine Unternehmen und Familien die Hauptlast der Steuer tragen – was schlicht nicht stimmt. Diese falschen Vorstellungen aber wurden gezielt gefördert – etwa durch die Heritage Foundation. Die wiederum wurde von reichen Familien gegründet.

Plutokratie?

Weil die Reichen immer reicher werden, könnten sie sich außer Gütern und Dienstleistungen auch eine Menge anderer Sachen kaufen. Mit Geld lässt sich Einfluss auf die Politik erwerben, selbst Unterstützung aus intellektuellen Kreisen, wenn man es geschickt anstellt. Wachsende Einkommensunterschiede in den USA haben also nicht etwa dazu geführt, dass die Linken aufschreien und den Reichen ans Leder wollen. Stattdessen entstand eine Bewegung, die den Wohlhabenden mehr von ihren Erträgen belassen und ihnen das Weitervererben ihres Reichtums erleichtern will.

Das erhöht die Wahrscheinlichkeit eines sich selbst verstärkenden Prozesses. Während sich die Kluft zwischen Reichen und Armen weitet, kümmert sich die Wirtschaftspolitik zunehmend um die Interessen der Elite. Gleichzeitig bleibt für öffentliche Dienstleistungen, vor allem für Schulen, kaum noch Geld bleibt.

1924 erstrahlten die Villen an der Nordküste von Long Island noch in ihrem vollen Glanz, ebenso wie die politische Macht der Klasse, die sie besaß. Als der Gouverneur von New York, Al Smith, vorschlug, öffentliche Parks anzulegen, erntete er bitteren Protest. Ein Villenbesitzer, der »Zuckersultan« Horace Havemeyer, entwarf ein abschreckendes Szenario: Die Nordküste würde von »Gesindel aus der Stadt überrannt«. – »Gesindel?«, antwortete Smith, »Sie reden von mir.« Letztlich bekamen die New Yorker ihre Parks, aber um ein Haar hätten die Interessen einiger hundert reicher Familien die Bedürfnisse der Mittelklasse von New York City ausgestochen.

Diese Zeiten sind vorbei. Wirklich? Die Einkommensunterschiede sind wieder so groß wie in den zwanziger Jahren. Ererbter Wohlstand spielt noch keine bedeutende Rolle, aber mit der Zeit – und der Aufhebung der Erbschaftsteuer – züchten wir uns eine Elite der Erben, die sich vom normalen Amerikaner so weit entfernt haben wird wie der alte Horace Havemeyer. Und die neue Elite wird – wie die alte – enorme politische Macht haben.

Kevin Philipps schließt sein Buch *Wohlstand und Demokratie* mit einer Warnung: »Wenn wir die Demokratie nicht erneuern und die Politik wieder zum Leben erwecken, wird der Wohlstand ein neues, weniger demokratisches Regime zementieren – eine Plutokratie.« Eine extreme Einschätzung. Aber wir leben in extremen Zeiten.

Aus dem Amerikanischen von Sandra Pfister

ZEIT-Nr. 46 vom 7. 11. 2002

California Dreaming

Wie Amerikas Steuerzahler seit 150 Jahren einen Traumstaat finanzieren

Von Michael Naumann

Was für ein Spektakel: Ein österreichischer Immigrant und ehemaliger Bodybuilder, ein Narziss aus Hollywood greift nach Kaliforniens Regierungsmacht – ausgerechnet in einer Zeit, da der immer noch reichste Staat Amerikas sich weiter denn je vom Rest der westlichen Hemisphäre entfernt hat. Hier ist alles anders: Erdbeben, Waldbrände und Sozialunruhen bedrohen die Metropolen. Die Landessprache wird langsam verdrängt von lateinamerikanischen Einwanderern. Im Norden blühen immer noch Aussteiger-Träume der sechziger Jahre, über der Business-Elite im Süden herrscht weiterhin der Geist der Nixon- und Reagan-Ära, und in jedem Kirchsprengel verkörpert eine Bank das kalifornische Gemeinsame: Geld. Zurzeit fehlt es.

New York, Inbegriff des sozialen und kulturellen Wandels, ist im Vergleich zu Kalifornien ein Inbegriff politischer Stabilität. Die Metropole an der Ostküste lebt mitsamt ihren ökonomischen und ethnischen Krisen in permanenter Gegenwart. Sehnsucht nach dem Gestern ist ihr so fremd wie die Idee von Denkmalschutz. Niemals würde ein New Yorker Politiker mit einem ähnlichen Wahlslogan antreten, mit dem Arnold Schwarzenegger die Macht anstrebte: »*Bring California back*« – »Gib uns Kalifornien wieder«.

Was der anabolikagestählte 58-jährige Schauspieler wiederbeleben soll, ist die Geschichte des permanenten Wachstums, eines erfolgreichen kapitalistischen Experiments, das Kaliforniens Bruttosozialprodukt schließlich auf den sechsten Platz der Weltrangliste beförderte. Es ist eine Legende des staatsfernen Mittelstands, für den der Traum vom Wohlstand identisch war mit einem gut erhaltenen Chevrolet und Eigenheim, mit Jacuzzi und den vielfältigen Angeboten aus dem pazifischen Supermarkt der Religionen.

Schwarzeneggers Nostalgie-Wahlkampf beschwor einen Mythos. Kaliforniens Geschichte erschien als goldenes Zeugnis von erfolgreichem unternehmerischem Eigensinn, von angewandter Marktwirtschaft ohne staatliche Fesseln. Hier lag, so glaubte man nicht nur während Ronald Reagans Präsidentschaft, das Feiertagsland des Kapitalismus. Am Fuß der Purpurhügel von Los Angeles fuhren mehr Ferraris und Porsches als sonst wo auf der Welt. Der ganze Staat – oder doch jeder, der es nach oben geschafft hatte – glaubte der Mär, dass die Vitalität Kaliforniens dem Aufbruchsgeist jener Pioniere zu verdanken sei, die im Goldrausch von 1849 vom Mittelwesten über die Rocky Mountains treckten und das Land in Besitz nahmen.

Milliardensubventionen aus Washington

In Wirklichkeit aber entfaltete sich Kaliforniens Reichtum im Gefolge historisch einmaliger Staatssubventionen und -aufträge. An Amerikas Westküste entstand eine blühende Landschaft – zuerst im Gefolge binnenamerikanischer Expansion, dann als Waffenschmiede und Werft des Zweiten Weltkriegs, des Korea- und Vietnamkriegs und schließlich als technologisches Kraftzentrum strategischer Rüstung im Raketenzeitalter. Nie zuvor hatte ein Transfer nationaler Steuermittel ähnlichen privaten Reichtum und zugleich ähnliche Abhängigkeit von der Regierung in Washington erzeugt wie im Bundesstaat Kalifornien – und zwar von Anfang an.

Vor anderthalb Jahrhunderten wurde jeder Gleiskilometer der Pacific Railway von Kalifornien an die Ostküste vom amerikanischen Steuerzahler finanziert (was in den Rocky Mountains zu besonders kurvenreicher Streckenführung beitrug). Die kolossalen Gewinne investierten Kaliforniens Eisenbahn-Barone Stanford und Huntington im Landkauf zu Spottpreisen. Ihre wichtigsten Mitarbeiter saßen in Washington als Lobbyisten im Kongress. Die Regierung verkaufte das unbewässerte Wüstenland zum Preis von 3,70 Dollar pro Hektar. So entstanden Güter – »Ranches« – von der Größe europäischer Fürstentümer. Waren die Grundstücke versumpft, finanzierte Washington ihre Entwässerung. Mehr als 30 Stauseen, aus der Bundeskasse bezahlt, verwandelten die Steppe hinter der

Pazifikküste in Orangenhaine, Reis- und Baumwollfelder von gigantischen Ausmaßen. In Kalifornien entstand die moderne Agrar-Industrie. Die neuen »Bauern« residieren noch heute in den Bürohäusern von San Francisco oder Los Angeles.

Vor 30 Jahren besaßen 257 Eigentümer mindestens 25 Prozent der kalifornischen Grundstücke in Stadt und Land, 19 Firmen teilten sich 35 Prozent des Forstlandes – inzwischen haben sich die Besitzverhältnisse weiter monopolisiert.

Seinen zweiten Aufschwung verdankte Kalifornien dem Kriegsausbruch 1941. Die kleineren Städte Los Angeles, Long Beach und San Diego, aber auch Oakland und San Francisco blühten unter den Flugzeug- und Schiffbau-Aufträgen nach Pearl Harbor auf. Millionen junge Soldaten siedelten nach 1945 mit Hilfe staatlicher Eigenheimzulagen im lauen Klima Südkaliforniens und rings um die Bucht von San Francisco. Die Atomwaffenlabors in Los Alamos und Albuquerque in New Mexico wurden über die Etats kalifornischer Universitäten von Washington finanziert – wie auch viele andere strategische Forschungsinstitute im Umkreis von Stanford und Berkeley.

Rings um die Flugzeugwerke von McDonnell-Douglas, Lockheed oder Northrop und ihre Zulieferer wuchsen Städte wie zum Beispiel Lakewood mit mehr als 100 000 Einwohnern. Rockwell, Hughes, General Dynamics, TRW, Litton Industries: Amerikas militärisch-industrieller Komplex gedieh unter dem immer blauen Himmel Kaliforniens, und mit ihm wuchs der ganze Staat. Washington zahlte.

Auf keinen anderen Staat der Welt trifft die Behauptung besser zu, dass der Krieg der Vater aller Dinge sei, als auf Kalifornien. Seine Vorbereitung – in der Nuklearsprache »seine Abschreckung« – wurde seit Hiroshima ein Kerngeschäft des »Golden State«. Mehr als 40 Prozent des atomaren US-Arsenals stammt aus diesem Staat. Neben die hoch subventionierte Agrarwirtschaft trat das Rüstungsgeschäft, mit jährlichen Staatsaufträgen zwischen 25 und 40 Milliarden Dollar.

»Die Technik hat einen Stand erreicht, der es uns ermöglicht, ein ballistisches Raketen-Verteidigungssystem zu bauen, das absolut dicht wäre«, meinte vor zwei Jahrzehnten David Packard, der Grand Old Man der kalifornischen Hochtechnologie. Ein anderer Kalifornier, Ronald Reagan, erkor die Idee zum utopischen Pentagon-Programm. Es existiert immer noch.

Kalifornier hatten die ersten Interkontinentalraketen gebaut – und mit ihnen entstand die Halbleiter-Industrie im Silicon Valley. Es war der erstaunlichste rüstungstechnische Spin-off in der Wirtschaftsgeschichte seit der Erfindung von Pfeil und Bogen. Das Start-up-Geld stammte aus Washington.

Nicht das Ende des Kalten Krieges, sondern vor allem strategische und parteipolitische Entscheidungen in Washington minderten von 1989 an Kaliforniens Rolle als Flugzeug- und Raketenfabrik der Nation. Die neue Kommunikationstechnologie machte die Verlagerung von Konzern-Hauptquartieren möglich; sie folgten den Industrieansiedlungs-Angeboten anderer Bundesstaaten – vorzüglich jener Staaten wie Georgia oder South Carolina, deren Senatoren und Abgeordnete in Washingtons Haushalts- und Verteidigungsausschüssen die Milliardenströme des Pentagon-Etats lenkten. 1992 hatten bereits 700 Rüstungsfirmen Kalifornien den Rücken gekehrt. In Südkalifornien stieg die Arbeitslosenquote zu Beginn der neunziger Jahre vorübergehend auf 20 Prozent. Bis 1993 gingen eine halbe Million hoch bezahlter Arbeitsplätze der Rüstungsindustrie verloren. »California Dreaming« wurde für viele der qualifizierten Arbeitnehmer zum sozialen Albtraum. Ihr Durchschnittslohn sank um 15 Prozent – so sie denn Arbeit fanden. Zurück blieben militärische Forschungslabors in Südkalifornien – hier werden die Flugzeuge der Zukunft entwickelt, voll automatisierte Kampfmaschinen ohne Piloten. Ihre Stückzahl wird begrenzt sein, ihre Kosten sind astronomisch hoch. Die Zeiten, da die Massenproduktion von Starfightern oder F-16-Kampfbombern Zehntausende in Lohn und Brot setzte, sind vorüber.

Zuchthäuser und Todeszäune

Kaliforniens neue Wachstumsindustrie hingegen sollte der Bau von Gefängnissen werden. Die Lobby der Gefängniswärter-Gewerkschaft (29 000 Mitglieder) setzte ein drakonisches Gesetz durch: Wer sich dreimal strafbar macht (ob Ladendiebstahl oder Einbruch), muss heute mit Haftstrafen zwischen 25 Jahren und »lebenslänglich« rechnen. Das Land, das bis 1984 mit zehn Vollzugsanstalten auskam, hatte zur Jahrtausendwende plötzlich 33 Zuchthäuser mit 162 000 Insassen, einige von ihnen hinter elektrischen Todeszäunen. Die Ausgaben für die Strafanstalten überstiegen diejenigen für die 34 staatlichen Universitäten Kaliforniens.

Vom Gründungsmythos des staatsfernen Kalifornien, in dem ein neues, dem europäischen Osten abgewandtes Leben in freiheitlicher Koexistenz mit der erhabenen Natur möglich sei, von dieser Legende des grundsätzlich Neuen ist wenig mehr geblieben als die gesetzlich festgeschriebene Steuerohnmacht eines kalifornischen Staatsapparats ohne bedeutende Geldquellen. Solange immer neue Niedriglohnarbeiter aus Lateinamerika und immer mehr Bundessubventionen ins Land strömten, blieben viele Alltagssorgen hinter dem Wirtschaftswachstum verborgen. Die Regierung im fernen Sacramento galt als unwichtig. Niemand nahm sie ernst. Ihr Versagen hingegen wurde jedermann deutlich, als vor drei Jahren zahllose Stromsperren den katastrophalen Zustand der Infrastruktur in jedem Haushalt spürbar machten.

Arnold Schwarzenegger, unterstützt vom zweitreichsten Mann Amerikas, Warren Buffett, ist ein Abgesandter des südkalifornischen, republikanischen Konservatismus, der eine Rückkehr in jene Jahre verspricht, die Ronald Reagan zum amerikanischen Präsidenten aufsteigen ließen, getragen vom Glauben, dass Amerika in Kalifornien liege: Und so war es auch, bis schließlich die Grenzen des Wachstums die pazifische Küste erreichten. *»Bring back California«*? Arnold Schwarzeneggers erstaunliche Karriere gibt der großen Illusionsmaschine neue Umdrehungskraft. Seine Wähler haben sich für den Traum entschieden, den er für sich selbst wahr gemacht hat. Was Kaliforniens Regierung und Wirtschaft allerdings wirklich brauchen, sind Steuereinnahmen und frisches Geld aus Washington. Zumindest für Letzteres besteht neue Hoffnung, solange George W. Bush regiert.

Ein »Österreicher« in Kalifornien:
Gouverneur Arnold Schwarzenegger

Der erste Schauspieler aus Kalifornien in hohem Amt wäre Schwarzenegger auch nicht. Fünfzehn Jahre vor Ronald Reagans Präsidentschaft hatten Kaliforniens Wähler den Republikaner George Murphy in den amerikanischen Senat entsandt. Er war ursprünglich Stepptänzer von Beruf und hinterließ keine Spuren.

ZEIT-Nr. 42 vom 9. 10. 2003

Feldzug für den Schmutz

George W. Bush hebelt den Umweltschutz aus – und kaum jemand protestiert dagegen

Von Thomas Fischermann

Die »persönliche Mitteilung« von Robert Redford steckte in einem großen schwarzen Umschlag, geheimnisvoll und spärlich bedruckt. Der Regisseur und Schauspieler, bekannt aus *Der Pferdeflüsterer, Out of Africa* oder *Der große Gatsby*, braucht die Hilfe amerikanischer Haushaltsvorstände. »Die Bush-Regierung hat einen breiten Angriff auf unsere Umweltgesetze und unsere Natur gestartet«, schreibt der sonst so zurückhaltende Filmstar innen auf Recyclingpapier, wettert über »unverschämte Kniefälle vor Partikularinteressen« der Industrie und eine »radikale Abweichung von den Werten des Umweltschutzes, die den meisten Amerikanern lieb und teuer sind«.

Nun ist es in den USA nicht ungewöhnlich, dass sich prominente Amerikaner hinter Aufrufe zugunsten der Umwelt oder anderer guter Dinge stellen. Doch der Ton solcher Appelle und die Kommentare von Aktivistengruppen waren selten so aufgeregt wie in diesen Tagen. Die »schlimmste umweltpolitische Bilanz der amerikanischen Geschichte« will zum Beispiel Carl Pope ausgemacht haben, Chef des Umweltverbandes Sierra Club. Einen »Versuch, die amerikanische Wildnis wegzurasieren«, beklagt Mike Matz, Chef der Campaign for America's Wilderness. »Völliger Unsinn«, verlautet dazu aus dem Weißen Haus. James Connaughton, der oberste umweltpolitische Berater des Präsidenten gelobt: Wenn erst alle Pläne der Bush-Administration umgesetzt seien, wären Wasser, Luft und Landschaft sauberer. Bloßes Geschrei im Anlauf zum Präsidentschaftswahlkampf also?

Üppige Geschenke für Wahlkampfspender

Es war ein Nachmittag im Mai 1999, in der Nähe von Austin in Texas, als die Umweltpolitik des angehenden Präsidenten George W. Bush geboren wurde. »Ich werde der nächste Präsident der Vereinigten Staaten sein«, soll Bush den 15 versammelten Umwelt- und Politikexperten seines kleinen Privatseminars damals gesagt haben. So haben es später zumindest Steven Hayward und Terry Anderson berichtet, zwei der geladenen Berater. »Wenn ich das Amt verlasse«, soll Bush weiter gesagt haben, »wird die Luft sauberer, das Wasser sauberer und die Umwelt gesünder sein. Sagen Sie mir, wie ich das erreichen kann.«

Doch dreieinhalb Jahre später erscheinen die Vorsätze wie ein schlechter Scherz. Die Bush-Administration hat sich, von der breiten Öffentlichkeit kaum bemerkt, in der Tat ein Umweltgesetz nach dem nächsten vorgenommen und drastische Reformen auf den Weg gebracht – jedoch, da sind sich die meisten Fachleute einig, hauptsächlich zum Nachteil der Natur.

In Europa ist man noch bestens mit der Bush-Politik zum Klimaschutz vertraut. Nachdem der angehende Präsident in einer Wahlkampfrede versprochen hatte, das Treibhausgas CO_2 zu reduzieren, nahm er das nach der Wahl wieder zurück. Er bestreitet seither das Phänomen der Klimaerwärmung, unterdrückte offenbar einschlägige Forschungsberichte seiner eigenen Umweltbehörden und ließ das Kyoto-Protokoll scheitern. Bushs Alternativplan, eine Reihe von Forschungsprojekten und freiwilliger Abmachungen mit der Industrie, wird sogar in der amerikanischen Umweltbehörde EPA hinter vorgehaltener Hand als Quatsch bezeichnet.

Doch Bushs »Krieg gegen die Umwelt« – von dem der amerikanische Nachrichtensender CNN sprach – hatte damit erst begonnen. Mit ähnlicher Verve stoppte die Bush-Regierung kurz nach ihrem Amtsantritt die Umweltbehörde EPA dabei, den so genannten Clean Air Act weiter umzusetzen. Seit Jahrzehnten schon drückten sich etliche der größten Kraftwerkbetreiber Amerikas davor, neue Filteranlagen einzubauen und die strengen Schadstoffrichtlinien aus den siebziger Jahren einzuhalten – und gerade 1999 hatte die EPA eine neue Initiative begonnen, diese Richtwerte einzuklagen. Doch Bush will die Grenzwerte wieder lockern, und sein Programm »Clear Skies« würde Kraftwerken eine weitere Kulanzzeit von 15 Jahren einräumen.

Im Mai 2002 schlugen die Umweltverbände

Alarm, als die Bush-Regierung Pläne vorlegte, den Clean Water Act des Landes aufzuweichen. Eine Gesetzesänderung sollte unter anderem fragwürdigen Kohlenminen das Geschäft erleichtern, nämlich solchen, die ganze Bergspitzen wegsprengen. Sie sollten die Erlaubnis bekommen, das Geröll einfach in Täler zu kippen und ganze Gewässer zu begraben. »Wir haben Freunde gesucht und in George W. Bush einen gefunden!«, jubilierte James Harless, Vorstandsmitglied der Firma Massey Energy, die zu den Bergabknipsern gehört (und ein eifriger Wahlkampfspender für das Bush / Cheney-Team gewesen war). Im Januar 2003 schlug die Regierung dann vor, bis zu 60 Prozent der amerikanischen Flüsse und Seen vom föderalen Wasserschutzgesetz auszunehmen.

Bushs umweltpolitischer Kahlschlag

Die »Sündenlisten«, die Umweltverbände und Denkfabriken derzeit über die Bush-Politik erstellen, sind noch um viele Seiten länger. Die jüngste Sorge gilt einem Vorschlag der Administration, riesige Flächen in den Naturparks der Bundesregierung für den Tourismus, den Bergbau, zum Holzfällen und zum Bohren nach Öl und Gas freizugeben.

Haben die 15 Experten des privaten Bush-Umweltseminars in Austin seinerzeit etwas falsch erklärt? Wenn man den Insiderberichten jenes Nachmittags glauben kann, war vom umweltpolitischen Kahlschlag damals keine Rede. Mehr Umweltaufsicht solle von der Bundesebene auf lokale Gebietskörperschaften verlagert werden, rieten einige Experten – denn vor Ort wüssten die Behörden meist besser Bescheid. Starre Aufsicht durch die Regierung solle, wo möglich, durch Marktmechanismen und Selbstaufsicht ersetzt werden. Verbote sollten Gebühren für Umweltverschmutzungen und Anreizen fürs Saubermachen weichen. Also eine Sammlung von Ideen, wie man sie schon seit Jahren aus marktliberalen oder libertären Denkfabriken hört. Und die, wenn man sie falsch oder zynisch versteht, zu bösen Fehlschlüssen führen können. Als zwei Wochen nach Bushs Amtsantritt die Lichter in Kalifornien ausgingen, schimpfte der Präsident erst einmal kräftig auf die allzu strikten Umweltgesetze. Sie hätten den Bau von Kraftwerken und das Bohren nach Öl verhindert. Später sollte sich herausstellen, dass die Spekulationen der Energiefirma Enron und anderer enger Freunde des Bush-Kabinetts in Wahrheit für die Ausfälle gesorgt hatten.

Doch wichtiger als die Debatten am grünen Tisch war für Bush stets eine weitaus praktischere Überlegung. Längst ist es kein Geheimnis mehr, dass amerikanische Politiker in hohem Maße von den Spenden für ihre Wahlkampagnen abhängig sind und dass die Kampagne George W. Bushs und Dick Cheneys viele finanzkräftige Freunde bei den Umweltsündern hatte. Das Duo und die republikanische Partei erhielten zusammen mehr als 44 Millionen Dollar Wahlkampfspenden aus Branchen wie dem Bergbau, Öl und Gas, Holz, Kohle, Chemie und diversen umweltschädlichen Industrien. Nach einem Bericht der Zeitschrift *Newsweek* aus dem Jahr 2000 hatte die Bush-Kampagne ihre Spender sogar aufgefordert, ganz genau ihre jeweilige Branche zu spezifizieren – damit später politische Gefallen richtig ankommen könnten.

Doch warum begehrt die amerikanische Öffentlichkeit nicht auf? Schließlich haben in den vergangenen Jahren immer mehr Amerikaner in Umfragen angegeben, dass ihnen die Umwelt am Herzen liegt. In einer Befragung des Meinungsforschungsinstituts Gallup im April fühlten sich stolze 61 Prozent der Umweltbewegung nahe, und 80 Prozent sprachen sich für striktere Abgaskontrollen aus. Vor allem die so genannten *swing voters,* wohlhabende Wechselwähler in den Vororten, interessierten sich für die Umwelt. Bushs bevorzugter Experte für Meinungsumfragen, Frank Luntz, warnte erst zum Jahresbeginn vor einer »offenen Flanke der Republikaner und besonders George W. Bushs«. Sämtliche Präsidentschaftskandidaten der demokratischen Opposition haben das Umweltthema bereits für sich entdeckt.

Ein gewagtes Spiel des Präsidenten also? Womöglich – doch andererseits rangiert die Umwelt in all diesen Umfragen nur auf Platz acht oder neun unter den »wichtigsten Themen« für einen durchschnittlichen Amerikaner. Die Wirtschaft, die innere Sicherheit und der Krieg im Irak sind allesamt wichtiger. Angestellte in der Umweltagentur EPA erklärten gegenüber *Business Week,* dass ihre Führung gerade sehr am »politischen Spin« interessiert sei – einer guten

Verkaufe der Regierungspolitik, damit sie gerade noch umweltfreundlich genug erscheint, um die *swing voters* nicht zu verprellen. Kann der Balanceakt gelingen?

Ja, glauben etliche Beobachter. Schließlich hätten der umweltpolitische Kahlschlag und die Warnungen der Öko-Lobbyisten bisher in der Öffentlichkeit wenig Resonanz gefunden. Das hat damit zu tun, dass die Bush-Regierung große Teile ihres energie- und umweltpolitischen Programms gar nicht erst in der Öffentlichkeit durchficht. Als das Repräsentantenhaus vor zwei Wochen das Budget des Innenministeriums verabschiedete, waren darin gut versteckt auch ein paar umweltpolitische Neuerungen enthalten. Zum Beispiel werden Fristen verkürzt, innerhalb deren sich Bürger und Interessengruppen gegen umweltschädliche Abholzungsprojekte in Naturparks wehren können.

Einige Umweltschutzgruppen protestierten kürzlich gegen die Besetzung von immer mehr Richterposten mit Bush-freundlichen Kandidaten. Was auf den ersten Blick nach einem Randthema klingt, erweist sich beim zweiten Hinschauen als entscheidendes politisches Instrument. Immer häufiger werden umweltpolitische Konflikte von den Bundesrichtern entschieden statt im offenen Kampf vor dem Kongress. Gelegentlich soll das Weiße Haus selber so genannte *sweetheart suits* angestoßen haben. Da wurden private Interessengruppen oder ganze Bundesstaaten angehalten, Klagen gegen die Umweltauflagen der Washingtoner Regierung einzureichen. Vor Gericht wurden dann Kompromisse geschlossen, und am Ende waren die Regeln gelockert – ganz ohne die Einschaltung des Kongresses oder der wenig interessierten Öffentlichkeit. Auf diese Weise gewann im April der Staat Utah das Recht, auf riesigen Ländereien in der Nähe des Monument Valley nach Öl bohren zu lassen. »Die Administration war in der Lage, sich von Schlachten in der Legislative fern zu halten und stattdessen mit komplizierten, gähnend langweiligen Amtsvorschriften zu operieren«, schrieb das amerikanische Politmagazin *Mother Jones*.

Erst recht gilt das für eine Fülle von Personalentscheidungen des Präsidenten, in denen er ehemalige Industrielle und Lobbyisten zu Aufsehern ernannt – und nach der Ansicht von Umweltverbänden die Böcke zu Gärtnern gemacht hat. James Connaughton, Bushs Chefberater in Sachen Ökologie, war früher ein Lobbyist für Kraftwerkbetreiber. Mark Rey, im Agrarministerium für die Erhaltung der Wälder zuständig, war einmal Vizepräsident des Verbandes der Papierindustrie. Seither hat er das Abholzen und den Straßenbau in Naturparks erheblich erleichtert. Jeffrey Holmstead, zuständig für die Reform der amerikanischen Luftschutzgesetze, vertrat zuvor als Rechtsanwalt und Lobbyist Chemieunternehmen. Über den stellvertretenden Innenminister Steven Griles sickerte durch, dass er noch während seiner Amtszeit 284 000 Dollar pro Jahr von seinem früheren Arbeitgeber erhielt, einer Lobbyfirma in den Diensten der Bergbaubranche. Auch diese Liste geht noch weiter.

Die Umweltbehörde EPA hat so wenig Personal wie nie zuvor

Der jüngste Eintrag: Seit dem 6. November hat die amerikanische Umweltbehörde EPA wieder einen neuen Chef, Michael Leavitt. Leavitt konnte erst nach wochenlanger Verzögerung sein Amt antreten. Eine Gruppe demokratischer Senatoren, darunter Hillary Clinton, hatte aus Protest gegen die »zweifelhafte Umweltbilanz« des ehemaligen Gouverneurs von Utah eine 56-tägige Blockade durchgesetzt. Als Lobbyist gilt Leavitt nicht, doch kaum jemand glaubt, dass er seiner neuen Aufgabe gewachsen ist: einer Behörde wieder neues Selbstvertrauen einzuhauchen, die von Insidern als »völlig demoralisiert« beschrieben wird. Seit Beginn der Amtszeit von Bush ist die *enforcement division*, also die eigentliche Aufsichtsfunktion der EPA, auf den geringsten Personalstand ihrer Geschichte gestutzt worden; entsprechend sanken Strafgelder für Umweltverstöße oder strafrechtliche Verfolgungen schlimmer Verschmutzer. Sogar das Computersystem ist kaputt, das bei der EPA einst die Verschmutzung durch Fabriken und Gemeindeklärwerke überwachte – für eine Reparatur ging im Mai das Geld aus. Leavitts Vorgängerin war im Mai von ihrem Posten zurückgetreten und hatte »private Gründe« angegeben. Doch in Wirklichkeit war sie ihre Rolle als Vorzeige-Umweltschützerin der Bush-Regierung leid.

ZEIT-Nr. 47 vom 13. 11. 2003

United Shoppers of America

Kein Geld, keine Jobs, aber die Amerikaner gehen trotzdem einkaufen. Sie machen mehr Schulden als je zuvor – und retten die Weltkonjunktur

Von Thomas Fischermann

Ein Brathähnchen aus Plastik. Für 29,98 Dollar plus Versandkosten. Dafür wippt das Ding zu Musik. Im Sortiment der Johnson-Smith-Versandfirma aus Bradenton (Florida) gibt es auch günstigere Angebote. Die spaßige Elektroschockmaschine für den Schreibtisch etwa (14,98 Dollar) oder das T-Shirt mit der Aufschrift »STUPID« (12,98 Dollar). Wer soll den Plunder kaufen, in Zeiten beharrlicher Arbeitslosigkeit und anhaltender Wirtschaftsflaute? »Kein Problem«, sagt Unternehmenssprecherin Kim Boyd. An den Bestelltelefonen der Firma muss man bisweilen minutenlang warten. »Das liegt am riesigen Erfolg unseres Kataloges.«

Johnson Smith ist nicht der einzige amerikanische Einzelhändler, der in diesen Tagen von solch unerwarteten Verkaufserfolgen berichtet. Der Dollar mag fallen, amerikanische Unternehmen mögen sich beim Einstellen neuer Kräfte und beim Investieren zurückhalten, die Schuldenberge der Privathaushalte mögen steigen, aber Amerikas Einkäufer werden nicht müde. In der vergangenen Weihnachtssaison hatten die Händler gar stolze 6,7 Prozent mehr Weihnachtseinkäufe als im Jahr zuvor verzeichnet, die größte Steigerung seit dem Boomjahr 1999. Seither ist die Nachfrage stabil. Der amerikanische Verbraucher blieb sich trotz aller Sorgen treu: als ultimative Einkaufsmaschine, die Wetter, Terror und schlechten Konjunkturdaten trotzt. Und damit – sagen viele Ökonomen – die Weltwirtschaft vor dem Abstürzen bewahrt. Konsumausgaben sind für schätzungsweise 70 Prozent des US-Sozialprodukts zuständig, und ohne das amerikanische Wachstum sähe es düster für die Weltkonjunktur aus.

Kaufrausch trotz Wirtschaftsflaute? »Jetzt hören Sie mal gut zu«, sagt Michaela, »hier muss keiner sparen, hier gibt es keine Rezession.« Mit ihrer linken Hand hält die 59-jährige Hausfrau den Einkaufswagen fest, den Zeigefinger der rechten Hand reckt sie drohend nach vorn. »Diese Dinge bekommen wir von den Medien eingeredet. Weil die so liberal ausgerichtet sind. Das sind alles Lügen. Wenn Sie die wahre Geschichte hören wollen, fragen Sie die Leute hier!«

Es ist ein sonniger Vormittag in Orange City, Florida, und Michaela hat um elf Uhr vormittags ihr erstes Shopping hinter sich. Lebensmittel und Haushaltsartikel im Wert von 50 Dollar wandern vom örtlichen Wal-Mart-Supermarkt in ihren Dodge-Kleintransporter; und mit dabei sind Michaelas Tochter Dana (32) und ihr Enkel Jax (3), der oben auf dem Einkaufswagen thront und sich Schokolade in die Mundwinkel schmiert.

Der Orange City Wal-Mart hatte vor ein paar Monaten weltweite Schlagzeilen geschrieben. Am Morgen nach dem Thanksgiving Day, traditionell einer der größten Einkaufstage des Jahres, war eine Horde Schnäppchenjäger durch die Türen gestürmt, um DVD-Spieler für 30 Dollar zu ergattern. Die 41-jährige Patricia Vanlester wurde dabei niedergetrampelt und ins Krankenhaus eingeliefert. Obwohl sich seither ein paar Zweifel eingestellt haben, wie ernst ihre Verletzungen wirklich waren, ist die Stampede von Orange City zum Symbol für den gierigen, unersättlichen Konsumenten geworden.

Heute geht es hier ruhiger zu; die DVD-Spieler kosten jetzt 44 Dollar, und Michaela und Dana haben ohnehin längst einen. »Anschaffungen? Natürlich haben wir im vergangenen Jahr Anschaffungen gemacht«, sagt das Mutter-Tochter-Duo und überschlägt sich nun fast mit der Aufzählung. Der Computer. Der Fernseher mit eingebautem DVD-Spieler. Das Auto. Der Swimmingpool. »Es ist so toll, wie nach dem 11. September überall die US-Flaggen aufgehängt wurden«, fügt Michaela im gleichen Atemzug hinzu, »und wie diese Nation zusammengerückt ist.« Was hat das jetzt damit zu tun? »Wir zwei gehen jeden Tag einkaufen!«, sagt Tochter Dana schnell.

Es gibt an diesem Vormittag zahlreiche Begründungen auf dem Parkplatz von Wal-Mart, warum es trotz der schleppenden wirtschaftlichen Erholung eine gute Zeit zum Einkaufen ist. Karen, eine 42-jährige Mutter zweier Kinder, hat »im Bekanntenkreis durchaus ein paar Fälle« von Arbeitslosigkeit erlebt. Der Job ihres Mannes, eines Brotverkäufers, sei aber vorerst sicher. Außerdem hilft Karen »mein Glaube als Christin, denn in der Not wird Gott für uns sorgen«. Nicht mal Norene, eine Frau in ihren frühen Dreißigern mit zwei Kindern, hat ihr Shopping zurückgeschraubt. Das sagt sie zumindest. Ihr Mann wurde im vergangenen Jahr arbeitslos, und »wir haben quasi unser ganzes Leben verloren«, sagt sie. Jetzt ist die Familie bei Norenes Vater eingezogen, wartet »auf ein Wunder« und schimpft auf die Konjunktur, »aber wir können uns immer noch leisten, was wir brauchen«. Dass er wegen der Wirtschaftslage seine Einkäufe reduziert hätte, erzählt an diesem Vormittag in Orange City niemand.

Vielleicht ist das ein Zufall. Doch fest steht, dass ein vertrauter Anpassungsprozess früherer Wirtschaftsflauten diesmal nicht funktioniert: das »Herunterschrauben der Erwartungen«, eine größere Bescheidenheit beim Einkauf. Zwar ist die Rezession nicht an allen Teilen des Handels spurlos vorübergegangen. Im Augenblick steht es zum Beispiel um Bekleidung, langlebige Gebrauchsgüter und Lebensmittel vergleichsweise schlecht, und die Nachfrage wie die in Umfragen ermittelte Verbraucherstimmung schwankt seit dem Crash etwas unsicher auf und ab. Doch unterm Strich setzt sich ein Trend fort, der in den Boomjahren seinen Anfang genommen hatte: Die – steigenden – Haushaltseinkommen wanderten immer seltener aufs Sparbuch und immer häufiger gleich in die Läden.

Zum Beginn der Neunziger legten die Amerikaner im Schnitt noch neun Prozent ihres verfügbaren Einkommens für magere Jahre zurück, nun schwankt die Sparquote zwischen zwei und vier Prozent. Der Aktienboom, die Wertsteigerung von Immobilien, der scheinbare Reichtum veranlasste die Konsumenten, Kreditkarten und andere Darlehen auszuschöpfen. Und daran hat sich – trotz Konjunktureinbruch und Börsencrash – wenig geändert.

Ökonomen und Psychologen sind perplex. Anders als nach der Rezession im Jahre 1991 nehmen viele Amerikaner weiter neue Kredite auf, schneller sogar als in den Jahren zuvor. 2002 hatte ein durchschnittlicher Haushalt mehr als zehn Kreditkarten mit einem gesamten Schuldenstand von knapp 9000 Dollar auf den zugehörigen Konten. Das entspricht einer Verdopplung der Kreditkarten-Schulden binnen eines Jahrzehnts.

Nun gibt es sogar in den Vereinigten Staaten eine Tradition der Kritik an der Konsumgesellschaft, des *consumerism*. In den sechziger und siebziger Jahren hörte man solche Stimmen sowieso, doch auch heutzutage lästert der Verbraucherschützer und ehemalige Präsidentschaftskandidat Ralph Nader noch über das »Elfte Gebot« Amerikas, das »Einkaufen bis zum Umfallen« heiße. Protestgruppen rufen zum »Buy Nothing Day« auf, kritische Bücher sprechen vom »Luxusfieber«, von der »McWorld«, vom »konsumüberwältigten Amerika«; sie warnen vor leeren Träumen und leeren Konten. Erstaunlicherweise ergab Mitte der neunziger Jahre eine Umfrage, dass mehr als drei Viertel der Amerikaner ihre Kultur für »zu materialistisch, zu gierig« hielten.

Der verschwenderische Lebensstil der Reichen wird zum Vorbild

Es bleibt aber Theorie. Wenn amerikanische Sozialforscher ihre Landsleute heute nach den Zutaten für ein »gutes Leben« fragen, antworten sie viel häufiger mit einer Aufzählung von Gebrauchsgütern, Luxusartikeln und Dienstleistungen als 15 Jahre zuvor. Warum? Dafür gibt es eine Reihe von Theorien. Der Ökonom Thorstein Veblen stellte schon 1899 in seinem Standardwerk *Theory of the Leisure Class* dar, wie der Wunsch nach sozialer Stellung auch den nach Produkten und Dienstleistungen vorantreibt. In seiner populären Variante heißt das Phänomen, das der Wissenschaftler beschrieb: *Keeping up with the Joneses* – das neidische Schielen auf den Besitzstand der Nachbarn und das unermüdliche Nacheifern. Das geflügelte Wort ist fester Bestandteil der amerikanischen Kultur.

Was sich in den vergangenen Jahrzehnten geändert habe, argumentiert die Sozialforscherin Juliet Schor von der Universität Harvard, sei der Maßstab. Man ziehe jetzt nicht mehr die Nachbarn zum Vergleich heran. In einer Gesellschaft, in der eine bedeutsame Schicht am oberen Ende immer reicher wird, ziehe man deren Lebensstile zum Vergleich heran – die durch das Fernsehen und die Klatschpresse vervielfältigt werden. Das erzeuge einen viel stärkeren Konsumdruck als früher, weshalb Schor schon »anzeigenfreie Räume« und Werbeverbote in den Medien fordert, um den amerikanischen Konsumenten vor sich selber zu schützen. Untersuchungen scheinen Schors Theorie zu bestätigen: Je mehr Zeit ein Amerikaner vor dem Bildschirm verbringt, desto eher hält er Tennisplätze, Privatflugzeuge, Cabrios, Haushälterinnen und Schwimmbäder für die Standardausrüstung eines durchschnittlichen US-Haushalts.

Ist es das Fernsehen, das die Amerikaner in den Kaufrausch treibt? Müssen Amerikas Konsumenten geschützt werden, um nicht eines Morgens auf einem gewaltigen Schuldenberg aufzuwachen? Ken Goldstein findet so etwas eine abwegige Idee. Der Konsumforscher an der New Yorker Denkfabrik Conference Board beschäftigt sich seit Jahren mit der Gemütslage der Verbraucher – genauer: Er erstellt eine der bekanntesten Kennziffern der amerikanischen Wirtschaft. Das Conference Board ermittelt seit den späten sechziger Jahren Monat für Monat den so genannten Verbraucher-Zuversichts-Index. 5000 Amerikaner werden gefragt, ob die Wirtschaft ihnen Mut zum Kaufen macht. »Einfach das Gefühl im Bauch ist es, für das wir uns interessieren«, sagt Goldstein. »Die meisten dieser Leute lesen gar keine Zeitung. Herrje, nicht mal deren Psychiater könnte erklären, warum sie diese oder jene Ansicht zur Wirtschaft haben!«

Trotzdem: Irgendwie haben sich die aggregierten Bauchgefühle über die Jahrzehnte als eines der zuverlässigsten Stimmungsbarometer der US-Wirtschaft erwiesen. In Ken Goldstein haben sie außerdem eine ganz eigene Sicht inspiriert, warum der Konsumrausch nicht verfliegt. »Den Leuten geht es offensichtlich gar nicht so schlecht«, sagt Goldstein. »Vielleicht ist das alles gar nicht so irrational. Vielleicht haben die Verbraucher gar keinen Grund, Traurigkeit zu schieben?«

In den späten Neunzigern verzeichnete Goldsteins Stimmungsbarometer die größte Euphorie aller Zeiten: Bis auf 145 Indexpunkte stiegen die Werte damals. In den Rezessionsjahren danach fiel es bis auf 60 – damit waren die Verbraucher noch weitaus besser gelaunt als bei früheren Rezessionen, nach denen die Werte bis auf 35 fallen konnten. In dieser Woche ist das Barometer auf 88 Punkte geklettert – das gilt als vergleichsweise zuversichtlich. Und die Unsicherheit am Arbeitsmarkt? Die Schulden-Rekordstände und Bankrotte, von denen man immer häufiger hört? Die vielen ausgeschöpften Kreditrahmen, die drastisch erhöhten Strafgebühren der Kreditkartenfirmen gegen säumige Schuldner, die vielen geplatzten Autokredite? »Die allermeisten Amerikaner kommen mit ihren Schulden offenbar bestens klar«, beharrt Goldstein. »Wissen Sie, wir sind hier keine Schweizer – aber eine verschwenderische Nation sind wir auch nicht.«

Eine Reihe von Ökonomen teilt diese optimistische Sicht der Dinge. Im Durchschnitt betrachtet ist nämlich der Schuldendienst eines US-Haushaltes – also Tilgung plus Zinsen – von zwölf Prozent des verfügbaren Einkommens auf zuletzt 13 Prozent gestiegen. Alles andere als eine Explosion. Die geringen monatlichen Zahlungen sind zum Teil ein Geschenk des Notenbankchefs Alan Greenspan: Niedrige Zinsen und die massenhafte Umschuldung alter Kredite erlauben das Paradox, dass trotz wachsender Schuldenberge die monatlichen Zahlungen nur langsam steigen. Zum anderen Teil sind sie ein Geschenk von George W. Bush: Massive Steuersenkungen haben die verfügbaren Einkommen zuletzt steigen lassen und die Konjunktur angeheizt. Dafür klaffen jetzt in den öffentlichen Haushalten gewaltige Löcher, aber das ist ein anderes Problem.

Ein weiteres Argument der Optimisten lautet, dass Untergangspropheten schon mehrfach die Überschuldung der Mittelklasse und den großen Kollaps vorhergesagt hätten – aber gekommen ist er nie. Das liege an einem kulturellen Missverständnis. Kaufen auf Pump sei schon immer uramerikanisch gewesen, argumentiert Lendol Calder, ein Historiker und der Autor des Buches *Financing the American Dream.* Kreditkarten hätten seit den fünfziger Jahren die »prägende Rolle« im Verbraucherverhalten der gehobenen Mittelschichten übernommen, argumentiert Calder; davor hätten herkömmliche Konsumkredite eine vergleichbare Rolle gespielt. Doch Calder beharrt darauf, dass diese Kreditkultur wenig mit Hedonismus und Verschwendung zu tun habe und viel mit Disziplin und einer Wahrung des Arbeitsethos – eben weil die monatlichen Ratenzahlungen hereingewirtschaftet werden müssen.

Doch eine Reihe anderer Ökonomen und Sozialforscher glaubt, dass sich der Umgang der Amerikaner mit Krediten seit ein paar Jahren kräftig wandelt – weg vom soliden Wirtschaften à la Calder. »Der neue Ethos des Verbraucherkredits unterminiert eben jene historische Balance zwischen Arbeit und Konsum«, schreibt Robert Manning in seinem 2000 erschienenen Bestseller *Credit Card Nation.* Tatsächlich werden heute schon brotlosen Studenten Kreditkarten ausgehändigt und ironisch »Yuppie-Stützen« genannt.

»Sogar Kinder, Hunde, Katzen bekommen heute Kreditkarten«

Amerikaner, die kurz vor dem Verlust ihres Jobs stehen, besorgen sich oft ein ganzes Sortiment Kreditkarten als eine Art Arbeitslosengeld. Massive Werbekampagenen haben in den vergangenen Jahren immer neue, weniger zahlungskräftige Bevölkerungsgruppen mit Kreditkarten überhäuft; entsprechend melden auch immer mehr Amerikaner persönliche Bankrotte an. Sprich: Im Durchschnitt mögen die Schuldenzahlen harmlos aussehen, aber wachsende Bevölkerungszahlen sind trotzdem vom Kredit- und Konsumrausch in die Irre geführt worden. »Sogar Kinder, Hunde, Katzen und Elche bekommen heutzutage Kreditkarten«, regte sich vor ein paar Jahren der Notenbankchef Alan Greenspan auf. Irgendwann in den neunziger Jahren tauchte ein beliebter Auto-Aufkleber auf. »Ich bezahle meine Mastercard-Rechnung mit VISA«, hieß es darauf. Für Tausende Amerikaner, die eine Zeit lang vom so genannten Credit Card Shuffle leben, ist das gar kein Witz.

Was zum Szenario der Pessimisten unter den Ökonomen und Sozialforschern führt: dass der Einkaufsrausch der Amerikaner sich diesmal doch nicht finanzieren lässt und zu einem bösen Erwachen führt. Dass sie auf dem Parkplatz von Wal-Mart noch ein paar Monate lang Gott und das Vaterland beschwören mögen, dass aber Arbeitsplätze, Nettoeinkommen, die Aktienkurse ihrer Geldanlagen und die Werte ihrer Eigenheime doch nicht mitspielen. »Wenn es in diesem Land eine Blase gibt, dann ist es die Verschuldung«, sagte kürzlich Dave Rosenberg, USA-Spezialist bei der Investmentbank Merrill Lynch. Rings um die Wall Street gibt es etliche Experten, die einen Einbruch des Verbrauchervertrauens, ein Ende des Kaufrausches und ein Einknicken der Konjunktur voraussagen.

Wer behält Recht? »Die Leute wollen ihr Leben immer noch durch Einkaufen aufwerten, aber sie treffen eine schärfere Auswahl«, erzählte kürzlich Wendy Liebmann, Chefin der Einzelhandels-Forschungsfirma WSL Strategic Retail. »Sie sehen ein, dass sie nicht mehr alles haben können, was sie wollen.« Und ausgerechnet bei Wal-Mart haben sich in den vergangenen Wochen offenbar Bedenken eingestellt. Der Einzelhandelsgigant verzeichnet zwar weiterhin Rekordverkäufe, aber Wal-Mart-Chef Lee Scott sind zuletzt ein paar verdächtige Trends aufgefallen. Mehr Konsumenten als früher kauften nur noch die billigsten Produkte in jeder Kategorie ein. Und mehr konzentrierten ihr Shopping rund um den Zahltag, ein Indiz für weniger flüssige Mittel. Entweder eine vorübergehende Formschwäche – oder ein Zeichen, dass es den gottesfürchtigen, patriotischen Shoppern von Orange City allmählich mulmiger wird, als sie bislang zugeben wollen.

ZEIT-Nr. 15 vom 1. 4. 2004

Arbeitswut gegen Lebenslust

Europäer arbeiten weniger als Amerikaner. Reformen werden das nicht ändern

Von Niall Ferguson

In den Vereinigten Staaten umzuziehen ist eine aufrüttelnde Erfahrung. Um halb acht Uhr morgens standen die Umzugsarbeiter vor meinem New Yorker Mietshaus, redeten auf den Türsteher ein und wollten schon vor dem vereinbarten Termin hereingelassen werden. Ich war noch nicht einmal angezogen. Als ich ihnen Tee anbot – in meiner britischen Heimat eine Verpflichtung und üblicherweise der willkommene Anlass für eine 15-minütige Pause –, schauten die Arbeiter nur erstaunt. Sie machten auch keine Mittagspause. Es lief kein Radio, es gab kein Schwätzchen. Am Ende dauerte der ganze Umzug nach Boston 24 Stunden weniger, als ich erwartet hatte.

Europäische Umzugsarbeiter sind nicht faul. Doch als ich vor zwei Jahren von Oxford nach New York wechselte, war die Erfahrung eine vollkommen andere. Manche sagen, die Europäer sollten sich glücklich schätzen. Schließlich müssen sie nicht auf dieselbe Weise arbeiten wie die Amerikaner. Andere sagen, sie werden es sehr bald müssen.

Weniger Urlaub, weniger Feiertage – hat Amerika es wirklich besser?

Doch zunächst: Wir repräsentativ sind meine Umzugsarbeiter wirklich? Arbeiten Amerikaner wirklich härter als Europäer? Früher arbeiteten sie jedenfalls effizienter. Seit den späten fünfziger Jahren des vergangenen Jahrhunderts jedoch wächst die Arbeitsproduktivität – wenn man sie als die Produktion eines Werktätigen pro Stunde definiert – in den westeuropäischen Volkswirtschaften schneller als in den Vereinigten Staaten. Tatsächlich ist, wie der französische Ökonom Olivier Blanchard berichtet, das Bruttoinlandsprodukt pro Stunde heute in Frankreich höher als in den USA.

Das Problem allerdings: Nicht einmal die effizientesten Europäer arbeiten lange genug, um mit den Vereinigten Staaten Schritt zu halten. Das amerikanische Bruttoinlandsprodukt – also die gesamte Produktion aller Menschen in den USA – ist in der vergangenen Dekade Jahr für Jahr schneller gewachsen, mit Ausnahme des Jahres 2001. Zurzeit wächst es um etwa fünf Prozent im Jahr, während der Vergleichswert in Euroland 1,3 Prozent beträgt.

Diese scherenartige Entwicklung führt sogar zu einer erneuten Wende im Produktivitätswachstum. Seit 1995 ist die Produktion pro Arbeitskraft in der amerikanischen Privatwirtschaft doppelt so schnell gewachsen wie in Europa. Es sind 2,4 Prozent gegen 1,2 Prozent, auch wenn man sich über diese Zahlen im Detail streiten kann. Der große Unterschied liegt in der Quantität der Arbeit, nicht in ihrer Qualität. Die Amerikaner arbeiten nicht besser oder effizienter als die Franzosen. Pro Stunde schaffen sie sogar weniger. Sie arbeiten bloß mehr. Und das nicht zu knapp.

Das Mehr an Arbeit in der amerikanischen Volkswirtschaft hat fünf Gründe. Erstens gibt es einfach mehr arbeitslose Europäer als Amerikaner. Über das vergangene Jahrzehnt gesehen, lag die Arbeitslosigkeit im Durchschnitt bei 4,6 Prozent in den USA und bei 9,2 Prozent in der Europäischen Union. Ein zweiter Unterschied ist die Teilnahme am Arbeitsmarkt. Zwischen 1973 und 1998 ist der Anteil der amerikanischen Bevölkerung, der arbeitet, von 41 Prozent auf 49 Prozent gestiegen. In Deutschland und Frankreich hingegen fiel dieser Anteil von 44 auf 39 Prozent. In den USA sind etwa 73 Prozent der Bevölkerung im arbeitsfähigen Alter beschäftigt, in der Europäischen Union sind es nur 64 Prozent. Der dritte Grund ist die in Europa größere Zahl an Streiks; ein vierter Faktor ist der in Europa schneller wachsende Anteil von Rentnern an der Gesamtbevölkerung.

Doch der fünfte und auffälligste Unterschied sind die schon erwähnten Arbeitszeiten. Folgt man den Zahlen der OECD, arbeitete der durchschnittliche amerikanische Arbeitnehmer im Jahr 1999 fast 2000 Stunden im Jahr. Der durchschnittliche Deutsche arbeitete 1535 Stunden, ein gutes Fünftel weniger. Dieser Graben wird seit

Fällt Europa zurück?
Durchschnittliches Wachstum der Produktivität

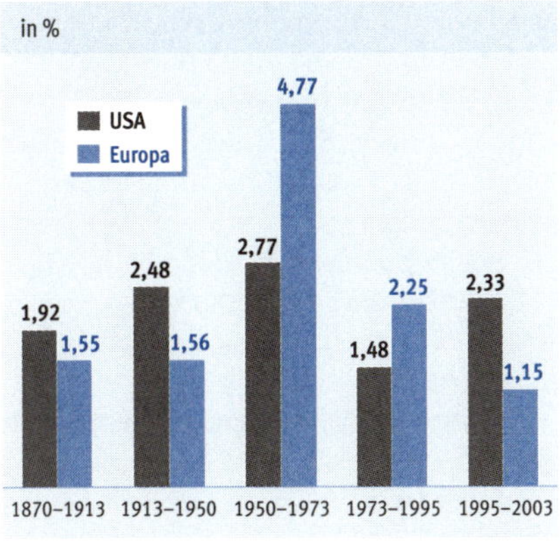

Quelle: Kobert/Gordon

etwa 20 Jahren immer größer. Zwischen 1979 und 1999 legte das Arbeitsjahr eines Amerikaners um 50 Stunden zu, also um etwa vier Prozent, während sich das deutsche Arbeitsjahr um zwölf Prozent verkürzte. Deutschland steht nicht alleine da. Das französische Arbeitsjahr wurde um elf Prozent kürzer, das spanische um zehn Prozent. Auch die jüngsten Zahlen der Internationalen Arbeitsorganisation (ILO) weisen einen dauerhaften Rückgang der jährlichen Arbeitszeiten in Frankreich, Deutschland und Irland aus. In den USA gab es keinen solchen Rückgang.

Europäer schuften weniger – und gehen seltener in die Kirche

Längere Arbeitstage, längere Arbeitswochen und kürzere Urlaube sind die wichtigsten Komponenten dieses steigenden amerikanischen Arbeitsaufwands. Während deutsche, italienische und französische Beschäftigte im Durchschnitt fast 40 Urlaubs- und Feiertage im Jahr genießen, muss ihr amerikanisches Pendant mit weniger als zwei Wochen auskommen.

Wie ist dieser profunde Unterschied zu erklären? Folgt man Olivier Blanchard, haben wir es mit einer Geschmacksfrage zu tun, einem kulturellen Unterschied. Im Jargon der Ökonomen haben Europäer eine höhere Freizeitneigung als Amerikaner. Und warum auch nicht? Weil sie weniger arbeiten, verbringen Europäer mehr Zeit mit ihren Familien und Hobbys. Ihre Leben sind reicher, selbst wenn ihre Bankkonten das nicht widerspiegeln. Dennoch bleibt die Frage, warum sich die kulturellen Präferenzen in Europa und Amerika über ein Vierteljahrhundert derart auseinander entwickelt haben. Schließlich weisen die Statistiken der siebziger Jahre keine wesentlichen Unterschiede in den Arbeitszeiten aus.

Manche Forscher verweisen auf strikt ökonomische Erklärungen. Nach einer im vergangenen Jahr veröffentlichten Studie des Internationalen Währungsfonds (IWF) ist der wesentliche Grund für die geringere Beschäftigung in Europa, dass diese Region sehr viel stärker reguliert ist. Schafften europäische Regierungen also Arbeitslosenhilfe, Mindestlöhne und andere Beschränkungen ab, würden Europas Bürger schleunigst ihre traditionelle »Arbeitsneigung« wiederentdecken. Eine andere, technischere Erklärung hat der Ökonom Edward Prescott vorgeschlagen. Er glaubt, dass höhere Steuern auf jede zusätzlich geleistete Arbeitsstunde die Europäer ihr Tagewerk früher abbrechen lassen.

Es gibt noch eine andere Möglichkeit, die sich deutschen Lesern geradezu aufdrängen müsste. Genau 100 Jahre ist es her, dass Max Weber sein richtungsweisendes Essay *Die protestantische Ethik und der Geist des Kapitalismus* veröffentlichte. Einer der bemerkenswertesten – und am wenigsten bemerkten – Aspekte der transatlantischen Auseinanderentwicklung an den Arbeitsmärkten ist, dass er fast parallel mit einer Auseinanderentwicklung in der Religiosität einherging.

Das Meinungsforschungsinstitut Gallup stellte 1999 in einer Untersuchung religiöser Praktiken und Einstellungen fest, dass 48 Prozent der Menschen in Westeuropa fast nie zur Kirche gehen. In Osteuropa gibt es kaum weniger Kirchenmuffel. Nur im katholischen Italien und im katholischen Irland geht mehr als ein Drittel der Bevölkerung mindestens einmal pro Monat in die Kirche. In den Niederlanden, Großbritannien, Deutschland, Schweden und Dänemark ist es nicht einmal jeder Zehnte.

Nicht nur die praktische Religionsausübung ist zurückgegangen, auch der Glaube an Gott an sich. Gallup zufolge bezeichnen 49 Prozent der Dänen, 52 Prozent der Norweger und 55 Prozent der Schweden Gott als »irrelevant« für ihr Leben. In Tschechien sind es sogar beinahe zwei Drittel. Aus irgendwelchen Gründen haben Westeuropäer, aufgewachsen unter Christdemokraten und Sozialdemokraten, sich ähnlich schnell vom Christentum abgewendet wie Osteuropäer mit ihrer Vergangenheit im »real existierenden Sozialismus«.

Die Entchristianisierung Europas kann nicht einfach durch steigenden Wohlstand erklärt werden. Dann wäre nämlich die augenblickliche »Rechristianisierung« Amerikas nicht zu erklären. In Nordamerika nehmen, verglichen mit Europa, mehr als doppelt so viele Menschen wöchentlich an einer religiösen Zeremonie teil. Kaum ein Amerikaner kann als Atheist eingeordnet werden, verglichen mit 15 Prozent der Europäer.

Späte Genugtuung für Max Weber

Ist es zu fantasievoll, eine Verbindung zwischen religiöser Einstellung und ökonomischem Verhalten herzustellen, wie auch immer die Kausalität verlaufen mag? Lässt sich nicht eine Art später Genugtuung für Max Weber und seinen Essay über die »protestantische Ethik« ableiten? In einer kürzlich veröffentlichten Untersuchung der Beziehung zwischen Religion und Wirtschaftskraft kamen die amerikanischen Ökonomen Robert Barro und Rachel McCleary zu eindeutig Weber'schen Schlussfolgerungen. »Religion beeinflusst ökonomische Resultate hauptsächlich durch die Stärkung religiöser Überzeugungen, die individuelle Züge wie Sparsamkeit, Arbeitsethik, Ehrlichkeit und Offenheit gegenüber Fremden beeinflussen«, schrieben sie.

Dennoch, für Barro und McCleary sind der Geist des Kapitalismus und die dazugehörige Arbeitsethik nicht mehr spezifisch protestantisch, sondern einfach nur religiös. Das passt gut zu internationalen Arbeitszeitstatistiken. Asiatische Arbeiter sind heute die fleißigsten. Die sechs Volkswirtschaften mit den längsten jährlichen Arbeitszeiten sind sämtlich asiatisch – Thailand (2228 jährliche Arbeitsstunden pro Arbeitskraft), Malaysia (2244), Hongkong und China (2287), Sri Lanka (2288), Bangladesch (2301) und Südkorea (2447). Seit den fünfziger Jahren, vielleicht gar seit den zwanziger Jahren, haben Europäer nicht mehr so viele jährliche Arbeitsstunden geleistet. In all diesen asiatischen Ländern spielt Religion eine wichtige Rolle, allemal mehr als in Europa, doch eines mag nicht passen: Die arbeitseifrigen Chinesen sind ein Ausreißer in diesem Bild. Weder Religiosität noch religiöse Praxis erscheinen dort sonderlich stark ausgeprägt.

Es gibt noch eine weitere, größere Schwierigkeit mit der Weber'schen These. Für Max Weber war es ein Kernpunkt, dass die protestantische Ethik den kapitalistischen Geist erscheinen ließ. Protestanten neigten nämlich nicht nur zum Arbeitseifer, sondern auch zur Askese, zum Sparen und damit zur Kapitalbildung. In Webers eigenen Worten arbeitete die »innerweltlich protestantische Askese mit voller Wucht gegen den unbefangenen Genuss des Besitzes«. Beten, arbeiten und sparen waren der Weg zur Seligkeit.

Leider ist dies eine denkbar schlechte Beschreibung der amerikanischen Volkswirtschaft der vergangenen 20 Jahre. Mehr Amerikaner als damals mögen heute devote Protestanten sein, doch ihre Askese und Sparneigung hat dies nicht stimuliert. Im Gegenteil erscheint ungezügelter Konsum heute als der Schlüssel zum amerikanischen Wachstum. Seit der Mitte der achtziger Jahre sind die persönlichen Sparraten stetig gefallen. In den sechziger und siebziger Jahren lagen sie durchschnittlich bei zehn Prozent, heute unter vier Prozent. Persönlicher Verbrauch machte damals 64 Prozent des Bruttoinlandsprodukts aus, heute 70 Prozent. Die Gesamtschulden der Privathaushalte stiegen von einem Drittel des Bruttoinlandsprodukts auf drei Viertel. 20 Jahre lang hat nicht das Ersparte, sondern schuldenfinanzierter Privatverbrauch die amerikanische Wirtschaft vorangejagt, fast ohne Atempause.

So vermag Max Webers alte Theorie uns nicht komplett zu erklären, warum meine amerikanischen Umzugsarbeiter länger arbeiten als ihre Kollegen in Europa. Die heutige amerikanische Arbeitsethik ist deutlich anders als jene protestantische Ethik, die Weber beschrieb. Dennoch, Weber heute wieder zu lesen erinnert uns an die sehr wohl existierenden Zusammenhänge zwischen der Welt der Kultur und der Welt der Arbeit. Europäer beten heute weniger und gehen seltener zur Kirche, sie arbeiten weniger fleißig, und sie konsumieren weniger. Diese profunden Veränderungen kommen nicht zufällig zusammen.

Die USA – eine Ökonomie der Völlerei statt der Askese.

Wie steht es dann um die Verschreibung mancher Ökonomen, dass europäische Regierungen ihre Arbeitsmärkte nach dem amerikanischen Vorbild umgestalten oder die Steuersätze senken sollten? Würden Europäer sich dann anders verhalten?

In der Praxis erscheint dies unwahrscheinlich, eben weil die meisten Europäer es nicht wollen. Jene Politiker, nicht zuletzt in Deutschland, die ihre Volkswirtschaften amerikanisieren wollen, schwimmen gegen den Strom und mehr noch gegen die historischen Gezeiten, die weg vom Fleiß und hin zur Trägheit rollen. Sie werden höchstens marginale Veränderungen der europäischen Arbeitsmarktregime erreichen, bevor man sie wieder abwählt. Und selbst wenn die Politiker eines Tages diktatorische Befugnisse erhielten und den Wohlfahrtsstaat komplett abschafften, fände ich es schwer vorstellbar, dass europäische Bürger danach länger arbeiteten. Sie würden deshalb auch nicht öfter zur Kirche gehen.

Und die Vertreter jener Minderheit unter uns, die wie die Amerikaner arbeiten wollen? Sie werden – so wie ich es getan habe – eben einfach umziehen müssen. Nach Amerika.

Aus dem Englischen von Thomas Fischermann

ZEIT-Nr. 42 vom 7. 10. 2004

Eine Gesellschaft im Wandel

Die Army macht Schule

An vielen amerikanischen High Schools übernimmt das Militär das Kommando: Offiziere impfen den Kadetten Treue, Disziplin und Gehorsam ein

Von Andrea Böhm

Der Carver High School ist eine wundersame Rettung widerfahren. Die meisten in der Far South Side sehen das so. Die Far South Side ist der südlichste Zipfel Chicagos. Brachland, Industrieruinen, Schrottplätze, eine Sozialbausiedlung. Rund um die 131. Straße versuchen nicht einmal Schnapsläden und Pfandleiher ihr Geschäft. Die Autobahn schlägt eine breite Schneise durch das Viertel; als wolle sie diesen trostlosen Flecken abschütteln. Es riecht nach Abgasen und Bitumen. Mittendrin liegt die Schule, ein öder zweistöckiger Kasten, eine Oase im Ghetto, sagen die Leute, ein Ort, an dem Kinder wieder eine Zukunft haben. Wenn man dann skeptisch blickt, sagen die Lehrer: »Sie sollten mit Herrera reden.«

7.00 Uhr: Herrera steht frühmorgens vor Schulbeginn in der Turnhalle, breitbeinig, die Hände hinter dem Rücken verschränkt, und krächzt: »Rechteckformation. Eine Armlänge Abstand. Augen geradeaus.« Herrera ist eine Art Schulsprecherin, nur heißt das hier anders: Bataillonskommandant. Einem Bataillonskommandanten unterstehen 370 Kadetten, eingeteilt in Kompanie »Alpha«, »Bravo« und »Charlie«. Ein Bataillonskommandant übt mit seinen Untergebenen das Salutieren und Marschieren, meldet der Schulleitung Kadetten, die in der Pause *motherfucker* sagen, und lässt sie in »großer Formation mit Fahnengarde« antreten, wenn Offiziere der Armee zur Inspektion kommen. »Meine Position hat mich ein paar Freundschaften gekostet«, sagt Herrera. »Aber was getan werden muss, muss getan werden.« Ihr Hals kratzt. Sie ist heiser. Sie hat in den letzten Wochen zu viel gebrüllt.

Shannon Herrera ist 16 Jahre alt, knapp 1,60 Meter groß, hat Babyspeck an den Hüften und lächelt schüchtern, wenn sie gerade keine Befehle gibt. Sie besucht die 11. Klasse, hat gute Noten, schafft 50 Liegestütze und zeigt nach Auskunft ihrer Ausbilder »Führungsqualitäten«. Deswegen wurde sie im vergangenen Frühjahr zum »Oberstleutnant« befördert. Shannon Herrera ist die Tochter mexikanischer Immigranten und hat einen amerikanischen Traum. Sie will zu den Besten der Besten gehören und in die Militärakademie West Point aufgenommen werden. Die Carver High School, sagt sie, sei für sie »ein Segen«, ein Sprungbrett.

Das »Wunder von der Far South Side« begann im August 2000, als Shannon Herrera zusammen mit 249 Neuntklässlern am ersten Schultag in die Turnhalle marschierte. Es war der erste Jahrgang in Uniform. Aus der Carver High School wurde an jenem Tag die Carver Military Academy, die zweite staatliche Oberschule in Chicago, an der die Armee militärische Hierarchie und Disziplin eingeführt und aus Schülern »Kadetten« gemacht hat. Inzwischen gibt es in der Stadt zehn Schulen, die entweder ganz unter militärischer Leitung stehen oder einen Zweig an die Armee uebergeben haben.

In ihnen wird Mathematik, Geografie und Englisch unterrichtet, dazu Militärgeschichte, Marschieren und Salutieren, außerdem »Selbstvertrauen, Verantwortungsbewusstsein, Arbeitsethik, Führungsqualitäten«. So steht es in der Werbebroschüre des Junior Reserve Officer Training Corps, bekannt unter dem Kürzel JROTC. Das JROTC ist das Jugendcorps des Pentagon. »Wir machen die Kids zu herausragenden Staatsbürgern«, sagt Douglas Busch, ein Oberstleutnant mit blondem Bürstenhaarschnitt. Er führt an der Carver Military Academy das Kommando – zumindest, was die militärische Ausbildung angeht.

Normalerweise interveniert eine Armee im eigenen Land, um zu putschen oder um Aufstände und Naturkatastrophen zu bekämpfen.

Nichts deutet in Chicago auf das eine oder andere hin. Auf den ersten Blick hat sich die Stadt vom Niedergang der urbanen Zentren erholt. Heruntergekommene Wohnblocks wurden restauriert; viele der *projects,* wie die berüchtigten Sozialbausiedlungen hier heißen, wurden abgerissen und durch Appartementhäuser ersetzt. Straßen wurden begrünt. Angehörige der weißen Mittelschicht kehrten aus den *suburbs* in die Innenstadt zurück, die Bürgersteige sind auch nachts wieder bevölkert. Doch für viele Armutsviertel hat der Atem der Wiederbelebung nicht gereicht: Chicago ist derzeit »Mordhauptstadt« der USA, in manchen Stadtteilen liegt die Arbeitslosenrate bei über 30 Prozent. Um wenigstens die Schulen vor dem totalen Verfall zu bewahren, gaben Kommunalpolitiker vor einigen Jahren die Parole aus: »*Send in the Marines*« – und alle anderen Waffengattungen gleich dazu. Heute steht Chicago an der Spitze eines nationalen Trends. Das Militär marschiert in die Klassenzimmer: als Sozialarbeiter, Aufseher, Lehrer und Vaterersatz für *inner-city kids.* Das ist das Synonym für schwarze und hispanische Jugendliche.

7.30 Uhr: In 15 Minuten beginnt der Unterricht. Am Schuleingang der Carver Military Academy stauen sich Kadetten vor den Metalldetektoren. Zwei Polizisten in kugelsicheren Westen durchsuchen Rucksäcke nach Waffen. Von einem Wandgemälde blickt mit strengem Gesicht Malcolm X, die Ikone der schwarzen Rebellion, herab. Dienstag und Mittwoch müssen die Kadetten die Uniform des Heeres tragen: grüne Jacken und Hosen, hellgrünes Hemd, Krawatte, schwarze Lackschuhe, spiegelblank geputzt. »Am besten mit Fensterreiniger«, sagt Shannon Herrera. Montag, Donnerstag und Freitag sind schwarze Schuhe, grüne Polohemden mit Logo zu tragen, dazu schwarze Hosen, die mit einem Gürtel über den Hüften festzuhalten sind – nicht, wie auf der Straße üblich, ganz knapp über dem Po. Alles, was als Ausdruck der Gang-Kultur interpretiert werden könnte, ist aus der Schule verbannt: übergroße Hosen, ungeschnürte Basketballschuhe, eng an die Kopfhaut geflochtene Zopfreihen, *corn rows* genannt.

Der Mann, der vor zwei Jahren die Armee in die Schule holte, ist ein afro-amerikanischer Zivilist mit elegantem Anzug und dem Siegelring seiner Alma Mater am Finger. Schuldirektor William Johnson hat über Militärschulen promoviert. Selbst hat er nie eine Uniform getragen, doch wenn er von »den alten Zeiten« an der Schule erzählt, klingt es, als hätte er Bürgerkriegserfahrung. Anstelle von Kompanie Alpha, Bravo und Charlie standen seinerzeit die Gangster Disciples, die Black Disciples, die Blackstones und die Four Corner Hustlers. »Wenn Mitglieder aus vier verfeindeten Gangs in einer Klasse saßen, konnte es hektisch werden.« Lehrer waren gehalten, sich morgens im Polizeibericht über die Schießereien der letzten Nacht zu informieren, um Racheakte in der Schule zu unterbinden. Die meisten Schlägereien brachen in den Mittagspausen aus, wenn Scharen von Schülern auf die Flure drängten. Geschossen wurde nie. Vor Johnsons Büro hängt immer noch das Warnschild, das jetzt, da hier militärische Ordnung eingezogen ist, verdächtig pazifistisch klingt: »Wenn ich eine Schusswaffe sehe, rühre ich sie nicht an. Ich bin mir bewusst, dass jede Waffe geladen sein könnte und dass meine körperliche Unversehrtheit absoluten Vorrang hat.«

Heute wagt keiner mehr, den Mittelfinger emporzurecken

Damals überzeugte William Johnson Eltern und Kollegen vom neuen »militärischen Modell« – und weil er ein ambitionierter Mann ist, möchte er jetzt den Erfolg für sich verbuchen. Die aktiven Gang-Mitglieder »blieben irgendwann weg« oder wurden der Schule verwiesen, und die JROTC-Ausbilder, allesamt pensionierte Offiziere, geboten jene Autorität, die den Lehrern und Polizisten schon lange abhanden gekommen war. Der Notendurchschnitt der Carver-High-School-Schülerschaft, ein entscheidendes Kriterium im Wettbewerb der Schulen untereinander, ist gestiegen. *The good gang,* das Militär, habe die *bad gang* verjagt – den Satz hört man oft auf den Fluren der Schule. Womöglich können die Polizisten bald abgezogen werden. Carver ist jetzt befriedetes Territorium.

Auf der Warteliste für das nächste Schuljahr stehen inzwischen mehrere hundert Namen. Täglich rufen interessierte Eltern an. Manche wollen, dass man ihre Kinder auch nachts dabehält, und legen enttäuscht wieder auf, wenn die Sekretärin sagt: »Tut mir leid, wir sind eine Schule, keine Anstalt.«

8.15 Uhr: Alle Nachzügler werden in der Cafeteria der Carver Military Academy versammelt, um sich den Anschiss eines Korektors in Zivil abzuholen. »Wenn ich um fünf aufstehe, könnt ihr euern faulen Hintern um halb sechs aus dem Bett heben. Wenn's sein muss, klingele ich euch morgen per Telefon wach.« Jeder erhält einen Eintrag in die Schülerakte. Pünktlichkeit und Anwesenheit sind Kriterien für den Aufstieg in der militärischen Hierarchie. Jeder Kadett fängt als »Gefreiter« an. Niemand will ewig »Gefreiter« bleiben – auch wenn die Spätaufsteher jetzt mit trotzigen, abgebrühten Mienen auf den Bänken hocken. »Das sind ihre Straßengesichter«, sagt ein Lehrer. Im Gegensatz zu früher wagt heute keiner mehr, den ausgestreckten Mittelfinger emporzurecken.

Oberstleutnant Busch notiert die Zahl der Verspäteten auf einer Liste. Er führt über alle Regelverstöße Buch. Auf seinem makellos geputzten Schreibtisch schließen die Klarsichthüllen exakt mit der Tischkante ab. Vor dem Tisch steht eine Panzergranate mit eingraviertem Gruß der Bundeswehr, an der Wand hängt sein Fünfjahresplan: Bis 2007 soll die Carver Military Academy zu den zehn besten Oberschulen Chicagos gehören. In fünf Jahren kommt hier keiner mehr zu spät, dann wird sich überall die richtige militärische Strenge durchgesetzt haben. Douglas Busch braucht also Geduld, doch die zählt nicht zu den militärischen Tugenden. Busch ist 45 Jahre alt. Er hat als Soldat die deutsch-tschechische Grenze bewacht, er hat Kurse in Überlebenstraining geleitet. Er ist es gewöhnt, dass sich die Welt schnell und auf Kommando verändert. Er hätte nach über 20 Jahren militärischer Laufbahn einen frühen Lebensabend genießen können. Stattdessen ließ er sich zum JROTC-Lehrer fortbilden. »Troops to Teachers« heißt das Programm – von der Truppe ins Lehrerzimmer.

Sie sind ein seltsames Gespann: William Johnson, der lässige schwarze Zivilist, und Douglas Busch, der weiße, vierschrötige Militär. Johnson sieht das Jugendcorps des Pentagon als Mittel zum Zweck, um »Ruhe und Ordnung herzustellen, weil man ohne Ruhe und Ordnung nicht unterrichten kann«. Für Busch ist die Welt des Militärs die Blaupause für den Erfolg im Leben – gerade für die Jugend aus der Unterschicht. »Wir impfen ihnen Integrität, Ehrlichkeit und Charakterstärke ein.« Beide, Johnson und Busch, berufen sich auf dasselbe Vorbild: Colin Powell, der General und Außenminister, der das JROTC wie kein anderer gefördert hat.

Im Frühjahr 1992 hatte Powell, damals Vorsitzender des Generalstabs, die verkohlten Ruinen von South Central Los Angeles besichtigt. Anschließend machte er sich vor der Presse Gedanken über die Ghettojugend, die ein paar Nächte zuvor geplündert und gebrandschatzt hatte. Was ihr fehle, sagte Powell, seien Ordnung und Struktur, wie das Militär sie biete – nicht erst in den Kasernen für 18- oder 20-Jährige, sondern bereits in den Schulen für die 14- oder 16-Jährigen.

Fast jeder kannte bis dahin das Reserve Officer Trainings Corps (ROTC), das amerikanischen Studenten Stipendien verleiht, wenn sie sich für einige Jahre als Reservisten verpflichten. Das Junior Reserve Officer Training Corps dagegen, 1916 zusammen mit dem ROTC gegründet, war ein eher obskures Programm, populär an Kleinstadtschulen in den konservativen Südstaaten. Doch nach Powells Auftritt in Los Angeles klangen die fünf Buchstaben plötzlich wie eine Zauberformel gegen alle Plagen an den Highschools der Metropolen: Gewalt, Gangs, Drogen. Direktoren aus Boston, Los Angeles, Philadelphia und Detroit riefen beim Pentagon an, um das JROTC mit seinem Nachmittagslehrplan an ihre Schulen zu holen: Fahnengarde, *Drill Team,* Bürgerkunde, Antidrogenkampagnen. Für die Besten gibt es die *cadet challenge,* von Busch auch »unsere kleine Spezialeinheit« genannt, weil sich die Jugendlichen dort einem besonders harten physischen Training unterziehen.

Inzwischen schlüpfen landesweit rund 500 000 Schüler nachmittags in ihre JROTC-Uniform. Das sind doppelt so viele wie vor zehn Jahren. Der größte Zuwachs ist unter afroamerikanischen und hispanischen Teenagern zu verzeichnen. Allein in Chicago sind über 10 000 Schüler Angehörige des JROTC, an über der Hälfte der städtischen Oberschulen bietet das JROTC nachmittags Programme an. Dort müssen Ausbilder allerdings auf die Lerneinheit »Treffsicherheit mit dem Gewehr – stehend, kniend, liegend« verzichten. Bei aller Liebe zu den Streitkräften war die städtische Schulbehörde der

Meinung, die Entwaffnung der Schüler sei so schon schwierig genug. Oberstleutnant Busch hält das für einen Fehler, weil es für die Öffentlichkeit sicherer sei, Jugendlichen »den verantwortungsbewussten Umgang mit Waffen beizubringen«. Anderswo dürfen sich Kadetten weiterhin gute Noten erschießen.

1993 hatte das Pentagon zusammen mit dem Bildungsministerium und lokalen Behörden die ersten öffentlichen *military academies* eingerichtet. Inzwischen gibt es landesweit 42 solcher rein militärischen Oberschulen. Die meisten werden vom JROTC des Heeres geleitet, andere von der Luftwaffe, der Flotte und den US-Marines.

10.20 Uhr: Während Kadetten zum Anwesenheitsappell antreten müssen, verliest die Sekretärin über Lautsprecher »Motto und Wort des Tages«: Das Motto stammt von Michael Jordan, dem berühmten Basketballspieler: »Ich kann eine Niederlage nur akzeptieren, wenn ich bis zum Letzten gekämpft habe.« Das Wort des Tages ist »Republikaner«. »Erstens: Anhänger einer republikanischen Staatsform. Zweitens: Mitglied der Republikanischen Partei, die gegründet wurde, um die Sklaverei abzuschaffen.« Malcolm X hatte zu den »Republikanern« eine andere Meinung. Doch das weiß keiner der Kadetten.

Dem Pentagon sind die Schulen des Landes inzwischen viel Geld wert: rund 200 Millionen Dollar im Jahr. Ob diese Investition »herausragende Staatsbürger« hervorbringt, ist Ansichtssache. Sicher ist, dass sie viele Soldaten hervorbringt – und die braucht das Land in diesen Zeiten.

Schuldirektoren und JROTC-Leiter reagieren gereizt, wenn man argwöhnt, dass die Armee im Klassenzimmer neue Rekruten heranziehe. »Die militärischen Rahmenbedingungen sind schlicht ein effektives Mittel,um Jugendlichen ziel- und erfolgsorientierte Verhaltensweisen beizubringen«, verkündet die Werbebroschüre des JROTC. »Natürlich sind wir attraktiv für Jugendliche, die sich ohnehin schon fürs Militär interessieren«, heißt es kurz und knapp in der Chicagoer Hauptverwaltung des Jugendcorps. »Aber hier geht es um Erziehung, nicht Rekrutierung.«

Tatsache ist, dass sich über 40 Prozent aller JROTC-Schüler nach der High School beim Militär verpflichten – eine Quote, die den damaligen Verteidigungsminister William Cohen bei einer Kongressanhörung im Februar 2000 schwärmen ließ: »Das Jugendcorps ist eines der besten Rekrutierungsinstrumente, die wir haben.« JROTC-Ausbilder sind intern angewiesen, Rekrutierungsoffizieren Zugang zu den Kadetten zu gewähren und »in Zusammenarbeit mit Vertrauenslehrern das Militär gut zu verkaufen«.

Das gilt umso mehr nach dem 11. September 2001. Derzeit befinden sich 2,4 Millionen Amerikaner im aktiven Dienst, sind Mitglieder der Nationalgarde oder der Reserve. Viele Militärexperten glauben, dass dies im »Krieg gegen den Terrorismus« nicht reicht. Doch die Terroranschläge auf New York und Washington haben zur Überraschung der Armeeführung keinen Ansturm auf die Kasernentore ausgelöst. Jetzt locken die Streitkräfte mit höherem Sold, stattlicheren College-Stipendien, Werbespots im Stil von MTV, Action-Videos aus dem Einsatz in Afghanistan. Sie können außerdem auf die Kooperation der lokalen Schulbehörden zählen.

Diese sind seit kurzem verpflichtet, Namen, Adressen und Telefonnummern aller Elft-und Zwölftklässler an das Militär weiterzugeben. Eine entsprechende Passage ist in einem Gesetz zur Schulreform mit dem schönen Namen No Child Left Behind Act (Kein Kind wird zurückgelassen) versteckt. Das Pentagon will damit Zugang zu jenen 15 Prozent »Problemschulen« erzwingen, die keine Rekrutierungsoffiziere in die Klassen lassen. Sollten diese weiterhin eine »antimilitärische Haltung« einnehmen, werden ihnen die Bundeszuschüsse gestrichen, was bei den derzeit leeren Kassen der Einzelstaaten und Kommunen eine empfindliche Strafe ist.

Weckruf im Morgengrauen, Frühsport und Marschieren

Allerdings ist es mühsam, aus den Subkulturen der Skateboarder, Garagenmusiker, Kiffer oder Computer-Hacker den geeigneten Nachwuchs für die Landesverteidigung herauszufiltern. Im Durchschnitt muss ein Rekrutierungsoffizier 120 Kurzinterviews führen, um einen geeigneten Kandidaten zu finden. Das JROTC erspart diesen Aufwand: Dessen Absolventen haben nicht nur das Abschlusszeugnis einer High School in der Tasche. Sie gelten außerdem als drogenfrei, sie kennen Hierarchie und Jargon des Militärs und sie sind nicht vorbestraft besser vorbereitet auf den Härtetest der Grundausbildung.

12.15 Uhr: Im Kellergeschoss der Carver Military Academy warten Zehntklässler auf die Ausgabe neuer Uniformen. Oberstleutnant Busch, der sich hier unten sichtlich wohler fühlt als im Lehrerzimmer, führt die Aufsicht. Ein Schneider weitet Ärmel, kürzt Hosen und näht Rangabzeichen auf. Die Kadetten sind aufgekratzt wie Teenager vor ihrem Abschlussball. »Hauptmann« Jason Brown, 15 Jahre alt – Running Back des Football-Teams, gut in Biologie und allen JROTC-Kursen, »etwas schwächer in den anderen Fächern« –, erklärt das militärisch korrekte Bügeln von Hemden. »Drei Falten im Rücken, zwei vorne, exakt durch die Mitte der Brusttaschen. Und wehe, dir verrutscht das Bügeleisen.« Ein zweiter Kadett steht in voller Uniform vor dem Spiegel, wähnt sich unbeobachtet, streckt die Brust heraus und flüstert: *»Wow!«*

Busch hat zur Unterhaltung das Video vom letzten Sommerlager in den Rekorder geschoben. Eine Woche *boot camp* in Fort McCoy, einer Kaserne in den Wäldern von Wisconsin. Weckruf um 4.30 Uhr, Frühsport, Marschieren, Orientierungslauf, Unterricht in Mathematik und Navigation, Lagerfeuer. Die Kadetten simulieren Fallschirmsprünge, seilen sich von Holztürmen ab und lernen, wie man nach militärischer Vorschrift ein Bett macht: Laken faltenlos gespannt, Kissen exakt in der Mitte. Die Decke oben zwei Handbreit umgeschlagen und »so scharf gefaltet wie eine Dollarnote«. Shannon Herrera musste letzten Sommer wegen Erschöpfung ins Krankenhaus eingeliefert werden – aber erst nach dem Hindernislauf. Den Satz »Ich kann nicht mehr« habe sie aus ihrem Gedächtnis gestrichen, sagt die Bataillonskommandantin. Man müsse positiv denken, um seine Träume zu verwirklichen.

Die Zehntklässler stehen fasziniert vor dem Fernseher. Wo sie wohnen, gibt es vermüllte Basketballplätze, Autowracks zum Ausschlachten und Abbruchhäuser, in denen man Partys feiern kann. Fallschirmspringen hat ihnen noch keiner geboten. Doch die Wälder von Wisconsin sind eine andere Welt voller Tücken der Natur. »Da draußen soll's Schlangen geben«, sagt einer. »Mann, ich geh nirgendwo hin, wo's Schlangen gibt.« Am Ende wiegt die Aussicht auf eine Woche Extremsport mit Drill stärker als die Angst vor Reptilien. Alle wollen nächstes Jahr nach Fort McCoy. »Die werden es lieben«, sagt Busch. »Diese Jungs sehnen sich nach Disziplin und Struktur. Ist doch überall so auf der Welt.«

Es ist nicht einfach, dem Oberstleutnant a. D. zu erklären, dass der Anblick pubertierender Schüler in Kampfanzügen in Deutschland einen Aufschrei auslösen würde und mit dem »Staatsbürger in Uniform« etwas anderes gemeint ist als das militärisch konditionierte Vorbild für die Gemeinschaft. »Ich verstehe schon. Wegen Ihrer Geschichte«, meint Busch nach einer Weile und macht ein väterlich-nachsichtiges Gesicht, als wolle er sagen: »Freunde, macht es euch doch nicht so schwer.«

Rekrutierung hin oder her – den größten Gewinn, schrieb Colin Powell in seinen Memoiren, beschere das Jugendcorps nicht den Streitkräften, sondern der Gesellschaft. Darüber ließe sich nun trefflich streiten. Bloß tut das niemand. Es gibt in den USA vereinzelt lokalen Widerstand gegen die Einrichtung von Militärschulen oder JROTC-Programmen, doch es gibt keine öffentliche Debatte über die grundsätzlichen Fragen: Kann eine autoritäre Einrichtung Jugendliche zu »herausragenden Staatsbürgern« in einer Demokratie erziehen? Wird eine Armee, die Kinder erziehen soll, ziviler? Oder wird die Gesellschaft dadurch militärischer? Und wie konnten Schulen vielerorts so sehr verwahrlosen, dass man nach dem Militär ruft? Anstelle von Rede und Gegenrede findet man in der Presse seit Jahren allenfalls erleichterte Stoßseufzer. »Vielleicht kann das Pentagon nicht nur ein paar Kriege führen, sondern gleichzeitig auch noch die Kinder der Nation retten«, schrieb 1997 das Magazin *Newsweek*. Das Center For Strategic and International Studies, ein Washingtoner Think Tank, bescheinigte dem JROTC 1999 in einer Studie, »in vielen Fällen die Eltern zu ersetzen, die oft arbeiten, wenn die Kinder nach Hause kommen. Das JROTC packt mit an – es ist ein sicherer Hafen.«

Das klingt, als sei hier in selbstloser Weise die Heilsarmee am Werk. »Wir haben in unserer Geschichte nie Grund zur Skepsis gegenüber dem Militär gesehen«, sagt Catherine Lutz, Anthropologin an der University of North Carolina und eine der wenigen Sozialwissenschaftlerinnen, die sich mit der Rolle des Militärs in der amerikanischen Gesellschaft befassen. Die amerikanische Armee führe nach ihrem Selbstverständnis nur »gute Kriege« und leiste nur »Gutes an der Heimatfront«, sagt Lutz. An diesem Mythos ist, wie so oft, Wahres dran; das Militär hat in den USA einen besonders hohen Stellenwert. *I am joining the army* – ich gehe zur Armee – ist im kollektiven Gedächtnis der Amerikaner keine Chiffre für den Zug in die Schlacht, sondern für den Beitritt zu einer sozialstaatlichen Agentur. »Seit dem Zweiten Weltkrieg«, so Lutz, »hat das Militär Millionen von Veteranen mit lebenslanger Krankenversicherung, Berufsausbildung und College-Stipendien versorgt.« Schon vorher, während des »New Deal« in den dreißiger Jahren, baute die Armee Straßen und Staudämme, und Franklin D. Roosevelt sah in den Streitkräften oftmals »die effizienteste Institution« zur Umsetzung seiner Programme.

Der Sozialstaat sei akzeptiert, meint Catherine Lutz, solange er im Kampfanzug daherkommt. Deshalb gebe es auch kaum Misstrauen, wenn das Militär zunehmend in zivile Bereiche vordringt oder zivile Institutionen das militärische Modell übernehmen. Heute trainiert für den »Krieg gegen Drogen« die Armee die Polizei, welche ihrerseits in ihrer Ausrüstung zunehmend militarisiert ist. US-Marines helfen Hurrikanopfern; Soldaten gehen als Tutoren in Kindergärten und Grundschulen; Jugendrichter stecken minderjährige Delinquenten in *boot camps,* wo sie mit militärischem Drill resozialisiert werden sollen. Präsident Bill Clinton forderte seinerzeit das Pentagon auf, zivile Kindergärtner auszubilden, weil die Militärstützpunkte in den USA oft bessere Bildungsstätten haben als die umliegenden Kommunen. »Die Frage ist«, so Lutz, »ob die Armee so mächtig geworden ist, dass sie die Grenze zwischen Zivilem und Militärischem aufhebt und zugleich für das soziale Gemeinwesen steht und so immer mehr Aufgaben und Gelder beanspruchen kann?«

So viel ist sicher: Die Streitkräfte werden im »Krieg gegen den Terrorismus« noch sehr viel mehr Präsenz im zivilen Alltag der Amerikaner zeigen. Nach den Terroranschlägen in Washington und New York regelten Soldaten den Verkehr auf den Straßen. In den chronisch unterfinanzierten Krankenhäusern und Gesundheitszentren hilft die Armee, wenn Kommunen ihre Anti-Bio-Terror-Übungen abhalten. Im Schulwesen wird sich das JROTC weiter ausbreiten. Derzeit stehen 600 Schulen auf der Warteliste des Pentagon.

Allerdings wird das Jugendcorps nicht überall so herzlich begrüßt wie in Chicago. In Albany im Bundesstaat New York blätterten die Mitglieder des lokalen Schulausschusses bei der Beratung über ein JROTC-Programm in den Textbüchern der Streitkräfte und fanden vieles zu beanstanden. Einige Passagen sind aus den neueren Auflagen gestrichen worden wie zum Beispiel ein Absatz über die »glücklicherweise erfolgreiche Politik, die Indianer westwärts zu treiben und auszurotten«.

»Fertig zum Lernen!«, bellt der Sergeant die Zwölfjährigen an

In einem Kapitel über die »Funktion des Gehirns« lernten Kadetten bis vor kurzem, dass Weiße ihre linke Hirnhälfte stärker beanspruchten und deshalb »logisch, rational und kritisch« agierten. Schwarze und Asiaten seien dank einer aktiveren rechten Hirnhälfte hingegen »intuitiv, kreativ und spontan«. Über das Verhältnis des Bürgers zum Staat heißt es im »Leadership-Training 1«: »Bürger schulden ihrer Regierung Treue. Diese wiederum gewährt ihnen Rechte und Privilegien der Führung.« Was sich die Autoren beim zweiten Satz gedacht haben, bleibt unklar; der erste ist schlicht reaktionär. Die Opposition gegen ein JROTC-Programm in Albany wuchs, zu Versammlungen des Schulausschusses erschien eine Koalition aus Pazifisten, katholischen Laiengruppen und Kriegsveteranen. »Ersparen Sie mir den Quatsch über die Förderung von Führungsqualitäten«, sagte ein Vater, der als Pilot im Vietnamkrieg eingesetzt worden war. »Im Militär lernt man Gehorsam.« Er stehe weiter in Treue zu seiner Armee, aber nicht, wenn sie mit Bauerntricks Jugendliche einfange. Das Jugendcorps musste aus Albany unverrichteter Dinge abziehen.

Den bislang spektakulärsten Streit lieferten sich Gegner und Befürworter der Militärschulen im kalifornischen Oakland, der krisengebeutelten, hässlicheren Nachbarstadt von San Francisco. Oakland war einst Hochburg der Gegner des Vietnamkriegs; hier wurde 1966 die Black Panther Party gegründet; hier amtiert seit 1998 Jerry Brown als Bürgermeister, eine in die Jahre gekommene Ikone der amerikanischen Linken mit einem Faible für Sonnenenergie und Mutter Teresa. Ausgerechnet Brown verlangte vom städtischen Schulausschuss die Genehmigung für eine *military academy,* um Kindern aus den Krisenvierteln der Stadt die Chance zu geben, den Sprung aufs College zu schaffen. Oaklands Schulen gehören zu den schlechtesten in Kalifornien, die Rate der Schulabbrecher beträgt 25 Prozent. Was sich aus Browns Mund wie eine Fördermaßnahme für diskriminierte Jugendliche anhörte, klang in den Ohren schwarzer Lokalpolitiker nach sozialer Kontrolle. »Man will uns weismachen«, sagte ein Stadtrat, »dass man schwarze Jugendliche nur mit zwei Instrumenten in den Griff kriegt: mit dem Strafvollzug oder dem Militär.«

Als Brown im städtischen Schulausschuss keine Mehrheit fand, besorgte er sich dank guter Kontakte zu Senatoren in Washington und zum Gouverneur 3,3 Millionen Dollar an Zuschüssen und vom Staat Kalifornien die Erlaubnis für eine Charter School, die unabhängig von der lokalen Bürokratie arbeiten darf. Im August 2001 öffnete das Oakland Military Institute (OMI) auf dem Gelände eines stillgelegten Marinestützpunkts am Industriehafen seine Tore. Die Kadetten sind noch jünger als in Chicago, der Ton ist schärfer. Die Zwölf- und Dreizehnjährigen müssen vor Beginn des Schuljahres ein zweiwöchiges Militärlager absolvieren. In der Schule marschieren sie in Formation zu den Unterrichtszimmern, die Namen wie Fort Success oder Fort Courage tragen. »Kadetten dürfen eintreten!«, ruft hier der Lehrer. »Fertig zum Lernen!«, bellt der Sergeant, der Störungen mit Liegestützen ahndet. »Hinsetzen!«, brüllt der Kadett, der seine Klasse führt. »Kein Schwätzen!«, schallt es ihm entgegen.

Ob sich mit diesen Methoden die Chancen auf das College erhöhen, bleibt abzuwarten. Ein Drittel aller Kadetten am OMI schloss nach dem ersten Schuljahr den Lesetest mit einem »D« ab. Das entspricht der Note Vier. Manche Siebtklässler haben den Alphabetisierungsgrad von Zweitklässlern und formen nun unter militärischer Aufsicht Sätze wie »*Billy, the bear, bakes bombs.* Billy, der Bär, backt Bomben.« In diesem Fall sind nicht Sprengkörper, sondern Süßigkeiten gemeint.

Auch das OMI ist mittlerweile so populär, dass Eltern ihre Kinder auf die Warteliste setzen, um einen der 160 Plätze für das neue Schuljahr zu ergattern. Auch in Chicago eröffnen die ersten Mittelschulen militärische Zweige für Siebt- bis Neuntklässler – zur Erleichterung vieler Eltern. Selbst wenn die Uniform ihre Kinder nicht auf das College katapultiert, bedeutet sie wenigstens Schutz gegen eine feindliche, gefährliche Umwelt.

Aber da ist noch mehr: Wenn Jungen und Mädchen im kalifornischen Oakland zur morgendlichen Fahnenzeremonie oder in Chicago zur großen Kadettenparade in der Turnhalle antreten, dann drängen sich auf den Bänken die Eltern, viele von ihnen Immigranten aus Mexiko, Nigeria, El Salvador, Kolumbien, Haiti. Sie sind Gelegenheitsarbeiter, Lastwagenfahrer, Kassiererinnen, Kellnerinnen, Handwerker. Die Männer haben ihre Baseballmützen vom Kopf gezupft, alle halten sie die rechte Hand über das Herz, manche können nicht genug Englisch, um den Fahneneid mitzusprechen, aber sie bewegen die Lippen. Was ihre Söhne und Töchter im Jugendcorps über die menschlichen Hirnhälften lernen, ist ihnen egal, denn in Uniform sind sie alle etwas Besonderes – junge Amerikaner, die die gelungene Integration ihrer Familien in dieses Land repräsentieren.

Auch Vater und Mutter Herrera sind dann unter den Zuschauern, er ist Elektriker, sie Krankenpflegerin. Die Herreras wohnen in der West Side, Shannon fährt jeden Morgen anderthalb Stunden zur Carver Military Academy in das schwarze Ghetto, um das Latinos eigentlich einen weiten Bogen machen. Aber das Risiko hat sich gelohnt, denn ihre Tochter wird Karriere machen, da sind sie sich sicher.

Seit das Militär in die Carver High School gekommen ist, steigt der Anteil hispanischer Kinder. Die Schulleitung sieht darin ein Indiz, dass in der Far South Side die Rassentrennung allmählich aufweicht. Die ist zwar vom Obersten Gerichtshof schon 1954 verboten worden, doch Chicago gilt bis heute als die am schärfsten segregierte Großstadt Amerikas. Das ist einer der

Gründe, warum Jason Brown, der bügelnde Football-Spieler, nach der Schule zur Armee gehen wird wie vor ihm schon seine Onkel und Cousins. Jason wohnt ein paar Straßen von der Carver Military Academy entfernt, wo es Jugendliche gibt, deren Welt aus vier oder fünf Häuserblocks besteht und die in ihrem Leben noch nie in die glitzernde Innenstadt gefahren sind. Denn das Stadtzentrum, sagen sie, gehöre den Weißen.

»Ich will aber mit anderen Rassen zu tun haben«, sagt Jason, »und das geht am leichtesten beim Militär.« Die Uniform bedeutet die Fahrkarte aus dem Ghetto. In der South Side gibt es dafür eine Redewendung, in der die ganze Zwiespältigkeit dieser Chance zum Ausbruch enthalten ist: *»Join the army and you are a safe negro.«* Soll heißen: Ein Schwarzer, der Uniform trägt, gilt den Weißen als »ordentlich«, als »ungefährlich«. Jason will zum Heer. Sein Problem ist nur, dass er »eigentlich Angst hat vor Krieg«. Die Armee wird ihm das College bezahlen, aber dafür könnte sie ihn auch nach Afghanistan oder in den Irak schicken.

Der Krieg kommt scheinbar leicht und unterhaltsam daher an der Carver Military Academy. Im Keller hängt das Poster eines Action-Films über die Spezialeinheiten in Afghanistan. Viele kennen *Top Gun* mit Tom Cruise als schneidigen Bomberpiloten. Sie sehen zu Hause auf dem Discovery Channel die Doku-Dramen über die Ausbildung der »Navy Seals« oder »Army Rangers«. Aber sie sehen in den Nachrichten auch die Fotos gefallener Soldaten, die kaum älter geworden sind als sie selbst. Shannon Herrera, sonst nie um einen markigen Spruch verlegen, hofft, dass der »Krieg gegen den Terrorismus« gewonnen ist, wenn sie ihre College-Ausbildung abgeschlossen hat. Jason Brown versucht, sich mit dem Gedanken zu beruhigen, dass er mehr Altersgenossen aufzählen kann, die in der Far South Side einen gewaltsamen Tod gestorben sind als in der Armee. Aber die Angst bleibt.

2.30 Uhr: Der reguläre Unterricht an der Carver Military Academy ist beendet. Bataillonskommandant Shannon Herrera schlendert unmilitärisch mit Walkman im Ohr in die Turnhalle. Sie hört Reggae-Musik, bevor das Boxtraining beginnt oder Aufmärsche geübt werden müssen. Gegen sieben Uhr abends wird sie zu Hause sein, essen, Hausaufgaben machen. Um neun Uhr ins Bett gehen, um fünf Uhr morgens wieder aufstehen. Zeit zum »Rumhängen«, sagt sie, sei ihr nicht wichtig. Auch Jason Brown ist das nicht wichtig. »Hauptmann« Brown ist zur zweiten Uniformanprobe in den Keller gekommen. Er freut sich auf das Sommerlager in Wisconsin, weil er dann ein *»black hat«* ist, ein Kadett, der schon ein *boot camp* hinter sich hat und nun »andere rumscheuchen darf«.

Oberstleutnant Busch hat sich hinter Brown aufgebaut, im Gesicht der ganze Stolz eines alten Hasen, der seinen Schützling demnächst in die Welt schicken kann. »Kadett, erkläre, was einen *black hat* auszeichnet!« Der Junge grinst verlegen, stottert, sucht fieberhaft nach dem Wort, das Busch hören will. »Führungsqualität!«, donnert Busch. »Du hast jetzt Führungsqualität!« – »Jawohl, Sir«, sagt Jason Brown. »Führungsqualität. Wenn Sie das sagen...«

ZEIT-Nr. 3 *vom* 9. 1. 2003

Kinder – ein amerikanischer Traum

Und keiner jammert: Warum es die Familien in den USA besser haben

Von Christine Brinck

»Lieber habe ich keinen Job als keine Kinder«, ereifert sich Katie, die Mutter zweier Buben von sechs und neun Jahren, die zusammen mit ihrem Mann in Boston einen Catering-Service betreibt. Die Kleinkindphase war schwer, mit wenig Zeit und wenig Geld. Katie klagt aber nicht, schon gar nicht über die Kosten und Mühen der Brutpflege. Stattdessen denkt sie über ein drittes Kind nach: »Heute wäre ich eine ziemlich gelassene Mutter.«

»Mit Kindern«, sagt Bill Murray versonnen in dem Film *Lost in Translation,* »ist dein Leben nie wieder wie zuvor. Sie sind die höchste Freude, die dir je begegnen wird.« Während bei uns die Diskussion um Kosten und Verzicht kreist, scheint in Amerika das Glück, das Kinder ihren Eltern bescheren, in der Wahrnehmung zu überwiegen.

Wer wissen will, warum Amerikaner mehr Kinder haben als Deutsche, Italiener und – ja auch – Franzosen, muss vorweg all jene Faktoren aufzählen, die kein Soziologe, kein Ökonom je quantifizieren oder korrelieren könnte. Nennen wir ihre Summe »Kinderfreundlichkeit«. Die beginnt im Lokal an der Ecke, wo das Personal mit der Speisekarte einen Kinderstuhl, Malpapier und Buntstifte an den Tisch bringt. Die größeren Buchläden offerieren riesige Kinderabteilungen mit eigenem Gestühl und Vorleseprogramm. Kindermuseen gibt es in jeder größeren Stadt, Kinderprogramme in allen Museen. Kaum ein Motel, das nicht mit Rutsche und Planschbecken aufwartete.

Kinderlärm wird toleriert. Anders als wir verstecken Amerikaner ihre Kinder nicht. Dass Kanzler Kohl Söhne hatte, erfuhr man erst, als einer bei einem Unfall schwer verletzt wurde und der andere eine Türkin heiratete. US-Senatorinnen hingegen halten Stillzeiten ein und Abende für die Familie frei. Unsere Großpolitikerinnen, Angela Merkel vorweg, haben keine Kinder; dito die Justiz-, Verbraucherschutz- und Bildungsministerin.

Hat das alles damit zu tun, dass »der Staat« zu wenig für die Familie tut, wie die ewige deutsche Klage lautet? Im Vergleich zu Deutschland ist der amerikanische Staat so geizig wie Onkel Dagobert, wenn es um Kinder-Betreuung und Mutterschutz geht. Freilich philosophieren Amerikaner nicht über die Last des Nachwuchses: Fehlt es an öffentlichen Kindergärten, organisieren Eltern vielfältigen Ersatz, richten die Unternehmen – ob Anwaltskanzlei oder Versicherungskonzern – Krippen und Betreuungsmöglichkeiten in der Firma ein. Von einem Jahr Freistellung mit garantiertem Rückkehrrecht können Amerikanerinnen nicht einmal träumen. Warum haben sie trotzdem mehr Kinder als wir?

Die Geburtenrate der Amerikaner wird mit 2,07 in der gesamten OECD nur von Mexiko mit 2,57 übertroffen – Deutschland liegt mit 1,39 abgeschlagen auf dem 23. Platz. Weniger kinderlieb stehen nur noch die Mittelmeerländer und ehemaligen Ostblockstaaten da. Warum? Die wohlfeile Antwort, die auf die Vermehrungslust der *Hispanics* und all der anderen dunkelhäutigen Bewohner und Einwanderer in den USA verweist, greift zu kurz. Zwar ist die Geburtenrate der Frauen aus Mexiko und Mittelamerika mit 3,2 weit höher als die der weißen Amerikanerinnen, Asiatinnen (2,0) oder schwarzen Frauen (2,1). Aber auch die Geburtenrate der weißen Amerikanerinnen liegt mit 1,9 über der aller Europäerinnen – mit der Ausnahme von Island (1,99).

Die hohe Fruchtbarkeit der hispanischen Frauen als der größten Minderheit in den USA ist also nur die Schlagsahne auf dem Kuchen, der »Ersetzungsrate« heißt (2,1 Kinder pro Frau gleich konstante Bevölkerungszahl). Mithin ist Ethnie nur ein Faktor, einer von vielen. Der wichtigste ist Bildung. In der gesamten Welt gilt: Je höher die Bildung der Frauen, desto niedriger die Geburtenrate. In den Entwicklungsländern sorgt allein die Alphabetisierung der Frauen für einen drastischen Abfall der Gebärfreudigkeit. In der entwickelten Welt herrscht eine ähnlich enge Korrelation: Je höher der Anteil an gut ausgebildeten Frauen, desto stärker der Rückgang der Geburtenrate.

Nun ist der Anteil der berufstätigen Frauen an der Bevölkerung in den USA (47 Prozent) etwas höher als in Europa (43 Prozent), der Prozentsatz akademischer Abschlüsse auch, und doch ist die Geburtenrate sehr viel höher als in Europa. Liegt das am Ende also doch an der Zeugungslust von *Hispanics* und Schwarzen mit ihrem statistisch niedrigeren Bildungsgrad? So einfach ist die Sache nicht: Die Fertilität gut ausgebildeter hispanischer Frauen sinkt automatisch auf das Niveau ihrer weißen Schwestern. Und schwarze Frauen mit Universitätsabschluss fallen gar hinter hispanische und weiße College-Absolventinnen zurück. Unter den Frauen mit einem Bachelor haben die weißen Frauen sogar die höchste Fertilität und die schwarzen die niedrigste.

Wenn sich die vergleichsweise hohe amerikanische Geburtenrate also weder durch Ethnie, Bildungsstand oder besonders verlockende staatliche Familienförderung erklären lässt – worin hat sie dann ihre Ursache? Fünf Faktoren stechen hervor: erstens Ganztagsschulen und frühere Abschlüsse, zweitens Flexibilität am Arbeitsplatz und in den Lebensentwürfen, drittens ein erstaunlicher Familienzusammenhalt, viertens erschwinglicher, oft eigener Wohnraum (69 % der Amerikaner wohnen in den eigenen vier Wänden) und schließlich Zugang zu kostengünstiger häuslicher Kinderpflege in Form von Einwanderern und Illegalen, die auch lange Arbeitstage bei geringerer Bezahlung in Kauf nehmen.

Ganztagsschule: Verlässlicher Unterricht bis in den Nachmittag schafft Planungssicherheit für berufstätige Mütter. Frühe akademische Abschlüsse (22 vs. 28 Jahre) sorgen für eine längere Berufspraxis, ehe man sich (früh genug) der Familienplanung widmet.

Flexibilität: Diana, 45, Versicherungsangestellte aus Providence, Rhode Island, hat drei Kinder von 16, 11 und 6 Jahren; ihr Mann arbeitet als Trainer an der Universität. Drei Tage in der Woche, von 7 bis 15 Uhr, nutzt sie ein Job-Sharing-Modell. Ihr Mann ist für das Frühstück zuständig, sie ist im Haus, wenn die Kinder aus der Schule kommen. »Mein Hauptproblem waren die ersten drei, vier Jahre«, berichtet Diana. Beim ersten Kind nahm sie drei Monate unbezahlten Urlaub, dann übernahm ihr Mann in den Semesterferien die Pflege, nach fünf Monaten kam der kleine Sohn in die Home Day Care, auf Deutsch: zur Tagesmutter. Nach drei Jahren war das Schwerste vorbei: Die Betreuung fand fortan in einem privaten Kindergarten statt, für 600 Dollar im Monat. Als der Sohn fünf war, begann, anders als in Deutschland, das erste Pflicht-Schuljahr, das in Amerika Kindergarten (kurz: »K«) heißt.

Beim zweiten Kind nahm sich Diana ein ganzes Jahr frei und gab Tochter Lindsey danach in ein privates Day Care Center, eine »Kita«. Für halbe Tage zahlte sie 80 Dollar pro Woche. In diesen vier Jahren arbeitete Diana halbtags. Beim dritten Kind nahm Diana wiederum zwei Monate unbezahlten Urlaub, danach richtete ihr die Firma für ein Jahr einen Heim-Arbeitsplatz ein. Diana hatte Glück: Ihr Arbeitgeber kam ihr entgegen. Und sie plante voraus: Die Kinder sind altersmäßig so weit auseinander, dass sie immer nur ein Kleinkind versorgen musste. Hätte es sich nicht gelohnt, bei drei Kindern zu Hause zu bleiben? »Auf keinen Fall, finanziell ging es uns so besser.«

Immer wieder spürt man bei Diana eine nicht quantifizierbare Lebenseinstellung: Warum hat sie überhaupt drei Kinder, die doch so viel organisatorische Akrobatik erzwingen, von Geld und Zeit ganz zu schweigen? Diana erstaunt diese »deutsche« Frage: »Wir haben uns nie gefragt, ob die Kinder mehr kosten, als wir uns leisten können. Kinder sind doch der höchste Reichtum. Wenn sie dich umarmen, ist das mit nichts zu vergleichen.« Machen sie und ihr Mann sich Sorgen um die Zukunft? »Manchmal. Jeder weiß, wie teuer das College ist, aber alle schaffen es irgendwie. Jeder hat eine Chance.«

Familienverbund: Roberta, 43, Anwältin in Boston, zwei Söhne, Juri, 6, und Toru, 4. Sie ist mit einem Übersetzer verheiratet. Da sie nie vor sieben aus der Kanzlei kommt, ist sie für das Frühstück und die Begleitung zum Schulbus zuständig, der Vater übernimmt die Zeit nach Schulschluss. Im ersten Lebensjahr kümmerte sich die Schwiegermutter um die Jungen. »Nie hätten wir die Babys in Day Care gegeben«, sagt sie. Erst als Kleinkinder kamen die Jungen in die Kita. Die Eltern wählten die Tagestätte sorgfältig nach Ernährung, Curriculum und Personal aus (alle Mitarbeiter hatten einen College-Abschluss). So viel Klasse hatte ihren Preis: pro

Kind und Jahr 14 000 Dollar. Roberta bedauert, dass sie die erste Schwimmstunde oder Schulaufführungen verpasst hat, und beneidet den Vater, der seine Zeit besser einteilen kann. Sie zwingt sich freilich, die Wochenenden freizuhalten. Hat sie Sorgen um die Zukunft? »Wegen Geld? Da werden die Verwandten helfen, und es gibt immer einen Ausweg, eine Chance …«

Die gute Fee aus Indien: Stella, 43, Analystin in New York, hat gleich vier Kinder zwischen zwölf und zwei Jahren. Ihr Mann, Verlagslektor, bringt jeden Morgen die älteren Kinder in die Schule, die in der Nähe seines Büros liegt. Die Inderin Ruhla übernimmt von der Mutter die Jüngste. Sie ist Kinderfrau, Haushälterin, guter Geist und selbst Mutter von erwachsenen Söhnen. Der feste Job in Brooklyn hat Ruhla die Green Card eingebracht, Stella und ihrem Mann trotz der vier Kinder die Doppelberufstätigkeit ermöglicht. Am späten Nachmittag kommen die Kinder von der Schule, dann ist aber auch die Mutter aus der Bank zurück. Jetzt gilt alle Aufmerksamkeit den Kindern. Gespräche über die Schule, Kindergeburtstage, Spiele. Kann man vier Kinder und einen Vollzeitjob überhaupt schaffen? »Man kann«, sagt Stella, »wenn man Glück mit seiner Kinderfrau, genug Platz und einen verständnisvollen Arbeitgeber hat und sich nicht über jede herumliegende Socke aufregt.«

Der Wohnraumfaktor: Albi, 36, Gemüsehändler in Boston, hat ebenfalls vier Kinder, von 16 Monaten bis sechs Jahren. Albi ist der einzige Verdiener. Er kommt aus einer großen Familie und wollte eine ebensolche haben. Jetzt, da die Älteste, Gabriella, zur Schule geht und die Zwillinge Anthony und Joseph, 4, an drei Tagen in der Woche drei Stunden im Kindergarten sind, redet seine Frau, die den Beruf der Friseurin einstweilen aufgegeben hat, schon von einem fünften. Albis Laden liegt in der Nähe des Bostoner Hafens. Er nimmt aber den langen Weg aufs Land in Kauf, weil dort ein Haus erschwinglich ist und die Lebenshaltungskosten für eine Großfamilie erträglich sind.

Und doch ist seine Sorge »nicht das Geld, ich kann 18 Stunden arbeiten. Ich wusste immer, dass ich Opfer bringen muss, freitags ausgehen gibt es nicht mehr, aber das Strahlen deiner Kinder zu sehen – das ist unbezahlbar. Alles könnte ich verlieren, nur das nicht«. Sorgen um die Zukunft? »College? Wenn sie es schaffen, okay, sonst müssen sie arbeiten und Geld verdienen. Haben wir alle so gemacht. Chancen gibt es genug.«

Amerika ist eben anders. Kinder werden weniger als Last gesehen, eher als *opportunity* – die Chance – im Streben nach Glück. Eine Chance sehen sie alle, und gegen die verblasst alles andere: die Kosten, der Verzicht, die dauernde Umorganisation des Lebens. Sieht so der sprichwörtliche amerikanische Optimismus aus? Liegt in dem Glauben an die ewige Chance der wahre Grund dafür, dass Amerikaner mehr Kinder haben als wir?

Man kann es auch andersherum betrachten. »Es lässt sich auf Egoismus reduzieren«, meint Carl Haub vom Population Reference Bureau in Washington, »auf die Einstellung zum Leben mit Kindern. In Deutschland fällt einem an jeder Ecke ein Reisebüro auf. Junge deutsche Paare wollen ein Auto, Reisen, eine Wohnung, sie wollen nicht die Verantwortung, die mit Kindern einhergeht.« Auch fehle es den Deutschen an der Flexibilität für Lebensentwürfe und Arbeitsorganisation, die in einer weniger regulierten Gesellschaft möglich sei.

In jedem Fall habe es eine derartig lang andauernde negative demografische Entwicklung wie im heutigen Europa noch nie gegeben. Zu diesem Schluss kommt Paul Demeny vom Population Council in New York: »Um 2050 wird die Hälfte der Bevölkerung älter als 50 Jahre sein und der Anteil der über 65-Jährigen doppelt so groß wie der Anteil der unter 15-Jährigen; 30 Prozent versus 14 Prozent.« Was das bedeutet? Demeny zeichnet ein dunkles Bild: »Kinder werden keine Geschwister kennen, sie werden auch nicht wissen, was Cousinen oder Onkel und Tanten sind. Vier Großeltern werden sich ein Enkelkind teilen. Das hat es noch nie gegeben.«

»Die Europäer«, sagt Ben Wattenberg, Demografie-Experte am American Enterprise Institute in Washington, *»are going out of business.«* Warum nicht die Amerikaner? »Vielleicht ist es die Frische, die Jugend des Landes; Familienwerte, Religion haben sich noch nicht verflüchtigt«, vermutet Carl Haub. »Dies ist ein Land mit einer Mission«, meint Wattenberg. »Aussterben? Um nichts in der Welt würden die Amerikaner auch nur mit der Idee spielen.«

ZEIT-Nr. 9 vom 19. 2. 2004

Der Krieg gegen den Sex

US-Präsident George W. Bush will Aids und Teenager-Schwangerschaften mit einer Enthaltsamkeitskampagne bekämpfen

Von Tom Schimmeck

Ein paar Jungen spielen Basketball im Farias-Freizeitzentrum. Ihre Sportschuhe quietschen laut auf dem Hallenboden. Maria und Roberto, beide 14 Jahre alt, stehen am Rand. »Wir reden in der Schule nicht mehr über Sex«, sagt Roberto, »nur noch über Geschlechtskrankheiten.« Maria nickt. Zwei ihrer Mitschülerinnen hätten schon Babys, aber Sexualität im Unterricht sei tabu.

Die spielenden Jungen haben mitbekommen, um welches Thema es am Spielfeldrand geht, und reißen im Vorbeirennen Witze. Maria kichert errötend. Hat sie das Gefühl, Bescheid zu wissen? »Nein«, sagt sie schüchtern. Wo könnten sie mehr erfahren? »Nirgends«, brummt Roberto. »Die Lehrer reden gern über Drogen, Alkohol und so; dann als Letztes über Sex. Aber nur über die Krankheiten.« Auch in seiner Klasse ist eine Schülerin schon Mutter. Manchmal bringt sie ihr Baby mit zum Unterricht.

Laredo in Texas ist eine Grenzstadt, geprägt von Immigranten aus dem Süden, die Hauptsprache ist Spanisch, die vorherrschende Religion die katholische. Hinter dem Freizeitzentrum rattern Güterzüge vorbei. Es folgen Parkplätze voller Lastwagen, ein paar Meter struppiges Gebüsch und schließlich der Rio Grande, die Grenze zu Mexiko. Es gibt nicht viel Zerstreuung. »Hier werden so viele Schülerinnen schwanger«, sagt ein junger Aufseher im Zentrum, »dass sie an manchen Schulen schon Kindergärten haben.«

Wer über Verhütung spricht, fördert nur die Neugierde der Jugendlichen

In Laredo wird – wie in ganz Texas – eine schulische Sexualerziehung propagiert und ausprobiert, die völlige sexuelle Enthaltsamkeit predigt. Bereits in den neunziger Jahren, als George Walker Bush hier Gouverneur war, wurde *abstinence only* zur offiziellen Bildungsleitlinie ausgerufen. Die Logik dahinter: Wer über verantwortliche Sexualität spricht, über Verhütung und Safer Sex, ermutigt die Jugend nur, es auszuprobieren. »Abstinenz bis zur Hochzeit ist die bestmögliche Antwort auf alle Probleme«, sagt Charmaine Heimes, Aufseherin über das Aufklärungsprogramm in den vier Mittelschulen von Laredo. Und Probleme gibt es hier genug: Der Bundesstaat liegt weit oben in der amerikanischen Aids-Statistik, ebenso wie bei den Teenager-Schwangerschaften. An die 80 000 Mädchen werden hier jedes Jahr schwanger; das ist Drittweltniveau. Jetzt versorgen zwei Lehrer etwa 5000 Schüler mit der Abstinenzbotschaft. »Wir sagen ihnen: Das geschieht mit deinem Körper, und das passiert mit dem anderen Geschlecht. Und wenn beide zusammenkommen, kann viel passieren – Geschlechtskrankheiten, Schwangerschaft, emotionale Probleme, eben all das, was mit einer sexuellen Beziehung so zusammenhängt.«

Sie wolle den Kindern die Fakten vermitteln, das habe überhaupt nichts mit Religion zu tun, versichert die energische Dame im Trainingsanzug. Sie hat zwischen vielen Schließfächern im Sporttrakt der Cigarroa Middle School Platz genommen, blättert in einem opulenten Instruktionsheft. Seit fünf Jahren läuft das Programm. Es gehe darum, erklärt Heimes, die Selbstachtung der Jugendlichen zu stärken und ihnen beizubringen, dem »Gruppendruck zu widerstehen«. Über den Geschlechtsakt wird im Unterricht nicht geredet, auch nicht über Verhütung, allenfalls dann, wenn es um die Fehlerquote von Kondomen geht. Und Aids taucht lediglich als dunkle Drohung auf – »nur in dem Sinne, dass es eine Konsequenz von Sex ist«. In der achten Klasse wird der Unterricht dann etwas detaillierter – allerdings nur beim Thema Geschlechtskrankheiten. Zu Sexualität und Partnerschaft gehen die Aufklärer »nicht gerne ins Detail«. Es wäre auch verboten. Völlige Abstinenz bis zur Eheschließung – dies soll die alleinige Botschaft sein. Kann man das tagein, tagaus predigen? »Ja«, beteuert Heimes, »das wird einem zur zweiten Natur.«

Erste Experimente mit solchen Abstinenz-bis-zur-Heirat-Programmen gab es in den USA schon unter Präsident Reagan. In der Ära Clinton schuf eine republikanische Parlamentsmehrheit dann Sozialgesetze, die rund 50 Millionen Dollar Bundesmittel pro Jahr allein für die Abstinenzerziehung reservierten. Der Boom der reinen Lehre aber kam mit George Bush. 2005 will Washington, trotz allgemeiner umfangreicher Finanzkürzungen, die Rekordsumme von 268 Millionen für *abstinence only* aufbieten – ein weiterer Triumph der religiös motivierten Rechten. Zunächst gelang es ihr, eine scharfe Antiabtreibungspolitik durchzusetzen. Präsident Bush ordnete bereits in seiner ersten Arbeitswoche im Januar 2001 an, dass weltweit keine Organisation mehr US-Mittel bekommt, wenn deren Berater die Möglichkeit von Abtreibungen auch nur erwähnen. Es folgte die Blockade der Stammzellforschung und ein Feldzug gegen die Legalisierung homosexueller Partnerschaften. Seit Februar agitiert Bush eifrig für einen Zusatz zur US-Verfassung, der die Homo-Ehe explizit untersagt. In Washington ist er damit vorerst gescheitert. In den einzelnen Bundesstaaten aber tobt in Parlamenten und vor Gerichten der Kulturkampf. Mindestens 14 Staaten wollen im November darüber abstimmen.

Dabei wird die erzkonservative Basis auch jenseits der evangelikalen Propheten mobilisiert. Schon dreimal hat der Präsident dem Papst seine Aufwartung gemacht. Als er Anfang August in Dallas die Knights of Columbus, die größte katholische Laienorganisation, mit seiner dreifachen Botschaft gegen Abtreibung, Schwulenehe und Sexualaufklärung beglückte, fanden viele »Ritter«, der »wiedergeborene Christ« und Methodist Bush klinge weit katholischer als der Katholik John Kerry, und jubelten: »Noch vier Jahre! Noch vier Jahre!«

Schätzungsweise 700 Keuschheitsprogramme gibt es mittlerweile im Land, an gut einem Drittel aller Highschools wird die Jugend bereits ausschließlich in Enthaltsamkeit unterwiesen. Immer mehr schließen sich an, besonders im Süden. Und es wird Geld damit gemacht. Schon bietet eine wachsende Schar dubioser Vereine, Allianzen und Institute passendes Material gegen gute Dollars feil: aufrüttelnde Plakate, Broschüren, sogar Spezialunterwäsche mit der aufgedruckten Botschaft, dass Sex bis zur Heirat warten muss. Das staatlich geförderte Abstinence Clearinghouse, bis nach Afrika aktiv, verteilt »*Good girl*«-Karten. Verschiedene Organisationen und Vereine veranstalten massenhafte Keuschheitsgelübde oder fördern abendliche Runden im Familienkreis, wo Jugendliche »vor Gott« schwören, abstinent zu bleiben und jedes »riskante Verhalten« zu meiden, weil es sie »auf den Pfad der Verwirrung und Isolation führen könnte«. Über 3,5 Millionen US-Teenager sollen einen solchen Schwur angeblich bereits abgelegt haben.

Im Schulunterricht wird vor dem Gebrauch von Kondomen gewarnt

Geradezu obsessiv bekämpfen viele dieser Vereine das Kondom. Scott & White, Hersteller der viel genutzten Unterrichtseinheit *Worth the wait,* ermutigt die Lehrer, mit Stückchen von Gummihandschuhen, Plastiktüten und Kondomen zu hantieren, um den Schülern anschaulich zu zeigen, »dass Kondome aus dünnstem Plastik sind und leicht reißen können«. Ein Abstinenzverein attackiert die »große Lüge« der Gummis sogar mit Fernsehspots. Auch Jospeh McIlhaney, der Gründer und Leiter des Medical Institute of Sexual Health, agitiert unablässig in Wort und Schrift gegen Kondome. Der rührige texanische Doktor hat inzwischen zwei wichtige Washingtoner Posten ergattert: im Aids-Beraterstab des Präsidenten und im Beratungskomitee für den Direktor des CDC, des Zentrums für Krankheitskontrolle und -prävention im US-Gesundheitsministerium. Das CDC drängt staatlich geförderte Aids-Programme neuerdings, die »mangelnde Effektivität»von Kondomen hervorzuheben.

Die New Yorker Menschenrechtsorganisation Human Rights Watch nahm texanische Abstinenzprogramme schon vor zwei Jahren unter die Lupe. Der Bericht der Juristin Rebecca Schleifer liest sich wie eine minutiös recherchierte Anklageschrift. Sie wies darin nach, dass Abstinenzprogramme etablierte Aids-Aufklärung aus dem Unterricht verdrängen, zur Verteufelung von Homosexuellen beitragen, bei Schülern wie Lehrern Angst und Verwirrung auslösen und obendrein ein Gesundheitsrisiko darstellen, weil den Schülern entscheidende Informationen gezielt vorenthalten werden. Human Rights Watch wer-

Amerikas junge Mütter

Anteil der 20–24-jährigen Frauen, die im Alter von 15, 18 und 20 Jahren ein Kind bekamen

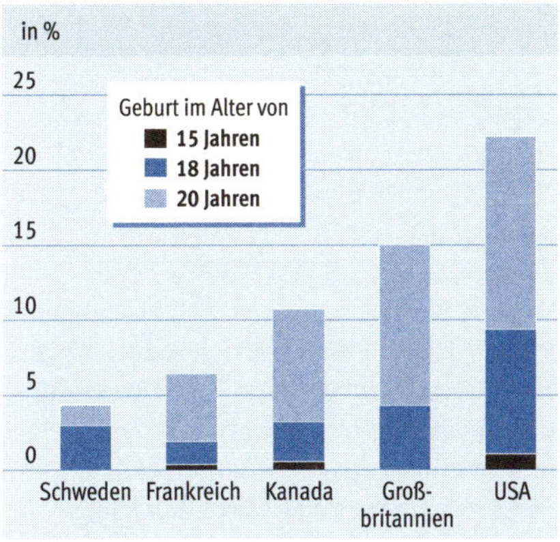

Quelle: Alan Guttmacher Institute 2001; Zahlen beziehen sich auf 1994–1996

tet dies als Zensur und Verstoß gegen grundlegende Menschenrechte.

Gesundheitsexperten macht vor allem die bornierte Ausschließlichkeit dieser Programme nervös. Sexuelle Zurückhaltung an sich sei angesichts der Gefahren durchaus eine vernünftige Botschaft, meint etwa Thomas J. Coates, Professor für Medizin an der University of California in Los Angeles. Doch Schüler, die dieser Abstinenzerziehung ausgesetzt seien, »erhalten nicht die ganze Bandbreite von Werkzeugen, die sie brauchen, um auf sich selbst aufzupassen«. Untersuchungen bestätigen diese Befürchtung. Forscher der Columbia University beobachteten 12 000 Heranwachsende, die einen Abstinenzschwur abgelegt hatten. 88 Prozent brachen ihn nicht nur, viele zeigten in ihrem Sexualverhalten danach auch besonders wenig Umsicht. Sie hatten ja gelernt, dass Kondome und andere Verhütungsmittel ohnehin nichts taugen.

Die Befürworter des Programms beeindruckt das nicht, im Gegenteil. »Es ist ein großes Experiment«, jubelt Harry Wilson aus dem Washingtoner Gesundheitsministerium. Er hält auch den eigenen Nachwuchs zur Enthaltsamkeit an. Sexualität sei heute »viel gefährlicher«, findet der Exsozialarbeiter. Man müsse den Kindern doch sagen, »dass es jetzt 27 Geschlechtskrankheiten gibt«. Und dass »diejenigen, die früh Sex haben, oft depressiv und selbstmordgefährdet sind«.

Je dominanter diese Programme werden, desto energischer vergattern Politiker die Schulen, kein anderes Wissen über Gesundheit, Partnerschaft und Sexualität mehr zu vermitteln. Systematisch werden aus Schulbüchern Informationen über Verhütung getilgt. »Sie tun alles, was in ihrer Macht steht«, sagt Mariann Wang von der American Civil Liberties Union, »um den Leuten den Mund zu verbieten – den führenden Forschern ebenso wie dem Gesundheitsdienst an der Basis.«

Dabei können die Befürworter purer Enthaltsamkeitslehre keine seriöse Studie vorweisen, die das Funktionieren dieses Ansatzes untermauert. »Obwohl allein in Texas mehr als zehn Millionen Dollar für *abstinence only*-Programme aufgewendet wurden«, resümiert die Union of Concerned Scientists (UCS), ein Zusammenschluss kritischer Forscher, »hat diese Strategie keinerlei Effekt bei der Reduzierung der Zahl von Teenager-Schwangerschaften oder der Verbreitung von HIV und Geschlechtskrankheiten gezeigt.« Im Gegenteil: In der Ära des Gouverneurs und Abstinenzpioniers Bush zeigte die Anzahl von schwangeren Teenagern in Texas den geringsten Rückgang aller Bundesstaaten. Die Geburtenrate bei Minderjährigen in den USA sinkt zwar seit den frühen neunziger Jahren, liegt aber noch immer um ein Vielfaches über den Werten westeuropäischer Industriestaaten.

Um den Misserfolg zu kaschieren – so berichten kritische Wissenschaftler –, bekam die CDC sogar Order, auf übliche Leistungsnachweise solcher Programme wie die Feststellung der Geburtenrate von Teilnehmerinnen zu verzichten. Auf Anweisung von oben soll zudem das Projekt »Programs that Work« (»Programme, die funktionieren«) beendet worden sein, das die besten Sexualerziehungsprogramme bewertete. Denn im Jahr 2002 war zum Leidwesen der Vorgesetzten kein Abstinenzprogramm darunter.

Aufklärerische Forscher durften nicht zur Welt-Aids-Konferenz

Letztlich, so scheint es, zählt der Glaube, nicht das bessere Argument. Diesem Muster folgt das Haus Bush. Und seine Fundamentalisten haben viel gelernt, kommen weniger düster daher als in den achtziger Jahren, wo sie unablässig den Weltuntergang predigten. Ihre Schriften sind poppig und chic, ihr Ton ist deutlich aufgehellt, oft beinahe therapeutisch. Im Kern aber funktioniert ihr Rezept nach dem altbewährten Mittel der Angstmache, einem erprobt wirksamen Mittel zur Erzwingung von Gottesfurcht. Kinder sollen kein verantwortliches Verhalten lernen, sondern die Furcht – vor Krankheit und sozialem Absturz, dem Verlust der Ehre und dem Tod.

Nie ging es den Glaubenskriegern besser als in diesen Tagen. Denn die Regierung fördert »glaubensbasierte« Initiativen, hat zwecks Koordinierung in Washington eigens ein Office geschaffen. Seit Dezember operiert sogar ein erstes Gefängnis auf Glaubensbasis – die Lawtey Correctional Institution in Florida, dem Bundesstaat von Bushs Bruder Jeb. Dort erhofft man sich eine Läuterung der Kriminellen durch intensive Bibellektüre. Die Phalanx der Eiferer, beobachtet die Autorin Esther Kaplan, deren Schrift, eine Fundamentalisten-Analyse mit dem Titel *With God On Their Side,* Anfang Oktober erscheint, habe selbst im abgebrühten Washington »ein Klima der Angst geschaffen«. »Diese Regierung ist zynisch«, sagt Alden Meyer von der Union of Concerned Scientists, »sie versucht, schon den wissenschaftlichen Input zu verdrehen. Der Gesundheitssektor ist davon am stärksten betroffen.«

Forscher an den National Institutes of Health (NIH), dem 28 Milliarden Dollar schweren Konglomerat staatlicher Gesundheitsinstitute, spüren den Druck denn auch besonders intensiv. Im letzten Jahr kursierte plötzlich eine geheimnisvolle Liste von 289 NIH-Forschungsaufträgen zu Aids, Geschlechtskrankheiten, Verhütung und Suchtproblemen, versehen mit allerlei despektierlichen Anmerkungen. In wissenschaftlichen Beiräten tauchen derweil Scharen neuer »Experten« auf, rekrutiert im weiten Netz der christlich-republikanischen Rechten.

Gestandene Kapazitäten dagegen fühlen sich auf die Ersatzbank gedrängt. Überdeutlich wurde dies im Juli bei der Welt-Aids-Konferenz in Bangkok, als das US-Gesundheitsministerium die Zahl seiner Delegierten von 236 auf 60 kürzte. Eingeladene Fachleute, die etwa über Homosexualität sprechen sollten, verschwanden von der Teilnehmerliste.

So verstopft allmählich der freie Informationsfluss, eine Lebensader der Wissenschaft. Die Stimmung der Forscher ist auf dem Tiefpunkt: Über 4500 Akademiker haben bereits einen Appell der UCS zur Wiederherstellung der Integrität von Wissenschaft unterschrieben. Vielen, die man dazu befragt, schießt alsbald Zornesröte ins Gesicht.

In einer Kantine der NIH, berichtet ein Forscher, habe er dieser Tage oft merkwürdige Begegnungen mit wildfremden Kollegen: Die gestehen ihm meist seufzend, soeben für John Kerry gespendet zu haben – »damit der Spuk bald ein Ende hat«.

ZEIT-Nr. 38 vom 9. 9. 2004

Vorsicht, Salsa!

Spanisch sprechende Amerikaner werden zur politischen Macht

Von Thomas Kleine-Brockhoff

ALBUQUERQUE, NEW MEXICO

Möglich, dass die Schlacht um New Mexico diesmal an den sanften Hängen über dem Rio Grande entschieden wird. Dort, wo Albuquerques Vororte in die Wüste auswuchern und Joshua Sanchez und sein Kamerad jeden Tag ins Gefecht ziehen. Sie sind bewaffnet mit Formularen, Stiften und Baseball-Kappen. Darauf steht der Name ihrer Organisation: Moving America Forward. Sobald sie irgendwo klingeln, soll ein kleiner Landgewinn für die Demokratie zu verbuchen sein. Denn die beiden wollen neue Wähler gewinnen für den großen Kampf zwischen Präsident und Herausforderer. Weil es in Amerika keine Meldepflicht gibt, muss sich jeder, der wählen will, selbstständig registrieren lassen.

Es ist früher Abend, noch drei Wochen bis zur Wahl. In der Ferne steht eine milde Herbstsonne über jener Landschaft, die einst dem Marlboro-Mann Bühne war und seither als Symbol des Westens gilt. Bloß dass mittlerweile Einfamilienhaus-Siedlungen in den Vordergrund gerückt sind. Albuquerque wächst nicht, die Stadt explodiert. Hier erfüllt sich ein amerikanischer Traum neben dem anderen, jeweils mit Doppelgarage. Die Reihenhäuser sind hübsch und doch relativ bescheiden. In den Steingärten wachsen vereinzelt Palmen. Auf den Klingelschildern stehen Namen wie Galindo oder Montano, Martinez oder Delossantos. Öffnet sich eine Tür, beginnt das Gespräch immer gleich: »Der Gouverneur schickt uns.« Das erzeugt erst einmal Autorität. Nun stellen die Wähler-Werber sich vor: Sanchez und Pino. Solche Namen schaffen in Latino-Vierteln Vertrauen. Der eine ist mexikanischen, der anderen indianischen Ursprungs. Kein Weißer hätte hier eine Chance.

»Wollen Sie sich zur Wahl registrieren lassen? Geht ganz schnell.« Nach einer Stunde steht ein halbes Dutzend Namen auf dem Block. »Hier könnte man jahrelang weitermachen«, sagt Joshua Sanchez. Kaum zwanzig Prozent der Bewohner von Latino-Vierteln sind registriert. Am anderen Ende der Stadt, wo weiße Anglos in Villen wohnen, ist fast jeder wahlberechtigt. Sanchez fühlt sich deshalb als »Kämpfer gegen die Entrechtung«. Und Moving America Forward bezeichnet sich als überparteiliche Gruppe im Dienste der Gleichberechtigung. Zusammen mit Partnerorganisationen will sie bereits 120 000 neue Wähler rekrutiert haben. Damit hätte New Mexico zehn Prozent mehr Wahlberechtigte als im Jahre 2000 – und eine völlig neue politische Topografie.

An jeder Haustür stellen die Wähler-Werber in aller Unschuld eine weitere Frage: »Wen wollen Sie im November unterstützen?« Die meisten zögern keine Sekunde. Kerry ist hier Star, der Name Bush fällt nur einmal. Die Bürgerrechtler von Moving America Forward wollen durch Hausbesuche und Briefe, am Ende durch Fahrdienste sicherstellen, dass die Neuwähler nicht vergessen, ihr Recht wahrzunehmen. Dem Gouverneur wird dieser Zwischenstand gefallen. Er ist Demokrat – und seine Bürgerrechtsgruppe in Wahrheit eine kaum getarnte Parteiorganisation, eine Brigade im Bodenkrieg der Demokraten.

»Latinos halten womöglich den Wahlsieg 2004 in Händen«, schreibt Jorge Ramos in seinem Buch *The Latino Wave – How Hispanics will Elect the Next American President.* Tatsächlich wächst die Macht spanischsprachiger Einwanderer exponentiell. Es sind 38,8 Millionen Menschen, knapp 60 Prozent mehr als noch 1990 – Amerikas größte Minderheit. Die Zahl der Stimmbürger steigt rasant: 1996 waren es fünf Millionen, im Jahr 2000 sechs, diesmal dürften es acht Millionen sein. Angesichts dieser Steigerungsrate, schreibt Ramos, kämpften beide Parteien bei den Neubürgern »um ihre eigene politische Zukunft«. Außerdem leben die Latinos konzentriert in den Bundesstaaten des Sonnengürtels und können dort die Entscheidung herbeiführen. Nirgends ist ihr Anteil (mit 42 Prozent) so hoch wie in New Mexico. Hier lässt sich Amerikas Zukunft schon besichtigen.

In Gestalt von Eloisa Corona zum Beispiel, die den Lesern der *Albuquerque Tribune* als »prototypische Latina-Demokratin« vorgestellt wird. Man findet sie in der Eldorado High School, einem Campus für 2000 Angehörige von New Mexicos neuer Regenbogen-Generation. Wenn sich ein Schüler eine Beule holt, ist Eloisa Corona in der Krankenstation zur Stelle. Die 60-Jährige verdient im Jahr 21 000 Dollar, nicht viel, knapp die Hälfte des amerikanischen Schnitts. Aber drei Kinder hat sie durchs College gebracht, es sind die ersten Hochschulabsolventen der Familie. Der Vater war Kleinbauer, pflanzte Bohnen und ging später als Arbeiter in die Stadt. Er sprach nur spanisch und erlebte noch jene Zeit, als vor manchem Restaurant ein Schild hing: »Hunde und Mexikaner bleiben draußen.«

»Viva Bush!« oder »Basta Bush!«

Es amüsiert Corona, wie die Parteien sich jetzt um die Latinos kümmern. Überall Aufkleber: »*Viva Bush!*« oder wahlweise »*Basta Bush!*« Im spanischen US-Fernsehen tobt der Krieg der Werbespots. Sogar in englischen Radiosendungen läuft die Wahlwerbung auf Spanisch. Radebrechend bitten Anglo-Kandidaten um Stimmen: »*Quiero su voto, vote por mi.*«

Eloisa Corona findet, ihretwegen müsse niemand Geld ausgeben: »Ich werde niemals Bush wählen und kenne auch keinen, der es tut.« Ihr ist der Staat Hilfe und nicht Hindernis. Die Tradition des raubauzigen Individualismus, der in den Schluchten des Südwestens geboren und von Barry Goldwater über Ronald Reagan bis zu George Bush weitergetragen wurde, bleibt ihr fremd. Ihr Aufstieg verbindet sich mit dem Ideal des sozialen Ausgleichs, also mit der Linken.

Ebendies ist der ewig gleiche Trick der Demokraten: Sie machen sich zu Anwälten immer neuer Immigranten oder Benachteiligter. So war das während der New Deal genannten Wirtschaftspolitik Franklin D. Roosevelts, deren Basis jene gewaltige Einwanderer-Generation wurde, die zwischen 1880 und 1924 aus Süd- und Osteuropa kam. Sie wählten in den dreißiger Jahren zum ersten Mal, die Zahl der Wahlberechtigten wuchs um ein Viertel. Dasselbe 30 Jahre später, als die Schwarzen um Gleichberechtigung kämpften, ihre Fürsprecher in den Demokraten fanden und darüber selbst zu Wählern wurden. So schuf die Partei zwei große *realignments*, Neuordnungen der gesellschaftlichen Bündnisse, die ihnen jahrzehntelang die Mehrheit sicherten. Nun sollen Latinos für die dritte Neuordnung sorgen. Diese Theorie geht zurück auf die Sozialwissenschaftler Ruy Teixeira und John Judis. In ihrer Studie *The Emerging Democratic Majority* beschreiben sie das »Wachstum der postindustriellen Ökonomie« in US-Städten. In der Region Albuquerque wohnt bereits fast die Hälfte der Wahlbevölkerung. In dieser Stadtgesellschaft, Ideopolis genannt, verbünden sich neuerdings Gewerkschafter und Latino-Einwanderer, Hausfrauen und Informations-Arbeiter zu jener Allianz, die »bis zum Ende des Jahrzehnts die konservative Vorherrschaft brechen wird«.

Ein Adept dieser Lehre ist New Mexicos Gouverneur Bill Richardson (der übrigens Sohn einer Latina und eines Anglo ist). Er schlägt seiner Partei eine »Sunbelt-Strategie« vor. Anstatt längst verlorene Südstaaten wiedergewinnen zu wollen, solle man sich auf Regionen mit hohem Latino-Anteil konzentrieren. Tatsächlich ist Ronald Reagans Stammland Kalifornien mit 32,4 Prozent Latino-Bevölkerung schon nach links gekippt. New Mexico steht an der Schwelle. Nevada und Colorado – konservative Bastionen seit Jahrzehnten – scheinen für Demokraten in Reichweite zu liegen.

Jedenfalls stehen die Republikaner unter Druck. 31 Prozent der Latinos stimmten im Jahr 2000 für George Bush. Bleibt der Anteil gleich, muss das konservative Lager wegen des Millionen-Heeres von Latino-Erstwählern diesmal eine Niederlage fürchten. Für jeden konservativen Nachfolger Bushs wird das Problem nur noch größer. Vorausgesetzt, die Theorie stimmt. Das aber bestreiten die Republikaner. Sie meinen, Latinos seien mehrheitlich konservativ und deshalb natürliche Verbündete. Manchmal dauere es bloß mehrere Generationen, bis sie bei den Republikanern ankämen.

Vicki Perea hat die Reise hinter sich. Sie trägt eine Kette am Hals, ein kleiner Elefant aus Türkis – das Zeichen der Republikaner. Im Frühjahr gab sie bekannt, sie werde Bushs Wiederwahl unterstützen. Wie ein Drittel aller Latino-Republikaner ist sie nun politische Konvertitin. Perea kennt in Albuquerque jeder. Sie scheiterte bei der Wahl zu Oberbürgermeisterin nur knapp. Jetzt sieht sie sich als Teil des moralischen Amerikas: »Für mich gibt es erst Gott, dann die Familie, dann das Vaterland, schließlich den

Menschen, den wir ins höchste Amt wählen. Wer die Welt so sieht, kann sich nur für George Bush entscheiden.« Am Ende seien für sie »gesellschaftliche Normen« entscheidend, nicht »Ökonomie«, nicht »Lebensverhältnisse«. Eben darauf bauen die Republikaner: dass für religiöse Latinos konservative Werte attraktiver werden als die Brot-und-Butter-Politik der Demokraten.

Für jemanden, der mittellos über die Grenze kommt, mag das ein postmoderner Luxus sein. Aber Vicki Perea ist keine Einwandererin. Ihre Familie kam um 1600 aus Spanien. Die Hälfte aller örtlichen Latinos kann Vorfahren bis zu den Kolonisatoren zurückverfolgen. Deshalb gilt New Mexico als Labor: Hier lässt sich beobachten, welche politischen Bindungen Latinos nach dreizehn Generationen in Amerika entwickeln. Pereas Eltern lebten noch in einer Lehmhütte am Rio Grande. Zu den Kindheitserinnerungen zählen der Geruch von Tortillas und Chili aus Mutters Küche sowie die Abende, an denen sie mit dem Vater unterm Himmelsdach lag und sich die Welt erklären ließ. Der Vater »erzählte viel«, sagt Perea, »besonders von den Demokraten«. Denn die hätten während des New Deal sein Leben gerettet, ihm Arbeit gegeben in Zeiten der Arbeitslosigkeit. »Der Staat«, hat sie damals gelernt, »muss helfen, wo der Einzelne nicht weiterkommt.« Deshalb war klar, dass sie folgen würde, als der Vater ihr sagte: »Werde Demokratin!« Sie tat es gern, sie liebte ja ihren Vater. »Wie eine Amputation« kam es ihr vor, mit 58 die Partei zu wechseln. Doch der Vater hätte sie verstanden, davon ist Perea überzeugt: »Die Demokraten sind einfach nicht mehr dieselbe Partei.« Sie achteten das Leben nicht mehr und auch nicht die Familie. Als sie Homo-Partnerschaften erlauben wollten, war es für Perea vorbei: »Die Ehe hält das Land zusammen. Sie ist der Grund für all die Segnungen, die Amerika von Gott erhalten hat.«

In Wertfragen konservativer als die Demokraten

Alle Untersuchungen des Pew Hispanic Center deuten darauf hin, dass Latinos in Wertfragen tatsächlich konservativer sind als die Demokraten: Sie lehnen mit großer Mehrheit Abtreibung und Homo-Ehe ab. Diese Überzeugungen hat bislang kein Republikaner so geschickt genutzt wie George Bush. Nicht nur seine Religiosität und sein Moralismus sind attraktiv. Er stellt sich als »Jorge Bush« vor und spricht leidlich spanisch. Für seinen spanischsprachigen Wahlkampf gab er im Jahr 2000 doppelt so viel aus wie sein Gegner und steigerte den Anteil der Latino-Wähler um zehn Prozentpunkte.

Es könnte Al Gore die Präsidentschaft gekostet haben, keinerlei Werbespots in den beiden spanischen TV-Sendern von Miami geschaltet zu haben. John Kerry scheint daraus gelernt zu haben, er hält dagegen. Für Bush wird es diesmal schwerer. Er versprach vor vier Jahren eine Reform der Einwanderungsgesetze. Vor wenigen Monaten hat er Vorschläge vorgelegt, die viele Latinos »unzureichend finden«, wie der Journalist Jorge Ramos schreibt. Zudem kritisiert eine Mehrheit den Irak-Krieg.

Chris Garcia, ein Politikwissenschaftler an der University of New Mexico, spricht von einer »allenfalls schleichenden Republikanisierung«. New Mexicos eingesessene Latinos erwiesen sich als die »großen Zuverlässigen« der Demokraten. Die konservative Werte-Revolution werde der Linken erst in Zukunft zusetzen. Kürzlich hätten die Republikaner eine Gruppe Akademiker um Rat gebeten, berichtet Garcia. Die Parteiführung habe wissen wollen, wie der Anteil unter den Latino-Wählern kurzfristig auf 40 Prozent zu steigern sei. »Gar nicht«, gaben die Wissenschaftler zurück. »Vergeuden Sie nicht ihre Zeit.«

So schnell lässt sich ein Wahlkampfteam natürlich nicht abschrecken – und macht weiter. Bushs Leute sind überzeugt: die Fachleute liegen schief, Latinos sind auf dem Weg nach rechts. Ein paar Wochen noch, sagen sie sich, dann werden es die Ungläubigen erleben. Am 2. November ist es soweit. George Bush gewinnt bei der Präsidentschaftswahl eine zweite Amtszeit. Zu seinen wichtigsten Wahlhelfern, so stellt sich heraus, zählen Latinos. Der Präsident steigert deren Anteil auf 42 Prozent. Noch keine Mehrheit, aber ein Durchbruch. So hält er Colorado und Nevada, den beiden alten Hochburgen der Republikaner. New Mexiko gewinnt er sogar dazu. Ein knapper Vorsprung, 12 000 Stimmen. Am Ende sind es die Werte, die zählen: Familie, Glaube, Lebensschutz. Die Latinos scheinen den Weg ins traditionelle Amerika in Rekordgeschwindigkeit zurückzulegen.

ZEIT-Nr. 42 vom 7. 10. 2004

Rechts und fromm

Eine religiöse Erweckungsbewegung rollt durch die USA, und viele Amerikaner bezeichnen sich inzwischen als Fundamentalisten

Von Susan Neiman

Der Ausgang der Wahlen entscheidet sich weitab vom Glanz und Flitter New Yorks und der Bürokratie Washingtons, der die meisten Amerikaner ohnehin zutiefst misstrauen. Politiker gehen auf Wahlkampftour durch das amerikanische Hinterland, und weil Schmeichelei die einfachste Form der Verführung ist, dürfen wir wohl noch mehr Reden wie diese erwarten, die vor den Bewohnern einer kleinen Stadt in North Carolina gehalten wurde: »In dieser Stadt hatten die Leute stets ein breites Lächeln und große Herzen, hier war man für einander da, ging sonntags zur Kirche, und danach kam die Familie auf Besuch. Vor allem der Freitag und der Highschool-Football, Dinge, die uns prägen, lagen den Menschen am Herzen – und natürlich Gott, Familie, Fahne und Nation. Und genau diesen Werten wollen John und ich in der Führung dieses Landes wieder einen Ort geben.«

Nur der letzte Satz wird die Leser überraschen. Denn die Rede wurde nicht von Republikanern gehalten, die ihre Truppen ordnen, sondern von John Kerry bei einem Auftritt in John Edwards Heimatstadt. Beide wissen genau, dass die Fundamentalisten bei der letzen Wahl das Zünglein an der Waage waren. Dank ihrer Stimmen zog Bush junior bis auf knapp eine halbe Million mit Al Gore gleich. Verschiedene Umfragen führen zu verschiedenen Ergebnissen, aber bis zu 53 Prozent (nach einer Umfrage der Zeitschrift *Time)* aller amerikanischen Erwachsenen bezeichnen sich selbst als »Fundamentalisten«, die auf die bevorstehende Wiederkehr Jesu und die im Neuen Testament beschriebenen apokalyptischen Umwälzungen warten.

89 Prozent aller Amerikaner sagen, sie glaubten an den Himmel, 72 Prozent glauben an den Teufel und die Hölle – obwohl nur vier Prozent darin ihren künftigen Aufenthaltsort sehen. Sogar diejenigen, die von eher konservativen Schätzungen ausgehen, wissen, dass die politische Macht der Fundamentalisten weitaus größer als ihre Zahl ist. Hunderte Millionen von Dollar haben es ihren Denkfabriken ermöglicht, langfristige Strategien zu entwerfen: Sie bilden junge Journalisten und Arbeiter für die Basis aus, sorgen dafür, dass ihre Autoren in prominenten Talkshows auftreten, und betreiben Lobbyarbeit im Kongress. Donald Hodel, der unter Ronald Reagan sowohl Minister für Energie als auch Innenminister war, schrieb kürzlich: »Es ist eine Tatsache, dass es ohne die harte Arbeit und die Stimmen von Millionen Christen, die nicht schweigen wollten, keine republikanische Mehrheit in beiden Häusern des US-Kongresses gäbe, keine Präsidentschaft Bushs, nur wenig republikanische Gouverneure und bloß eine Hand voll Landtagsgebäude in republikanischer Hand.« Die Linke mag zwar die Weltanschauung der Fundamentalisten für simpel halten, aber sie muss erst noch eine politische Organisation aufbauen, die sich mit der fundamentalistischen an Raffinesse und Größe messen kann.

So soll es sein: George W. Bush, von der Trunksucht zum Glauben bekehrt

Was für eine Politik wollen die Fundamentalisten? Ganz oben auf der Agenda stehen die innenpolitischen Fragen, die in der Rhetorik unter *family values* laufen. Mit dem, was man in Europa unter Familienpolitik versteht, hat das gar nichts zu tun: Den Fundamentalisten geht es nicht um Beihilfe für kinderreiche Familien oder um die Vereinbarkeit von Arbeit und Kindererziehung. Im Gegenteil, sie verhinderten, dass die Gleichberechtigung der Geschlechter durch einen Zusatz in die Verfassung aufgenommen wurde, und sorgten dafür, dass die USA zu den wenigen Ländern gehörten, welche die *Convention on the Elimination of All Forms of Discrimination Against Women* nicht ratifizierten.

Die Fundamentalisten wollen Abtreibung, Homosexuellenehe und Pornografie verbieten. Auf lokaler Ebene gelingt es ihnen oft, Schulbücher umzuschreiben, in denen dann die Evolution nur als eine Theorie unter anderen bezeichnet wird, und dass auf den »Kreationismus«, die biblische Schöpfungsgeschichte, gleich viel Unterrichtsstunden fallen. Nicht annähernd so zahlreich, aber dennoch einflussreich sind die »Reconstructionists«, die an die Stelle des weltlichen das biblische Recht setzen möchten. Für die Radikalen unter ihnen müssten Homosexualität, Ehebruch und Blasphemie mit dem Tod durch Steinigen bestraft werden, kleinere Vergehen mit Sklaverei. Die Chancen, dass sich etwa in Georgia eine christliche Version der Scharia durchsetzt, sind gleichwohl null. Dennoch, so William Martin, Professor für Religionswissenschaften an der Universität Texas, unterhalten gemäßigte Fundamentale viele Beziehungen zu den Radikalen, »als würden sie das im Grunde wollen, aber erkennen, dass es politisch nicht opportun, ja schädlich wäre«.

Der Einfluss der christlichen Rechten auf die Außenpolitik ist noch beunruhigender. Unter Reagan drangen die Fundamentalisten auf Unterstützung für das südafrikanische Apartheidsregime und für rechte Diktaturen in Mittelamerika, blieben ansonsten aber eher wirkungslos. Heute sind sie die treibende Kraft hinter der ablehnenden Haltung gegenüber internationalen Verträgen wie dem Kyoto-Protokoll und, was am schwersten wiegt, hinter der amerikanischen Nahostpolitik.

Der politische Einfluss der Fundamentalen verzeichnete Hochs und Tiefs, seit der Wahl George W. Bushs aber ist er im Steigen begriffen. Dass Bush bei den Vorwahlen über den gemäßigten Republikaner John McCain siegte, hatte er geballter Lobbyarbeit der christlichen Rechten zu verdanken, die im jüngeren Bush, anders als in seinem Vater – einem aufrechten Anglikaner – einen der Ihren erkannte. Welchen Kandidaten sie im Präsidentschaftswahlkampf unterstützen, entscheiden Fundamentalisten danach, wie die Antwort auf Fragen ausfällt wie: »Was würden Sie dem Herrn sagen, damit er Sie in den Himmel lässt?« Der ältere Bush verscherzte es sich mit ihnen, weil er eine falsche Antwort gab: »Ich war ein guter Mensch und habe mein Bestes getan.«

Bush junior, vertraut mit den Phrasen der Fundamentalisten, lag richtig: »Wir sind zwar alle Sünder, aber ich habe Jesus als meinen persönlichen Erlöser angenommen.« Seine Bekehrung vom Nichtsnutz und Alkoholiker zum gläubigen Politiker wurde oft beschrieben, am besten von

Im Kreuzzug gegen das Böse: George W. Bush am Memorial Day 2003

ihm selbst: »In diesem Augenblick sollte ich eigentlich in einer Bar in Texas und nicht im Weißen Haus sitzen. Dass ich hier und nicht in einer Bar bin, hat nur einen Grund: Ich fand zum Glauben.« George W. Bush blieb den Fundamentalisten treu. Als kurz nach dem 11. September 2001 von einem »Kreuzzug« gesprochen wurde, sei das nicht mangelnder Sensibilität entsprungen, sondern einem Appell an den fundamentalistischen Glauben, behaupten Kenner. Der Krieg gegen die Ungläubigen liege in Gottes Absicht. Nach Protesten bediente Bush sich etwas vorsichtiger der fundamentalistischen Rhetorik, ließ jedoch in größeren Reden Wendungen einfließen, die dem inneren Kreis signalisierten, dass er seine Texte zum Teil auf religiösen Hymnen aufbaut.

Vielen Amerikanern ist das nicht weniger unheimlich als den Europäern. William Martin erzählt dazu eine Anekdote von einer Signierstunde in Houston. Dort habe ihn die Buchhändlerin zu fortgeschrittener Stunde gefragt: »Wie viel Zeit würden Sie uns noch geben?« Nach einem Blick auf die Uhr und die sich lichtenden Reihen habe er ahnungslos geantwortet: »Eine Viertelstunde?« »Wie, so bald schon?«, entgegnete daraufhin die Dame erschrocken und mit tonloser Stimme. Das Missverständnis ließ sich schnell klären: Martin erwartete das Ende der Veranstaltung, die Ladeninhaberin das Ende der Welt. Er sei der Erste, den sie je getroffen habe, für den das Ende der Welt nicht nahe bevorstand. »Natürlich war ich nicht der Erste«, kommentiert Martin, »schließlich war sie eine gebildete Frau. Aber da wurde mir klar, Amerika ist so geteilt, als führen wir jeden Morgen auf zwei sich nie begegnenden Gleisen.«

Wie geteilt das Land ist, illustriert auch der außerordentliche Erfolg der Buchreihe *Left Behind.* Zählt man die Kinderbuchfassungen und den Kinofilm nicht mit, sind von den 14 Bänden seit Erscheinen des ersten Bandes 1995 60 Millionen Exemplare verkauft worden. Obwohl sie ganz oben auf der Bestsellerliste der *New York Times* standen, nahmen nichtfundamentalistische Amerikaner die Bücher erst dann zur Kenntnis, als die *New York Review of Books* sie besprach. Seither wird die Reihe auch von den großen Medien beachtet. Sie wird vor allem von Hausfrauen mittleren Alters im Süden und Mittleren Westen und von US-Soldaten im Irak gekauft, nur sechs Prozent der Leser leben im Nordosten der USA.

Die Bücher schildern die letzten Tage der Menschheit. Während alle Insignien des modernen Lebens vorkommen – Flugzeuge, Voice-Mail und Laptops –, stammt die Geschichte selbst unmittelbar aus den Offenbarungen. Sie beginnt damit, dass Millionen guter Christen in einem »Einschnitt« genannten Augenblick direkt in den Himmel auffahren, ordentlich gefaltete Kleidungsstücke, Brillen, Hörgeräte und Herzschrittmacher zurücklassend. Das ist der Lohn für ihren Glauben: Ihnen bleiben die sieben schrecklichen Jahre erspart, die der Wiederkehr Christi vorausgehen. Dann werden im Kampf gegen den Antichristen Hungersnöte, Seuchen und Kriegen folgen, um die Herzen der Zurückgebliebenen zu prüfen. Die Standhaften werden gerettet.

Die Betonung liegt auf dem Glauben, aber es wird nicht auf jede Wahrscheinlichkeit verzichtet. Als der anfänglich skeptische Held sieht, dass der Lauf der Geschichte sich ganz im Einklang mit der Apokalypse des heiligen Johannes interpretierten lässt, bedauert er seine spöttische Haltung und bittet Jesus, ihn und seine Tochter zu retten. Die fromme Ehefrau und sein jüngerer Sohn, ein fleißiger Kirchgänger, waren bereits beim »Einschnitt« verschwunden. Angesichts der jüngsten Ereignisse im Irak lösen einige Details der Bücher Gänsehaut aus: Der Antichrist ist ein charmanter, mehrsprachiger Europäer, der durch seine Verheißung des ewigen Friedens zum Generalsekretär der UN aufsteigt, deren Hauptquartier er dann prompt an den klassischen Sündenort Babylon verlegt. Das ist kein Zufall. Für eine Gruppe von Fundamentalisten, bekannt unter dem Namen »Dispensionalists«, sind die UN nicht nur deshalb ein Schrecken, weil sie Brutstätte des Marxismus, des weltlichen Humanismus und Feminismus sei. Eine Weltregierung mit eigenem Recht und eigener Währung gehört in ihren Augen zum Programm des Antichristen – deshalb kündigte die Einführung des Euro auch das nahe Ende der Welt an.

Tim Le Haye, Mitautor der Reihe, ist der Ansicht, es gebe »mindestens 20 Gründe« für die Annahme, dass diese Generation das Ende der Geschichte erleben wird. Einer davon ist die

Gründung des Staates Israel 1948. Denn die letzten Tage sollen mit der Rückkehr der Juden ins Heilige Land anbrechen. Die darauf folgenden Unruhen im Nahen Osten waren für die Fundamentalisten kein Grund zur Beunruhigung, sie erfüllten nur die Prophezeiung. Kriege im Nahen Osten sind das, was die Bibel vorhergesagt hat: Erst wenn die Juden Großisrael wieder in Besitz genommen haben, geht die Prophezeiung in Erfüllung. Und dann wird der Wiederkehr Jesu der Weg bereitet. Dass die Juden nach der Erfüllung ihrer Mission mit anderen Ungläubigen die Reihen der ewig Verdammten füllen werden, ist auch Teil des göttlichen Plans.

»Es kann kaum ein Zweifel daran bestehen, dass die amerikanische Israelpolitik mehr von den Fundamentalisten als von irgendeiner anderen Gruppe bestimmt wird«, sagte Sam Brown, der ehemalige amerikanische Gesandte bei der OSZE, auf einer Tagung im Potsdamer Einstein Forum. »Die jüdische Gemeinde in Amerika, historisch die wichtigste Stimme in der amerikanischen Israelpolitik, war zutiefst gespalten. Viele politisch fortschrittliche Juden engagierten sich in der Friedensbewegung. Was sich jedoch auf der Erde abspielt, hat wenig Einfluss auf die Ansichten der so genannten christlichen Zionisten.« Mit dem für sie typischen Geschick und viel Geduld haben sie sich jahrzehntelang organisiert. Die erste Allianz zwischen Christen und Likud kam 1977 unter Menachem Begin zustande, und Tausende christlicher Zionisten reisten nach Jerusalem, um Scharon zu treffen. Das Ergebnis ihrer Mühen beschreibt das *Wall Street Journal* so: »Mehr als alles andere erklärt dies, warum das republikanische Weiße Haus so wenig Druck auf Israel ausübt, damit es den harten Kurs gegenüber den Palästinensern ändert.«

Je mehr Leiden auf Erden, desto sicherer winkt das Himmelreich

Weder in Europa noch in den USA wird es offen gesagt, aber die Ereignisse der letzten Jahre scheinen den Mythos von einer jüdischen Verschwörung zu bekräftigen, die weit über alles hinausgeht, was sich die Autoren der *Protokolle der Weisen von Zion* hatten träumen lassen. Die USA unterstützen die starrsinnigste Regierung, die Israel in den letzten Jahrzehnten hatte, unbeirrt vom wachsenden Zorn unter den Muslimen, ungeachtet der wachsenden Bedenken in der übrigen Welt. Beweist das nicht die Macht der jüdischen Lobby, die hinter der Bühne im Kongress und in den Büros der Regierungen die Fäden zieht? Trotz Perle und Wolfowitz gibt es tatsächlich weniger Juden in der Bush-Regierung als in der Regierung Clinton. Die Juden machen zwei Prozent der amerikanischen Bevölkerung aus, und nur zwanzig Prozent von ihnen haben Bush gewählt.

»Dass diese Regierung die israelische Rechte unterstützt, hat nichts mit dem Holocaust zu tun«, sagt Betty Sue Flowers. »Das ist die Vergangenheit. Jetzt aber geht es um die Zukunft, das himmlische Reich. Wichtig sind die Juden nur als Teil des göttlichen Plans, die Christen ins Heilige Land zu führen, die Palästinenser tauchen dabei überhaupt nicht auf dem Radarschirm auf.« Flowers, Dichterin, ehemalige Englischprofessorin und jetzige Direktorin der Lyndon B. Johnson Presidential Library in Austin, wuchs in einer texanischen Kleinstadt auf, wo sie die Entwicklung der fundamentalistischen Bewegung aus nächster Nähe miterlebte. Was zieht die Menge zu den fundamentalistischen Predigten? »Darauf könnte Leni Riefenstahl die Antwort geben«, meint Flowers. »Einige lieben es, wenn ihr Blut in Wallung gerät, selbst wenn es dabei gerinnt. Ich nehme an, es hält sie wach.«

Besonders spöttisch schildert sie, wie man sich nach Ansicht der Fundamentalisten zur irdischen Welt verhalten solle. »Die haben die Vorstellung, dass das Leben eine Prüfung und ein Jammertal sei. Wer die Welt liebe, verstricke sich in sie. Ganz schön ökonomisch die Vorstellung. Lasse ich es mir hier gut gehen, komme ich vielleicht nicht in den Himmel, leide ich aber – oder es sieht zumindest so aus –, verdiene ich mir das Himmelreich. Darum hassen die Fundamentalisten Clinton trotz seiner baptistischen Herkunft so sehr. Seine *joie de vivre* bringt sie auf die Palme.« Der Theologe Geiko Müller-Fahrenholz lebte viele Jahre in den USA, er hält solche Haltungen für bedrohlich: In einer Welt mit Kernwaffen sei das von den Fundamentalisten vorgestellte Armageddon eine reale Möglichkeit. »Mich als Christen«, sagt Müller-Fahrenholz, »beunruhigt zutiefst, mit welchem Zynismus der Tod der Schöpfung akzeptiert wird, als wäre alles Leben vom Bösen vergiftet und müsste im weltvernichtenden Feuer gereinigt werden. Das ist in frommen Triumphalismus gekleideter Nihilimus!«

Eine spezifisch amerikanische Hoffnung, die Welt neu schaffen zu können

Natürlich müssen fundamentalistische Christen nicht immer eine Leichenbittermiene haben. Wer jemals schwarze Gospels gehört hat, weiß, wie lebensbejahend ihre Botschaft ist, und wer sich an die Bürgerrechtsbewegung erinnert, weiß, dass ein fundamentalistisches Christentum auch fortschrittliche Hoffnungen nähren kann. Die breite Mehrheit der weißen Fundamentalisten hat aber extrem konservative Ansichten und unterstützt Politiker, in deren Auffassungen sich eine Mehrheit wiederfindet, unabhängig von deren persönlicher Religiosität. 1980 stellten sie sich beispielsweise hinter Reagan, einen geschiedenen kalifornischen Schauspieler, der selten zur Kirche ging, und eben nicht hinter den wiedergeborenen Jimmy Carter, der an einer Sonntagsschule im ländlichen Georgia unterrichtete. Wie immer John Kerry und John Edwards auch versuchen mögen, an die fundamentalistische Weltsicht zu appellieren, es ist unwahrscheinlich, dass solche Wähler ins Lager der Demokraten überlaufen. Tatsächlich bezeichnen sich viele, die den Krieg im Irak skeptisch beurteilen, als unentschieden – weil sie sich über Fragen wie Abtreibung mehr Sorgen machen.

Streicht man aber das allzu Simple und die apokalyptisch-religiöse Weltanschauung, so bleibt das Bekenntnis zu einer moralischen Offenheit, die Walt Whitman, Ralph Waldo Emerson, Tony Morrison oder Bob Dylan teilen. Diese Offenheit ist spezifisch amerikanisch, und ihr entspringt die spezifisch amerikanische Hoffnung, dass wir die Welt nicht einfach nehmen müssen, wie sie ist: Wir können sie neu schaffen. Darum stellt Robert Kagans Charakterisierung der Amerikaner als Hobbesianer und der Europäer als Kantianer eine so radikale Umkehrung früherer Sichtweisen dar. Sowohl in der Fremd- wie in der Eigenwahrnehmung ist Amerika immer das Land des Ideals gewesen, der Ort, an dem man sich von der Realpolitik ausruhen kann. Diese Haltung ist nicht ungefährlich, und die europäische Sehnsucht nach Amerikas Unschuld und Optimismus ist auch nie frei von Herablassung gewesen.

Die Inquisition verbrannte ihre Opfer, um deren Seelen vor der Hölle zu retten. Ihre Henker konnten guten Gewissens zur Tat schreiten, waren sie doch überzeugt, zum Wohl ihrer Opfer zu handeln: Wer zöge es nicht vor, schnell verbrannt zu werden, als ewig schmoren zu müssen? Die Fundamentalisten unserer Tage sind nicht ganz so menschenfreundlich. Je mehr sich die Reihe *Left Behind* der Apokalypse nähert, desto blutiger wird es: Jesus erscheint und muss nur ein Wort sagen, schon werden die Leiber der Ungläubigen zerrissen. In seiner Rezension des jüngst erschienenen Bandes *Glorious Appearing* meint Nicholas Kristof, Kolumnist der *New York Times*: »Würde ein Muslim eine islamische Version von *Glorious Appearing* schreiben und in Saudi-Arabien veröffentlichen, wir würden aufschreien angesichts dieser jubilierenden Schilderung eines Massakers an Nichtmuslimen durch Gott. Ganz zu Recht haben wir die fundamentalistischen Schriften des Islams mit der von ihnen genährten Intoleranz verbunden. Es wird Zeit, dass wir den Balken aus unserem eigenen Auge entfernen.«

Aus dem Englischen von Christiana Goldmann

ZEIT-Nr. 42 vom 7. 10. 2004

Lockruf der Heimat

Viele deutsche Wissenschaftler in den USA träumen von einer Rückkehr. Zwei Initiativen wollen ihnen diesen Schritt erleichtern

Von Susanne Weiss

Von Stefan Zimmermanns Arbeitsplatz träumen viele junge Wissenschaftler: Der deutsche Ingenieur forscht an der University of California in Berkeley, einer jener amerikanischen Eliteuniversitäten, die in der deutschen Hochschul-Debatte stets als leuchtendes Vorbild dargestellt werden. Doch Zimmermanns Traum geht gerade in die entgegengesetzte Richtung: Er will wieder zurück nach Hause. Er ginge nicht aus Not, eine Stelle würde er in den Vereinigten Staaten schon finden. Dennoch möchte der 33-Jährige in Zukunft lieber in Deutschland »oder doch wenigstens in Europa« arbeiten. Nach drei Jahren in den USA weiß er, dass er in diesem Land nicht heimisch werden kann.

Mit diesem Gefühl steht Zimmermann nicht allein. »Viele junge Wissenschaftler aus Deutschland wollen zurück«, weiß der Ingenieur aus zahlreichen Gesprächen im Bekanntenkreis. Die einen sind enttäuscht, weil die amerikanischen Eliteuniversitäten nicht immer halten, was ihr großer Name verspricht, andere zieht es aus privaten oder politischen Gründen in die Heimat. Zwar gehört der Aufenthalt an einer amerikanischen Hochschule, insbesondere für Naturwissenschaftler, mittlerweile in den Lebenslauf wie Veröffentlichungen in guten Fachzeitschriften. Doch anders als hierzulande vermutet, träumen längst nicht alle deutschen Jungforscher von einer Karriere im amerikanischen Exil.

Die Kehrseite der Freiheit

Viele haben nach zwei bis drei Jahren genug vom amerikanischen Way of Life. Sie wollen nicht auf Dauer in einem Land leben, in dem in einigen Fächern bis zu 80 Prozent des Forschungsbudgets vom Militär kommen, in dem Bankangestellte nicht wissen, was ein Euro ist, oder in deren Schulen die »Kreationisten« die Schöpfungsgeschichte der Bibel wörtlich nehmen und gegen Charles Darwin und andere Aufklärungsgüter mobil machen.

»Mein Aufenthalt hat meine Vorstellung über die amerikanische Gesellschaft gründlich zurechtgerückt«, sagt Perihan Nalbant, eine promovierte Zellbiologin aus Recklinghausen mit den Muttersprachen Türkisch und Deutsch. Sie sei in Deutschland in einer offenen, liberalen Gesellschaft aufgewachsen. »Meine Schulzeit war geprägt von europäischen Werten wie Meinungsfreiheit, Liberalität und Vorsicht im Umgang miteinander« – und so hatte sie sich auch die Vereinigten Staaten vorgestellt. Doch heute sieht Nalbant das gelobte Forscherland USA ernüchtert als Nation, die von »sehr konservativen Werten und einem gefährlichen Patriotismus« geprägt ist.

Im Gegensatz zu vielen, die akademischer Reeducation das Wort reden, haben die Transatlantiker eines erkannt: Amerika ist zwar gut geeignet als Spiegel für die eigenen Verhältnisse, nicht jedoch als Kopiervorlage. Selbst die unbestrittenen Vorteile der US-Forschung wie Freiheit und Flexibilität haben eine Kehrseite. Nach drei Jahren fühlt sich Perihan Nalbant in ihrem kalifornischen Spitzeninstitut wie in einer »Durchgangsstation«. Ihre Kollegen bleiben alle nur so lange, wie ihr jeweiliges Projekt läuft. Es gibt kaum fest Angestellte, die Kontinuität gewährleisten.

Und die Grundausstattung entspricht selbst an Eliteuniversitäten oft nicht dem Standard, den deutsche Forscher von zu Hause gewöhnt sind. Die Werkstätten etwa in Berkeley, der Nummer eins in physikalischer Chemie in den USA, seien nur »fast so gut« wie in Deutschland, sagt die gebürtige Koreanerin Song-I Han, die in Köln promoviert hat. Wer wirklich gutes Labormaterial braucht, bestellt auch in den USA bei Schott und Eppendorf.

Doch die Rückkehr nach Deutschland ist gar nicht so einfach. Denn das Jobangebot für die Heimkehrer ist meist dünn und der Stellenmarkt wenig transparent. Zudem sind nach zwei bis drei Jahren im Ausland die Kontakte in die Heimat vielfach eingeschlafen. Auch untereinander kennen die Teilzeitamerikaner sich nicht, es fehlen ein Netzwerk für den Informationsaustausch und häufig auch schlicht einschlägige Bewerbungserfahrungen.

Zwei Initiativen in den USA wollen Abhilfe schaffen. In San Francisco wurde in einer Kooperation aus Wissenschaft und Wirtschaft die German Scholars Organisation (GSO) gegründet, die im Wesentlichen von der Robert Bosch Stiftung gefördert wird. In New York entstand ein Netzwerkprojekt mit dem gewinnenden Namen GAIN (German Academics International Network), ein Gemeinschaftsprojekt des Deutschen Akademischen Austauschdienstes, der Deutschen Forschungsgemeinschaft und der Alexander von Humboldt-Stiftung.

Für diese Initiativen sei es höchste Zeit, finden viele Jungforscher, die sich mitunter wie im Exil allein gelassen fühlten und nicht den Eindruck hatten, zu Hause willkommen zu sein. Nun werden die »German Scholars« in Datenbanken erfasst, die GSO richtete eine Jobbörse ein und bietet ab Sommer 2004 Bewerbungstrainings an; GAIN will vor allem den Erfahrungs- und Informationsaustausch fördern. Das Wissen der Exilforscher soll so für Hochschulen und Forschungseinrichtungen in Humboldts Stammland genutzt werden.

Bedarf ist ohne Zweifel da. Immerhin 14 Prozent aller in Deutschland promovierten Wissenschaftler gehen zeitweise oder dauerhaft in die USA, berichtet Katja Simons, Leiterin des New Yorker Netzwerkprojekts. Die Zahl ist ein Schätzwert, offizielle Statistiken fehlen. Sicher ist jedoch, dass immer mehr Natur- und Ingenieurwissenschaftler über ihre Promotion hinaus in den Vereinigten Staaten bleiben. Eine von der National Science Foundation finanzierte Studie berichtet, dass von den Deutschen, die 1996 ihren Doktortitel an einer amerikanischen Hochschule erlangten, 2001 noch jeder Zweite in den USA arbeitete.

Die German Scholars Organisation möchte diesen Trend umkehren. »Wir müssen dafür sorgen, dass die Deutschen wieder nach Hause kommen«, sagt GSO-Präsident Eicke Weber. Der in Köln habilitierte Physikprofessor, der seit 20 Jahren in Berkeley forscht, hat auch persönliche Motive für sein Engagement. Weber fühlt sich nach wie vor dem deutschen Bildungssystem verpflichtet, das ihm ein kostenloses Studium ermöglichte und ihm mit dem Bafög-Vorläufer Honnefer Modell seinerzeit den Lebensunterhalt sicherte.

Stipendiaten in der Neuen Welt

Wolfgang Benz vom Berliner Pharmakonzern Schering AG, Vizepräsident der GSO, hat vor allem die internationale Konkurrenz im Blick: »Wir wissen, dass die Besten der Besten in den USA sind. Aber wir wissen nicht, wie wir an sie herankommen sollen.« Aus seiner Sicht verbindet sich das Interesse der Industrie an guten Arbeitskräften bestens mit dem nämlichen Interesse des Wissenschaftsbetriebs. »Wir müssen nur endlich dafür sorgen, dass die Sphären durchlässiger werden und ein Jobwechsel zwischen Wirtschaft und Wissenschaft leichter wird.«

»Die sollen haufenweise kommen und den Betrieb umkrempeln«, wünscht sich auch Helmut Schwarz, Vizepräsident der Deutschen Forschungsgemeinschaft (DFG), die die meisten Stipendiaten in die Neue Welt schickt. Doch bei den Auslandsdeutschen gibt es eine Menge Unsicherheiten. Alexandra Kiemer, die am renommierten Scripps Research Institute in Kalifornien forscht, nennt nur einige von ihnen: »Es gibt die Angst, zu alt zu sein, die Unsicherheit, ob man habilitieren oder ob man sich für eine Juniorprofessur bewerben soll.« Wesentlichen Anteil an der Verwirrung haben die Neuregelungen im deutschen Hochschulrahmengesetz von 2002.

Um es Rückkehrern leichter zu machen, überlegt man daher bei der DFG, die Richtlinien umzukrempeln. »Bei unseren starren Kriterien gehen uns die kreativsten Köpfe oft verloren«, weiß Schwarz. Er plädiert zum Beispiel für die Abschaffung der bestehenden Altersgrenzen bei Förderprogrammen. Wer ins Emmy-Noether-Programm aufgenommen werden will, das Nachwuchsforscher für die Hochschullehrerlaufbahn qualifizieren soll, darf bislang nicht älter als 30 Jahre sein. Kreative Umwege sind da nicht drin.

Auch ein viel beklagter Baufehler der Juniorprofessur wird nach und nach korrigiert. Bislang war in Deutschland die Möglichkeit des *tenure track,* die »Beförderung« vom Junior- zum ordentlichen Professor bei herausragenden Leistungen, nicht vorgesehen. Das, so sagen viele junge Forscher, sei eines der Haupthindernisse für eine Rückkehr. Für Alexandra Kiemer etwa erwies sich nach der Habilitation ihre Münchner Heimatuniversität als Sackgasse. »Will ich unabhängig sein, muss ich meine Uni verlassen, mich woanders um Professoren-Planstellen bewerben und hoffen, dass ich irgendwann zum Zuge komme.« Bei der Stellensuche musste sie indessen erfahren, dass sie mit 32 zu jung sei für eine Professur. In den USA war das Alter kein Problem.

Doch in den deutschen Wissenschaftsbetrieb ist Bewegung gekommen. Inzwischen bieten Universitäten in acht Bundesländern verschiedene Modelle des *tenure track* an. Damit, so hofft man, soll Spitzenforschern die Heimkehr schmackhaft gemacht werden.

Bezahlung nach BAT schreckt

Um wirklich die besten Köpfe anzuziehen, reichen diese Korrekturen kaum aus. Denn Amerika hat noch mehr zu bieten, was kluge Köpfe glücklich macht – Freiheit, Unabhängigkeit, Flexibilität und Eigenverantwortung. Viele Rückkehrwillige kritisieren zum Beispiel die fehlende Möglichkeit, früh eigene Nachwuchsgruppen zu leiten, hat GAIN-Leiterin Simons erfahren. Was außerdem fehle, sei eine leistungsgerechte Bezahlung.

Auch Stefan Zimmermann kann sich nicht mehr vorstellen, in Deutschland dasselbe wie vor sieben Jahren als Forschungsassistent zu verdienen. Schließlich habe er seither mehrere Projekte geleitet und zahlreiche Forschungspreise gewonnen. Doch solche Entwicklungssprünge belohnt der öffentlich-rechtliche Bundesangestelltentarif nicht – in dessen starren Strukturen ist die Vergütung oft völlig von der Leistung abgekoppelt. Daher fordern viele Rückkehrer eine flexiblere Bezahlung. Ins selbe Horn stößt DFG-Vize Helmut Schwarz mit seiner Forderung nach einem angemessenen Wissenschaftlertarif. Schließlich seien die jungen Spitzenforscher allemal leistungsbereit.

Dieses Engagement könnte die Forschung hierzulande gut gebrauchen. Umgekehrt hat Deutschland den Rückkehrern durchaus etwas zu bieten – nicht nur den Charme der Heimat, sondern auch eine vielfach gute Grundausstattung und eine langfristigere Anlage von Forschungsprojekten, die viele Auslandsdeutsche in den USA vermissen. Dort bringen Forscher oft ein Drittel ihrer Arbeitszeit damit zu, Anträge zu schreiben, von denen dann gerade mal 20 Prozent bewilligt werden. »Nach drei Jahren überrascht es mich immer noch, wie sehr das tägliche Arbeiten auf Ergebnisse und Leistung fixiert ist. Was kurz- oder langfristig kein Geld einbringt, wird nicht finanziert«, klagt Perihan Nalbant. Auch Physikprofessor Eicke Weber beschreibt das besondere amerikanische Verhältnis von Geist und Geld: »Ohne Drittmittel kann ich nicht einmal mein Telefon bezahlen.« Das, zumindest, ist ein klarer Standortvorteil für Deutschland.

ZEIT-Nr. 11 vom 4. 3. 2004

Zensur findet statt

Er lässt unbequeme Wissenschaftler feuern und unerwünschte Erkenntnisse aus offiziellen Dokumenten streichen. Wie George W. Bush die US-Forschung manipuliert

Von Tom Schimmeck

Hörsaal 10 – 250 am Massachusetts Institute of Technology (MIT) war prall gefüllt, als drei Herren im März 2004 zum Schlag gegen George W. Bush ausholten: der MIT-Physiker Philip Morrison, der Harvard-Biologe Edward O. Wilson und Kevin Knobloch, Präsident der UCS, jener Union of Concerned Scientists, die seit 35 Jahren ein scharfes Auge auf politischen Missbrauch von Wissenschaft hat.

Die drei Herren gingen mit der Politik des Weißen Hauses scharf ins Gericht. Mitte Februar hatte die UCS ein Protestschreiben von 62 Wissenschaftlern veröffentlicht, darunter 20 Nobelpreisträger und 19 Träger der Nationalen Wissenschaftsmedaille. Die Bush-Regierung, heißt es darin, ordne das staatliche wissenschaftliche Beratungssystem »ihren politischen Zielen unter«. Die Methoden: Beratungsgremien würden zunehmend mit ideologischen Alliierten besetzt, beratende Wissenschaftler in »sensiblen Fragen« immer häufiger »mit Maulkörben versehen«. Wiederholt habe das Weiße Haus »wissenschaftliche Erkenntnisse unterdrückt oder verzerrt« – auf eine »der Sicherheit und dem öffentlichen Wohl abträgliche Weise«.

Die UCS macht dahinter ein »etabliertes Muster von Vertuschung und Entstellung« aus. Und packte dem Protestbrief einen Bericht bei, der eine Fülle politischer Einmischungen auflistet. Das Dokument zeigt, auf welch nassforsche Art Berichte nationaler Behörden manipuliert, Erkenntnisse unterdrückt und Posten nach politischer Willfährigkeit umbesetzt werden. Anschaulich beleuchtet das Protestschreiben, welch wichtige Rolle bei den großen Themen der US-Politik – von der Kündigung des Kyoto-Klimaprotokolls bis zum Irak-Krieg – die Ausblendung von Wissen spielt.

Ein »Verschwörungsreport«, schimpfte sogleich John Marburger, Bushs erster Wissenschaftsberater, sichtlich nervös angesichts der Vielzahl prominenter Unterzeichner. Das Ganze, befand er, sei eine »beunruhigende Fehlwahrnehmung«, die auf einem »äußerst fehlerhaften« Bericht fuße.

Ansonsten zeigte sich das Weiße Haus ungerührt, goss sogar noch Öl in die Flammen. Ende Februar feuerte die Administration Elizabeth Blackburn, Zellbiologin an der University of California in San Francisco, aus dem President's Council on Bioethics. Das Personalbüro des Weißen Hauses eröffnete ihr telefonisch, es seien »Änderungen« in der Zusammensetzung des Bioethikrates beschlossen worden. Ob dies bedeute, dass sie dem Rat fürderhin nicht mehr angehöre, fragte die Forscherin. Die Antwort war ein schlichtes Ja.

Ende 2001 war die Biologin mit 17 anderen in das neu geschaffene Gremium gebeten worden, als eine von drei Biomedizinern. Der Ethikrat berät Präsident George W. Bush seither bei schwierigen Themen wie Stammzellforschung und Klonen und hat einige Berichte hervorgebracht. Die Diskussionen innerhalb des Rates verliefen oft kontrovers.

Blackburn, eher eine Befürworterin der Stammzellforschung, ist nicht mehr erwünscht. Zu oft war sie mit dem Vorsitzenden Leon Kass, Ethiker an der University of Chicago, aneinander geraten. Gerade erst hatte sie ihm den Entwurf eines Essays zugeleitet, in dem sie den Rat kritisiert, weil der in zwei Berichten das Potenzial biomedizinischer Forschung und die Motivation einiger Forscher »verzerrt« dargestellt habe. Anders als die Ratsmehrheit hält sie die Gefahr von »Designer-Babys« für »höchst unwahrscheinlich«. Und insistiert, Antrieb für die Stammzellforschung sei kein obskures Streben nach Unsterblichkeit, sondern die »Verhinderung und Heilung altersbedingter Krankheiten«.

Weitere Posten im Ethikrat wurden vakant. Die Neuberufungen werfen ein Schlaglicht auf den Stil des Hauses Bush: Benjamin Carson, ein Doktor, der gern und viel von der Bibel spricht, Diana Schaub, Politologin, die vor allem durch Lob für den Ratsvorsitzenden Kass aufgefallen ist, und Peter Lawler vom Berry College in Georgia, der manches über die Unmoral der Abtreibung geschrieben hat. Man wünsche, hieß es aus dem Weißen Haus, »andere Kenntnisse und Erfahrungen«.

Vor allem wünscht man nicht länger durch Wissenschaft gestört zu werden. Seit jenem Tag im Januar 2001, an dem George W. Bush in seinem ovalen Büro Platz nahm, gibt es eine Fülle von Signalen, dass diese Regierung ihren Unterstützern – von den christlichen Fundamentalisten bis zur Großindustrie – mehr Gehör zu schenken gewillt ist als Forschern und Experten.

Was nicht passt, wird passend gemacht. Da verschwindet ein ganzes Kapitel über die Erderwärmung aus dem Jahresumweltbericht. Ein Informationsblatt für die richtige Verwendung von Kondomen zur Aids-Verhinderung wird umgeschrieben, weil gewisse Glaubensbrüder ein Problem mit Verhütung haben. Einem Mikrobiologen wird von Schweinezüchtern die Veröffentlichung seiner Erkenntnisse verboten. Kohlekraftwerke dampfen bis heute ungefiltert vor sich hin. Gut dokumentiert ist auch der Fall des Bergbau-Experten Jack Spadaro, der eine Umweltkatastrophe untersuchte, das Auslaufen von Millionen Liter Giftbrühe in Kentucky im Jahr 2000. Seine Vorgesetzten kamen plötzlich aus der Industrie. Als er sich weigerte, einen verharmlosenden Bericht zu unterschreiben, wurde er aus dem Amt gedrängt. »Das ist die gesetzloseste Administration, die ich je erlebt habe«, sagte er. »Sie hat keine Skrupel.«

Die Attacke kommt nicht allein von den üblichen Verdächtigen, den *liberals,* wie Nichtrepublikaner von den Regierenden abschätzig genannt werden. Mit von der Partie sind auch gut ein halbes Dutzend Senioren aus dem Republikaner-Lager, die das Elend nicht mehr mitansehen mögen – darunter Lewis Branscomb, zu Zeiten Richard Nixons Direktor des National Bureau of Standards, und Russell Train, Chef der Umweltschutzbehörde EPA unter Nixon und Ford. Die Bush-Krieger, sagt Train, seien derart »diktatorisch«, dass viele gute Wissenschaftler aus den Behörden fliehen würden.

In der Tat erfährt die EPA unter Bush ein besonders tristes Schicksal. Schon am Tag der Amtsübernahme ließ der neue Präsident diverse Vorschriften der Clinton-Regierung auf Eis legen. Seither kämpft die Administration mit harten Bandagen für die Interessen ihrer Großspender. Kontrollaufgaben werden zunehmend privatisiert. Die Arbeit an Dutzenden wichtiger Umweltbestimmungen wurde eingestellt, zahllose Gesetze und Verordnungen wurden zum Wohlgefallen der Ölindustrie, der Energiebranche, der Autohersteller, Bergbaufirmen, Gen-Food- und Agrokonzerne verwässert oder abgeschafft.

Das Lachen über Bush und seine »flat-earthers« schwindet

Die Lobbyisten kontrollieren sich selbst. Die Drehtür zwischen Konzernen und Staatsorganen funktioniert perfekt. Ein Netzwerk von Industrieorganisationen und Think Tanks liefert immer mehr Personal für die Aufsichtsbehörden. Schon haben frustrierte Wissenschaftler gekündigt, weil sich die EPA-Leitung beharrlich sträubt, Umweltschutz zu praktizieren. Im letzten Oktober verklagten zehn US-Bundesstaaten die nationale Umweltbehörde, damit sie endlich etwas gegen den ungezügelten Ausstoß von Treibhausgasen unternimmt.

Die Skandalgeschichte der EPA reicht bis in die Zeiten Ronald Reagans zurück. Schon damals regierten große Unternehmen direkt in die Agentur hinein, wurden ihre Lobbyisten flugs zu Abteilungsleitern der Umweltbehörde. Dahinter steckte eine Marktideologie, der alle Regulierungen ein Gräuel sind. Als »Gestapo der Regierung« bezeichnete einmal der republikanische Umweltsprecher Tom DeLay die EPA – als seine Partei gerade in der Opposition war.

Unter Bush junior sind ähnliche Tendenzen unübersehbar. Plötzlich saßen im Expertengremium für Blei-Vergiftungen Wissenschaftler, die von der Blei-Industrie bezahlt werden. Schon zwei Tage nach dem Terrorattentat auf das World Trade Center am 11. September 2001 erklärte die EPA die Luft in Manhattan für völlig unbedenklich. Unabhängige Wissenschaftler dagegen ermittelten Asbest-Werte, die in dieser Rekordhöhe weltweit zuvor nie gemessen worden waren.

Der Regierung aber ist die EPA immer noch zu aktiv. Im Herbst 2003 ersetzte das Weiße Haus EPA-Chefin Christine Todd Whitman durch Michael Leavitt, einen republikanischen Gouverneur aus dem Bundesstaat Utah, der mit

Texas um den allerletzten Platz in Sachen Umweltschutz-Standards ringt. Der Agentur, sagt Ex-Chef Train, sei »wenig oder gar keine Unabhängigkeit« geblieben. Dafür dürften die Amerikaner in Zukunft einen Preis zahlen: »Mit Gesundheitgefährdungen und reduzierter Lebensqualität.«

Bislang verfolgten viele Wissenschaftler das politische Treiben eher amüsiert, machten Scherze über Bush und seine *flat-earthers* – jene Leute, die den Erdball noch immer für eine Scheibe hielten und schon mit der Evolutionstheorie große Probleme hätten. Allmählich aber schwindet der Humor. »Ich bin überzeugt davon«, schreibt die aus dem Ethikrat entfernte Biologin Blackburn, »dass eine aufgeklärte Gesellschaft nur eine gute Politik machen kann, wenn diese Politik auf breitestmöglicher Information und einer vernünftigen, offenen Diskussion beruht.«

Genau dieser Information und Diskussion aber scheint die Bush-Regierung höchst feindlich gesinnt. Immer öfter würde wissenschaftlicher Input »zensiert und verdreht«, findet Neal Lane, Oberhaupt der National Science Foundation in der Ära Clinton, mit »ernsten Folgen für die öffentliche Gesundheit«. In vielen Bereichen, sagt Kurt Gottfried, emeritierter Professor der Cornell University, »hat die Regierung die Qualität des wissenschaftlichen Beratungssystems untergraben – und die Moral des ausgezeichneten Wissenschaftspersonals«. – »Ich kann mich nicht erinnern, dass es je so eklatant war«, beobachtet auch der Princeton-Physiker und Nobelpreisträger Val Fitch. »Nach und nach werden die Fakten verfälscht.«

Die Säuberung des Ethikrates hat die Debatte deutlich verschärft. Prompt bekam die Regierung Post von 200 US-Bioethikern, die ihren »entschiedenen Protest« anmeldeten und befanden, die Glaubwürdigkeit des Rates sei »schwer kompromittiert worden«.

Voraussichtlich in der kommenden Woche will Senator John McCain, Vorsitzender des Senatskomitees für Handel, Wirtschaft und Transport, ein Hearing über den UCS-Bericht abhalten. Der Republikaner ist wiederholt durch offene Worte auch über Fehlleistungen des eigenen Lagers aufgefallen.

Für den Klimaexperten Michael Oppenheimer von der Princeton University steht schon jetzt fest: »Wer an ein rationales Universum glaubt, an Aufklärung, Wissen und die Suche nach Wahrheit, für den ist dieses Weiße Haus ein absolutes Desaster.«

ZEIT-Nr. 13 vom 18. 3. 2004

Der Weltgeist in Harvard

Die amerikanische Elite-Universität versammelt die Besten aller Länder und pflegt die Distanz zu Washington

Von Gunter Hofmann

Also, was genau geschah, als es den Big Bang, den Urknall gab vor 200 Milliarden Jahren? Und passierte es wirklich exakt zu diesem Zeitpunkt? Ein intelligenter Gesprächspartner, plaudert der Professor, habe ihm einmal gesagt: »Was, wenn Gott die Erde vor 650 Milliarden Jahren schuf, es aber so aussehen ließ, als sei sie erst vor 200 Milliarden Jahren entstanden?« – »Wir beide«, sagt er, »haben herzlich gelacht.« Damit beginnt es, mit ganz grundsätzlichen, großen Fragen.

Wie schaffen wir einen bewohnbaren Planeten? heißt eine Vorlesung am Science Center der Harvard University in Cambridge bei Boston. Naturwissenschaftler, nicht etwa Theologen skizzieren die Grundidee so: »Warum sind wir hier? Gibt es andere als uns, die man andernorts finden könnte? Die Religion sagt uns, Gott habe uns geschaffen. Die Wissenschaft behauptet, der Schöpfer heiße Zufall. Weder Theologen noch Wissenschaftler sind ganz glücklich mit diesen banalen Antworten. Beide ringen um genauere Einsichten. Sind wir die einzigen Mündel Gottes, nur wir? Hat der Zufall an anderer Stelle auch erfolgreich gewirkt?«

Von einem »deutschen Harvard« ist zurzeit die Rede, als ließe sich das einfach kopieren. Hier geht es um ein anderes Harvard, nicht um die Erziehungsinstitution mit ihren immensen Vorzügen und verborgenen Schattenseiten, sondern um den mentalen Mikrokosmos. Kaum angekommen, stellt sich das Gefühl wieder ein, vieles sei vertraut, auch geistesverwandt, offen, und auf den ersten Blick glaubt man, diese Welt der Aufklärung, der Kommunikation und der Differenziertheit zu kennen. Das Europäische an Amerika, das Amerikanische an Europa, hier kam es ja traditionell und geradezu idealtypisch zusammen in den Werken von Max Weber, Jacques Derrida und Walter Benjamin neben denen der amerikanischen Pragmatiker von John Dewey bis Richard Rorty. Nur sehr allmählich entschlüsselt sich, wie das kommt, dass man sich zu Hause und fremd zugleich fühlt.

Große Fragen stellen, die aber auch zeitgenössisch sind und vielleicht helfen, die »Schlagzeilen bei der Zeitungslektüre« besser zu verstehen – nicht nur die Evolutionsbiologen halten es so, auch die Ökonomen oder die Moralphilosophen. Bei einem von ihnen, Michael Sandel, geht es um »Gerechtigkeit«. Ein Schiff ist gekentert, fünf Menschen haben sich in das Rettungsboot geflüchtet, sie leiden Hunger. Der Utilitarist Jeremy Bentham hat das Beispiel vor zwei Jahrhunderten durchgespielt. Einer der fünf Havarierten wird krank. Die Frage an das Auditorium lautet, ob der ohnehin Sterbenskranke getötet werden darf, damit vier überleben. Darf's im Zweifel auch ein bisschen präemptiver Kannibalismus sein?

»*Desperate times, desperate measures!*«, verzweifelte Lagen erlauben verzweifelte Mittel, erwidert einer der Studenten spontan, einer von tausend, die im traditionsreichen Sanders-Theater der Vorlesung über *Moral Values* (moralische Werte) folgen. Was pragmatisch ist, ist gut. Der Zeitgeist fasst sich kürzer als Bentham.

Das religiöse Amerika im Dialog mit dem gottlosen Europa

Nächste Stunde. Für einige Sekunden wird das Licht heruntergedimmt, der Professor kommt aus der Tiefe des Raumes, Scheinwerfer an. Vier Söhne von Kongressmitgliedern, erläutert er, haben beim Militär gedient. Von tausend Princeton-Studeten sind es gerade drei. Was würde John Locke dazu sagen, wenn eine Regierung sich das Recht herausnimmt, jemanden ohne dessen Zustimmung in die Armee einzuziehen oder gar in den Krieg abzukommandieren? Locke war ein liberaler Philosoph, aber kein Libertärer, auch der Staat hat Rechte, und der Einzelne hat Pflichten. Und ist ein System »gerechter«, in dem nur Freiwillige zum Militär gehen, wie es 1973 in den USA eingeführt wurde? Das Problem ist, dass auch dieses Freiwilligen-

Militär nicht wirklich freiwillig ist, um eine »Armee der armen Leute« und besonders der Schwarzen hat es sich schon im Vietnam-Krieg gehandelt, und heute ist das nicht grundsätzlich anders. Man erfährt nicht nur etwas über Bentham, Kant oder Locke, sondern wie beiläufig auch, dass Ungleichheiten von Einkommen und Wohlhabenheit im Hintergrund die »Gleichheit« selbst bei angeblich freiwilligen Entscheidungen unterminieren.

»Ungleichheiten« oder »Ungerechtigkeiten« werden sorgsam unter die Lupe genommen, oft genauer und kritischer, als man von außen wahrhaben will. Die Unvoreingenommenheit ist enorm, mit der gelehrt und gesucht wird. Je näher man sich darauf einlässt, umso stärker drängt sich allerdings auch die Frage auf, weshalb Ungleichheiten, sei es zwischen Weißen und Farbigen oder zwischen Wohlhabenden und Armen, nicht wirklich zum großen, öffentlichen Thema in den USA werden. Der »Egalitarismus«, so sieht es aus, bleibt ein Versprechen, das einzulösen sich jeder Einzelne immer noch bemühen kann. Und dieses Versprechen nimmt mancher Kritik, so gnadenlos sie auch ausfallen mag, den Stachel.

Ist das der gefährlichste Mann Großbritanniens? Auf der Leinwand hoch an der Stirnseite des Auditoriums erscheint das Faksimile einer englischen Zeitung mit dieser Schlagzeile. Darunter das Konterfei eines grauhaarigen Lockenkopfes, dem man ansieht, dass Darstellung und Selbstdarstellung für ihn zwei Seiten einer Medaille sind: Richard Dawkins. Weltweit erregt er als Evolutionsbiologe Aufmerksamkeit. In Oxford ist er Professor of the Public Understanding of Science, was das wahre Metier des Neodarwinisten ziemlich genau beschreibt. Tout Harvard eilt zu dem Gast. »Die Wissenschaft der Religion« und »Die Religion der Wissenschaft« lauteten seine Themen. In seinem jüngsten Opus hat er sich selbst zum Thema gemacht: »Richard Dawkins, ein Kaplan des Teufels«.

Er macht es sich mit der Abwicklung der Religion einfach, entschieden zu einfach, muss man schon sagen. Ob mit seinem Wissenschafts- und Evidenzbegriff aber nicht auch die Sozial- und Geisteswissenschaften insgesamt unter den Tisch gekehrt werden, will der Präsident von Harvard, Larry Summers, von dem Gast wissen. Der druckst ein bisschen herum. Wehe, man glaubt Dawkins nicht! Was er denkt und wie er die Welt enträtselt zu haben glaubt, das ist offensichtlich modern oder Mode. Der Angriff der Evolutionstheoretiker und Gehirnforscher trifft Philosophie und Kunst, vor allem aber die Religion. Ein schillernder, selbstgewisser Neodarwinismus macht sich, den Eindruck gewinnt man jedenfalls hier, an US-Universitäten breit. Auf der anderen Seite – in der Politik und Gesellschaft – erleben Religion und Frömmigkeit eine Renaissance sondergleichen.

Es fällt schwer, den Wucherungen des evangelistischen Fundamentalismus bis hinein in die Politik Washingtons zu folgen. Die demonstrativ »Wiedergeborenen« im Weißen Haus wirken, mit europäischen Augen betrachtet, auch rasch bigott. Im Vergleich erscheint dann der biologische Rationalismus, der das »Wesen« des Menschen entschlüsselt zu haben glaubt und auf seine spezifische »Evidenz« einschwört, geradezu intellektuell anspruchsvoll. Und doch empfindet man die Frage mancher Amerikaner als durchaus legitim, weshalb wir Europäer, nicht zuletzt die Linke in Europa, oft mit so viel Herablassung auf das »Religiöse« in der amerikanischen Gesellschaft blicken. Die Abschaffung der Religion und deren Wiedergeburt: Es sieht so aus, als wären es zwei Seiten einer Medaille. Und wenn es so wäre, warum sollten sich solche Suchbewegungen, der Angriff der Metaphysik auf die moderne Wissenschaftlichkeit einschließlich einer Renaissance des Irrationalen, auf Amerika beschränken? Es könnte gut sein, dass sich etwas Vorläuferhaftes darin abzeichnet, das auch uns in Europa angeht.

Die Kirchen in Europa stehen leer, selbst an Feiertagen. In den Staaten sind sie immer gut besucht. Jeder dritte Amerikaner geht sonntags zum Gottesdienst, in Europa, mit Ausnahme Polens, jeder zwanzigste. Selbst im Wahlkampf wird Religiosität ein Thema. Und in die Fernsehserien werden religiöse Motive montiert, man geht mit der Zeit. Als Waffe gegen die säkularisierten Europäer, voran die Franzosen, wird Religion ohnehin schon benutzt. Weit ist das Argument vom Vorwurf des gottlosen, heidnischen Europa nicht mehr entfernt. So denken sie jedenfalls ein paar hundert Meilen weiter, drüben in Washington, und mit solchem Missionaris-

Wallfahrtsort der geistigen Elite: Harvard University und ihre anglikanische Kirche

mus gehen die ideologischen Scharfmacher auch auf dem Campus hausieren.

Ganz anders klingt es bei einem Gespräch von Intellektuellen in Wellfleet (Cape Cod) – aber um »Religion« kreist ihr Denken eben auch. Es gebe eine interessante biblische Parallele zu dem Bemühen in Washington, gibt Robert Jay Lifton zu bedenken: Zuerst müsse man alles zerstören, wenn man wiedergeboren werden und das ewige Leben gewinnen wolle. Armageddon müsse der Wiedergeburt vorausgehen. Lifton ist Psychoanalytiker, den Bücher über Hiroshima und Vietnam berühmt gemacht haben, mit apokalpytischen Visionen und Traumata ist er bestens vertraut. Die »radikale Rechte«, die jetzt regiere, zählt er zu diesen Apokalyptikern, die sich als Vollstrecker eines höheren Willens empfinden.

»Virtuelle Realität«, wirft Norman Mailer ein, für ihn sei das der Kern des Problems, George Bush bewege sich in einem virtuellen Reich, und darin erscheine jeder Schritt konsequent und wahr. Er spiele nicht, er lebe »in dem Spiel«. Dort gibt es nur wenige Optionen. Eine höhere Autorität gibt die Parameter vor. Bush glaube, Gott zu folgen. Alle geschlossenen ideologischen Systeme, hält Lifton dagegen, bewegten sich in einer virtuellen Realität, nur werde sie jetzt in den Dienst Gottes gestellt. Ein »Phänomen des 21. Jahrhunderts« sieht Norman Mailer darin, und beim Sprechen denkt er laut nach, sucht, nimmt zurück, eine ganz ungewöhnliche Mischung aus Selbstsicherheit, Erfahrung und Neugier, »darin bewegen wir uns, es führt uns aus dem Chaos«. »Der Fundamentalismus«, sinniert er, »ist doch ein Weg, dich vor dem Chaos zu bewahren.« Er fährt kein schweres Geschütz auf gegen »die« in Washington, obwohl sie ihm nicht geheuer sind, er variiert auch nicht Michael Moore, ganz offensichtlich will er – begreifen. »Ihr Begriff vom Tod«, sagt Lifton im Blick auf die Politikergeneration, »ist eine Projektion der Ewigkeit.« Zur Definition ihrer Macht gehöre, dass sie über den Tod, über das Töten gebieten können. Ein Gespräch über Glauben und Tod, Schreiben und Leben, denkt man auf dem Weg zurück nach Harvard, wie man es unter Intellektuellen in Europa wohl kaum zu hören bekommen hätte.

Es findet in Harvard aber auch eine ganz andere Metamorphose statt, ohne die der Zeitgeist schlecht zu erklären ist. An dieser »Elite-Universität«, die das Etikett wirklich verdient, hatte man noch den liberalen Philosophen John Rawls oder den Konservativen Robert Nozick erlebt, Karl W. Deutsch und Carl Joachim Friedrich, beide Politikwissenschaftler, hier unterrichteten oft »europäisch« orientierte oder in beiden Welten aufgewachsene Lehrer. Viele von ihnen waren als europäische Juden vor den Nazis in die USA geflüchtet, teils zurückgekehrt, manche pendelten zwischen der Alten und Neuen Welt. Es waren intellektuelle Leuchttürme, die man vor Augen hat, und die häufig im weitesten Sinne etwas vom »Westen« verkörperten. Es ist keineswegs bloß Nostalgie, wenn man danach fragt, welche Gelehrten die Generation von heute prägen. Es deklassiert auch niemanden. Der Ort glänzt weiterhin mit viel Kompetenz. Aber auf die Frage, wen man »hören« müsse, wer »Schulen« bilde und produktiven Streit auslöse, erhält man auffallend vorsichtige, verhaltene Antworten.

Mit Erfolg hat Harvard jüngst beim benachbarten MIT Steven Pinker *(The Blank Slate: The*

Modern Denial of Human Nature) abgeworben, einen jungen Psychologen, Soziolinguisten und Evolutionstheoretiker, der rasch weltweit zum Star wurde; einer jener Generation, die meint, die Geheimnisse der Menschheit doch demnächst gelöst zu haben, womit Religion, Kunst oder Philosophie doch irgendwie überflüssig werden. Bewusstsein und Verhalten sind ja letztlich nur das Ergebnis genetischer Ausstattung und natürlicher Selektion.

Harvard wäre nicht Harvard, hätte es nicht wiederum auch jemanden wie Louis Menand *(The Metaphysical Club)* »erworben«, einen jener Geisteswissenschaftler, die sich so kompetent wie kritisch mit der »Generation Pinker« anlegen. Die Evolutionspsychologie sei nicht wirkliche Psychologie, lautet seine Gegenthese, weil ihrem Wissenschaftsbegriff zufolge Wissenschaft nicht verstehen kann, was sich nicht messen lässt. Die reine Tatsache beispielsweise, dass jemand nachweisbar über Angst-Gene verfüge, determiniere jedoch nichts vom Verlauf seines Lebens – bewiesen ist also zunächst einmal gar nichts. Evolutionsbiologie sei eine »Philosophie für Gewinner«, die genutzt werden könne, um jedes Ergebnis zu rechtfertigen. Ja, so hatte man auch Richard Dawkins verstanden.

Zunächst einmal erinnert das an eine unvergleichliche Stärke Harvards: Es gibt kein Gift ohne Gegengifte, und die Fähigkeit zur Produktion solcher Gegengifte ist noch immer enorm, jedenfalls hier. Auf Louis Menands Seite sind die stärkeren Argumente. Auf Steven Pinkers Seite, einem halbierten Rationalismus, sind vermutlich aber die stärkeren Bataillone der »Moderne«.

Mal offen, mal unausgesprochen kreist am Ende aber alles um eine viel größere Frage, zumindest hier, nämlich um die amerikanische Identität: Nicht nur liberale Geister wie Nancy Rosenblum, die optimistisch im Multikulturellen der Zivilgesellschaft die Chance zum »Gemeinsamen« entdeckt, gerade auch Konservative wie Samuel Huntington suchen nach dem Verbindenden; bei den Kulturkritikern kommt es eher aus dem Befund heraus, dass die Gesellschaft überlastet wird von denen, die sich (wie die Latinos) nicht wirklich zur amerikanischen Identität bekennen.

Demonstrative Einladung an französische Politiker

Die Pointe aber ist überraschend, und man traut seinen Ohren nicht: Unvermittelt nämlich wird Europa, mitten in Harvard, in Washington würde es anders klingen, zum Modell. In Europa, so Nancy Rosenblums Argument, werde vorgeführt, wie »eine neue Identität konstruiert« wird. Darauf läuft aus ihrer Sicht der Vorschlag von Jürgen Habermas und Jacques Derrida hinaus, die vom Geburtsmoment einer europäischen Öffentlichkeit sprachen, die sich gegen den Irak-Krieg formierte. Sie versteht das – richtig, denkt man im Stillen – als Impuls, aus freien Stücken heraus zu definieren, was »wir Europäer« heißt. Man muss weit reisen, um ein derart unvoreingenommenes, sympathisierendes Urteil über diesen Vorschlag zu hören.

Bei europäisch denkenden Intellektuellen wie ihr, aber auch bei amerikanischen Intellektuellen, die den Vorgaben der Politik nicht folgen und Europa nicht mit aggressiver Herablassung strafen, hört man inzwischen, jedenfalls gelegentlich, eine überraschende Melodie heraus: dass nicht nur Europa von dem vielfältigen, heterogenen Amerika, sondern umgekehrt Amerika auch von dem auf andere Weise vielfältigen und heterogenen Europa lernen könne.

Feind Frankreich? In Harvard ist davon nichts zu spüren, ganz im Gegenteil, fast demonstrativ, als wolle man sich von Washington absetzen, werden Valerie Giscard d'Estaing und Lionel Jospin oder andere französische Gäste wie Pierre Hassner willkommen geheißen. Sie sprechen vor übervollen Sälen und unvoreingenommenem Publikum. »Wir Franzosen«, sucht Jospin zu erklären, was in den USA so gern als französischer Antiamerikanismus gilt, »wir lieben Amerika so sehr, dass es uns drängt, an die Differenzen zu erinnern.« Im Übrigen lautet sein salomonischer Rat: »*Wir* sollten nicht der Nostalgie der Macht, *sie* sollten nicht der Euphorie der Macht nachgeben.«

Ähnlich Giscard: Die Europäer haben begriffen, dass sie mit ihrer Verfassung weder mit Jefferson noch mit dem Gründungsakt der amerikanischen Verfassung konkurrieren können, bekundet er zunächst einmal Respekt. Nein, es entstehe auch kein konföderativer Europa-Staat wie Amerika, wiegelt er ab. Und schon gar nicht formiere sich Europa »gegen« jemanden. Wir vergessen allerdings auch nicht, merkt Giscard sodann am Rande noch an, »dass ihr Amerikaner zu dem Zeitpunkt, als eure Verfassung entstand, euer britisches Problem schon gelöst hattet«. Zwischen den Zeilen kann man auch bei ihm eine andere Botschaft herauslesen: dass nämlich Europa sehr wohl eine »Vision« vor Augen habe, auch wenn sich das nicht mit der amerikanischen Nation vergleichen lässt.

Selbst für Bronisław Geremek, der gleichfalls ein Gastspiel gibt, gilt, dass er hier vor allem als »Europäer« erscheint, erst in zweiter Linie als Pole. Wer sich nicht auseinander dividieren lassen möchte in Neu oder Alt, in »gute« oder »schlechte« Europäer, muss zunächst einmal die Grundmelodie klarmachen. »Polen ist ein europäisches Land.« Es zähle zum alten Europa. Washington, melancholiert der Warschauer Historiker, Solidarność-Kopf und Außenminister a. D., scheine an einer Spaltung des Kontinents gelegen zu sein, aber er sei sich sicher: Ein geeintes Europa liege weiterhin im Interesse der Vereinigten Staaten.

Keine Kritik von außen kann so genau und scharf sein wie die, die in fast sämtlichen strittigen Fragen vor allem von innen kommt. Amerika hat Europa – ja, noch immer – voraus, dass es mit den vielen Herkünften, dem Heterogenen und den Fremden, besser umzugehen gelernt hat. Sicher, in der Außenwelt bröckelt der Konsens, in der Binnenwelt aber hinter den gepflegten Backsteinfassaden schlägt sich das als Identitätssuche nieder.

Amerika hat Modernisierungsprobleme – ebenso wie Europa. Beide erscheinen schwach, nicht zum ersten Mal. Amerika hat seine normative Autorität eingebüßt, Europa hat seine tradierte Ausnahmestellung, sein Exzeptionelles, verloren. Aber beide waren auch schon einmal auf überzeugendere Weise schwach, dann haben sie sich wenigstens zugehört, wenn nicht voneinander gelernt. In *Atlantic Crossings,* einer Untersuchung des Historikers Daniel T. Rodgers über soziale Modernisierung Anfang des 20. Jahrhunderts, lässt sich wunderbar nachlesen, wie es die Amerikaner nach Europa, die Europäer nach Amerika trieb, hin und her und her und hin, um das eigene Fortschrittsverständnis zu schärfen.

An einem Beispiel hat der *New Yorker* klarzumachen versucht, worin das Modernisierungsproblem besteht: »Die Vereinigten Staaten unterstützen viel von der weltbesten Klimaforschung, aber keine andere entwickelte Nation nimmt das Ergebnis so wenig ernst.« Es ist dieser Satz, der in Harvard nicht aus dem Kopf will. Steckt darin nicht doch die Erklärung für das merkwürdige Nebeneinander von Stärke und Schwäche, auf das man so häufig stößt? Sie wissen enorm viel, sie wissen es besser. Aber die Kluft zwischen kritischer Selbstwahrnehmung und abgehobenem Besserwissen, zwischen Wissen und Tun, könnte größer kaum sein als in den Vereinigten Staaten, und das gilt nicht nur für die Klimaforscher.

ZEIT-Nr. 13 vom 18. 3. 2004

Freiheit für die Universität

In den Vereinigten Staaten hat es nie eine staatliche Hochschulreform gegeben, die Universitäten verdanken ihre Qualität allein dem Wettbewerb

Von Christoph Wolff

Der Verfall der deutschen Universität – einst Vorbild für die ganze Welt – hat sich seit Generationen angebahnt. Er begann mit der Anbiederung der Universitäten an das Naziregime und ihrer damit vollzogenen Selbstentmündigung. Seit sich die Hochschulen freiwillig in Gefangenschaft begeben haben, ist ihre staatliche Bevormundung zur Selbstverständlichkeit geworden. Sie haben sich im Guten wie im Bösen darauf eingerichtet. In diesen geldknappen Zeiten hört man aus den Universitäten allenthalben dissonante Klagelieder – von seiner hoch entwickelten Empfängermentalität jedoch sagt sich der initiativenarme Habenichts nicht los. Denn die meisten Reformvorschläge – Bachelor-Studiengänge, Juniorprofessuren, Studentenauswahl und neuerdings das Gerede von Elite-Universitäten – kommen fast ausnahmslos von staatlicher Seite oder außeruniversitären Einrichtungen.

Immer mehr wird die Universität zum Spielball politischer Organe. Zu den wenigen Konstanten der Hochschulreform-Diskussion gehört die geradezu obligatorische Bezugnahme auf das amerikanische »Hochschulsystem«, auf das sich nahezu alle Neuerungsbemühungen in Deutschland berufen und aus dem nur allzu gern einzelne Elemente importiert werden. In den Vereinigten Staaten aber hat es eine organisierte, geschweige denn verordnete Hochschulreform nie gegeben. Schon von einem System zu sprechen ist falsch, weil es die vielen Formen der *higher education* nicht ausdrückt. Der Begriff Hochschullandschaft trifft die Sache besser, und diese umfasst mehrere tausend staatliche und private Hochschulen unterschiedlicher Typen – vom Community College bis zur Forschungsuniversität. Diese stehen im permanenten Wettbewerb um Ideen, Mittel, Forscher und Studenten, dem eigentlichen Motor aller Veränderungen.

Niemals hat es darum den Versuch gegeben, Elite-Universitäten zu gründen oder bestehende Institutionen zu solchen zu machen. Diejenigen amerikanischen Institutionen, die man in Deutschland dafür hält, sind aus eigener Kraft zu dem geworden, was sie sind. Auch lassen sie sich keinesfalls auf eine Hand voll reduzieren. Nicht nur Harvard und Stanford gehören zu den führenden Universitäten, sondern unter den privaten Institutionen ebenso Yale, Princeton, Columbia, Cornell, Pennsylvania, Chicago, MIT und CalTech sowie unter den staatlichen die University of California und die University of Texas. Auch die Big Ten des Mittleren Westens, angeführt von Michigan, darf man nicht vernachlässigen. Sie haben alle verschiedene Departments aufzuweisen, die in den nationalen Rankings hoch angesiedelt sind. Worin aber bestehen Voraussetzungen und Bedingungen des Erfolgs amerikanischer Hochschulen?

I. Administrative Autonomie. Weder die privaten noch die staatlichen Hochschulen unterstehen der Kontrolle einer Ministerialbürokratie. Die Aufsicht führt ein unabhängiger Verwaltungsrat, Board of Trustees genannt. Auch in Deutschland gibt es inzwischen vergleichbare Gremien, doch werden sie von politischen Vertretern und Wirtschaftslobbyisten dominiert. In den USA stammen ihre Mitglieder vorwiegend aus den Reihen ehemaliger Studierender. Sie haben eine innere Beziehung zu ihrer Hochschule, wodurch das individuell gewachsene Profil der Universität bewahrt wird. Der Stolz der Alumnen auf ihre Alma Mater bildet die wichtigste Triebkraft im Streben nach Qualität.

II. Akademische Selbstverwaltung. Hierzulande inzwischen ein leeres Schlagwort, bedeutet es in der amerikanischen Universität vor allem ein gemeinsames Erarbeiten der Lehrpläne und Studienordnungen. Diese beruhen auf bewusst gepflegten Eigenarten der Hochschule und sind deshalb von Universität zu Universität sehr unterschiedlich. So hat Yale ein anderes Lehrprogramm als Columbia, wie auch Princeton sich deutlich von Chicago oder Berkeley absetzt. Bei allen Neuerungen und Experimenten steht immer wieder die entscheidende Frage im Mittelpunkt: Was sollte ein Student heute wissen müssen? Wie ist dieses Wissen am besten zu vermitteln? In Deutschland wird diese Frage kaum gestellt. Im Educational Policy Committee der Harvard Faculty of Arts and Sciences stecken in monatlichen Sitzungen 15 Professoren der Natur-, Sozial- und Geisteswissenschaften ihre Köpfe zusammen und beraten gemeinsam immer wieder aufs Neue Studieninhalte, Lehrmethoden und die Heranführung der Studenten an empirisches Forschen.

III. Breiter Fächerkanon. Die deutsche Diskussion um Elite-Universitäten hat eine Schlagseite in Richtung Natur- und Technikwissenschaften. Gewiss ist der Bedarf an guten Absolventen hier besonders groß, das Tempo des Erkenntnisfortschritts atemberaubend, und die Kosten sind abenteuerlich. In den USA ist dies genauso. Dennoch spürt man hier ein größeres Bemühen um Ausgewogenheit im Fächerspektrum. So gilt in Harvard die Maxime: Wenn das Fach Philosophie nicht optimal vertreten ist, leiden alle anderen Fächer darunter. Selbst eine technische Universität wie das MIT hat exzellente Programme in Musik und Kunst, dazu eine der besten Business-Schools.

IV. Finanzielle Eigenverantwortung. Keine der staatlichen Universitäten in den USA ist ohne private Geldquellen lebensfähig; keine private Hochschule in den USA, und sei sie noch so wohlhabend, kommt ohne staatliche Förderung aus. Die Mischung aus privaten und staatlichen Mitteln erzeugt eine besondere Dynamik in der Finanzierung der Universitäten. Alle Universitäten haben so genannte Development-Büros zur aktiven Einwerbung von Stiftungen, Spenden und Drittmitteln. Hier gilt die Fundraising-Faustregel, dass man eine Viertelmillion selbst investieren muss, um eine Million einzuwerben. So ist das Development Office von Harvard ein Multimillionen-Unternehmen mit Zweigstellen im ganzen Land und globalem Zugriff auf mehr als 300 000 Alumnen.

V. Studiengebühren und Stipendien. Amerikanische Eltern und Studenten wissen, dass eine Hochschulausbildung sehr viel kostet. In den 1990er Jahren hat McKinsey errechnet, dass die Ausbildung eines Studenten in Harvard je nach Fach 38 000 bis 45 000 Dollar pro Jahr kostet. Die reinen Studiengebühren betrugen damals etwas über 20 000 Dollar, deckten also etwa die Hälfte der Kosten. Kein Studienbewerber wird jedoch allein wegen fehlenden Geldes abgelehnt. Dafür sorgt die *need-blind admission,* wie sie an vielen Hochschulen üblich ist: Die Studenten müssen ihre finanziellen Verhältnisse erst offen legen, nachdem sie aufgrund ihrer akademischen Leistungen zugelassen worden sind. Für bedürftige Studenten existieren ausgedehnte Stipendienprogramme. Das jährliche Stipendienbudget der Harvards Faculty of Arts and Sciences beträgt derzeit über 90 Millionen Dollar bei knapp 10 000 Studenten. Im Harvard College beziehen rund 70 Prozent der Studenten ein Stipendium, in der Graduate School of Arts and Sciences trägt die Universität die Studiengebühren und Lebenshaltungskosten für alle Studenten – ein jährliches Paket von circa 40 000 Dollar pro Kopf. Trotzdem bekommen alle Studenten die Rechnung präsentiert, damit sie wissen, was ihr Studium kostet. In der deutschen Diskussion um die Elite-Universität dagegen spielen Stipendienprogramme bislang kaum eine Rolle. Doch gerade Spitzenhochschulen muss die Förderung des qualifizierten Nachwuchses besonders am Herzen liegen.

VI. Studentenauswahl. Es gibt in Amerika keinen Numerus clausus und keine zentrale Vergabe von Studienplätzen. Die Hochschulen regeln den Zugang selbst, bestimmen damit ihre Kapazität und Größe und berücksichtigen dabei auch marktwirtschaftliche Aspekte. Die Spitzenuniversitäten rekrutieren ihre Bewerber in einem landesweiten wie auch internationalen Wettbewerb und prüfen die Qualifikation und Motivation der Interessenten oft in persönlichen Interviews. Wichtig ist in diesem Zusammenhang die internationale Komponente. So liegt der Anteil internationaler Studenten unter den Harvard-Doktoranden heute bei 40 Prozent. Die amerikanischen Universitäten haben bewusst – nicht unbedingt zum Entzücken der Regierung in Washington – eine globale Mission übernommen. Zwar können nur wenige Bewerber damit rechnen, einen Platz in einer bevorzugten Institution zu finden. Dennoch gibt es in der Hochschullandschaft ausreichend Alternativen, sodass niemand ausgeschlossen bleibt. Am Anfang des Studiums steht damit gleichsam ein Vertrag auf Gegenseitigkeit: Hochschule wie Student haben sich füreinander entschieden – eine wesentliche Voraussetzung für produktives Miteinanderarbeiten und eine geringe Abbrecherquote.

VII. Proporz von Lehrenden und Lernenden. Die amerikanischen Universitäten haben von Anfang an auf einen verhältnismäßig großen Lehrkörper Wert gelegt und sich nie am alten deutschen Ordinariatsprinzip orientiert. Diese Tatsache wirkt sich entscheidend auf die Qualität der Ausbildung aus. In den besonders günstig gelagerten Fällen von Harvard, Yale und Princeton liegt das Verhältnis von Studenten zu Professoren in der jeweils größten Fakultät, der Faculty of Arts and Sciences, bei 13 : 1, 11 : 1 sowie 9 : 1.

VIII. Einheit von Forschung und Lehre. Das neuhumanistische Ideal wird an deutschen Universitäten eher rhetorisch als praktisch gepflegt. Dies liegt auch darin begründet, dass die Spitzenforschung seit langem in außeruniversitäre Institute (die meisten von der Max-Planck-Gesellschaft) ausgelagert ist, die mit den Universitäten nur locker verbunden sind. Hingegen bieten naturwissenschaftliche Departments in den USA, die es mit den führenden Spezialinstituten in Deutschland gut aufnehmen können, den Vorteil, selbst junge Studenten an hochkarätige Forschung heranführen zu können. So hält der Chemie-Nobelpreisträger Dudley Herschbach in Harvard jedes Jahr eine Vorlesung für Studienanfänger, die eben von der Schulbank kommen – welch aufregender Studienbeginn.

IX. Erwachsenenbildung. Das von deutschen Universitäten missachtete Gebiet wird von den meisten Hochschulen der USA stark gepflegt. Programme für Erwachsene, die bereits im Beruf stehen, bilden eine wichtige Einnahmequelle. Harvard hat bereits im 19. Jahrhundert eine *Extension Division* errichtet, eine Art Volkshochschule, die rasch zum Vorbild anderer Universitäten wurde. So sind die Vorlesungsräume in den Abendstunden mit motivierten Zuhörern gefüllt, und Doktoranden wie jüngere Dozenten können selbstständig Kurse anbieten.

X. Vielfalt des Hochschulangebots. Im Rahmen der beschriebenen Charakteristika des amerikanischen Hochschulwesens hat der Wettbewerb zu einer Vielfalt geführt, die weltweit einzigartig ist. Jede Institution – ob Mädchencollege oder Hochschule für Taubstumme, regionale State University oder internationale Forschungsuniversität – bedient unterschiedliche Bedürfnisse in Forschung und Lehre. Diese Fülle der Angebote ist der eigentliche Reichtum der höheren Bildung in den USA. Um die unübersichtliche Landschaft zu ordnen, setzte die Carnegie-Stiftung in den späten sechziger Jahren eine Kommission ein, um die unterschiedlichen Hochschultypen zu klassifizieren. Nach sorgfältigen Definitionen entwarf man eine mehrstufige Klassifizierung mit genauen Zuordnungen, die seither regelmäßig überprüft und aktualisiert werden, weil jede Institution ihre Stellung halten, wenn nicht verbessern will.

Die hochschulpolitischen Akteure in Deutschland, die sich nach Stippvisiten als Experten des amerikanischen Hochschulwesens ausgeben, sind oft beeindruckt von dem, was sie von außen beobachten. Den inneren Zusammenhang jedoch verstehen sie kaum. Sowenig sich ein Bachelor-Studium ohne Sinnentstellung aus den USA übernehmen lässt, lassen sich Elite-Universitäten auf Kommando schaffen.

Doch auch schlechte Einfälle haben oft gute Seiten. Elite ist nun kein verpöntes Wort mehr in Deutschland. Um Forschung und Bildung voranzutreiben, braucht es nun einmal Zugpferde. Diese funktionieren nur, wenn sie ihrem Gespann nicht davonlaufen, sondern jene im zweiten und dritten Glied mitziehen. Das deutsche Hochschulwesen ist jedoch alles andere als ein funktionierendes Gespann. Es wird gelähmt durch die Negativfolgen einer Abhängigkeit von bundes- und landesweiten Rahmenordnungen, Beamtengesetzen, politisch gewolltem Massenbetrieb und durchgängiger bürokratischer Reglementierung. Zudem blasen die politischen Postillione in alle Richtungen. Dem Professorat sind die Zügel längst entglitten. Wichtiger als die Forderung nach Elite-Universitäten ist es, die Hochschulen aus ihrer Gefangenschaft in die Freiheit zu entlassen, damit sie zu neuer Mündigkeit finden können. Sie müssen selbstständige Ideen entfalten und dürfen sich nicht allein an importierten Mustern orientieren.

ZEIT-Nr. 17 vom 15. 4. 2004

Die Tyrannei des Wir

In seinem großen Roman »Der menschliche Makel« dramatisiert der Schriftsteller Philip Roth den unlösbaren Konflikt zwischen Individuum und Gesellschaft

Von Ulrich Greiner

Dieser Roman ist ein Meisterwerk. Er ist aufregend, erhellend, erschütternd. Er zielt mitten ins Herz der amerikanischen Gesellschaft, aber er betrifft uns alle. Der »menschliche Makel« (*The Human Stain*) ist nur ein anderes Wort für die Erbsünde, für das von Beginn an Vermischte, Unreine, Verfehlte des Menschen. Nie kann er im Reinen mit sich selbst sein. Es bleibt immer ein untilgbarer Fleck.

Die handzahme Krähe wird von ihren wilden Artgenossen verjagt, weil sie den Makel trägt, unter Menschen zu leben. Faunia Farley, die sich mit der Krähe angefreundet hat, trägt einen anderen Makel. Sie ist Putzfrau, aber sie stammt aus besseren Kreisen, denen sie entfloh, weil sie als Kind missbraucht wurde. Nun führt sie ein erbärmliches Leben, ganz unten, dort, wo die Gesellschaft jenen Dreck hinterlässt, den keine Attitüde, kein Herkommen, kein Wohlstand mehr tarnt. Sie spricht mit der Krähe und denkt: »Der Makel ist untrennbar mit dem Dasein verbunden. Er ist in jedem. Darum sind all diese Reinigungen ein Witz. Noch dazu ein barbarischer. Die Fantasie der Reinheit ist ekelhaft. Was ist denn das Streben nach Reinheit anderes als eine weitere Unreinheit?«

Schicksale prallen aufeinander

Coleman Silk, seines Zeichens Altphilologe und Emeritus in einer kleinen Stadt an der Ostküste, vormals Dekan am dortigen Athena College, erliegt diesem Streben nach Reinheit. Wie seine Geliebte und Freundin Faunia verleugnet auch er seine Herkunft. Er ist schwarzer Abstammung. Da er aber hellhäutig ist, außerdem hoch begabt, gibt er sich als Weißer, als Jude aus und macht Karriere. Diese Lüge wird sich rächen.

Am Athena College lehrt auch Delphine Roux, jung, hübsch, ehrgeizig, mit allen Wassern modischer Theorien und politischer Korrektheit gewaschen. Auch sie hat einen Makel: Sie entstammt einer in Traditionen erstarrten französischen Familie. Hier in Amerika entwirft sie sich selber neu: als emanzipierte Frau, die es ohne Männer und ohne fremde Hilfe zu etwas bringt. Sie ist einsam, dünkelhaft und nicht ohne Tücke. Sie hasst Coleman, aber sie liebt ihn.

Dann gibt es noch Les Farley, geschieden von Faunia, Straßenbauarbeiter, Alkoholiker, schwerer Psychopath. Sein Makel besteht darin, dass er in Vietnam war, einem Albtraum, aus dem er nie wieder erwacht. Am Ende wird er Coleman und Faunia umbringen. Aber dieses Ende ist keine Überraschung mehr.

Vier Hauptpersonen, vier Schicksale, die sich kreuzen, Biografien, die aufeinander prallen; derart unausweichlich, dass Menschen sterben müssen; derart brutal, dass Coleman und Faunia und Delphine die eigene Herkunft in sich abtöten; derart finster, dass Les, der das Verrecken seiner Kameraden hat erleben müssen, im hellsten Augenblick seiner Umnachtung erkennt, dass er eine lebende Leiche ist.

All das ereignet sich in jenem Land, dessen Verheißung *the pursuit of happiness* ist, die Chance, dass ein jeder aus sich machen könne, was ihm beliebt und wozu er taugt. Es ist das größte denkbare Freiheitsversprechen, und der nunmehr 68 Jahre alte Philip Roth, der große Schriftsteller, der Jude, der Amerikaner, der seit seinem ersten Roman *Goodbye, Columbus* (1959) nicht davon ablässt, nach dieser Freiheit zu suchen und den Verrat daran zu beschreiben, ist in seinem 23. Buch so bitter und hellsichtig, so böse und souverän wie nie zuvor.

Die Freiheit des Ichs ist bedroht durch das Wir: »Dann ging er nach Washington, und im ersten

Monat war er ein Nigger und sonst gar nichts, und dann war er ein *Mitglied der schwarzen Gemeinde* und sonst gar nichts. Nein. Nein. Er sah, welches Schicksal ihn erwartete, und er weigerte sich, es anzunehmen. Die Tyrannei des Wir, das alles daransetzt, einen einzusaugen, dieses zwingende, einvernehmende, historische, unvermeidliche, moralische *Wir* mit seinem hinterhältigen *E pluribus unum.*« So heißt es von Coleman Silk. Er stellt sein Gegenprogramm auf: »Stattdessen das reine Ich mit all seiner Beweglichkeit. *Selbst*erforschung – *das* war der Schlag auf den Punkt. Einzigartigkeit.«

An diesem Punkt beginnt die Tragik. Denn einerseits verrät Coleman somit das verpflichtende Erbe seiner Väter; andererseits begibt er sich, als jüdisch-weißes Mitglied der akademischen Gemeinde, in ein neues Wir. Dessen Rache ist subtil. Denn Coleman wird von Studenten und schließlich vom Kollegium des Rassismus gegen Schwarze angeklagt, einer unbedeutenden, unbedachten Äußerung wegen, die er mit dem Ausdruck des Bedauerns zurücknehmen könnte, aber nicht kann, da er ein Schwarzer ist. Was nicht einmal seine Ehefrau weiß, die sich über die Kampagne derart aufregt, dass sie einen tödlichen Infarkt erleidet.

Was Coleman bleibt, nach Ausbrüchen einer fast wahnhaften Rage, ist der Rückzug ins Private, in die Sexualität. Er, 71 Jahre alt und Viagra nutzend, findet die 34 Jahre alte Faunia Farley, und beide trösten einander im konkreten Glück des Eros. Dort gibt es kein Wir, sondern nur die Verschmelzung zweier Individuen, die im Augenblick des Orgasmus beides erfahren: das Leben in höchster Gegenwärtigkeit und den kleinen Tod, der den großen hinauszögert. Delphine Roux, die schielende Seele, erfährt von diesem Glück und schreibt einen anonymen Brief, der den Missbrauch einer hilflosen, illiteraten jungen Frau durch einen geilen alten Lehrkörper geißelt. Delphine ist es, die den Stein ins Rollen bringt.

Man kann von diesem Roman nicht erzählen, ohne von seiner Handlung zu erzählen. Was hier angedeutet wurde, ist bloß ein Bruchteil der abgefeimten, sublimen und gewaltigen Architektur dieser viele andere Schicksale und die ganze Gegenwart durchdringenden Geschichte. Sie würde ihre Wirkung nicht entfalten, wenn Roth nicht auf geniale Weise Herr des Verfahrens wäre. Man sieht es daran, dass er sich nicht scheut, dieselbe Sache zweimal zu erzählen, wobei der veränderte Zusammenhang denselben Worten eine andere Bedeutung verleiht; oder daran, dass er bestimmte Motive mehrfach wiederholt. So den selbstvergessenen Tanz, den Coleman liebt. Einmal tanzt seine erste Geliebte, die blonde Steena, nackt vor ihm; ein andermal, fünfzig Jahre später, Faunia; es gleichen sich die Bilder, aber Coleman hat sich verändert und die Welt auch.

Wieder ein andermal tanzen Coleman und Nathan Zuckerman miteinander, zwei ältere Herren, in die Betrachtung ihrer Jugend vertieft. Zuckerman ist das Alter Ego von Philip Roth. Er taucht hier als Colemans Freund auf, der dessen Leben und Sterben erzählt. Er besucht die Beerdigung und erlebt, wie dieselben, die Coleman verstoßen haben, ihn heimholen in das Wir. Die Grabrede, gehalten von einem Schwarzen, ist ein Höhepunkt imitierender Persiflage, sie ist völlig ehrlich und völlig verlogen.

Philip Roth delegiert die Erzählung nicht ausschließlich an Zuckerman. Roth bleibt der auktoriale Erzähler, der kommentierend und philosophierend eingreift, dann wieder höhnisch in die Verkleidung anderer Figuren schlüpft, dann wieder unerschrocken die intimsten körperlichen Dinge beschreibt und derart ein ganzes Oratorium verschiedener Stimmen und Tonlagen komponiert.

Unter dem Eis lauert Finsternis

Da gibt es den Dialog, der ganz so anfangen kann, wie wir ihn aus den amerikanischen Unterhaltungsromanen kennen, der sich dann aber ausweitet zu einem Bekenntnis, das eine Wahrheit enthüllt, oder zu einer Erkenntnis, die den Augenblick transzendiert. So etwa, wenn Faunia vor Coleman tanzt: »Ich sehe dich, Coleman. Willst du wissen, was ich sehe? Ich sehe einen Jungen. Ich sehe, dass du dich verliebst wie ein Junge. Und das darfst du nicht. Willst du wissen, was ich noch sehe?« – »Ja.« – »Ich sehe einen alten Mann, der im Sterben liegt. Du hast alles verloren außer mir und meinem Tanz. Du hast das nicht verdient, Coleman. Das sehe ich. Ich sehe, dass du schrecklich wütend bist. Und so wirst du enden, als ein wütender alter Mann.«

Da gibt es den inneren Monolog, der ganz nah an der realen Person ansetzt, dann aber unmerklich hinüberwechselt in einen idealen Monolog, der klüger ist als die denkende Person oder so klug, wie sie sein könnte, wäre sie imstande, sich selbst zu begreifen. So gewinnen wir ein Bild von Les Farley, das authentischer und plastischer nicht denkbar ist, gerade weil Philip Roth sich kaum um realistische Glaubwürdigkeit schert. Er will und gewinnt eine höhere Glaubwürdigkeit, eine aus vielen Blickwinkeln zusammengesetzte, die dem Leser eine räumliche Gesamtschau ermöglicht, dergestalt etwa, dass er sich mit Coleman anfangs willig identifiziert, später aber, wenn er ihn mit den Blicken anderer sieht, Distanz gewinnt und ihn dadurch erst wirklich lieben lernt. Umgekehrt Delphine Roux. Wir erleben sie zu Beginn ganz aus Colemans und Zuckermans Beschreibungen. Erst später, wenn uns der Erzähler Roth Einblick in ihre Verwirrungen gewährt, kommt sie uns nahe.

Der Roman spielt 1998, in jenem Sommer, da die amerikanische Nation sich nur noch für die sexuellen Praktiken, für den menschlichen Makel ihres Präsidenten zu interessieren schien. Ein Furor der Reinigung erfasste das Land. Ganz am Ende, just an dem Tag, da die Amtsenthebung scheitert, begegnet Zuckerman Les Farley. Er trifft ihn beim Eisfischen mitten auf dem See. Das Gespräch der beiden ist glatt wie das Eis, darunter lauert Finsternis. Les Farley erzählt: »Ich bin mit zuviel Wut und Hass aus Vietnam zurückgekommen. Hatte PTBS. Ich hatte, was man eine posttraumatische Belastungsstöung nennt. Das haben sie mir gesagt.«

Der Mann ist aufgeklärt und weiß, dass er, was immer er getan haben mag, nichts dafür kann. Er, der Mörder, ist der Einzige in diesem Roman, der im Reinen mit sich selbst ist und dem die Konstruktion seines Ichs restlos gelingt. Es ist eine vollkommen gesellschaftliche. Er verkörpert das totale Wir. Und er schwärmt von der Reinheit des Wassers im See. Als er den Eisbohrer aufhebt, um dessen Schärfe zu demonstrieren, macht sich Zuckerman auf und davon.

ZEIT-Nr. 8 vom 14. 2. 2002

Alt, laut und stark

Das Mississippi-Delta, wo vor hundert Jahren der Blues entstand, ist noch heute einer der ärmsten Landstriche der USA. Doch die letzten Bluesmänner in dieser Gegend wirken so unzerstörbar wie ihre Musik

Von Gerhard Waldherr

Der Blues ist, wenn Kinderlähmung deine Finger eingefroren und deine Beine zu nutzlosen Stumpen gemacht hat, und du sitzt in einem Rollstuhl und presst ein Buttermesser gegen die Saiten einer taubenblauen Ephiphone-Gitarre. CeDell Davis, den Polio im Alter von zehn Jahren zu einer kümmerlichen Figur verbogen hat, ist gefangen im Blues.

Der Blues ist, wenn du weder schreiben noch lesen kannst, ein Kran deine Hüfte zerschmettert hat, und nach fünf gescheiterten Ehen begegnest du der Frau deiner Träume, die im Morgengrauen einen Herzinfarkt erleidet und in deinen Armen stirbt. James Ford, genannt T-Model, der sein Sugarbaby nicht vergessen kann, ist verheiratet mit dem Blues.

Der Blues ist, wenn deine Mutter dich als Säugling bei Fremden zurücklässt und 17 Jahre nicht wieder auftaucht, und dein berühmter Vater, der Muddy Waters inspiriert hat, betrügt dich später um dein Geld und nennt dich hinter deinem Rücken einen Stümper am Schlagzeug. Sam Carr, unehelicher Sohn von Robert Nighthawk, hat den Blues geerbt.

»Der Blues handelt von Menschen«, sagt CeDell Davis mit tiefer, schnarrender Stimme, die seinen Liedern eine Aura von Trübsal und Trotz verleiht, »der Blues erzählt eine Geschichte von Frauen, Männern, Zügen, Bussen, Autos, Straßen und harter Arbeit. Aber am meisten erzählt er von etwas, das du nie gehabt oder verloren hast.«

Die Luft in Pine Bluff, Arkansas, ist geschwängert von den Emissionen der Papierfabriken. Davis' Pflegerin war seit zwei Tagen nicht mehr da, die Air-Condition funktioniert schon länger nicht mehr. Jedes von Davis' Manövern in seinem elektrischen Rollstuhl ist ein mühsamer Balanceakt. Gezwängt in zehn Quadratmeter Wohnzimmer: eine braune Polstergarnitur, ein Regal, ein Kühlschrank, darauf ein Mikrowellenherd, eine Kommode wird geschmückt von zwei Porzellanelefanten, an der Wand ein Spiegel, eine Uhr. Schweiß rinnt über Davis' müdes Gesicht, tropft auf die schmale Brust, im Aschenbecher qualmt eine Zigarette. »Ich lebe in meiner eigenen Welt«, sagt er, »ich vermisse das Gefühl, Gebrauch von mir machen zu können, jagen, fischen, herumlaufen, das sind alles Mysterien für mich.«

Davis' Haus liegt am Ende einer schmalen Straße hinter den Bahngleisen; vor einigen Monaten hat ein Tornado das Dach abgedeckt, doch er zahlt nur 250 Dollar Miete im Monat, und hier muss er keine Angst haben vor Einbrüchen wie im Stadtzentrum, wo er zuvor wohnte. Auf einem tonlosen Fernseher wirbeln Stepptänzer, und Davis müht sich vergebens, zwischen Plastikblumen und Stapeln von Papier und Post einen Brief seines Plattenproduzenten zu finden. Davis ist 73, und das wenige, das er kontrollieren kann, entgleitet ihm zuletzt immer mehr. Wie diese treulose Frau, 30 Jahre jünger, die sich hat scheiden lassen, als seine Ersparnisse verbraucht waren, und die ihm »nichts gegeben hat, keine Befriedigung, Sie verstehen, was ich meine?« Und dann jammert wieder die Gitarre, und Davis' Refrain dröhnt hinaus auf die einsame Straße.

Gewalt und Armut an der Quelle des Blues machen fassungslos

Pine Bluff liegt am westlichen Rand des Mississippi-Deltas, eines unförmigen geografischen Dreiecks, 200 Meilen lang, das sich zu beiden Seiten vom Ol' Man River, von Memphis bis Vicksburg, erstreckt. Der Mississippi hat diese Gegend von jeher geprägt und mit seinen Überschwemmungen in einen der fruchtbarsten Böden der Welt verwandelt. Abgerungen wurde er der Natur unter unmenschlichem Einsatz. Das Delta ist ein Synonym für Not und Elend, Blut, Schweiß und Tränen. Schon der spanische Eroberer Hernando de Soto wurde mit seinen Männern von der grünen, dampfenden Vegetation um den Mississippi herum verschluckt, verdaut und ausgespuckt. Erst Hunderttausende schwarzer Sklaven haben unter den Schlägen ihrer berittenen Aufseher das Dickicht Schritt für Schritt gerodet und so in der sengenden Hitze des Südens die grandiose Monotonie der Baumwollfelder geschaffen. Und dieses Land dabei hassen gelernt.

Das Delta und vor allem der Bundesstaat Mississippi ist für viele Amerikaner immer noch eine schwärende Wunde; einst Schauplatz von bestialischer Ausbeutung, Rassismus und Lynchjustiz. Es ist bis heute der ärmste Landstrich der USA geblieben. Nirgendwo sonst findet man mehr Menschen, die in sozialer Verelendung und materieller Entbehrung leben wie Davis; die sich als Hilfsarbeiter zum Invaliden malochten und dabei dem Alkohol verfielen wie Ford, der sagt: »Wenn ich trinke, bin ich ein böser Mann. Wer immer ungerecht behandelt wird, kann kein guter Mensch werden.« Und wo sonst trifft man auf Schicksale wie das Carrs, der bei mittellosen Farmern groß wurde, so genannten *sharecroppers,* die für drei Dollar Tageslohn von frühmorgens bis zum Sonnenuntergang schufteten? »15 Stunden hinter einem Maultier hergehen, Prügel, Demütigungen – es war die Hölle.«

Als Kind hat Carr bei anderen Jungs betteln müssen, um an ihrer Bonbonstange lutschen zu dürfen, mit 75 sitzt er immer noch täglich auf dem Traktor, trotz eines Schlaganfalls, der Kopfschmerzen und Lähmungserscheinungen zurückgelassen hat. »Ein Teil des Gehirns«, sagt er lapidar, »ist komisch geworden.« Gegen seinen geblähten Bauch hat kein Arzt ein Rezept.

»Das meiste, worüber man singt, ist Leid«, murmelt Paul Jones, 55, der in Belzoni, einer der vielen Kleinstädte, die wie Inseln zwischen den endlosen Feldern des Mississippi-Deltas liegen, gedankenverloren vor einem heruntergekommenen Gemischtwarenladen sitzt und seine Gitarre zupft. Jones ist auf einer Baumwollplantage aufgewachsen und hat später Schweißer gelernt. 30 Jahre Funkenregen und gleißendes Licht haben seine Augen ruiniert, doch wenn er sich abends auf den Weg macht für eine Flasche Wild Irish Rose, Fusel zu zwei Dollar die Pulle, wird ihm das nicht zum Verhängnis. Er kennt jeden Winkel von Belzoni von Kindesbeinen an, wie sich auch die Lieder seiner Eltern und Verwandten unauslöschlich ins Gedächtnis gegraben haben.

Wie überall im Delta wurden sie auch in Belzoni früher gespielt und gesungen auf morschen Veranden, in primitiven Hütten und *jukejoints,* den armseligen Musikklubs der Schwarzen im vergessenen Herzen des amerikanischen Südens. So wurde die Musik von Generation zu Generation weitergegeben. Der Blues ist das einzige Erbe der Schwarzen in einer Gegend, deren Gewalttätigkeit und Obskurität einen mitunter fassungslos zurücklässt. Der Musiker Frank Frost etwa, dessen Namen man in jeder Enzyklopädie des Blues findet, endete als Säufer und Hausmeister in einer Schule in Lula, Mississippi. Auf Jones wurde in einem *jukejoint* namens Sylvester's geschossen, während er auf der Bühne spielte; seine Schwester starb im selben Lokal, als eine eifersüchtige Frau versehentlich auf sie feuerte. »Ich glaube an Gott«, sagt Jones, »aber der Teufel hat auch große Macht.«

74 Meilen südlich von Memphis treffen sich die Highways 61 und 49. Die legendären Crossroads. Dort, in Clarksdale, Mississippi, heißt es, hat Robert Johnson während der Depression der zwanziger Jahre dem Teufel seine Seele verkauft. Johnson gilt seither als Vater des Blues, Clarksdale als seine Wiege. Son House kam von

Blues-Legende John Lee Hooker (1918 – 2001)

hier, wie auch Big Jack Johnson, Sam Cooke und Ike Turner, dessen *Rocket 88* den Rhythm & Blues mitkreierte. John Lee Hooker hat sich wie viele andere von der Greyhound Station an der Third Street, Ecke Issaquena Avenue, auf die Reise nach Cincinnati, Detroit und Chicago gemacht, die Staples Singers wohnten hier, und Bessie Smith, Empress of the Blues, starb in der Nähe der Crossroads.

Zurückgeblieben ist nicht viel von Clarksdales großer Zeit, außer einigen Dokumenten und Devotionalien. Sie sind in einem ehemaligen Depot der Illinois Central Railroad, in dem das Delta Blues Museum logiert, zu besichtigen, darunter die Sklavenhütte, die auf der Stovall Plantation in der Nähe stand und in der Muddy Waters aufwuchs. Und wer kommt, um die Wurzeln jener Musik zu ergründen, auf der Rock 'n' Roll, Soul und Pop basieren, landet eher zufällig an den beiden Grabstätten Johnsons, der 1938 im Alter von 27 Jahren starb. Wo er bestattet wurde und ob er vergiftet wurde von einem betrogenen Ehemann oder doch von der Syphilis dahingerafft, bleibt bis heute strittig.

Mitte des 20. Jahrhunderts war Clarksdale ein bedeutender Verkehrsknotenpunkt und pulsierender Umschlagplatz für Baumwolle und Zedernholz. Man nannte es Little New York wegen seiner zahlreichen Millionäre, seines bunten Nachtlebens und der exquisiten Shops, in denen das ganze County einkaufte. Tennessee Williams, der hier Kindheit und Jugend verbrachte, hat einige der schillernden Charaktere der Stadt in seinen Romanen verewigt; die trinksüchtige, exzentrische Tochter eines Sägewerksbesitzers diente ihm als Vorbild für seine Blanche im Theaterstück *Endstation Sehnsucht.* Wer es nicht weiß, dem wird es hier niemand erzählen. Clarksdale hat seine Vergangenheit vergessen und kapituliert vor dem Wandel der Zeit. Die Fassaden der Häuser abgenutzt, viele Läden geschlossen, der Busbahnhof eine Ruine.

Die Crossroads sind ein heiliger Ort der Bluesgeschichte

Mit der Mechanisierung der Baumwollernte sind die Schwarzen in die Werften von Memphis, die Fabriken von St. Louis und die Schlachthöfe Chicagos abgewandert, und an der Ansiedlung von neuen Betrieben hatten die zurückgebliebenen Farmer nie großes Interesse. 30 Prozent der 20 000 Einwohner Clarksdales leben unter der Armutsgrenze, die öffentlichen Schulen sind in einem bejammernswerten Zustand – um die verbleibenden Jugendlichen nicht an Universitäten zu verlieren, wie James »Super Chikan« Johnson, Neffe von Big Jack, vermutet. Jobs außerhalb der Landwirtschaft und bessere Ausbildung, meint er, würden bloß das Lohnniveau in die Höhe treiben. Am Ortseingang von Clarksdale steht ein Schild mit der Aufschrift: »Home of the Big Frog«.

»Als ich kam, erwartete ich eine vibrierende Bluesszene«, sagt Tony Czeck, Kurator des Delta Blues Museums, »was ich fand, war erschütternd.« In der so genannten New World, dem schwarzen Viertel hinter dem Bahnhof, wo sich früher ein *jukejoint* an den anderen reihte, dominieren rostiges Wellblech, vernagelte Türen und Fenster, Schutt von abgerissenen Gebäuden, verwilderte Baulücken. In der schummrigen Red Top Lounge trinkt ein einsamer Gast nachmittags ein Dosenbier, und die Besitzerin sagt, Bluesmusiker zu engagieren, lohne sich schon lange nicht mehr: »Die Schwarzen kümmern sich nicht darum, andere verirren sich nicht hierher.« Und die wenigen Weißen, die ihn vermarkten wollen, sind ratlos. Wie Kinchen O'Keefe, der im historischen Stadtkern ein Gebäude erwarb, in dem sich die erste schwarze Radiostation Amerikas befand, WROX. »Doch die Handelskammer«, erzählt O'Keefe, »war noch nicht da. Subventionen für die Renovierung? WROX als Touristenattraktion? Vorher friert die Hölle zu.«

Von WROX bis zur Nummer 615 Sunflower Avenue sind es nur ein paar Blocks. Im Riverside Hotel hat vor langer Zeit jeder gewohnt, der im Blues Rang und Namen hat oder hatte. Doch wenn man in das windschiefe Haus stolpert, dessen Mobiliar seit 50 Jahren unverändert ist, kann es passieren, dass man auf einen drahtigen, zornigen Mann trifft. Frank »Rat« Hill »will nicht als Zitatgeber missbraucht werden«. Immer wieder kommen Journalisten und fragen ihm ein Loch in den Bauch über Bessie Smith, die 1937 in einem der 26 Zimmer nach einem Autounfall verblutet ist, oder über John F. Kennedy junior, der vor Jahren ein paar Nächte blieb während des King Biscuit Blues Festival in Helena, Arkansas. Dass Ike Turner von Hills Mutter quasi adoptiert wurde, dass Robert Nighthawk hier geprobt hat?

Seit die Handelskammer von Clarksdale in ihrem Touristenführer von einem Aufenthalt im Riverside abgeraten hat, ist Hill so gut wie erledigt. »Die Weißen wollen nur profitieren von uns, unsere Musik ausschlachten. Sie wollen aus allem ein Holiday Inn machen.« Dass das Riverside eine Gemeinschaftsdusche hat und es in den Zimmern nach Moder und Urin riecht, nimmt Hill nicht wahr. Es war nie anders.

Man müsse verstehen, woher seine Verbitterung komme, sagt Hill. Er sei während der Integration auf die Straße gegangen, er habe demonstriert dafür, dass Schwarze nicht mehr den Gehsteig wechseln müssen, wenn ihnen ein Weißer entgegenkommt. Und er kennt die Geschichte von Ike Turners Vater, den der Ku-Klux-Klan eines Tages verschleppte und als blutiges Bündel zurückbrachte. Der alte Mann sei nie wieder auf die Beine gekommen. »Wissen Sie, was wir erdulden mussten?», fragt Hill, in dessen Büro ein gerahmtes Porträt von Martin Luther King junior hängt. »Ich werde nicht aufgeben und T-Shirts und Buttons verkaufen, mich kriegen sie nicht klein.« Er hält auch nichts vom kostenlosen Unterricht, den Czeck im Delta Blues Museum für Kids anbietet: »Der Typ kommt aus Missouri und hat keine Ahnung, die Weißen können die Idee stehlen, aber nicht das Gefühl für den Blues.«

Es war gegen Mittag, als wir im Delta Blues Museum nach Czeck fragten. Er war nicht da, lag noch im Bett, und als er aufgestanden war, palaverte er von Led Zeppelin, den Rolling Stones und Johnny Cash. Als John Lee Hooker unlängst starb, klingelte tagelang das Telefon, und Czeck räumt ein, er habe nicht verstanden, was er den Journalisten hätte erzählen sollen. »Der rettet den Blues nicht«, sagt Hill, die jungen Schwarzen, glaubt er, tun es noch weniger: »Drogen, bequemes Leben – die kapieren unser Leid nicht mehr.« Ground Zero, das Blueslokal, das der schwarze Schauspieler Morgan Freeman, der auch aus Clarksdale kommt, vor kurzem eröffnet hat, ist ein Flop, weil es nur noch eine Hand voll Bluesbands gibt in der Gegend. Und in der Red Top Lounge legt am Wochenende ein DJ HipHop auf. »HipHop erzählt keine Geschichte«, sagt CeDell Davis, »er erzählt vielleicht, dass wir immer noch zornig sind, aber er hat kein Feeling.«

Noch mit 79 malträtiert T-Model Ford seine Gitarre gnadenlos

Hinter der Leichenhalle von Greenville, eineinhalb Stunden Autofahrt südwestlich von Clarksdale gelegen, sitzt ein alter Mann auf einem wackeligen Metallstuhl und grinst in eine Flasche Bourbon. T-Model Ford hat schon gewartet. Er sitzt oft unter dem Baum vor seinem Haus. Hat sonst nichts zu tun. Und ab und an kommt ein Reisebus mit japanischen Touristen vorbei, und dann fotografieren ihn diese lustigen Menschen wie eine aussterbende Spezies. Seit Ford mit seinen CDs für ein lokales Label namens Fat Possum Records zu spätem Ruhm gekommen ist, zählt er zu den berühmteren der letzten Bluesmusiker des Mississippi-Deltas, auch weil T-Model ein großer Unterhalter ist. Weiß doch jeder, dass der verrückte Ford trotz seiner 79 Jahre immer noch vier, fünf Stunden lang seine schwarze Pervey Razor malträtiert und dazu inbrünstig und lautstark singt über Unzucht, Schlägereien, kleine Ganoven und den großen Schmerz gescheiterter Liebe. »Wenn ich singe, fühle ich mich wie 25«, sagt er, »und wenn ich mich wie 25 fühle, lieben mich die Frauen.«

T-Model Ford hat seine Seele nicht verkauft. Der Teufel würde vor Ford davonlaufen. Als Teenager hat er einem Mann, der ihm ein Messer in den Rücken rammte, die Gurgel durchgeschnitten und wurde dafür zu zehn Jahren Gefängnis in Tennessee verurteilt. »Mama hat einen Anwalt besorgt«, raunt er, »und mich nach zwei Jahren rausgeholt.« Eisenketten haben tiefe Narben an seinen Fußgelenken hinterlassen, und der Schnaps hat sein Gesicht zerfurcht, wie die Sonne den Boden des Deltas zerplatzen lässt in der Hitze des Sommers.

»Mein Leben war eine Geisterbahn«, sagt Ford, lacht und lacht und lacht. Der Vater, der ihn halb tot schlug, weil er als Kind eine Wassermelone gestohlen hatte. Die Frau, die ihn versuchte, mit einem Schlachtermesser umzubringen. Er hat Bäume gefällt, Straßengräben ausgehoben, 26 Kinder gezeugt und geht schon lange am Stock. Und wenn man ihn fragt, wie viele Menschen er umgebracht hat, fragt er zurück: »Muss ich den, der vor meinen Pontiac gelaufen ist, mitzählen?« Ford zwinkert, steckt das Kabel in seinen tragbaren Lautsprecher, hämmert in die Saiten.

Originale wie Ford sind rar geworden. Sie sterben, einer nach dem anderen, und wachsen nicht mehr nach. Was also wird übrig bleiben, wenn sie eines Tages alle verschwunden sind? Die *New York Times* hat voriges Jahr in einem Artikel über den dahinsiechenden Blues im Delta die Antwort bereits vorweggenommen: »Die Musik wird überleben in den Plattensammlungen von Yuppies, in College-Seminaren über Folkkultur, auf Festivals und in Restaurantketten wie House of Blues und B.-B.-King-Lokalen.«

House of Blues? Eines davon befindet sich neben klimpernden Automaten in einem Spielkasino in Las Vegas. B.-B.-King-Lokale? Das neueste wurde am New Yorker Times Square eröffnet zwischen Neonreklamen, Megakinos, einer Wachsfigurensammlung und gigantischen Shops von Disney und Warner Brothers.

Der Blues wird überleben als Markenartikel der amerikanischen Konsumkultur und als Reminiszenz aus der Konserve, stromlinienförmig vermarktet für den Massengeschmack. Doch die Seele der Musik werden Figuren wie T-Model Ford und CeDell Davis mit ins Grab nehmen, deren Kalamität eine Traurigkeit verkörpert, die selbst der Blues nicht beschreiben kann. Sie können nur hoffen, noch einmal auf Tournee zu gehen, vielleicht noch einmal in Europa, Asien oder Australien, »wo man uns behandelt wie Könige, während wir zu Hause missachtet und verhöhnt werden«, wie James Johnson sagt.

Super Chikan wurden vergangenes Jahr beim Festival des Delta Blues Museum in Clarksdale 100 Dollar Gage angeboten. Fords und Davis' letzte Konzertreise führte durch die USA. Sie traten ausnahmslos in kleinen Lokalen auf, 21 Städte in 24 Tagen, dazwischen Tausende von Meilen im Bus von Chicago über New Jersey bis New Orleans. Dafür bekamen sie 2500 Dollar pro Mann. »Das sind sechs Dollar Stundenlohn«, sagt Ford, »aber ich würde es auch umsonst machen.« Oder für einen halben Liter Kentucky Straight Bourbon Whiskey.

Sam Carr spielt schon lange nicht mehr. Die Abenddämmerung zieht über das Delta, während er mit seiner Frau Doris auf der Veranda sitzt und auf die weiten Äcker und den Deich des Mississippi blickt. Sam und Doris haben sich kennen gelernt, als sie 15 und 13 Jahre alt waren. Sie haben zwei Kinder großgezogen und jeden Sommer wieder das Knattern der Feldheuschreckenschwärme in den Eichen bestaunt, von denen einige Arten sieben Jahre im Erdreich brüten, um dann mit unersättlicher Gefräßigkeit über das üppige Land herzufallen.

»Wie die Weißen«, sagt Carr, doch er sagt es ohne Verbitterung. »Ich habe jeden Abend, an dem ich den Blues gespielt habe, genossen, ich würde alles wieder so machen. Man wird sich noch lange an mich erinnern, wenn ich einmal tot bin.«

Und dann wackelt er in seinen Lackschuhen mit offenen Schnürsenkeln hinters Haus zum Friedhof seiner verschrotteten Autos, die seinen Ruhm überdauern werden.

ZEIT-Nr. 8 vom 14. 2. 2002

Die Feldzüge des Proleten

Michael Moores Dokumentarfilm »Fahrenheit 9/11« ist ein Riesenerfolg, weil er den Amerikanern Bilder zeigt, die sie sonst nicht zu sehen bekommen

Von Mike Davis

Amerikas berühmtester politischer Satiriker, der deutsch-amerikanische Journalist H. L. Mencken aus Baltimore, sagte es einst voraus: »Eines großen und glorreichen Tages geht endlich der Herzenswunsch der einfachen Leute des Landes in Erfüllung, und ein kompletter Schwachkopf sitzt im Weißen Haus.« Natürlich zielte Menckens böses Wort auf die mittelmäßigen Politiker der zwanziger Jahre des vergangenen Jahrhunderts, aber es ist das Washington der Gegenwart, auf das seine morbide Prophezeiung am besten zuzutreffen scheint. In Fahrenheit 9/11 jedenfalls untersucht Michael Moore, der Mencken sowohl im Körperumfang wie in der rabiaten Sprache nicht nachsteht, welche tragischen Konsequenzen es für die »einfachen Leute« sowohl in Amerika wie im Irak hat, dass jener »große und glorreiche Tag« nun endlich angebrochen ist.

Mit Hilfe von außerordentlichem Bildmaterial, wie es die meisten Amerikaner noch nie gesehen haben, erhebt Moore schonungslos Anklage gegen den 43. Präsidenten der Vereinigten Staaten. Für ihn ist George W. Bush eine groteske, vertrottelte Marionette – an die Macht gelangt durch ein Komplott, regierend mit den Mitteln der Täuschung und der Angst. Der Film endet mit der Anrufung George Orwells und der Warnung, zukünftige Generationen würden niemals die Lügen des George Bush vergeben, aufgrund deren amerikanische Soldaten im Irak in den Tod geschickt wurden.

Das ist Majestätsbeleidigung in ziemlich großem Stil. Kein amtierender amerikanischer Präsident ist jemals in einem Film so frontal angegriffen worden. Es überrascht nicht, dass Michael Moores Kritiker, angeführt vom ehemals linken Schriftsteller und jetzigen Kriegsbefürworter Christopher Hitchens, lautstarken Protest gegen Moores »billigen Spott«, gegen seine »Paranoia«, seine »Einseitigkeit« und seine »schlichten Lügen« erhoben haben. Hitchens schreckt nicht davor zurück, Moore (»einer der großen sinkenden Ballons unserer trostlosen, mittelmäßigen, verrotteten Promikultur«) zum Duell herauszufordern: »Jederzeit, Michael, mein Junge ... in jeder Sendung, an jedem Ort, auf jedem Podium. Lass sehen, was du drauf hast.« Vernünftigerweise hat Moore dieses Macho-Gerede einfach ignoriert.

Das Blut und der Dreck des Krieges – und der zensierte Schmerz

Selbst führende Vertreter der Demokratischen Partei (von Moore attackiert wegen ihrer kleinmütigen Hinnahme von Patriot Act und Irak-Krieg) sind angesichts des Anti-Bush-Extremismus des Films zurückgeschreckt. Für die ängstlichen Chefs des Disney-Konzerns, üblicherweise Unterstützer der Demokratischen Partei, war die Ware *Fahrenheit 9/11* zu heiß; als Verleiher agieren wollte Disney lieber nicht. Die offiziellen Filmprüfer wiederum haben den Streifen mit dem Prädikat *restricted* versehen, »nicht jugendfrei« – vermutlich zum Schutz kleiner Kinder vor den schockierenden Bildern eines moralisch entkleideten Präsidenten. Wie zu erwarten, haben die Hysterie der Verleiher und die Zensurversuche dem Film erst so richtig Auftrieb gegeben. Bereits eine Woche nach seiner Premiere in den Kinos war *Fahrenheit 9/11* der kommerziell erfolgreichste Dokumentarfilm in der amerikanischen Geschichte.

Während die langen Schlangen der Moore-Fans die Multiplexe des Landes belagern, hat sich die Debatte den Gründen für die Beliebtheit des Films zugewandt. Und es geht um die Frage, welchen Einfluss er auf die Wahlen im kommenden November haben wird. Die *New York Times* hat faszinierende Landkarten veröffentlicht, die zeigen, in welchen Regionen *Fahrenheit 9/11* und Mel Gibsons fundamentalistischer Sensationsfilm *Die Passion Christi* jeweils die meisten Besucher haben. Abgesehen von einem einzigen Kino am New Yorker Times Square, weisen die beiden Filme eine vollständig inverse Beliebtheitsgeografie auf: Moore liegt in den Universitätsstädten sowie den Metropolen an Ost- und Westküste vorn, Gibson erobert den suburbanen Süden und den Bibelgürtel im Landesinneren. Die Landkarten hätten also ebenso gut die Ergebnisse einer Umfrage zu Homo-Ehe oder Waffenbesitz wiedergeben können. Folgerichtig hat sie die *New York Times* als weiteren Beleg für die These gedeutet, die USA seien hoffnungslos gespalten: zwischen »blauen« Bundesstaaten, in denen die Demokraten dominieren, und »roten« Bundesstaaten, in denen die Republikaner die Nase weit vorn haben.

Ich lebe in San Diego. Mit ihren ausufernden Militäranlagen und ihren konservativen Vororten ist die Stadt der geradezu klassische Fall einer »roten« Stadt. Umso interessanter erschien es mir, gerade hier die Reaktionen eines *Fahrenheit*-Publikums von der anderen Seite der großen Trennlinie zu beobachten.

An einem schwülen Abend macht uns vor der Kasse eines Kinos in der Innenstadt Wartende zunächst eine Gruppe von Marinerekruten an – nicht einmal unfreundlich: »Hey, verschwendet euer Geld doch nicht für diesen linken Quatsch!« Doch das kann die in großer Zahl erschienenen Besucher nicht erschüttern. Zu ihnen zählen mehrere Seeleute, viele junge Schwarze und eine entschlossene Clique sehr muskulöser Männer mit kurz geschorenen Haaren. Ihre T-Shirts weisen sie als Mitglieder der Berufsfeuerwehr von San Diego aus.

Ich nehme an, in einem »politisch korrekten« Kino in Berkeley oder Cambridge, Massachusetts, würde das Publikum leidenschaftlicher auf Moores Sarkasmus und charakteristische Mätzchen reagieren – etwa wenn er den Patriot Act per Lautsprecher aus einem Eiswagen heraus verliest oder Kongressabgeordnete anspricht und danach befragt, ob sie Kinder haben, die im Irak ihren Militärdienst leisten. In San Diego dagegen lacht fast niemand. Das Publikum verharrt in andächtiger, fast schmerzhafter Stille angesichts von Szenen, die niemand von uns jemals gesehen hat – von den Großaufnahmen erschütterter New Yorker beim Anblick der einstürzenden Türme bis hin zu unerträglichen Bildern verstümmelter oder toter irakischer Kinder.

Ich sollte betonen, dass viele Einwohner von San Diego (auch ich) einen Fernsehdienst abonniert haben, der sie auf mehr als 200 Kabelkanälen mit Sport und Popmusik, Shopping, Zeichentrickfilmen und Gameshows, rechter Demagogie und softer Pornografie versorgt. Die Möglichkeiten der trivialen Ablenkung sind atemberaubend, aber es gibt keinen einzigen Sender, der uns die menschlichen Opfer der amerikanischen Außenpolitik zeigt. Deshalb glaube ich, dass das deutsche Publikum die dokumentarische Dimension von *Fahrenheit* weniger schockiert aufnehmen wird – in Deutschland sind die Medien weniger »eingebettet«, und es besteht besserer Zugang zu ungefilterten Nachrichten. Für die Kinobesucher an jenem Abend in San Diego jedoch ist es, als ob uns mit einem Mal der gesamte zensierte Schmerz, der Dreck, das Blut und das Leid des Krieges gegen den Terrorismus um die Ohren flögen.

In Deutschland sollte man bedenken, dass die meisten Amerikaner die wirklich »beunruhigenden« Bilder des 11. September 2001 niemals sehen durften – etwa jene von herabstürzenden Menschen. Erst recht kennt man in Amerika die ständigen Szenen irakischen Leids nicht, denen die arabische Welt Tag für Tag auf al-Dschasira zusieht. Die Regierung Bush hat es sogar für unpatriotisch erklärt, die flaggendrapierten Särge zu zeigen, die aus dem Irak zurückkehren. Und es ist zweifelhaft, ob das Pentagon jemals die wirklichen »Hardcore«-Bilder aus dem Gefängnis von Abu Ghraib zur Veröffentlichung freigeben wird.

Szenen eines überreizten Krieges gegen den Terrorismus

Was immer Michael Moore mit seinem Film noch bewerkstelligt haben mag – dieses Embargo gegen die schlechte Wirklichkeit hat er durchbrochen. Bei ihm erscheint das untröstbare Leid des 11. September Seite an Seite mit den amerikanischen »Kollateralschäden« im Irak (während im Hintergrund Donald Rumsfeld in obszöner Manier von der »Menschlichkeit« der amerikanischen Waffen schwadroniert). Moore bricht das Tabu, das über Amerikas Kriegsverletzte verhängt worden ist, indem er in einem trostlosen Militärhospital irgendwo in den Südstaaten verbitterte und verstümmelte Soldaten interviewt, die sonst stets vor den Blicken der Öffentlichkeit verborgen werden.

Er konfrontiert uns auch mit *Apocalypse Now*-

haften Szenen beängstigender junger Soldaten, die sich wie beiläufig an mechanischen Blutbädern und sexueller Demütigung von Gefangenen ergötzen. Andere Kämpfer wiederum sprechen über ihre Angst, ein Teil ihrer Seele im irakischen Gemetzel verloren zu haben. Moore macht uns bekannt mit hochrangigen Rekrutierungsoffizieren, die in seiner Heimatstadt Flint in Michigan wie die Geier über arbeitslosen Teenagern kreisen. An der Heimatfront wiederum sammelt er zudem die Vignetten eines überreizten Krieges gegen den Terrorismus. Das ist witzig und gruselig zugleich. Da singt Justizminister John Ashcroft eine selbst komponierte patriotische Hymne (»Lasst den Adler emporsteigen ...«). Da infiltrieren in Kalifornien Geheimpolizisten harmlose Gruppen übergewichtiger Pazifisten. Und da verhört das FBI einen sportlichen Rentner, der George W. Bush in seinem Fitnessstudio ein »Arschloch« genannt haben soll.

Bushs Gesicht im Stress: Das eines kleinen, verstörten Jungen

Am aufschlussreichsten wird der Film jedoch, wenn uns Moore zwingt, unseren Kaiser ohne seine Kleider zu betrachten. In San Diego zumindest galt die hörbarste und verquälteste Zuschauerreaktion *(»Aghh!« und »Oh, my God!«)* jenen Bildern, die die erstaunliche geistige Lähmung des Präsidenten zeigen, nachdem dieser am 11. September 2001 von einem Mitarbeiter erfahren hat, dass gerade ein zweites Flugzeug im World Trade Center eingeschlagen ist. Bush ist an diesem Tag zu Gast in einem Kindergarten in Florida, wo eine Fernsehkamera gnadenlos die leere Angst im Gesicht des Präsidenten aufzeichnet, der fast sieben Minuten lang linkisch dasitzt und sich an einem Kinderbuch mit dem Titel *My Pet Goat* (»Meine liebste Ziege«) festhält. Bushs Gesicht ist das eines kleinen, verstörten Jungen, der im Gedränge die Hand der Mutter verloren hat und sich nun auch selbst zu verlieren droht (genauso wie sich Bush später im Film geradezu auflöst, als er an dem Versuch scheitert, einen einfachen Witz zu erzählen).

In seiner Tirade gegen Moore räumt zwar selbst Christopher Hitchens ein, dass Bush »geschockt und kläglich« ausgesehen habe. Aber, so gibt er zu bedenken, wenn sich der Präsident »wie Russell Crowe gebärdet hätte, vom Stuhl aufgesprungen und an die Arbeit gegangen wäre«, dann hätte ihn die Linke als kriegslüsternen Fanatiker verdammt. Vielleicht. Und doch bleibt es bei der Wahrnehmung, dass für George W. Bush gilt, was Gertrude Stein einst über die Stadt Oakland sagte: *»There is no ›there‹ there«* – *»Es gibt dort kein ›dort‹«*. Das Amt des Präsidenten der Vereinigten Staaten von Amerika, der mächtigste Posten der Welt, ist anscheinend auf die Größe von Bushs kleinen, nagetierhaften Pupillen zusammengeschrumpft.

Dass er einem Kinopublikum in San Diego zu diesem Augenblick der Wahrheit verhilft, ist Michael Moores Triumph – ein Triumph freilich, der auch mit mehr rhetorischer Ökonomie hätte erreicht werden können. *Fahrenheit 9/11* ist weniger ausufernd, dafür schlüssiger als Moores frühere Werke. Doch auch diesen Film kennzeichnet sein grober, fast cartoonhafter Schnitt. Moore brüllt das Publikum mit seinen Pointen an, als wäre es taub. Zugleich ist er überraschend ungeschickt darin, die Punkte in seinem Malbuch richtig miteinander zu verbinden. Wie etliche Kritiker hervorgehoben haben, verwickelt sich Moore bei seinem Versuch, die geheimen Verbindungen zwischen der Bush-Dynastie, der Familie bin Laden, dem Halliburton-Konzern und anderen Eliten zu enthüllen, gleich serienweise in logische und faktische Widersprüche.

Der Hang zur Verschwörungstheorie ist immer die Ursünde der populistischen Tradition in Amerika gewesen, in die sich Moore einreiht. Anders gesagt: Es ist schade, dass Michael Moore kein so subtiler Dialektiker ist wie der großartige Marcel Ophüls *(Das Haus nebenan)* und kein so disziplinierter Dokumentarist wie Jehane Noujaim, der Regisseur von *The Control Room.* Aber Moore ist, was er ist: ein einzigartiges amerikanisches Phänomen – ein Drittel Mencken, ein Drittel Orson Welles und ein Drittel Prolet aus Flint, Michigan. Seit *Fahrenheit 9/11* ist dieser Michael Moore eine weit größere Gefahr für das neue amerikanische Imperium als John Kerry.

Aus dem Englischen von Tobias Dürr

ZEIT-Nr. 31 vom 22. 7. 2004

»Frei sein ist nicht genug«

Im afroamerikanischen Modern Dance spiegelt sich der Bewusstseinsstand der schwarzen Emanzipationsbewegung. Ein Besuch in New York bei dem Choreografen Bill T. Jones und dem Alvin Ailey American Dance Theater

Von Evelyn Finger

Das kleine New Yorker Museum, in dem Martin Luther Kings großer Traum verwirklicht wird, ist auf den Stadtplänen der Touristen nur an der Peripherie verzeichnet. Zwei Blocks weiter nördlich beginnt eine Welt, die sich zur Besichtigung am Sonntagnachmittag nicht eignet. Sie sieht aus wie in dem Film Beat Street, nur dass die Schwarzen, die hier wohnen, gern mal rauskämen aus der verwahrlosten Breakdance-Kulisse der achtziger Jahre. Ein Stück in Richtung Zukunft, ein bisschen mehr Downtown, wo man an die Gleichheit aller Amerikaner leichter glauben kann. Im Grenzgebiet dazwischen liegt das Studio Museum of Harlem. Gegründet als Plattform für afroamerikanische Künstler aller Genres, ist es einer der raren Plätze in Upper Manhattan, wo die »black experience« regelmäßig von Schwarzen und Weißen, von Malern, Politikern und Tänzern gemeinsam debattiert wird.

Eine symbolträchtigere Adresse lässt sich kaum denken: 144 West, Martin Luther King Boulevard. Linker Hand der Adam Clayton Powell Boulevard (benannt nach dem Harlemer Bürgerrechtsaktivisten) und rechts der Marcus Garvey Park (benannt nach dem Spiritus Rector der *Back to Afrika*-Kampagne). Hier fallen Vergangenheit und Gegenwart der Segregation in eins. Das Studio Museum ist ein Ort, wo sich weiße Fantasien vom »Schwarzen« und schwarze Lebenswirklichkeit überlagern. Ein Spiegelkabinett, das den komplizierten Bewusstseinsstand der Emanzipationsepoche reflektiert. Wenn es je einen Gegenentwurf zum Kultur-Slumming der 1920er Jahre, zum oberflächlichen Fraternisieren auf den gemischtrassigen Hauspartys der Harlem Renaissance gab, dann hier.

Onkel Tom mit dem athletischen Körper

Deshalb hat das Studio Museum auch keine Leuchtreklame. Deshalb zieht es Leute an, die noch immer auf der Suche sind nach einem Standpunkt jenseits der Rollenklischees – wie Bill T. Jones, Jahrgang 1952, bedeutendster schwarzer Choreograf seiner Generation und Musterintellektueller des Modern Dance. Vor kurzem hatte man ihn zum Gespräch über eine Retrospektive des Objektkünstlers Fred Wilson eingeladen. Zentrales Ausstellungsstück: vier kopflose schwarze Schaufensterpuppen, in den Uniformen von Museumswärtern. Statt nun aber brav die Allegorien des *black servant* zu interpretieren, hat Jones eine Brandrede über Rasse, Klasse und Dienstbotenmentalität, über den Warencharakter der Kunst und das markensüchtige Kunstpublikum gehalten. »*Most black culture is pulp culture!*« Wie er durch die riesigen Gläser seiner schwarz gerahmten Arthur-Miller-Brille streng auf die Zuhörer herabschaut, wissen die gleich, wer schuld ist am Erfolg des schwarzen Mainstream.

Bill T. Jones kämpft seit über dreißig Jahren gegen die Sklaverei der Stereotype. Spezialisiert hat er sich auf die Dekonstruktion rassistischer und chauvinistischer Körperbilder, wie sie im Musikvideo, aber auch in der akademischen Tanzkunst konserviert werden. *Black is beautiful (Vogue)* oder *Ballet is woman* (George Balanchine) lauten die Dogmen, gegen die er interveniert. Jones stammt aus einer schwarzen Landarbeiterfamilie mit zehn Kindern, die Urgroßmutter wurde noch vor der Abschaffung der Sklaverei geboren. »1955 bestand meine Welt nur aus Schwarzen«, schreibt er in seiner Autobiografie *Last Night on Earth.* Am ersten Schultag saß er jedoch mit 50 weißen Kindern im Schulbus, und wenige Jahre später sah der Teenager sich als *white-dependent negro.* Als er Anfang der Siebziger mit dem jüdischen Italoamerikaner Arnie Zane eine Dance Company gründet, wurmt es ihn, als *black artist* kategorisiert zu werden.

»Ich fühlte mich sowohl von der schwarzen als auch von der weißen Kultur entfremdet. Ich wollte raus aus dem Spannungsfeld zwischen weißer Avantgarde und schwarzer Performance.« Also wählt er den Ausweg radikaler Subjektivität, fügt seine disparaten Interessen zu einer Choreografie des permanenten Zwiespalts. Sport. Poesie. Kontaktimprovisation. Disco-Tanz. Die Soli von Lucinda Childs. Die Gemälde Frank Stellas. Er arbeitet mit Keith Haring, kreiert die dreieinhalbstündige Genreparodie *Last Supper at Uncle Tom's Cabin*. Beim American Dance Festival 1981 schockiert er mit einem Stück, das auf lauter gegensätzlichen Statements aufbaut. *»I love women. I hate women. I love white people. I hate white people.«*

Apartheid im Ballett

Jones kann als Merce Cunningham des afroamerikanischen Tanzes gelten. Wie bei dem 85-jährigen Nestor des Modern Dance ist sein Ansatz philosophisch. Seine Methode kritisch. Deshalb wird er oft vom Studio Museum gebucht. »Wieso«, fragt Jones sein Publikum, »erwarten Sie das Abstrakte immer noch von Cunningham und nicht von mir?« Es ist eine rhetorische Frage. Weil der Neger weiterhin fürs Grobe zuständig sein soll. Im Bühnentanz ist die Apartheid vielleicht noch schwerer zu überwinden als in der Politik. Onkel Tom mit dem athletischen Körper. Onkel Tom mit dem Talent für hohe Sprünge. Das Gegenteil dieser Rolle, der Gangster, ist mittlerweile auch zum Klischee geworden. Im Studio Museum hängt ein Foto des Rappers Tupac Shakur, wie er sich als *bad boy* inszeniert: das Gesicht eine Drohung, die Pistole im Anschlag. Er hat die Kapuze seines Boxerkimonos tief ins Gesicht gezogen, wie es einem Mann geziemt, der seinen Stolz aus der Tatsache bezieht, dass er ebenso viel Zeit im Gefängnis wie im Plattenstudio verbracht hat. Sein Debütalbum hieß *2pacalypse Now*, das zweite *Me Against The World.*

Die Stücke von Jones heißen anders, denn er nutzt seine Schlachtfelder immer als Spielfelder der Ironie: *Naming Things Is Only the Intention to Make Things* (1978) oder *Freedom of Information* (1984). Wenn Jones am Ende seiner Rede im Studio Museum sagt: *»I want to be an outlaw!«*, meint er nicht das, was Tupac Shakur unter einem Gesetzlosen versteht, sondern eine Position jenseits von Opferstatus und Revoluzzerpose. Leider sind die subtilen Arten der Selbstbehauptung nicht lukrativ, deshalb hat die Bill T. Jones / Arnie Zane Company noch immer keine feste Bleibe. Das ist der Preis der Unabhängigkeit, Jones hat früh angefangen, sie zu verteidigen: gegen den Zorn seiner Eltern, nachdem er sich als Homosexueller outete. Gegen die noch viel zornigeren Eltern seines Geliebten und Partners Arnie Zane. Gegen die Trauer um Zane, als er nach 17 gemeinsamen Jahren an Aids starb.

Das größte Kapital der Company bestand von Anfang an in ihrer Heterogenität. Heute gehören zu dem zwölfköpfigen Ensemble zwei kleine schwarze und zwei große weiße Frauen, ein Mexikaner mit Irokesenfrisur, ein schüchterner Chinese ... Jones sucht die Leute nicht nur nach tänzerischen Qualitäten aus. »Sie müssen Ideen haben. Denn wir sind Weltmeister im After-Performance-Talk.« Mit dieser Einstellung bleibt man natürlich ewig an der Peripherie der Kulturindustrie und kommt im Reiseführer der Pauschaltouristen nicht vor. »Fahren Sie sicherheitshalber mit dem Taxi. Und denken Sie daran, dass die Arbeitslosigkeit unter schwarzen Jugendlichen in Amerika über 50 Prozent beträgt, in Harlem sogar bis zu 90 Prozent. Schlendern Sie nicht ziellos durch die Gegend.«

Es könnte sonst leicht passieren, dass man mitten hineingerät in das Problem der Rassentrennung, das seit dem Ende der Civil-Rights-Bewegung als abgeschafft gilt. Bei den fliegenden Buchhändlern vorm Studio Museum verkaufen sich Malcolm X und die Black Panthers immer noch sehr gut. Dagegen ist Martin Luther Kings Idee von der Gleichheit aller Menschen nicht sehr gefragt. *»I have a dream of all men being equal«*: Der pazifistische Egalitarismus befand sich ja schon zu Zeiten seiner größten Popularität in harschem Gegensatz zu den Maximen des Individualismus. *»Free is not enough«* prangt in mannshohen Lettern auf einem Werbeplakat an der Kreuzung zum Malcolm X Boulevard. *»I am black. But I am more than black«*, hat jemand an den Bauzaun Ecke 55. Straße und 8th Avenue gekritzelt.

Hinter diesem Bauzaun, 70 Blocks südlich vom Studio Museum, wird zurzeit das größte Haus für den Tanz gebaut, das es in Amerika je gab. Sechs Stockwerke über der Erde, zwei Stockwerke unter der Erde. Wenn das 79 Millionen Dollar teure Gebäude im November dieses Jahres öffnet, wird es ganz in Glas und Aluminium gehüllt sein, es wird zwölf Tanzstudios beherbergen, Bibliothek, Archiv, Kostümladen und einen Theatersaal für etwa 300 Zuschauer. In den Palast zieht die erfolgreichste afroamerikanische Compagnie aller Zeiten ein, das Alvin Ailey American Dance Theater.

Alvin Ailey (1931 bis 1989) ist der Übervater des schwarzen Bühnentanzes, erfolgreicher als die Pionierin Catherine Dunham, populärer als Garth Fagan. In alten Tanzaufnahmen im Keller des Harlemer Schomburg Center for Research on Black Culture tauchen seine Choreografien wie ein Refrain auf. Wenn Jones der postmoderne Rebell ist, dann hat Ailey ihm den Weg geebnet, indem er mit den Mitteln des Tanzes das erreichte, was in Musik und Literatur seit Duke Ellington und Langston Hughes längst gelungen war: sich vom Stigma der Verlierergeschichte zu befreien und das schwarze Erbe in einem Akt der Selbstrepräsentation anzueignen.

Nur wahre Sieger leugnen ihre eigene Erfolgsgeschichte

Aileys Ruhm gründet vor allem auf einem genialen Frühwerk, das 1960 in Harlem Premiere hatte. *Revelations,* getanzt im rollenden Takt der Spirituals, überwand die Trennung zwischen den Techniken des Modern Dance und dem, was man damals als Negro Dance bezeichnete. »Ailey hat es geschafft«, sagt Bill T. Jones, »einen ästhetischen Code für unsere Kultur zu finden.« Tatsächlich schildert er in dramatischen Wellenbewegungen die Progression eines Volkes von der Verzweiflung *(Pilgrim of Sorrow)* über die Hoffnung *(Take Me to the Water)* zur Errettung *(Move Members, Move).* In lyrischen Duetten und ekstatischen Chören reproduzierte Ailey das, was ihm von Kind an vertraut ist: die Gesten der Baptisten-Prediger, das einvernehmliche Sich-Wiegen der Gemeinde und den beschwingten Schritt des Sonntagsspaziergangs, dazu das Spinning, Dropping und Flipping aus dem großstädtischen Social Dance. In der Überhöhung werden die afrikanischen Ursprünge des modernen amerikanischen Tanzes sichtbar: Artikulation des Oberkörpers, Kontraktion des Beckens, forcierter Bodenkontakt.

Seit der Premiere von *Revelations* ist die Company einen weiten Weg gegangen. Anfangs wurden die Tänzer bei Auftritten noch von weißen Rassisten beschimpft. Bald tourten sie erfolgreich durch Europa und Asien. Heute bildet die Ailey School mit ihrem breiten Angebot (Horton, Graham, Klassisch, Jazz) über 500 Kinder und 800 Studenten aus. Die Zahl der Lehrer hat sich seit 1970 auf 45 verdoppelt, dazu kommen 25 Musiker, da in fast alle Klassen zu Live-Musik trainiert wird. Seit 1998 gibt es ein Bachelor Degree Program, und wer den elaborierten Stil der Absolventen sieht, möchte beschwören, dass zur Klage der Abolitionisten keinerlei Anlass mehr besteht: *»In the beginning was slavery, and it prevented the word from becoming flesh.«*

Vor zwei Jahren organisierten die Aileys eine Prozession von ihrem heruntergewohnten Domizil am westlichen Ende der 61. Straße hinauf zum Bauplatz. In den hellen Rüschenkleidern von *Revelations,* die passenden Sonnenschirme wie Fahnen schwenkend, erinnerten die Tänzer unweigerlich an einen anderen Marsch – die *Silent Parade* vom Juli 1917. Damals zogen Tausende Afroamerikaner von Harlem aus gen Downtown, um gegen die Ermordung mehrerer Schwarzer in den New Yorker Rassenkonflikten zu protestieren. Wenn man bedenkt, dass um 1950, als Alvin Ailey zu tanzen begann, das schwarze Theaterpublikum noch getrennt von den Weißen auf den schlechten Plätzen sitzen musste, dann ist der Palast in der 55. Straße auch ein politischer Triumph.

Die Erneuerer fangen an, ihr Repertoire zu konservieren

Die Aileys sind die Einzigen, die das leugnen. Judith Jamison, künstlerische Leiterin der Company, will von einer afroamerikanischen Erfolgsgeschichte nichts hören. »Wir sind Amerikaner«, sagt sie, dasselbe sagen Manager und Schulleiterin. Wahrscheinlich finden sie die Black-Pride-Attitüde überholt. Wahrscheinlich sind sie der ewigen Schwarz-Weiß-Gespräche überdrüssig, die zwangsläufig in die Falle des Herrschaftsdiskurses führen, wie Fred Wilson ihn im Studio Museum dargestellt hat: Ein fettes weißes Porzellanbaby sitzt mit erhobenem Zeigefinger vor einer zwergenkleinen Black Mama.

Tatsache ist, dass die Ailey-Schüler aus 75 Ländern kommen und dass die Company längst nicht mehr nur aus schwarzen Tänzern besteht. Tatsache ist auch, dass das schwarze Publikum sie über Jahrzehnte wie eine geliebte Nationalmannschaft feierte. Nur die weißen Kritiker wurden, je mehr sich Ailey etablierte, desto mürrischer. Sie klagten, dass keine seiner Arbeiten an die Brillanz des frühen Meisterwerkes heranreiche. Zu bunt, zu laut, zu sentimental. Man ließ sich von den schillernden Kostümen ablenken und übersah die systematische Verfeinerung des Aileyschen Vokabulars. Eben ist Ailey gemeinsam mit Martha Graham, Agnes de Mille und George Balanchine in einer Briefmarkenserie der US-amerikanischen Post erschienen. Zu behaupten, die Company sei so amerikanisch wie jede andere, hieße behaupten, die Inszenierung von Lorraine Hansberrys Segretationsdrama *Raisin' in the Sun* mit P. Diddy in der Hauptrolle sei eine ganz normale Broadwayshow. Während sich abends vor dem Einlass zu *Chicago, Hairspray oder Abba* ein mehrheitlich weißes, solventes Musical-Publikum drängelt, wird *Raisin'* fast ausschließlich von der Black Community belagert.

Mehrere zehntausendmal ist *Revelations* bisher getanzt worden. Es bleibt ritueller Höhepunkt jedes Tourneeprogramms, und auch diesen Sommer, wenn die Aileys an der Dresdner Semperoper gastieren, wird das meistgespielte Werk des Modern Dance zu sehen sein. Bei Aufführungen vor gemischtem Publikum kann man beobachten, wie Fremd- und Selbstwahrnehmung sich eigenartig überkreuzen. Schwarze Zuschauer sehen weiße Zuschauer schwarze Kultur feiern, weiße Zuschauer sehen schwarze Zuschauer schwarze Kultur feiern, und im Moment der Euphorie entsteht endlich Einverständnis. Wahrscheinlich haben die Choreografien von Ailey und Jones eine stärkere integrative Wirkung als die symbolischen Aktionen der Politik. Seit Expräsident Clinton in Harlem ein Büro gemietet hat, spazieren morgens öfter weiße Besserverdiener über den Martin Luther King Boulevard, als seien sie hier zu Hause, aber wie sie sich nervös an ihren Handtaschen festkrallen, wie sie urplötzlich ihr Lauftempo beschleunigen, befinden sie sich in Wahrheit doch auf der Flucht.

Weder Jones noch die Ailey Company werden durch ihre Auftritte ein soziales Krisengebiet wie Harlem in jenen »Nigger Heaven« verwandeln, von dem man in den Amüsierclubs der zwanziger Jahre träumte. Sie fügen aber der intellektuellen Unabhängigkeitserklärung des William E. B. DuBois *(The Souls of Black Folk)* zwei weitere Kapitel hinzu. Dass sie kein Legitimationsproblem mehr haben, merkt man am gesteigerten Interesse für das eigene Repertoire, die Erneuerer werden sich selbst historisch. *Still/Here* heißt die Meditation über Krankheit, Tod und deren Überwindung, die Jones zur Zeit reaktiviert. Als Ailey 1989 an Aids starb, sprach man nur im Flüsterton über die Todesursache. Dagegen wird seit Jahren in jedem Artikel über Jones erwähnt, dass er HIV-positiv sei. »Früher schrieben sie: der große Schwarze. Heute schreiben sie: der große schwarze HIV-Positive. Als Homosexueller fühlt man sich oft wie ein Nigger.«

Jones' Choreografien handeln immer noch davon, wie man mit der Wut im Bauch, mit der Angst im Nacken überlebt. Vielleicht, irgendwann, bekommt auch dieser Partisan des autonomen Tanzens sein eigenes Haus. Am liebsten zöge er nach Harlem. Zurzeit gastieren dort, unweit vom Studio Museum, die älteren Schüler der Ailey School mit einer Choreografie, die aus lauter Fluchten und Umarmungen besteht. Weglaufen und bleiben, sich frei machen und einander in die Arme fallen. *»Dance«*, sagt Jones, *»is mainly about learning and unlearning.«* Es ist die Formel zur Verwirklichung von Martin Luther Kings großem Traum.

ZEIT-Nr. 26 vom 17. 6. 2004

»Kino ist meine Teufelsaustreibung«

Ein ZEIT-Gespräch mit Steven Spielberg, dem Meister des Entertainments, der eigentlich Aufklärung und Erkenntnis will

Das Gespräch führte Katja Nicodemus

DIE ZEIT Sehnen Sie sich noch manchmal nach einem elektrischen Rinderstock?

Steven Spielberg Nein. Die Zeiten, in denen ich mir wünschte, das Publikum wie eine Viehherde herumzutreiben und mit einem elektrischen Stock zu manipulieren, sind vorbei. Hätte ich das bloß niemals gesagt. Heute schäme ich mich ein bisschen dafür.

ZEIT Warum? Man könnte die Freude an der Manipulation, am Entertainment, doch auch als Qualität sehen.

Spielberg Als ich Mitte der siebziger Jahre *Der weiße Hai* drehte, ging es mir tatsächlich in erster Linie darum, dem Publikum eine Gänsehaut zu verpassen. Ich wollte, dass dieser Film so wirkte, als seien alle Sitze mit einem elektrischen Draht verkabelt. Ich wünschte mir einen Knopf, um die Beine der Zuschauer unter Strom zu setzen. Wenn der Hai aus dem Meer auftaucht, würden sie aus ihren Sitzen springen. Ich wollte ihnen Angst einjagen. Angst vor dem Ozean, Angst vor der Bestie, Angst vor dem Tod. Ich wollte, dass sich die Zuschauer so fühlten, als seien sie zusammen mit Richard Dreyfuss und Roy Scheider auf dem Boot. Damals glaubte ich, dass Manipulation das große Ding im Kino ist. Dass man nur auf diese Weise überhaupt eine Reaktion des Zuschauers erreichen kann.

ZEIT Und heute?

Spielberg Heute bin ich weniger manipulativ. Ich respektiere die Wahrheit einer Geschichte und gehe nicht mehr über sie hinweg, um eine Zuschauerreaktion oder einen besseren Effekt zu erzielen. Diese Wahrheit ist für mich wichtiger geworden als die Art der Manipulation, mit der etwa Alfred Hitchcock sein Publikum in mehr als achtzig Filmen im Griff behielt. Natürlich drehe ich immer noch Filme, in denen ich das Publikum einlade, sich unterhalten zu lassen. Wichtiger sind mir aber die anderen: Filme wie *Schindlers Liste, Amistad* oder *Saving Private Ryan,* in denen es auch um Aufklärung und Erkenntnis geht.

ZEIT Auf welcher Seite sehen Sie Ihren neuen Film *The Terminal*?

Spielberg Er liegt zwischen Entertainment und Aufklärung. Es ist eine Tragikomödie, in der ich versuche, einige Wahrheiten über die amerikanische Gegenwart zu erzählen. Tom Hanks spielt einen Osteuropäer, der auf dem New Yorker Flughafen festhängt. In seinem Heimatland gab es eine Krise, einen Putsch, und plötzlich ist sein Pass nicht mehr gültig. Also lebt er wie ein Obdachloser im Transitland des Flughafenterminals. Ich wollte diesen Film machen, weil er von einer universellen Immigrantenerfahrung erzählt. Millionen von Einwanderern kamen zu Beginn des 20. Jahrhunderts nach Amerika, auch meine eigenen Großeltern. Diese Generation landete in Ellis Island. Heute übernimmt ein Flughafen wie der von New York die Funktion von Ellis Island. Auf allen internationalen Flughäfen, ob in Dubai, Frankfurt, Tokyo oder Los Angeles, gibt es diese kulturelle Mischung, die Mikrokosmen all dieser Wanderer zwischen den Welten mit ihren Hautfarben, Religionen, Sprachen. In einer Welt, in der die Kulturen immer mehr auseinander driften, sind die Flughäfen die einzigen Orte, an denen für einen Augenblick alles zusammengeworfen wird. Die Menschen, die in Lobbys nebeneinander schlafen oder auf Rollbändern aneinander vorbeigleiten, sind die moderne Entsprechung des amerikanischen *melting pot.* Wenn auch nur für einen utopischen Augenblick.

ZEIT Von der Utopie scheint nach dem 11. September nicht allzu viel übrig. In *The Terminal* sagt Stanley Tucci als Ordnungsfanatiker und Flughafendirektor: »Dieses Land hat so viele Leute ins Gefängnis gesteckt, dass kein Platz mehr da ist.«

Spielberg Und er meint das nicht mal witzig. Im Gegenteil, er formuliert eine Wahrheit über Amerika. Zum einen redet er von den Leuten, die aus berechtigten Gründen im Gefängnis sitzen. Aber auch von denen, die Opfer der amerikanischen Paranoia geworden sind.

ZEIT Wie sehr hat sich Amerika für Sie nach dem Anschlag auf das World Trade Center verändert?

Spielberg Natürlich ist das Land nach dem 11. September paranoider als je zuvor. Andererseits muss man sich darüber klar sein, dass mit diesem Attentat unsere schlimmsten Befürchtungen und Albträume wahr geworden sind. Daher würde ich die Paranoia nicht einfach nur negativ sehen. Sie ist ein verständlicher Reflex, der vorübergehen wird. Man könnte die Paranoia mit einer moralischen Fabel vergleichen. Man versucht damit, ein Trauma, eine reale Erfahrung zu verarbeiten und zu überwinden.

ZEIT Wenn man sich Stanely Tuccis Figur des pedantischen Flughafendirektors anschaut, dann kann man sich nur schwer vorstellen, dass Sie die gegenwärtige Paranoia für normal halten.

»Wenn man Kinder hat, wird man sich der Welt bewusst, weil man die Kinder vor der Welt beschützen will.«

Spielberg Lassen Sie es mich so ausdrücken: Vielleicht sind manche Politiker, Bürokraten und Überwachungsfanatiker tatsächlich nicht mehr in der Lage, den Menschen zu sehen. Tuccis Figur jedenfalls hat jede Humanität verloren. Er blickt nicht mehr ins Gesicht der Immigranten, sondern nur noch in ihre Papiere. Er ist blind geworden.

ZEIT Sie unterstützen aktiv den demokratischen Präsidentschaftskandidaten John Kerry. Könnte man *The Terminal* als regierungskritischen Film sehen?

Spielberg Nein, es ist ein Film über Amerika und seine Immigranten. Ich habe immer versucht, meine politischen Ansichten von meinen Filmen zu trennen. Ich glaube nicht, dass *The Terminal* es rechtfertigt, über den Irak-Krieg und Präsident Bush oder John Kerry zu sprechen.

ZEIT Es gab auch einmal eine Zeit, in der Sie sich keinen Deut für die amerikanische Politik und Gesellschaft interessierten. In den Sechzigern sind die Watergate-Affäre und der Vietnamkrieg über Ihren Kopf hinweggerauscht.

Spielberg Nicht nur Vietnam und Watergate rauschten an mir vorbei, sondern einfach alles. Die Popkultur, die Mode, die Drogen, die Beatles. Ich drehte ja meine ersten Fernsehsendungen, als ich 21 war. Und damals war ich einfach nur vom Filmemachen besessen. Es gab nichts anderes für mich. Meine Freunde liefen mit Schildern durch die Straßen, gingen tanzen, hatten Sex und bedröhnten sich. Und ich dachte nur an Objektive, Blenden und die Arbeit. Erst als ich älter wurde, fing ich an, über den Tellerrand zu schauen. Inzwischen bin ich ein bisschen erwachsener geworden. Wenn man Kinder hat, wird man sich der Welt bewusst, weil man die Kinder vor der Welt beschützen will. Es gibt eine Menge Gründe, weshalb Eltern CNN sehen, Zeitung lesen und ein bisschen aufmerksam sein sollten. Ohne meine Kinder wäre ich nicht in der Lage gewesen, Filme wie *Saving Private Ryan* oder *Schindlers Liste* zu drehen. Filme, die den Zuschauer nicht manipulieren, sondern die ihm etwas beibringen und vermitteln wollen.

ZEIT Glauben Sie wirklich, dass Sie das Publikum in Ihrem Weltkriegsfilm *Saving Private Ryan* nicht manipulieren?

Spielberg Natürlich will ich das Publikum auch hier berühren und bewegen. Aber nicht mehr mit dem elektrischen Rinderstock. Es sind die Fakten, die die Menschen bewegen sollen.

ZEIT Aber die Mechanismen bleiben doch die gleichen, ob Sie nun einen historischen Film oder einen reinen Unterhaltungsfilm drehen.

Spielberg Doch, es gibt einen Unterschied. Bei einem fiktionalen Film können der Drehbuchautor und ich mit der Story umgehen, wie wir wollen. Wir können die Zuschauer nach Belieben zum Lachen oder Weinen bringen. Eine wahre Geschichte kann ich nicht kontrollieren, sondern nur ihre Kontinuität abbilden.

ZEIT *The Terminal* beruht auf der Geschichte des Persers Merhan Karimi Nassiris, der seit 15 Jahren auf dem Pariser Flughafen Charles de Gaulle festsitzt. Von dessen Schicksal ist allerdings nicht allzu viel übrig geblieben.

Spielberg *The Terminal* ist ein Sonderfall, weil er nur entfernt an Nassiris' Schicksal erinnert. Aber nehmen wir *Schindlers Liste*. In seinem Buch *Schindler's Arc* beschrieb Thomas Keneally die Ereignisse so, wie sie von den überlebenden Schindler-Juden geschildert wurden. Wenn ich einen Film über den Holocaust drehe, muss ich mich an die Fakten halten. Das ist etwas anderes, als wenn ich mit meiner Fantasie losfliege.

ZEIT Und doch ist der Holocaust eine Geschichte von unvorstellbarer Vernichtung. *Schindlers Liste* hingegen ist eine Geschichte über das Überleben. Mit einer klassischen Katharsis.

»Mit einem Dokumentarfilm bekommt man kein Publikum, und schon gar nicht im Kino.«

Spielberg Ich habe den Holocaust nicht verfälscht, nur weil ich *Schindlers Liste* ein optimistisches Ende gab. Schindler hat 1200 Juden gerettet und ihnen die Chance gegeben, Kinder und Enkel zu bekommen. Aus 1200 Überlebenden wurden 6000 Nachkommen. Das war einer der wenigen Lichtblicke in der Geschichte des Holocaust. Natürlich hatte ich die Wahl: Erzähle ich die Geschichte der Überlebenden, oder erzähle ich die Geschichte derer, die in den Ofen kamen und zu Asche wurden? Hätte ich die Geschichte der Toten erzählt, hätte niemand diesen Film sehen wollen. Keiner wäre im Kino sitzen geblieben. Und der Film wäre schnell vergessen worden.

ZEIT Wie stehen Sie zu Claude Lanzmans *Shoah?*

Spielberg Der fehlende Einfluss von *Shoah* hängt damit zusammen, dass es ein Dokumentarfilm ist. Damit bekommt man kein Publikum, und schon gar nicht im Kino.

ZEIT Glauben Sie nicht, dass manche Inhalte auch eine bestimmte Form erfordern? Sie selbst haben mit Ihrer Shoah Foundation den Dokumentarfilm *The Last Days* produziert. In diesem Film werden die Erzählungen von Holocaust-Überlebenden in kleine Schnipsel zerteilt und mit rührseliger Musik unterlegt. Unfassbares Leid wird konsumierbar in melodramatischer Form.

Spielberg Ich muss Ihnen widersprechen. Für mich ist *The Last Days* der beste Dokumentarfilm, der je über den Holocaust gedreht wurde. Ich habe die Form nie als melodramatisch empfunden. Der Film erzählt von fünf Überlebenden, die zurück nach Budapest gehen, an den Ort, wo sie interniert wurden und ihre ganze Familie verloren. Es ist einer der meistgesehenen Dokumentarfilme überhaupt.

ZEIT Publikumserfolg ist etwas Schönes. Aber ist er wirklich Ihr wichtigstes Kriterium?

Spielberg Nein, aber ein entscheidendes.

ZEIT Sie haben allein mit *Jurassic Park 2* fast 300 Millionen Dollar verdient. Ein Drittel der 30 erfolgreichsten Filme aller Zeiten wurde von Ihnen produziert oder gedreht. Da könnten Sie sich doch mal einen Film ohne Happy End leisten. Oder auch einen Holocaust-Film, der nicht unbedingt erfolgreich sein muss.

Spielberg Vielleicht ist Erfolg das falsche Wort. Es geht mir um Wirksamkeit. Nennen Sie es ruhig Massenwirksamkeit. *Schindlers Liste* und *The Last Days* führten dazu, dass sich 52 000 Überlebende bereit erklärten, ihre Erinnerung an den Holocaust auf Video aufnehmen zu lassen. Dadurch öffneten sich die Türen für sieben weitere Dokumentationen. Und ich hoffe, dass die letzte Tür, die sich öffnet, in die amerikanischen Schulen führt. Dort sollte ein Fach namens Toleranzerziehung Pflicht für alle Schüler sein. Wir brauchen ein solches Programm dringender als die Europäer, denn das amerikanische Bildungssystem ist fast auf dem Stand eines Dritte-Welt-Landes. In Deutschland und Österreich hingegen haben wir mehr Fortschritte gemacht als in jedem anderen Land.

ZEIT Ihre Shoah Foundation wollte auch mit Berliner Institutionen, etwa dem Jüdischen Museum, zusammenarbeiten. Was wurde daraus?

Spielberg Die Shoah Foundation hat dem Jüdischen Museum ihr Archiv angeboten. Dort sollen die Aussagen der Zeitzeugen allen Wissenschaftlern, Erziehern, Studenten zur Verfügung stehen. Wir arbeiten mit dem Museum bereits zusammen, was die deutschsprachigen Zeitzeugen betrifft. Nur wurden wir leider in die Debatte um das Holocaust-Mahnmal hineingezogen. Deutsche Zeitungen spekulierten über unsere Absichten. Dabei hatte der Bau des Mahnmals, sein Aussehen, seine Entwicklung, rein gar nichts mit uns zu tun.
Die Querelen, die ganze deutsche Debatte um diesen Ort der Erinnerung, habe ich ohnehin nie verstanden.

ZEIT Fühlten Sie selbst sich jemals als Jude diskriminiert?

Spielberg In meiner Heimatstadt waren wir die einzigen Juden. Noch dazu waren wir Zugezogene und aus dem Osten, aus New Jersey, nach Arizona gezogen. Dort kannten sie keine Juden, nur viele seltsame Geschichten über sie. Ich kann nicht sagen, dass mich meine Freunde in Arizona wegen meiner Herkunft jemals schlecht behandelt hätten, aber es gab seltsame Fragen, die dazu führten, dass ich mich einfach anders fühlte. Ich reagierte darauf mit Rückzug und schloss als Heranwachsender nur ganz wenige Freundschaften. Später, auf der High School im Norden Kaliforniens, wurde die Sache ernster: Da gab es Mitschüler, die mich hänselten, nur weil ich Jude war.

ZEIT *Spielberg* ist ein österreichischer Name. Mitglieder Ihrer Familie wurden von den Nazis ermordet. Wie nahe ist Ihnen selbst die jüdische Geschichte?

Spielberg Was den Juden zwischen 1933 und 1945 widerfuhr, war das Ergebnis von tiefer Angst, Misstrauen und einem generellen Unverständnis gegenüber der jüdischen Kultur und Geschichte. Die Folge war eine einzigartige Mischung aus Hass und Rassismus. Die Idee von Fabriken, deren einziges Ziel darin bestand, eine Rasse und Kultur zu vernichten, ist immer noch unfassbar. Ich habe Angst, dass all das noch einmal passieren könnte. Und ich muss sagen, dass der Hass, der sich zurzeit im Nahen Osten zusammenballt, diese Angst verstärkt. Die Lage ist zum Verzweifeln. Für mich sind Palästinenser und Israelis zwei Völker im Kreuzfeuer der Extremisten. Die Verantwortung liegt gleichermaßen bei den israelischen Extremisten und Arafats Hamas. Was mich dabei am meisten deprimiert, ist die Tatsache, dass wir in Camp David nur zwei Finger breit von einem dauerhaften Frieden zwischen Barak und Arafat entfernt waren. Um Millimeter haben wir einen Frieden verpasst, der heute noch andauern würde. Es war die historische Chance. Die große verpasste Gelegenheit.

ZEIT Eines Ihrer nächsten Projekte ist ein Film über das palästinensische Attentat auf die israelischen Sportler während der Olympischen Spiele 1972 in München. Daneben bereiten Sie gerade *Indiana Jones 4* vor und eine Verfilmung von H. G. Wells' Science-Fiction-Klassiker *War of the Worlds*. Wie vertragen sich solche Themen in einem einzigen Kopf?

Spielberg Ich bin ein totaler Eklektiker und ein gefräßiger Themenkonsument. Ich kann heute nicht sagen, was mich morgen interessiert. Ich lese hier ein Buch und da eine Zeitung und gehe dahin, wohin mich meine Aufmerksamkeit zieht. Deshalb sind meine Filme auch so unterschiedlich. Ganz anders als zum Beispiel bei Martin Scorsese, der eine große stilistische Konsistenz besitzt. Aber ich will keinen Stil. Und schon gar keinen durchgängigen Stil in all meinen Filmen.

ZEIT Haben Sie wirklich etwas gegen Stil? Oder wollen Sie auch mal zurückschießen, weil man Sie und George Lucas seit Jahrzehnten als die Vorreiter eines rein kommerziellen Blockbuster-Kinos kritisiert? Während über Scorsese, Altman und Coppola auf ewig der Mythos von New Hollywood schwebt.

»Das Publikum hat einen sechsten Sinn. Es weiß, was es sehen will, bevor man ihm sagt, was es sehen soll.«

Spielberg Diese Blockbuster-Geschichte stammt von der Kritikerin Pauline Kael. Sie war eine Legende. Ich mochte und bewunderte sie. Sie hat meinen Namen plötzlich auf die Agenda der Filmkritik gesetzt, wie nebenbei. Aber sie hat sich mindestens ebenso oft geirrt, wie sie richtig lag. Ich musste jedenfalls immer ein wenig über sie schmunzeln. Eines Tages schwang sie den Stift wie eine Peitsche und behauptete, dass George Lucas und ich den Blockbuster erfunden hätten. Dass wir die Filmgeschichte für immer zum Schlimmen verändert hätten.

ZEIT Dass der *Weiße Hai* und *Star Wars* den Beginn zumindest der modernen Blockbuster-Mentalität markierten, lässt sich doch nicht bestreiten.

Spielberg Ich kann natürlich nicht für George Lucas reden. Aber ich selbst wollte nur einen guten Film mit einer guten Story drehen. Und es war absolut nicht meine Absicht, einen Blockbuster zu kreieren. Ein solches Produkt wird auf die Masse zugeschnitten. Es ist die Schnittmenge des Geschmacks von ungefähr einer Million Menschen. Ich bin sogar davon überzeugt, dass manche dieser Blockbuster bereits existieren, bevor die Studios sie ankündigen. Das Publikum hat einen sechsten Sinn. Es weiß, was es sehen will, bevor man ihm sagt, was es sehen soll. Also würde ich das Publikum gerne bitten, ein wenig von der Schuld auf sich zu nehmen, die man mir und George Lucas für die Erfindung des Blockbusters zuweist.

ZEIT Wer hat ihn denn nun erfunden?

Spielberg Wahrscheinlich war es D. W. Griffith. Oder auch Cecil B. de Mille. Vielleicht auch Victor Fleming mit *Vom Winde verweht*. Es gab eine Menge geschichtsträchtige Blockbuster. Und zwar lange vor dem Sommer 1975, als der *Weiße Hai* plötzlich auf die Kinokassen zuschwamm. Gewiss, mein Film lief in mehr Kinos als je ein Film zuvor. Das Gleiche kann man aber auch über *Vom Winde verweht* und das Jahr 1939 sagen.

ZEIT Sie sind der erfolgreichste Regisseur aller Zeiten. Und doch leiden Sie unter einem Blockbuster-Komplex. Und dann haben Sie auch noch gesagt, dass Sie niemals einen Film drehen werden, der so gut wie Coppolas *Pate* ist.

Spielberg Das ist taktvoll ausgedrückt. Tatsächlich habe ich gesagt, dass ich nie einen Film drehen werde, der auch nur in die Nähe von *Der Pate* und *Citizen Kane* kommt. *Lawrence von Arabien* würde ich übrigens auch noch dazunehmen. Das sind drei der besten Filme, die je gemacht wurden. Ich bin noch nicht an einem solchen Punkt meiner Karriere. Und ich bezweifle auch, dass ich jemals dahin kommen werde. Das ist keine Koketterie. Sondern Ehrlichkeit. *Der Pate* ist ein Meilenstein. Ein unglaubliches Werk. Ich habe ihn hundertmal gesehen. Mindestens. Nein, noch viel öfter. Alle sagen, dass *Der Pate 2* viel besser ist. Bullshit! Der erste ist der beste. *Der Pate 2* ist ein bisschen zu sehr darum bemüht, Kunst zu sein.

ZEIT Geben Sie sich kunstfeindlicher, als Sie in Wahrheit sind? Sonst würden Sie doch zum Beispiel Stanley Kubrick nicht so bewundern.

Spielberg Stanley Kubrick ist mein großer Held. Natürlich gehört *2001: Odyssee im Weltraum* zu meinen liebsten zehn Filmen. Von Kubrick sind sogar mehrere dabei.

ZEIT Sie kannten Kubrick auch persönlich.

Spielberg Er war wunderbar. Er mochte meinen Fernsehfilm *Duell*, in dem ein Lastwagen einen harmlosen Autofahrer verfolgt. Wir konnten uns stundenlang über diesen Lastwagen unterhalten. Als wir uns das erste Mal trafen, war er gerade dabei, den Setbau von *The Shining* zu überwachen. Ich war als Nächster dran und sollte in den gleichen Räumlichkeiten *Jäger des verlorenen Schatzes* drehen. Am Abend lud er mich in sein Haus zum Abendessen ein. Ich schwärmte ihm von *Dr. Strangelove* vor, und er schwärmte von *Duell*. Wir waren einfach zwei Maniacs, die sich über nichts als Film unterhielten. Natürlich war ich im Vorteil, denn ich konnte etwas ausführlicher über sein Œuvre reden. Und umgekehrt gab es da ja noch nicht so viel. Diese Großzügigkeit meiner Arbeit gegenüber behielt er sein ganzes Leben lang. 17 Jahre lang waren wir sehr enge Freunde. Bis zu seinem Tod.

ZEIT Wie war die Rollenverteilung? Waren Sie der Schüler und er das väterliche Genie?

»Meine lebhafte Fantasie machte mich schon als Kind zu einem Getriebenen.«

Spielberg Natürlich blickte ich zu ihm auf. Am Anfang war ich sehr eingeschüchtert und bekam kaum ein Wort heraus. Aber Stanleys Erscheinung entspannte mich. Er trug einen sehr, sehr schlampigen Mantel. Sein Hemd war nur zur Hälfte zugeknöpft. Auf seinem Jackett hingen irgendwelche undefinierbaren Krümel. Er trug unförmige Pennerschuhe, in denen er fast wie Charlie Chaplin aussah. Eigentlich sah er wie ein Obdachloser aus. Hätte er ein Schild um den Hals getragen mit der Aufschrift »Arbeit für Essen«, es hätte zu ihm gepasst. Sein Bart war strubbelig, seine Brille war schief. Und ich hatte das Gefühl, endlich meinen großen Bruder getroffen zu haben. Den Bruder, von dem ich alles gelernt habe. Nur keinen eigenen Stil. *(lacht)*

ZEIT Aber es gibt doch einen bestimmten Action-Stil. Den *Spielberg*-Touch.

Spielberg Ich weiß nicht, was Sie meinen.

ZEIT Die Lust an der ungewöhnlichen Auflösung einer klassischen Action-Szene. Man spürt sie schon in Ihrem ersten Kinofilm *The Sugarland Express*, wenn Goldie Hawn und ihr Mann von hundert Polizeiwagen verfolgt werden. Wie schafften Sie es, eine Schlange aus eigentlich banalen Autos so bedrohlich aussehen zu lassen?

Spielberg Ich erinnere mich noch genau an die Arbeit an *Sugarland Express*. Ich wollte, dass die Leute im Rückspiegel ein lebendiges Wesen sehen, nicht einfach nur ein doofes Polizeiauto. Nicht einfach ein Fahrzeug, das irgendwann vom Band einer Fabrik gelaufen ist. Sondern ein Wesen mit einem Kopf, einem Schwanz und Zähnen. Wenn Sie so wollen, waren diese Polizeiautos mein erster Versuch, einen Hai zu zeichnen. Es war der Beginn meiner großen Leidenschaft für die Anthropomorphisierung der Mechanik. Man muss die tote Technik zum Leben erwecken. Im Grunde funktioniert so unsere Fantasie. Wir projizieren ja unablässig menschliche oder tierische Eigenschaften auf Gegenstände. Zum Beispiel hatte ich immer Angst vor diesen verschnörkelten Louis-Quinze-Möbeln, weil sie aussehen, als hätten sie Füße und Schwänze. Wenn ich allein in einem Hotelzimmer mit solchen Möbeln lag, ängstigte ich mich zu Tode. Ich stellte mir vor, wie diese Möbelstücke nachts zum Leben erwachen. Wie sie ihren Platz verändern, sich auf mich zubewegen. Wie ich morgens aufwache und der Schreibtisch die Tür versperrt. Oder dass der Fernseher im Bad liegt. Bis heute ist es mir unangenehm, mich in einem Raum mit Louis-Quinze-Möbeln aufzuhalten. Wie gut, dass das hier gute amerikanische Handarbeit ist. *(Er haut auf den Stuhl neben sich.)* Die bleibt nachts schön brav an Ort und Stelle!

ZEIT Waren Sie ein ängstliches Kind?

Spielberg Meine lebhafte Fantasie machte mich schon als Kind zu einem Getriebenen. Als Junge lag ich wach im Bett und stellte mir vor, wie die Schatten wandern. Sobald draußen ein Auto vorbeifuhr und seine Lichter über die Decke meines Kinderzimmers glitten, wurde der Raum für mich zu einer fremden, bedrohlichen Welt. Zu einem Angstraum. Das Beste, was mir passieren konnte, war, eine Filmkamera in die Hand zu bekommen. Nur durch die Kamera war ich imstande, diese völlig abstrakten Ängste in den Griff zu kriegen.

ZEIT Ist das Kino Ihre persönliche Form von Exorzismus?

Spielberg Es begann an dem Tag, an dem mein Vater mir eine Kamera schenkte. Im Grunde fing damals nicht nur mein Leben als Filmemacher an, sondern mein Leben überhaupt. Ich

Ein besessener Filmemacher: Star-Regisseur Steven Spielberg bei Dreharbeiten 1993

war zwölf Jahre alt, blickte durch das Objektiv und fand plötzlich selbst die Scheidung meiner Eltern okay. Alles, was schmerzte und Angst machte, war plötzlich weit weg. Hinter der Kamera konnte ich mich vor allem, was mich bedrohte, verstecken. Das Kino ist meine Teufelsaustreibung

ZEIT Es heißt ja immer, sie hätten mit *E.T.* den Freund und Beschützer erfunden, nach dem Sie sich in Ihrer Kindheit gesehnt haben.

Spielberg Als Kind lebte ich völlig in meiner eigenen Welt. Als meine Freunde in die Pubertät kamen und die Wände hochgingen, saß ich vor dem Fernseher und kaute Fingernägel. *E.T.* ist mein persönlichster Film, weil er eine Fantasiefigur auf die Leinwand brachte, die aus meiner tiefsten Sehnsucht geboren wurde. Jeder Zwölfjährige sehnt sich nach einem neunhundertjährigen Alien, der mit ihm dem Mond entgegenfliegt. Dieser Außerirdische war also kein kaltes Unterhaltungsprodukt, sondern mein bester Freund. Ich konnte ihn erfinden, weil mir meine Kindheit noch so nahe ist. Manchmal glaube ich, dass ich mich als Achtzigjähriger noch besser an jede Regung meiner Jugend erinnern werde. *E.T.* entstand aus der Wiederbelebung dieses zutiefst kindlichen Impulses: Es ging darum, meine Ängste zu kontrollieren, zu manipulieren und letztlich zu bannen. Wäre es möglich gewesen, dann hätte ich *E.T.* schon als Zwölfjähriger gedreht.

ZEIT Dafür drehten Sie die Home-Movies Ihrer Familie, weil Sie die Ihres Vaters zu langweilig fanden.

Spielberg Unsere Familie fuhr immer in den Camping-Urlaub. Wir brachen mit Schlafsäcken in die Berge von Arizona auf. Was mein Vater da filmte, war allerdings unvorstellbar langweilig. Zum Einschlafen. Also nahm ich die Sache in die Hand. Ich sprang aus dem Auto, rannte voraus und sorgte dafür, dass die Anfahrt ein bisschen spannender wirkte. Wie in einem Gangsterfilm. Im Laufe der Zeit fing ich an, unsere Camping-Trips zu inszenieren. Meine drei Schwestern waren von mir genervt, weil sie das Gepäck mehrmals auspacken mussten. So lange, bis ich zufrieden war. Mit der Zeit begannen meine Home-Movies dann, sich zu verselbstständigen. Kleine Jungs mit Cowboyhüten und deutschen Stahlhelmen begannen, darin herumzulaufen und zu schießen.

ZEIT Inzwischen sind Sie selbst Familienvater. Drehen Sie immer noch Home-Movies?

Spielberg Ständig. Eigentlich jeden Tag.

ZEIT Und sind sie aufregender als die Ihres Vaters?

Spielberg Aber klar. Allein schon, weil die Kameratechnologie so viel besser ist. Die Bilder der kleinen Digitalkameras sind nicht mehr so verwackelt. Ich filme alles, die Schulfeiern, die Geburtstage, die Wochenendausflüge. Ich filme meine Kinder beim Spielen, beim Streiten, beim Essen. Ich bin der Videograf der Familie. Am Ende des Jahres gebe ich das ganze Material zu meinem Cutter Andy. Und er schneidet daraus unseren Jahresfilm zusammen. Wenn wir ihn vorführen, gibt es eine richtige Premiere, aber nur mit Familienmitgliedern. Meine Mutter kommt, mein Vater, meine sieben Kinder, die Eltern meiner Frau. Erst kürzlich saßen wir alle im Wohnzimmer zusammen bei der Premiere des Jahres 2003. Über den Bildern liegt Filmmusik, es gibt Blenden, Doppelbelichtungen und Spezialeffekte mit Adobe.

ZEIT Da Sie so großen Wert auf den Publikumserfolg legen: Wie kommen die Filme denn an?

Spielberg Meistens wird kritisiert, dass ich das Unangenehme und Peinliche weglasse. Ich filme die Sandburg. Aber nicht meine matschverschmierten Kinder. Aber sie sind unerbittlich. Sie wissen genau, was ich draußen gelassen habe. Und sie wollen, dass es wieder hineingeschnitten wird. Aber ich habe die künstlerische Kontrolle. Ich bleibe hart.

ZEIT-Nr. 36 vom 26. 8. 2004

TEIL II

Fakten und Statistiken

Der Fischer Weltalmanach

Bundesstaaten und Hauptstadtdistrikt

Staat	Fläche in km²*	Rangstelle	Einwohner F 2003**	Rangstelle	Pro-Kopf-Einkommen 2003 in US-$	Rangstelle	Beitritt zur Union
Alabama	135 775	30	4 500 752	23	26 338	41	14. 12. 1819 (22.)
Alaska	1 700 138	1	648 818	47	33 568	13	3. 1. 1959 (49.)
Arizona	295 276	6	5 580 811	18	26 838	39	14. 2. 1912 (48.)
Arkansas	137 742	29	2 725 714	32	24 289	50	15. 6. 1836 (25.)
California	424 002	3	35 484 453	1	33 749	10	9. 9. 1850 (31.)
Colorado	269 618	8	4 550 688	22	34 283	9	1. 8. 1876 (38.)
Connecticut	14 358	48	3 483 372	29	43 173	2	9. 1. 1788 (5.)
Delaware	6 448	49	817 491	45	32 810	15	7. 12. 1787 (1.)
District of Columbia	177	51	563 384	50	48 342	1	
Florida	170 314	22	17 019 068	4	30 446	24	3. 3. 1845 (27.)
Georgia	153 952	24	8 684 715	9	29 442	28	2. 1. 1788 (4.)
Hawaii	28 313	43	1 257 608	42	30 913	20	21. 8. 1959 (50.)
Idaho	216 456	14	1 366 332	39	25 911	46	3. 7. 1890 (43.)
Illinois	150 007	25	12 653 544	5	33 690	11	3. 12. 1818 (21.)
Indiana	94 328	38	6 195 643	14	28 783	36	11. 12. 1816 (19.)
Iowa	145 754	26	2 944 062	30	29 043	34	28. 12. 1846 (29.)
Kansas	213 111	15	2 723 507	33	29 935	27	29. 1. 1861 (34.)
Kentucky	104 665	37	4 117 827	26	26 252	42	1. 6. 1792 (15.)
Louisiana	134 275	31	4 496 334	24	26 100	44	30. 4. 1812 (18.)
Maine	91 653	39	1 305 728	40	28 831	35	15. 3. 1820 (23.)
Maryland	32 134	42	5 508 909	19	37 331	5	28. 4. 1788 (7.)
Massachusetts	27 337	44	6 433 422	13	39 815	4	6. 2. 1788 (6.)
Michigan	250 465	11	10 079 985	8	30 439	25	26. 1. 1837 (26.)
Minnesota	225 182	12	5 059 375	21	34 443	8	11. 5. 1858 (32.)
Mississippi	125 443	32	2 881 281	31	23 448	51	10. 12. 1817 (20.)
Missouri	180 546	21	5 704 484	17	29 252	31	10. 8. 1821 (24.)
Montana	380 850	4	917 621	44	25 920	45	8. 11. 1889 (41.)
Nebraska	200 358	16	1 739 291	38	30 758	22	1. 3. 1867 (37.)
Nevada	286 367	7	2 241 154	35	31 266	19	31. 10. 1864 (36.)
New Hampshire	24 219	46	1 287 687	41	34 702	7	21. 6. 1788 (9.)
New Jersey	22 590	47	8 638 396	10	40 427	3	18. 12. 1787 (3.)
New Mexico	314 939	5	1 874 614	36	25 541	47	6. 1. 1912 (47.)
New York	141 080	27	19 190 115	3	36 574	6	26. 7. 1788 (11.)
North Carolina	139 397	28	8 407 248	11	28 235	38	21. 11. 1789 (12.)
North Dakota	183 123	19	633 837	48	29 204	33	2. 11. 1889 (39.)
Ohio	116 103	34	11 435 798	7	29 944	26	1. 3. 1803 (17.)
Oklahoma	181 048	20	3 511 532	28	26 656	40	16. 11. 1907 (46.)
Oregon	254 819	9	3 559 596	27	29 340	30	14. 2. 1859 (33.)
Pennsylvania	119 291	33	12 365 455	6	31 998	17	12. 12. 1787 (2.)
Rhode Island	4 002	50	1 076 164	43	31 916	18	29. 5. 1790 (13.)
South Carolina	82 902	40	4 147 152	25	26 132	43	23. 5. 1788 (8.)
South Dakota	199 744	17	764 309	46	29 234	32	2. 11. 1889 (40.)
Tennessee	109 158	36	5 841 748	16	28 455	37	1. 6. 1796 (16.)
Texas	695 676	2	22 118 509	2	29 372	29	29. 12. 1845 (28.)
Utah	219 902	13	2 351 467	34	24 977	48	4. 1. 1896 (45.)
Vermont	24 903	45	619 107	49	30 740	23	4. 3. 1791 (14.)
Virginia	110 792	35	7 386 330	12	33 671	12	25. 6. 1788 (10.)
Washington	184 672	18	6 131 445	15	33 332	14	11. 11. 1889 (42.)
West Virginia	62 759	41	1 810 354	37	24 379	49	20. 6. 1863 (35.)
Wisconsin	169 643	23	5 472 299	20	30 898	21	29. 5. 1848 (30.)
Wyoming	253 349	10	501 242	51	32 808	16	10. 7. 1890 (44.)
Vereinigte Staaten	**9 809 155**		**290 809 777**		**31 459**		

* Flächenangaben einschl. Binnengewässer ** per 1. 7.

Quelle: U.S. Census Bureau, U.S. Bureau of Economic Analysis

Vereinigte Staaten von Amerika

Nord-Amerika

auch: Vereinigte Staaten, Amerika; United States of America, Kurzform: America – US/USA

Fläche (Weltrang: 3): 9 809 155 km²

Einwohner (3): 290 809 777 = 29,6 je km²

Hauptstadt: Washington D. C.

Amtssprachen: Englisch, Spanisch (regional)

Bruttosozialprodukt 2002 je Einw.: 35 400 $

Währung: 1 US-Dollar (US-$) = 100 Cents
Kurs: 1 € = 1,22 US-$ (1. 9. 2004)

Botschaft der Vereinigten Staaten von Amerika
Neustädtische Kirchstr. 4–5, 10117 Berlin
T 030/238 51 74, Fax 2 38 62 90
www.usembassy.de

LANDESSTRUKTUR **Fläche**: 9 809 155 km² (→ Karte) ▪ **Gebiete:** 2 US-Commonwealth Territories: Nördliche Marianen, Puerto Rico; Außen- und Pachtgebiete: Amerikanische Jungferninseln, Amerikanisch-Samoa, Guam, Inseln im Pazifik und der Karibik, Guantánamo → S. 171 ▪ **Verwaltung**: 50 Bundesstaaten und der District of Columbia/DC mit Bundeshauptstadt Washington; Bundesstaaten jeweils mit Verfassung und Parlament aus 2 Kammern (nur Nebraska 1 Kammer) sowie einem gewählten Gouverneur

BEVÖLKERUNG Amerikaner – Z 2000: 281 421 906 Einw. – 75,1 % Weiße, 12,3 % Schwarze, 3,6 % Asiaten, 0,9 % Indianer/Eskimos/Aleuten, andere 8,0 %; 12,5 % Hispanics ▪ **Sprachen**: Englisch (Amerikanisch), Spanisch; Sprachen der Minderheiten ▪ **Religion** 1999: 62,0 Mio. Katholiken, 28,3 Mio. Baptisten, 13,1 Mio. Methodisten, 11,3 Mio. Pfingstler, 8,3 Mio. Lutheraner, 5,1 Mio. Mormonen, 4,1 Mio. Presbyterianer, 4,0 Mio. Orthodoxe, 3,5 Mio. Anhänger der Churches of Christ, 2,4 Mio. Episkopale, 1,9 Mio. Reformierte, 1,0 Mio. Zeugen Jehovas; 6 Mio. Juden, 4 Mio. Muslime, 2 Mio. Buddhisten, 1 Mio. Hindus, 0,8 Mio. Bahai, 0,2 Mio. Sikhs

STAATS- UND REGIERUNGSFORM Verfassung von 1787, zuletzt geändert 1992 – Präsidiale Bundesrepublik seit 1789 – Parlament (Congress): Repräsentantenhaus (House of Representatives) mit 435 Mitgl. (Wahl alle 2 J.) und Senat (Senate) mit 100 Mitgl. (Wahl für 6 Jahre, Neuwahl alle 2 J. von 1/3 der Senatoren) – Indirekte Wahl des Staatsoberh. durch 538 Wahlmänner (Electoral College) alle 4 J. (einmalige Wiederwahl) – Wahlrecht ab 18 J. ▪ **Unabhängigkeit**: 4. 7. 1776 Inkraftsetzung der Unabhängigkeitserklärung durch den 2. Kontinentalkongress ▪ **Nationalfeiertag**: 4. 7.

REGIERUNG UND PARTEIEN **Staats- u. Regierungschef**: George W. Bush (Rep.), seit 20. 1. 2001 (43. Präsident der USA) – Vizepräsident: Richard Cheney (Rep.) ▪ **Parlament**: Wahlen vom 2. 11. 2004 zum 109. Kongress: Repräsentantenhaus: Republican Party 233 von 435 Sitzen (2002: 229), Democratic Party 201 (205), Unabhängige 1 (1); Senat (Neuwahl von 34 Sitzen am 2. 11. 2004): Republican Party 55 (2002: 51), Democratic Party 44 (48), Unabhängige 1 (1) – Gouverneure (Neuwahl von 11 Gouverneuren am 2. 11. 2004): Republican Party 28 (28), Democratic Party 21 (22); Washington noch offen

WIRTSCHAFT **BIP** 2002: 10 383 100 Mio. $; realer Zuwachs ∅ 1990–2002: 3,3 %; Anteil (1997) Landwirtschaft 1,6 %, Industrie 25,2 %, Dienstleistungen 73,2 % ▪ **Erwerbstätigkeit** 2001: Landwirtsch. 2,4 %, Industrie 22,6 %, Dienstl. 75,0 % ▪ **Arbeitslosigkeit** ∅ 2003: 6,0 % ▪ **Inflation** ∅ 1990–2001: 2,0 % (2003: 2,3 %) ▪ **Außenhandel** 2003 (vorläufig): **Import**: 1263 Mrd. $; *Güter*: 21,3 % Maschinen, 16,6 % Kfz, 10,55 mineralische Produkte, 4,4 % Nahrungsmittel, 3,8 % Metalle und nichtmetallische Produkte, 2,9 % chemische Erzeugnisse; *Länder*: 18,0 % Kanada, 12,1 % VR China, 11,0 % Mexiko, 9,3 % Japan, 5,4 % Deutschland, 3,4 % Großbritannien; **Export**: 714 Mrd. $; *Güter*: 34,1 % Maschinen, 11,2 % Kfz, 7,8 % chemische Produkte, 7,7 % Nahrungsmittel, 6,6 % Luftfahrzeuge; *Länder*: 23,8 % Kanada, 13,6 % Mexiko, 7,0 % Japan, 4,6 % Großbritannien, 4,0 % VR China, 3,4 % Deutschland

RUSS. FÖD.
ARKTISCHER OZEAN
Bering-meer
Beringstraße
St. Lawrence I.
St. Matthew I.
Nunivak I.
Pribilof I.
Alëuten
Alaska
Yukon
6194
Mt. McKinley
Fairbanks
Anchorage
Kodiak I.
Golf von Alaska
KANADA
Juneau
PAZIFISCHER OZEAN
400 km
Juneau
Alaska
Hudsonb
Churchill
R O C K Y M O U N T A I N S
KANADA
Victoria
Vancouver
Washington
Seattle
Calgary
Regina
Winnipeg
Olympia
Mt. Rainier
4392
Missouri
Salem
Helena
Montana
North Dakota
Bismarck
Oregon
Idaho
Yellowstone
Minnesota
Boise City
Saint Paul
Wiscons
Mt. Shasta
4317
Snake
Gannett Peak
4202
Wyoming
Pierre
South Dakota
Minneapolis
Mississippi
Madison
Sacra-mento
Carson City
Salt Lake City
Cheyenne
Nebraska
Iowa
Des Moines
Chi
San Francisco
Nevada
Colorado
Denver
Platte
Lincoln
Illin
Mt. Whitney
4418
Utah
Mt. Elbert
4399
Colorado
Kansas
Missouri
Springfield
Las Vegas
Topeka
California
VEREINIGTE STAATEN VON AMERIKA
Jefferson City
Los Angeles
Wheeler Peak
4011
Missouri
Arizona
Colorado
Santa Fe
Oklahoma City
Arkansas
Arkansas
San Diego
Phoenix
Albuquerque
Rio Grande
Oklahoma
Mississippi
Tijuana
Gila
Red River
Little Rock
Mexicali
PAZIFISCHER OZEAN
Tucson
New Mexiko
Miss si
Texas
Dallas
Louisiana
Ciudad Juárez
El Paso
Jack
Golf von Kalifornien
Pecos
Colorado
Brazos
Baton Rouge
Austin
Houston
New Orleans
Hawaii
200 km
Kauai
Oahu
Molokai
Honolulu
Maui
Hawaii
San Antonio
MEXIKO
Rio Grande Bravo
Golf vo
Monterrey
Culiacán
La Paz

Die 50 größten Städte

Stadt	Bundesstaat	Einwohner*
New York	New York	8 085 742
Los Angeles	California	3 819 951
Chicago	Illinois	2 869 121
Houston	Texas	2 009 690
Philadelphia	Pennsylvania	1 479 339
Phoenix	Arizona	1 388 416
San Diego	California	1 266 753
San Antonio	Texas	1 214 725
Dallas	Texas	1 208 318
Detroit	Michigan	911 402
San Jose	California	898 349
Indianapolis	Indiana	783 438
Jacksonville	Florida	773 781
San Francisco	California	751 682
Columbus	Ohio	728 432
Austin	Texas	672 011
Memphis	Tennessee	645 978
Baltimore	Maryland	628 670
Milwaukee	Wisconsin	586 941
Fort Worth	Texas	585 122
Charlotte	North Carolina	584 658
El Paso	Texas	584 113
Boston	Massachusetts	581 616
Seattle	Washington	569 101
Washington	District of Columbia	563 384
Denver	Colorado	557 478
Nashville-Davidson	Tennessee	544 765
Portland	Oregon	538 544
Oklahoma	Oklahoma	523 303
Las Vegas	Nevada	517 017
Tucson	Arizona	507 658
Long Beach	California	475 460
Albuquerque	New Mexico	471 856
New Orleans	Louisiana	469 032
Cleveland	Ohio	461 324
Fresno	California	451 455
Sacramento	California	445 335
Kansas City	Missouri	442 768
Virginia Beach	Virginia	439 467
Mesa	Arizona	432 376
Atlanta	Georgia	423 019
Omaha	Nebraska	404 267
Oakland	California	398 844
Tulsa	Oklahoma	387 807
Honolulu	Hawaii	380 149
Miami	Florida	376 815
Minneapolis	Minnesota	373 188
Colorado Springs	Colorado	370 448
Arlington	Texas	355 007
Wichita	Kansas	354 617

* per 1. 7. 2003

Quelle: U.S. Census Bureau 2004

Alabama Südosten; AL

We dare defend our rights

Fläche: 135 775 km² (Rang: 30)

Einwohner: 4 500 752 (23) = 33,1 je km²

Hauptstadt: Montgomery

www.alabama.gov

LANDESSTRUKTUR **Fläche** 135 775 km² ▪ **Landesnatur**: Stark bewaldet (65 % der Landesfläche), durch fruchtbare Ebenen wie den Schwarzen Gürtel geprägt; warmes, feuchtes Klima mit langer Vegetationsperiode ▪ **Städte**: (F 2003) Birmingham 236 620 Einw., Montgomery 200 123, Mobile 193 464, Huntsville 164 237

BEVÖLKERUNG Z 2000: 4 447 100 – 71,1 % Weiße, 26,0 % Schwarze, 0,7 % Asiaten, 0,5 % Indianer, 0,7 % andere; 1,7 % Hispanics ▪ **Bevölkerungswachstum** 1990 – 2000: 10,1 %

STAAT UND REGIERUNG **Beitritt zur Union**: 14. 12. 1819 (22.) ▪ Verfassung von 1865; 1901 erweitert ▪ **Gouverneur** Bob Riley (Rep.), seit 20. 1. 2003 ▪ Senat mit 35 Mitgliedern und Repräsentantenhaus mit 105 Mitgliedern

WIRTSCHAFT **BIP** 2001: 121 490 Mio. $ ▪ **Pro-Kopf-Einkommen** 2003: 26 338 $ (41) ▪ **Arbeitslosigkeit** 2003: 5,8 %

GESCHICHTE UND GEGENWART Seit 1702 von Franzosen besiedelt, zunächst Teil von Lousiana, 1763 an Großbritannien abgetreten; zu Beginn des 19. Jh. durch Vormarsch der Siedler ausgelöster Krieg gegen die Creek-Indianer; 1814 Sieg der US-Regierung durch General Andrew Jackson, seit 1817 eigenes Territorium. In den 1950er und 1960er Jahren war Alabama das Zentrum der Bürgerrechtsbewegung in den USA. Neben Baumwolle verfügt der Staat über reichliche Vorkommen an Kohle, Eisenerz und Kalkstein; heute wirtschaftliche Stagnation trotz niedriger Steuern.

Alaska Nordwesten; AK

North to the future

Fläche: 1 700 138 km² (Rang: 1)

Einwohner: 648 818 (47) = 0,4 je km²

Hauptstadt: Juneau

www.state.ak.us

LANDESSTRUKTUR **Fläche** 1 700 138 km² ▪ **Landesnatur**: Zu zwei Dritteln von Wald und Tundra bedeckt; am Pazifik maritimes, im Landesinnern kontinentales und im Norden arktisches Klima; höchste Erhebung in Nordamerika: Mount McKinley (6194 m) ▪ **Städte**: (F 2003) Anchorage 270 951, (F 2002) Fairbanks 30 780, Juneau 30 751

BEVÖLKERUNG Z 2000: 626 932 – 69,3 % Weiße, 15,6 % Aleuten / Eskimos / Indianer, 4,0 % Asiaten, 3,5 % Schwarze, 1,6 % andere; 4,1 % Hispanics ▪ **Bevölkerungswachstum** 1990 – 2000: 14,0 %

STAAT UND REGIERUNG **Beitritt zur Union**: 3. 1. 1959 (49.) ▪ Verfassung von 1956 ▪ **Gouverneur** Frank Murkowski (Rep.), seit 2. 12. 2002 ▪ Senat mit 20 Mitgliedern und Repräsentantenhaus mit 40 Mitgliedern

WIRTSCHAFT **BIP** 2001: 28 581 Mio. $ ▪ **Pro-Kopf-Einkommen** 2003: 33 568 $ (13) ▪ **Arbeitslosigkeit** 2003: 8,0 %

GESCHICHTE UND GEGENWART 1741 vom dänischen Forscher Vitus Bering neu entdeckt; bis 1867 im Besitz von Russland, dann für 7,2 Mio. $ von den USA gekauft. Zunächst war der größte US-Bundesstaat durch Pelzhandel, Fisch- und Walfang geprägt, danach Ende des 19 Jh. wegen des Goldrauschs starker Bevölkerungsanstieg. 1968 Entdeckung der Haupteinnahmequelle Erdöl nahe der Prudhoe Bay; ab 1977 Betrieb der Trans-Alaska-Pipeline. Seit den 1990er Jahren öffnet sich der am dünnsten besiedelte Staat verstärkt dem Tourismus.

Arizona Südwesten; AZ

Ditat deus

Fläche: 295 276 km² (Rang: 6)

Einwohner: 5 580 811 (18) = 18,9 je km²

Hauptstadt: Phoenix

www.az.gov

LANDESSTRUKTUR **Fläche** 295 276 km²
▪ **Landesnatur**: Sehr heißes und trockenes Klima, nur in höheren Landesteilen Nadelwald, sonst Steppe und Wüste; im Norden Colorado Plateau – dort auch der 350 km lange Grand Canyon – sowie im Süden und Südwesten die Basin and Range Province und die Gilawüste ▪ **Städte**: (F 2003) Phoenix 1 388 416 Einw., Tucson 507 658, Mesa 432 376, Glendale 232 838, Scottsdale 217 989, Chandler 211 299

BEVÖLKERUNG Z 2000: 5 130 632 – 75,5 % Weiße, 5,0 % Indianer, 3,1 % Schwarze, 1,8 % Asiaten, 11,6 % andere; 25,3 % Hispanics ▪ **Bevölkerungswachstum** 1990 – 2000: 40,0 %

STAAT UND REGIERUNG **Beitritt zur Union**: 14. 2. 1912 (48.) ▪ Verfassung von 1912 ▪ **Gouverneurin** Janet Napolitano (Dem.), seit 6. 1. 2003 ▪ Senat mit 30 Mitgliedern und Repräsentantenhaus mit 60 Mitgliedern

WIRTSCHAFT **BIP** 2001: 160 687 Mio. $ ▪ **Pro-Kopf-Einkommen** 2003: 26 838 $ (39) ▪ **Arbeitslosigkeit** 2003: 5,6 %

GESCHICHTE UND GEGENWART Nach dem Vertrag von Guadalupe Hidalgo, der 1848 den Mexikanisch-Amerikanischen Krieg beendete, ging das Gebiet nördlich des Gila River an die USA, mit dem Gadsden-Vertrag von 1853 schließlich auch der südliche Teil; 1863 erhielt Arizona den Status eines Territoriums; während des Bürgerkriegs und noch bis 1896 kam es wiederholt zu Aufständen der Indianer. Seit 1950 verstärkt Industrie (Flugzeugbau) und Tourismus; in den 1990er Jahren v. a. durch Einwanderer rasanter Bevölkerungsanstieg (40 %).

Arkansas Süden; AR

Regnat populus

Fläche: 137 742 km² (Rang: 29)

Einwohner: 2 725 714 (32) = 19,8 je km²

Hauptstadt: Little Rock

www.arkansas.com

LANDESSTRUKTUR **Fläche** 137 742 km²
▪ **Landesnatur**: Mildes Klima mit viel Niederschlag; etwa die Hälfte der Landesfläche bewaldet; in der Hochlandregion im Nordwesten die Boston Mountains und die Ouachita-Berge, fruchtbare Schwemmlandebene des Mississippi im Südosten ▪ **Städte**: (F 2003) Little Rock 184 053 Einw., Fort Smith 81 519, Fayetteville 60 732, North Little Rock 60 007, Jonesboro 56 888

BEVÖLKERUNG Z 2000: 2 673 400 – 80,0 % Weiße, 15,7 % Schwarze, 0,8 % Asiaten, 0,7 % Indianer, 1,5 % andere; 3,2 % Hispanics ▪ **Bevölkerungswachstum** 1990 – 2000: 13,7 %

STAAT UND REGIERUNG **Beitritt zur Union**: 15. 6. 1836 (25.) ▪ Verfassung von 1874; mehrfach erweitert ▪ **Gouverneur** Mike D. Huckabee (Rep.), seit 15. 7. 1996 ▪ Senat mit 35 Mitgliedern und Repräsentantenhaus mit 100 Mitgliedern

WIRTSCHAFT **BIP** 2001: 67 913 Mio. $ ▪ **Pro-Kopf-Einkommen** 2003: 24 289 $ (50) ▪ **Arbeitslosigkeit** 2003: 6,2 %

GESCHICHTE UND GEGENWART Seit 1763 unter span., ab 1799 unter franz. Herrschaft, wurde das Land 1803 als Teil von Louisiana von den USA gekauft (Louisiana Purchase); danach zunächst Bezirk des Territoriums Missouri, erhielt Arkansas 1819 den Territorialstatus; im Amerikanischen Bürgerkrieg gehörte Arkansas zur Konföderation. Obwohl sich in den letzten Jahren verschiedene Industrien ansiedelten, ist der Staat weiterhin stark von der Landwirtschaft geprägt.

California Westen; CA

Eureka

Fläche: 424 002 km² (Rang: 3)

Einwohner: 35 484 453 (1) = 83,7 je km²

Hauptstadt: Sacramento

www.state.ca.us

LANDESSTRUKTUR **Fläche** 424 002 km² ▪ **Landesnatur**: An der Küste subtropisches Klima; zur Sierra Nevada hin zunehmende Trockenheit; das Kalifornische Längstal, das Große Becken und der Süden sind durch extreme Trockenheit gekennzeichnet; das Küstengebiet ist immer wieder schweren Erdbeben ausgesetzt ▪ **Städte**: (F 2003) Los Angeles 3 819 951 Einw., San Diego 1 266 753, San Jose 898 349, San Francisco 751 682, Long Beach 475 460, Fresno 451 455, Sacramento 445 335

BEVÖLKERUNG Z 2000: 33 871 648 – 59,5 % Weiße, 10,9 % Asiaten, 6,7 % Schwarze, 1,0 % Indianer, 16,8 % andere; 32,4 % Hispanics ▪ **Bevölkerungswachstum** 1990 – 2000: 13,6 %

STAAT UND REGIERUNG **Beitritt zur Union**: 9. 9. 1850 (31.) ▪ Verfassung von 1879 ▪ **Gouverneur** Arnold Schwarzenegger (Rep.), seit 17. 11. 2003 ▪ Senat mit 40 Mitgliedern und Repräsentantenhaus mit 80 Mitgliedern

WIRTSCHAFT **BIP** 2001: 1 359 265 Mio. $ ▪ **Pro-Kopf-Einkommen** 2003: 33 749 $ (10) ▪ **Arbeitslosigkeit** 2003: 6,7 %

GESCHICHTE UND GEGENWART Ab 1697 Besiedlung durch spanische Jesuiten; 1821 mexikanische Provinz; 1846 zum Ausbruch des Mexikanischen Krieges Erklärung der Unabhängigkeit; 1848 trat Mexiko im Vertrag von Guadalupe Hidalgo seine Ansprüche an die USA ab; im selben Jahr Goldfunde und Beginn des Goldrauschs, starker Bevölkerungsanstieg durch 80 000 Einwanderer. Inzwischen bevölkerungsreichster Bundesstaat (stark steigender Anteil von Hispanics) mit großen Industrieansiedlungen (v. a. Kraftfahrzeuge und High-Tech), Landwirtschaft und zahlreichen Bodenschätzen (Erdöl, Erze).

Colorado Westen; CO

Nil sine numine

Fläche: 269 618 km² (Rang: 8)

Einwohner: 4 550 688 (22) = 16,9 je km²

Hauptstadt: Denver

www.colorado.com

LANDESSTRUKTUR **Fläche** 269 618 km² ▪ **Landesnatur**: Höchstgelegener Bundesstaat – im Schnitt 2073 m – mit kontinentalem Hochlandklima; zwischen den fruchtbaren Hochebenen Great Plains und dem Colorado-Plateau erheben sich die Rocky Mountains mit Gipfeln bis zu einer Höhe von 4399 m ▪ **Städte**: (F 2003) Denver 557 478 Einw., Colorado Springs 370 448, Aurora 290 418, Lakewood 142 474, Fort Collins 125 740

BEVÖLKERUNG Z 2000: 4 301 261 – 82,8 % Weiße, 3,8 % Schwarze, 2,2 % Asiaten, 1,0 % Indianer, 7,2 % andere; 17,1 % Hispanics ▪ **Bevölkerungswachstum** 1990 – 2000: 30,6 %

STAAT UND REGIERUNG **Beitritt zur Union**: 1. 8. 1876 (38.) ▪ Verfassung von 1876, mehrfach erweitert ▪ **Gouverneur** Bill Owens (Rep.), seit 12. 1. 1999 ▪ Senat mit 35 Mitgliedern und Repräsentantenhaus mit 65 Mitgliedern

WIRTSCHAFT **BIP** 2001: 173 772 Mio. $ ▪ **Pro-Kopf-Einkommen** 2003: 34 283 $ (9) ▪ **Arbeitslosigkeit** 2003: 6,0 %

GESCHICHTE UND GEGENWART Im 17. und 18. Jh. teils unter franz., teils unter span. Herrschaft; Ostteil 1803 von Frankreich (im Rahmen des Louisiana Purchase), Westteil 1848 von Spanien an die USA abgetreten; systematische Besiedlung seit 1832; Bevölkerungsexplosion nach dem Goldrausch in den 1860er Jahren. Die Vertreibung der Cheyenne- und Arapaho-Indianer führte zu kriegerischen Konflikten und gipfelte 1864 im Sand-Creek-Massaker an 400 Indianern. Heute ist neben den reichen Bodenschätzen (Erze und Erdöl) und der Landwirtschaft der Wintersporttourismus wichtigster Wirtschaftszweig.

Connecticut Nordosten; CT

Qui transtulit sustinet

Fläche: 14 358 km² (Rang: 48)

Einwohner: 3 483 372 (29) = 242,6 je km²

Hauptstadt: Hartford

www.state.ct.us

LANDESSTRUKTUR **Fläche** 14 358 km² ▪ **Landesnatur:** Feuchtes Kontinentalklima; bis auf die Taconic Mountains im Nordwesten vorwiegend flaches Relief; über die Hälfte der Fläche von Wald bedeckt ▪ **Städte:** (F 2002) Bridgeport 139 664 Einw., New Haven 124 512, Hartford 124 387, Stamford 120 107

BEVÖLKERUNG Z 2000: 3 405 565 – 81,6 % Weiße, 9,1 % Schwarze, 2,4 % Asiaten, 0,3 % Indianer, 4,3 % andere; 9,4 % Hispanics ▪ **Bevölkerungswachstum** 1990 – 2000: 3,6 %

STAAT UND REGIERUNG **Beitritt zur Union:** 9. 1. 1788 (5.) ▪ Verfassung von 1965 ▪ **Gouverneurin** M. Jodi Rell (Rep.), seit 1. 7. 2004 ▪ Senat mit 30 – 50 Mitgliedern und Repräsentantenhaus mit 125 – 225 Mitgliedern

WIRTSCHAFT **BIP** 2001: 166 165 Mio. $ ▪ **Pro-Kopf-Einkommen** 2003: 43 173 $ (2) ▪ **Arbeitslosigkeit** 2003: 5,5 %

GESCHICHTE UND GEGENWART Seit dem 17. Jahrhundert englische Kolonie, trennte sich Connecticut im Juli 1776 vollständig von Großbritannien, unabhängiger Staat ein Jahr später. Wegen der Wehrhaftigkeit seiner Bürger während dieser Zeit auch »Arsenal der Nation« genannt; 1848 Abschaffung der Sklaverei; während des Bürgerkriegs auf Seiten der Union. Mit Beginn des 20. Jahrhunderts wirtschaftliche Spezialisierung auf Rüstungsindustrie und Versicherungsgewerbe; profitiert von der günstigen Lage und der Nähe zu New York City; zweithöchstes Pro-Kopf-Einkommen in den USA.

Delaware Osten; DE

Liberty and Independence

Fläche: 6448 km² (Rang: 49)

Einwohner: 817 491 (45) = 126,8 je km²

Hauptstadt: Dover

www.delaware.gov

LANDESSTRUKTUR **Fläche** 6448 km² ▪ **Landesnatur:** Karges, teilweise sumpfiges Land mit langem Küstenstreifen; mit 18 m Durchschnittshöhe niedrigster Bundesstaat; maritimes Klima ▪ **Städte:** (F 2002) Wilmington 72 503 Einw., Dover 32 581, Newark 29 798

BEVÖLKERUNG Z 2000: 783 600 – 74,6 % Weiße, 19,2 % Schwarze, 2,1 % Asiaten, 0,3 % Indianer, 2,0 % andere; 4,8 % Hispanics ▪ **Bevölkerungswachstum** 1990 – 2000: 17,6 %

STAAT UND REGIERUNG **Beitritt zur Union:** 7. 12. 1787 (1.) ▪ Verfassung von 1897, mehrfach erweitert ▪ **Gouverneurin** Ruth Ann Minner (Dem.), seit 3. 1. 2001 ▪ Senat mit 21 Mitgliedern und Repräsentantenhaus mit 41 Mitgliedern

WIRTSCHAFT **BIP** 2001: 40 509 Mio. $ ▪ **Pro-Kopf-Einkommen** 2003: 32 810 $ (15) ▪ **Arbeitslosigkeit** 2003: 4,4 %

GESCHICHTE UND GEGENWART 1631 landeten Niederländer, 1638 begannen Schweden mit der Besiedlung, 1655 fiel Delaware wieder an die Niederländer; ab 1682 Teil der engl. Kolonie Pennsylvania; seit 1776 unabhängiger Staat; 1802 Gründung der Pulverfabrik Du Pont, inzwischen wichtigster Wirtschaftskonzern des Staates. Erster Staat, der die Verfassung der Union ratifizierte; während des Bürgerkriegs auf Seiten der Union; die Sklaverei wurde erst 1865 abgeschafft. Begünstigt durch die liberale Gesetzgebung und die günstige Lage, haben heute neben Du Pont über 170 000 Firmen ihren Sitz in Delaware.

District of Columbia Nordosten; DC

Hauptstadtdistrikt

Justitia omnibus

Fläche: 177 km² (Rang: 51)

Einwohner: 563 384 (50) = 3183,0 je km²

www.dc.gov

LANDESSTRUKTUR **Fläche** 177 km²
■ **Landesnatur**: Stadt an der Mündung des Anacostia River in den Potomac gelegen; grenzt an die Staaten Maryland und Virginia; mildes ausgeglichenes Klima ■ **Stadt**: (F 2003) Washington 563 384 Einw.

BEVÖLKERUNG Z 2000: 572 059 – 60,0 % Schwarze, 30,8 % Weiße, 2,7 % Asiaten, 0,3 % Indianer, 3,8 % andere; 7,9 % Hispanics ■ **Bevölkerungswachstum** 1990 – 2000: –5,7 %

REGIERUNG **Mayor** Anthony Williams (Dem.), seit 2. 1. 1999

WIRTSCHAFT **BIP** 2001: 64 459 Mio. $ ■ **Pro-Kopf-Einkommen** 2003: 48 342 $ (1) ■ **Arbeitslosigkeit** 2003: 7,0 %

GESCHICHTE UND GEGENWART 1790 erfolgt der Beschluss der US-Regierung, am Potomac River eine Bundeshauptstadt zu errichten; konkrete Gebietsfestlegung durch Präsident George Washington; seit 1800 offiziell Sitz der Bundesregierung; 1814 von Engländern besetzt, die vor allem die Regierungsgebäude zerstörten. Nach dem Bürgerkrieg Bevölkerungsexplosion durch den Zuzug ehemaliger Sklaven; von 1918 bis 1950 Verdoppelung der Bevölkerung (auf 800 000), danach starke Abwanderung besonders der weißen Mittelschicht ins Umland (heute sind fast zwei Drittel der Bewohner Schwarze); bis 1961 kein Präsidentschaftswahlrecht der Bevölkerung. Die Stadtagglomeration reicht weit nach Maryland und Virginia; der Dienstleistungssektor ist vorherrschend, die Bundeseinrichtungen, Organisationen und Banken sind die größten Arbeitgeber.

Florida Südosten; FL

In God We Trust

Fläche: 170 314 km² (Rang: 22)

Einwohner: 17 019 068 (4) = 99,9 je km²

Hauptstadt: Tallahassee

www.myflorida.com

LANDESSTRUKTUR **Fläche** 170 314 km²
■ **Landesnatur**: Sehr flaches Küstenland mit subtropischem und tropischem Klima, geprägt durch große Sumpfgebiete, Flüsse und Seen; Küstenlänge übersteigt die Nord-Süd-Ausdehnung um ein Vielfaches ■ **Städte**: (F 2003) Jacksonville 773 781 Einw., Miami 376 815, Tampa 317 647, St. Petersburg 247 610, Hialeah 226 401, Orlando 199 336

BEVÖLKERUNG Z 2000: 15 982 378 – 78,0 % Weiße, 14,6 % Schwarze, 1,7 % Asiaten, 0,3 % Indianer, 3,0 % andere; 16,8 % Hispanics ■ **Bevölkerungswachstum** 1990 – 2000: 23,5 %

STAAT UND REGIERUNG **Beitritt zur Union**: 3. 3. 1845 (27.) ■ Verfassung von 1968, in Kraft seit 1969 ■ **Gouverneur** Jeb Bush (Rep.), seit 5. 1. 1999 ■ Senat mit 40 Mitgliedern und Repräsentantenhaus mit 120 Mitgliedern

WIRTSCHAFT **BIP** 2001: 491 488 Mio. $ ■ **Pro-Kopf-Einkommen** 2003: 30 446 $ (24) ■ **Arbeitslosigkeit** 2003: 5,1 %

GESCHICHTE UND GEGENWART 1513 von Spaniern entdeckt, ging 1763 zum Teil an Großbritannien, 1783 nach dem Unabhängigkeitskrieg wieder an Spanien, das es 1819 an die USA verkaufte; 1861 schloss sich Florida den Konföderierten an, trat aber 1868 wieder der Union bei. Gegen Ende des 19. Jahrhunderts zunehmende Bedeutung des Fremdenverkehrs, der heute wichtigster Wirtschaftszweig ist; in der ersten Hälfte des 20. Jahrhunderts rapides Bevölkerungswachstum von 528 000 (1900) auf fünf Millionen (1960) Einwohner; beliebter Altersruhesitz. Bei der Präsidentschaftswahl 2000 Schauplatz des spektaktulären Auszählchaos.

Georgia Südosten; GA

Wisdom, Justice, Moderation

Fläche: 153 952 km² (Rang: 24)

Einwohner: 8 684 715 (9) = 56,4 je km²

Hauptstadt: Atlanta

www.georgia.gov

LANDESSTRUKTUR **Fläche** 153 952 km² ▪ **Landesnatur**: Größter Staat östlich des Mississippi; geprägt durch die Wälder der Blue Ridge Mountains im Norden sowie durch die Okefenokee-Sümpfe im Süden; an der Küste subtropisches, im Landesinneren kontinentales Klima ▪ **Städte**: (F 2003) Atlanta 423 019 Einw., Augusta 193 316, Columbus 185 702, Savannah 127 573, Athens 102 498

BEVÖLKERUNG Z 2000: 8 186 453 – 65,1 % Weiße, 28,7 % Schwarze, 2,1 % Asiaten, 0,3 % Indianer, 1,4 % andere; 5,3 % Hispanics ▪ **Bevölkerungswachstum** 1990 – 2000: 26,4 %

STAAT UND REGIERUNG **Beitritt zur Union**: 2. 1. 1788 (4.) ▪ Verfassung von 1982 ▪ **Gouverneur** Sonny Perdue (Rep.), seit 13. 1. 2003 ▪ Senat mit 56 Mitgliedern und Repräsentantenhaus mit 180 Mitgliedern

WIRTSCHAFT **BIP** 2001: 299 874 Mio. $ ▪ **Pro-Kopf-Einkommen** 2003: 29 442 $ (28) ▪ **Arbeitslosigkeit** 2003: 4,7 %

GESCHICHTE UND GEGENWART Nach wechselnder Herrschaft 1754 engl. Kronkolonie; 1776 Unterzeichnung der Unabhängigkeitserklärung; 1860 Austritt aus der Union und 1861 Anschluss an die Konföderierten; Wiedereintritt 1868. In der Folge Befreiung der Sklaven und Zusammenbruch der Großplantagen; in den 1930er Jahren Widerstand des Gouverneurs gegen die Maßnahmen des New Deal. In der zweiten Hälfte des 20. Jh. Entwicklung zu einem führenden Finanz- und Verkehrszentrum. Die Hauptstadt Atlanta ist Sitz des Coca-Cola-Konzerns und war 1996 Ausrichter der Olympischen Sommerspiele.

Hawaii Nordpazifik; HI

Ua mau ke ea o ka aina i ke pono (The life of the land is perpetuated in righteousness)

Fläche: 28 313 km² (Rang: 43)

Einwohner: 1 257 608 (42) = 44,4 je km²

Hauptstadt: Honolulu

www.hawaii.gov

LANDESSTRUKTUR **Fläche** 28 313 km² (davon 16 641 km² Landfläche) ▪ **Landesnatur**: Im Pazifik gelegene Inselgruppe (acht Hauptinseln, mehr als 100 kleinere Inseln und Atolle) vulkanischen Ursprungs (zum Teil noch aktive Vulkane); tropisches Klima mit einer Jahresdurchschnittstemperatur von 23,9 °C; höchste Erhebung reicht auf 4205 m ▪ **Städte**: (F 2003) Honolulu 380 149 Einw., (F 2002) Hilo 40 759, Kailua 36 513, Kaneohe 34 970

BEVÖLKERUNG Z 2000: 1 211 537 – 24,3 % Weiße, 1,8 % Schwarze, 41,6 % Asiaten, 9,4 % Hawaiianer, 1,3 % andere; 7,2 % Hispanics ▪ **Bevölkerungswachstum** 1990 – 2000: 9,3 %

STAAT UND REGIERUNG **Beitritt zur Union**: 21. 8. 1959 (50.) ▪ Verfassung von 1950, in Kraft seit 1959 ▪ **Gouverneurin** Linda Lingle (Rep.), seit 2. 12. 2002 ▪ Senat mit 25 Mitgliedern und Repräsentantenhaus mit 51 Mitgliedern

WIRTSCHAFT **BIP** 2001: 43 710 Mio. $ ▪ **Pro-Kopf-Einkommen** 2003: 30 913 $ (20) ▪ **Arbeitslosigkeit** 2003: 4,3 %

GESCHICHTE UND GEGENWART Als erster Europäer landete der Entdecker James Cook 1779 in Kauai; bis 1811 politische Vereinigung der Inselgruppe; 1848 Beendigung des Feudalismus durch eine umfassende Landreform; 1893 Sturz der Monarchie und seit 1900 US-Territorium. Mit dem Angriff der Japaner auf den Militärstützpunkt Pearl Harbor am 7. 12. 1941 Eintritt der USA in den Zweiten Weltkrieg; 1959 als 50. Bundesstaat den Vereinigten Staaten beigetreten; heute ist der Tourismus zentraler Wirtschaftszweig, daneben werden Zuckerrohr und Ananas produziert.

Idaho Nordwesten; ID

Esto perpetua

Fläche: 216 456 km^2 (Rang: 14)

Einwohner: 1 366 332 (39) = 6,3 je km^2

Hauptstadt: Boise

www.state.id.us

LANDESSTRUKTUR **Fläche** 216 456 km^2 ▪ **Landesnatur**: Geprägt von den Rocky Mountains (Gipfel über 3000 m) im Norden sowie dem trockenen Columbia Plateau im Süden und Westen; kühles kontinentales Klima mit hohen Niederschlägen an den Hängen der Rocky Mountains ▪ **Städte**: (F 2003) Boise City 190 117 Einw., (F 2002) Nampa 60 259, Pocatello 51 242, Idaho Falls 51 096

BEVÖLKERUNG Z 2000: 1 293 953 – 91,0 % Weiße, 1,4 % Indianer, 0,9 % Asiaten, 0,4 % Schwarze, 4,2 % andere; 7,9 % Hispanics ▪ **Bevölkerungswachstum** 1990 – 2000: 28,5 %

STAAT UND REGIERUNG **Beitritt zur Union**: 3. 7. 1890 (43.) ▪ Verfassung von 1889, in Kraft seit 1890 ▪ **Gouverneur** Dirk Kempthorne (Rep.), seit 8. 1. 1999 ▪ Senat mit 35 Mitgliedern und Repräsentantenhaus mit 70 Mitgliedern

WIRTSCHAFT **BIP** 2001: 36 905 Mio. $ ▪ **Pro-Kopf-Einkommen** 2003: 25 911 $ (46) ▪ **Arbeitslosigkeit** 2003: 5,4 %

GESCHICHTE UND GEGENWART 1805 erstmals erkundet durch die Lewis-und-Clark-Expedition, fiel Idaho im Britisch-Amerikanischen Krieg 1812 zunächst an Großbritannien; 1846 durch den Idaho-Vertrag US-Territorium; Eigenstaatlichkeit ab 1890. 1951 Inbetriebnahme des weltweit ersten Brüter-Reaktors; 1976 brach der neue New-Teton-River-Damm und verursachte Schäden von mehr als 400 Mio. $. Idaho ist hauptsächlich von der Landwirtschaft (Kartoffeln und Holz) geprägt, seit den 1990er Jahren auch vermehrt High-Tech-Ansiedlungen.

Illinois Mittlerer Westen; IL

State sovereignty, national union

Fläche: 150 007 km^2 (Rang: 25)

Einwohner: 12 653 544 (5) = 84,4 je km^2

Hauptstadt: Springfield

www.illinois.gov

LANDESSTRUKTUR **Fläche** 150 007 km^2 ▪ **Landesnatur**: Vorwiegend flaches, fruchtbares Land; Klima im Norden kontinental, im Süden feucht und subtropisch; häufiges Auftreten von verheerenden Tornados ▪ **Städte**: (F 2003) Chicago 2 869 121 Einw., Aurora 162 184, Rockford 151 725, Naperville 137 894, Joliet 123 570, Springfield 113 586, Peoria 112 907

BEVÖLKERUNG Z 2000: 12 419 293 – 73,5 % Weiße, 15,1 % Schwarze, 3,4 % Asiaten, 0,2 % Indianer, 5,8 % andere; 12,3 % Hispanics ▪ **Bevölkerungswachstum** 1990 – 2000: 8,6 %

STAAT UND REGIERUNG **Beitritt zur Union**: 3. 12. 1818 (21.) ▪ Verfassung von 1970, in Kraft seit 1971 ▪ **Gouverneur** Rod Blagojevich (Dem.), seit 13. 1. 2003 ▪ Senat mit 59 Mitgliedern und Repräsentantenhaus mit 177 Mitgliedern

WIRTSCHAFT **BIP** 2001: 475 541 Mio. $ ▪ **Pro-Kopf-Einkommen** 2003: 33 690 $ (11) ▪ **Arbeitslosigkeit** 2003: 6,7 %

GESCHICHTE UND GEGENWART Seit 1763 zunächst unter britischer Herrschaft, 1783 an die USA als Teil des Northwest Territory; 1809 Schaffung des Illinois Territory; seit 1818 schließlich Eigenstaatlichkeit. Ab Mitte des 19. Jahrhunderts stetige Expansion der Wirtschaft; 1871 zerstörte ein Feuer große Teile von Chicago; im 20. Jahrhundert setzte sich das Wirtschaftswachstum fort, besonders um den bedeutenden Finanz- und Handelsplatz Chicago; Eisen- und Stahlindustrie Mitte der 1950er Jahre führend in den USA; trotz der verheerenden Flutkatastrophe 1993 weiterhin einer der führenden Agrarstaaten.

Indiana Mittlerer Westen; IN

The Crossroads of America

Fläche: 94 328 km² (Rang: 38)

Einwohner: 6 195 643 (14) = 65,7 je km²

Hauptstadt: Indianapolis

www.state.in.us

LANDESSTRUKTUR **Fläche** 94 328 km² ▪ **Landesnatur**: Im Zentralen Tiefland gelegen; flaches bis hügeliges Relief; zahlreiche natürliche Seen; feuchtes Kontinentalklima mit kalten Wintern und warmen Sommern ▪ **Städte**: (F 2003) Indianapolis 783 438 Einw., Fort Wayne 219 495, Evansville 117 881, South Bend 105 540, (F 2002) Gary 100 945

BEVÖLKERUNG Z 2000: 6 080 485 – 87,5 % Weiße, 8,4 % Schwarze, 1,0 % Asiaten, 0,3 % Indianer, 1,6 % andere; 3,5 % Hispanics ▪ **Bevölkerungswachstum** 1990 – 2000: 9,7 %

STAAT UND REGIERUNG **Beitritt zur Union**: 11. 12. 1816 (19.) ▪ Verfassung von 1851 ▪ **Gouverneur** Mitchell Daniels (Rep.), gewählt am 2. 11. 2004 ▪ Senat mit 50 Mitgliedern und Repräsentantenhaus mit 100 Mitgliedern

WIRTSCHAFT **BIP** 2001: 189 919 Mio. $ ▪ **Pro-Kopf-Einkommen** 2003: 28 783 $ (36) ▪ **Arbeitslosigkeit** 2003: 5,1 %

GESCHICHTE UND GEGENWART Im 17. und 18. Jahrhundert zunächst von Frankreich besiedelt; 1763 ging das Gebiet an Großbritannien; im Frieden von Paris 1783 schließlich als Teil der USA anerkannt; seit 1800 als Indiana Territory unabhängig und 1816 Aufnahme in den Staatenbund. Zwischen 1820 und 1850 massive Vertreibung verschiedener Indianerstämme aus dem Gebiet; im 20. Jahrhundert führender Industrie- und Agrarstaat mit einem Bevölkerungswachstum von über hundert Prozent zwischen 1900 und 1980. Zuletzt Strukturanpassungsprobleme besonders im maschinenbauabhängigen Norden mit steigender Arbeitslosigkeit.

Iowa Mittlerer Westen; IA

Our liberties we prize and our rights we will maintain

Fläche: 145 754 km² (Rang: 26)

Einwohner: 2 944 062 (30) = 20,2 je km²

Hauptstadt: Des Moines

www.iowa.gov

LANDESSTRUKTUR **Fläche** 145 754 km² ▪ **Landesnatur**: Zwischen den beiden großen Flüssen Missouri und Mississippi im Zentralen Tiefland gelegen; sehr fruchtbares, vorwiegend flaches Land; kontinentales Klima ▪ **Städte**: (F 2003) Des Moines 196 093 Einw., Cedar Rapids 122 542, (F 2002) Davenport 97 777, Sioux City 84 131, Waterloo 67 742, Iowa City 63 816

BEVÖLKERUNG Z 2000: 2 926 324 – 93,9 % Weiße, 2,1 % Schwarze, 1,3 % Asiaten, 0,3 % Indianer, 1,3 % andere; 2,8 % Hispanics ▪ **Bevölkerungswachstum** 1990 – 2000: 5,4 %

STAAT UND REGIERUNG **Beitritt zur Union**: 28. 12. 1846 (29.) ▪ Verfassung von 1857 ▪ **Gouverneur** Tom Vilsack (Dem.), seit 15. 1. 1999 ▪ Senat mit 50 Mitgliedern und Repräsentantenhaus mit 100 Mitgliedern

WIRTSCHAFT **BIP** 2001: 90 942 Mio. $ ▪ **Pro-Kopf-Einkommen** 2003: 29 043 $ (34) ▪ **Arbeitslosigkeit** 2003: 4,5 %

GESCHICHTE UND GEGENWART Zunächst Frankreich, dann Spanien zugehörig; 1803 im Rahmen des Louisiana Purchase in den Besitz der USA; ab 1838 Teil des Iowa Territory, 1846 Aufnahme als Staat in die Union. Während der Weltwirtschaftskrise zwischen 1929 und 1935 mussten fünfzig Prozent der Farmer ihr Land verkaufen; in den 1980er Jahren starker Bevölkerungsrückgang. Durch die starke Abhängigkeit von der Landwirtschaft – bis heute ist Iowa einer der wichtigsten Agrarstaaten der USA, besonders in der Fleischerzeugung – haben Naturkatastrophen oft verheerende Auswirkungen; 1993 richteten schwere Überschwemmungen Schäden von 2,2 Mrd. $ an.

Kansas Zentral-USA; KS

Ad astra per aspera

Fläche: 213 111 km² (Rang: 15)

Einwohner: 2 723 507 (33) = 12,8 je km²

Hauptstadt: Topeka

www.state.ks.us

LANDESSTRUKTUR **Fläche** 213 111 km² ▪ **Landesnatur**: Weitgehend flaches bis hügeliges Relief; vor allem im Osten fruchtbare Präriebböden; kontinentales Klima mit gelegentlichen Dürreperioden ▪ **Städte**: (F 2003) Wichita 354 617 Einw., Overland Park 160 368, Kansas City 145 757, Topeka 122 008

BEVÖLKERUNG Z 2000: 2 688 418 – 86,1 % Weiße, 5,7 % Schwarze, 1,7 % Asiaten, 0,9 % Indianer, 3,4 % andere; 7,0 % Hispanics ▪ **Bevölkerungswachstum** 1990 – 2000: 8,5 %

STAAT UND REGIERUNG **Beitritt zur Union**: 29. 1. 1861 (34.) ▪ Verfassung von 1859 ▪ **Gouverneurin** Kathleen Sebelius (Dem.), seit 13. 1. 2003 ▪ Senat mit 40 Mitgliedern und Repräsentantenhaus mit 125 Mitgliedern

WIRTSCHAFT **BIP** 2001: 87 196 Mio. $ ▪ **Pro-Kopf-Einkommen** 2003: 29 935 $ (27) ▪ **Arbeitslosigkeit** 2003: 5,4 %

GESCHICHTE UND GEGENWART 1692 von Frankreich beansprucht; 1763 als Teil Louisianas an Spanien, 1803 an die USA (Louisiana Purchase). 1821 Errichtung des Handelsweges Santa Fe Trail; nach 1830 Umsiedlung mehrerer Tausend Indianer aus dem Osten der USA nach Kansas; durch starke Einwanderung von Siedlern nach dem Bürgerkrieg verstärkt kriegerische Konflikte mit den Indianern in der zweiten Hälfte des 19. Jahrhundert (»Blutendes Kansas«); größere Ansiedlungen von Puritanern. In den 1870er Jahren Revolutionierung der Landwirtschaft durch die Einführung von Winterweizen; im 20. Jh. wurde in Wichita die bedeutende Flugzeugindustrie aufgebaut.

Kentucky Osten; KY

United we stand, divided we fall.

Fläche: 104 665 km² (Rang: 37)

Einwohner: 4 117 827 (26) = 39,3 je km²

Hauptstadt: Frankfort

www.kentucky.gov

LANDESSTRUKTUR **Fläche** 104 665 km² ▪ **Landesnatur**: Geprägt von der Mississippi-Ebene im Westen, der charakteristischen flachen Bluegrass-Region im Landesinnern sowie dem Cumberland Plateau im Osten; gemäßigt kontinentales Klima ▪ **Städte**: (F 2003) Lexington-Fayette 266 798 Einw., Louisville 248 762, Owensboro 54 176, Bowling Green 50 226

BEVÖLKERUNG Z 2000: 4 041 769 – 90,1 % Weiße, 7,3 % Schwarze, 0,7 % Asiaten, 0,2 % Indianer, 0,6 % andere; 1,5 % Hispanics ▪ **Bevölkerungswachstum** 1990 – 2000: 9,6 %

STAAT UND REGIERUNG **Beitritt zur Union**: 1. 6. 1792 (15.) ▪ Verfassung von 1891 ▪ **Gouverneur** Ernie Fletcher (Rep.), seit 9. 12. 2003 ▪ Senat mit 38 Mitgliedern und Repräsentantenhaus mit 100 Mitgliedern

WIRTSCHAFT **BIP** 2001: 120 266 Mio. $ ▪ **Pro-Kopf-Einkommen** 2003: 26 252 $ (42) ▪ **Arbeitslosigkeit** 2003: 6,2 %

GESCHICHTE UND GEGENWART 1750 erste Erkundung des Gebietes durch Engländer; 1776 Teil des Virginia Territoriums; nach der Revolution 1783 Teil der Union; 1792 Eigenstaatlichkeit; 1862 durch die Armee der Konföderierten besetzt; zur Jahrhundertwende höchstes Pro-Kopf-Einkommen der Südstaaten. 1940 hingegen an letzter Stelle aller 48 Bundesstaaten; trotz des groß angelegten staatlichen Programms gegen Armut auch weiterhin akute wirtschaftliche Probleme; Tabak- und Maisanbau sowie Bergbau sind weiterhin zentrale Wirtschaftszweige.

Louisiana Süden; LA

Union, justice, confidence

Fläche: 134 275 km² (Rang: 31)

Einwohner: 4 496 334 (24) = 33,5 je km²

Hauptstadt: Baton Rouge

www.louisiana.gov

LANDESSTRUKTUR **Fläche** 134 275 km² ▪ **Landesnatur**: Geprägt durch die Golfküstenebene und das gewaltige Mündungsdelta des Mississippi; im Süden sumpfiges Land, das im Norden in Prärie übergeht; heißes, feuchtes Klima mit milden Wintern; oft von Wirbelstürmen betroffen ▪ **Städte:** (F 2003) New Orleans 469 032 Einw., Baton Rouge 225 090, Shreveport 198 364, Lafayette 111 667

BEVÖLKERUNG Z 2000: 4 468 976 – 63,9 % Weiße, 32,5 % Schwarze, 1,2 % Asiaten, 0,6 % Indianer, 0,7 % andere; 2,4 % Hispanics ▪ **Bevölkerungswachstum** 1990 – 2000: 5,9 %

STAAT UND REGIERUNG **Beitritt zur Union**: 30. 4. 1812 (18.) ▪ Verfassung von 1974 ▪ **Gouverneurin** Kathleen Blanco (Dem.), seit 12. 1. 2004 ▪ Senat mit 39 Mitgliedern und Repräsentantenhaus mit 105 Mitgliedern

WIRTSCHAFT **BIP** 2001: 148 697 Mio. $
▪ **Pro-Kopf-Einkommen** 2003: 26 100 $ (44)
▪ **Arbeitslosigkeit** 2003: 6,6 %

GESCHICHTE UND GEGENWART Ab 1711 unabhängige französische Kolonie; 1763 Westteil an Spanien, Ostteil an England (franz. Rückerwerb 1800); 1803 Verkauf durch Napoleon an die USA (Louisiana Purchase); 1812 Eintritt des bilingualen Staates mit französischem Rechtssystem in die Union; 1861 Austritt aus der Union; Niederlage und Kapitulation 1862 auf Seite der Konföderierten; 1868 Wiedereintritt. 1901 Erste Öl-Funde; Aufschwung der petrochemischen und Schiffbauindustrie während des Zweiten Weltkriegs; bis in die 1990er Jahre war Louisiana nach Texas führend in der Erdöl- und Erdgasförderung; inzwischen auch starker Tourismuszweig.

Maine Nordosten; ME

Dirigo

Fläche: 91 653 km² (Rang: 39)

Einwohner: 1 305 728 (40) = 14,2 je km²

Hauptstadt: Augusta (18 560 Einw.)

www.maine.gov

LANDESSTRUKTUR **Fläche** 91 653 km² ▪ **Landesnatur**: Großteil des Landes gehört zum New England Upland; daneben das seenreiche Seabord Lowland an der Küste und die White Mountains (höchste Erhebung: Mt. Katahdin mit 1606 m); geprägt von trockenen und weitestgehend unfruchtbaren Böden; fast zu 80 Prozent bewaldet ▪ **Städte**: (F 2002) Portland 64 249 Einw., Lewiston 34 690, Bangor 31 473

BEVÖLKERUNG Z 2000: 1 274 923 – 96,9 % Weiße, 0,7 % Asiaten, 0,6 % Indianer, 0,5 % Schwarze, 0,2 % andere; 0,7 % Hispanics
▪ **Bevölkerungswachstum** 1990 – 2000: 3,8 %

STAAT UND REGIERUNG **Beitritt zur Union**: 15. 3. 1820 (23.) ▪ Verfassung von 1820; zahlreiche Änderungen ▪ **Gouverneur** John Baldacci (Dem.), seit 8. 1. 2003 ▪ Senat mit 33 Mitgliedern und Repräsentantenhaus mit 151 Mitgliedern

WIRTSCHAFT **BIP** 2001: 37 449 Mio. $
▪ **Pro-Kopf-Einkommen** 2003: 28 831 $ (35)
▪ **Arbeitslosigkeit** 2003: 5,1 %

GESCHICHTE UND GEGENWART 1677 Anschluss an die Kolonie von Massachusetts; seit 1785 Unabhängigkeitsbestrebungen; 1820 Eigenstaatlichkeit und Aufnahme in die Union; 1842 Festlegung der Grenze zu Kanada nach kriegerischen Auseinandersetzungen; im 19. und 20. Jh. vorwiegend Forstwirtschaft sowie Produktion von Zellstoff und Papier; nach Ende des Zweiten Weltkrieges massive Probleme mit ländlicher und städtischer Armut; erst in den 1980er Jahren Wirtschaftsaufschwung der gesamten Neuenglandstaaten, nicht zuletzt durch Fremdenverkehr aus den nahen Großstädten.

Maryland Osten; MD

Fatti maschii, parole femini

Fläche: 32 134 km² (Rang: 42)

Einwohner: 5 508 909 (19) = 171,4 je km²

Hauptstadt: Annapolis

www.maryland.gov

LANDESSTRUKTUR **Fläche** 32 134 km² ▪ **Landesnatur**: Zu drei Vierteln der Landesfläche von der atlantischen Küstenebene und dem Piedmontplateau geprägt; stark bewaldetes Relief mit mäßig fruchtbaren Böden; mildes ausgeglichenes Klima ▪ **Städte**: (F 2003) Baltimore 628 670 Einw., Gaithersburg 56 300, Frederick 56 063, Rockville 52 573

BEVÖLKERUNG Z 2000: 5 296 486 – 64,0 % Weiße, 27,9 % Schwarze, 4,0 % Asiaten, 0,3 % Indianer, 1,8 % andere; 4,3 % Hispanics ▪ **Bevölkerungswachstum** 1990 – 2000: 10,8 %

STAAT UND REGIERUNG **Beitritt zur Union**: 28. 4. 1788 (7.) ▪ Verfassung von 1867, mehrfach erweitert ▪ **Gouverneur** Robert L. Ehrlich (Rep.), seit 15. 1. 2003 ▪ Senat mit 47 Mitgliedern und Repräsentantenhaus mit 141 Mitgliedern

WIRTSCHAFT **BIP** 2001: 195 007 Mio. $
▪ **Pro-Kopf-Einkommen** 2003: 37 331 $ (5)
▪ **Arbeitslosigkeit** 2003: 4,5 %

GESCHICHTE UND GEGENWART 1692 Kronkolonie Englands; zur Zeit des Unabhängigkeitskriegs Zentrum des Widerstands gegen die Engländer; 1781 Deklaration einer eigenen Verfassung; während des Bürgerkriegs blieb Maryland in der Union. Historisch und kulterell ist Maryland stark durch seine Lage an den Grenzlinie zwischen Nord und Süd geprägt. Im 20. Jahrhundert Beginn des wirtschaftlichen Aufschwungs; in den 1970er Jahren Boom der Raumfahrttechnologie und Rückgang der Fischereiwirtschaft.

Massachusetts Nordosten; MA

Ense petit placidam sub libertate quietem

Fläche: 27 337 km² (Rang: 45)

Einwohner: 6 433 422 (13) = 235,3 je km²

Hauptstadt: Boston

www.mass.gov

LANDESSTRUKTUR **Fläche** 27 337 km² ▪ **Landesnatur**: Vorwiegend hügeliges, bewaldetes Gebiet mit zahlreichen Flüssen und Seen; buchtenreiche Küsten mit der Halbinsel Cape Cod; an der Küste vorwiegend maritimes Klima, zum Landesinnern hin kontinental ▪ **Städte**: (F 2003) Boston 581 616 Einw., Worcester 175 706, Springfield 152 157, Lowell 104 351, Cambridge 101 587

BEVÖLKERUNG Z 2000: 6 349 097 – 84,5 % Weiße, 5,4 % Schwarze, 3,8 % Asiaten, 0,2 % Indianer, 3,7 % andere; 6,8 % Hispanics ▪ **Bevölkerungswachstum** 1990 – 2000: 5,5 %

STAAT UND REGIERUNG **Beitritt zur Union**: 6. 2. 1788 (6.) ▪ Verfassung von 1780, mehrfach erweitert ▪ **Gouverneur** Mitt Romney (Rep.), seit 2. 1. 2003 ▪ Senat mit 40 Mitgliedern und Repräsentantenhaus mit 240 Mitgliedern

WIRTSCHAFT **BIP** 2001: 287 802 Mio. $
▪ **Pro-Kopf-Einkommen** 2003: 39 815 $ (4)
▪ **Arbeitslosigkeit** 2003: 5,8 %

GESCHICHTE UND GEGENWART 1620 Landung der Pilgerväter in Plymouth; 1636 Gründung des Harvard Colleges. Der Widerstand gegen die britischen Steuergesetze gipfelte 1773 in der Boston Tea Party und machte Massachusetts zum Vorkämpfer der Unabhängigkeitsbewegung; 1775 Ausbruch des Unabhängigkeitskriegs durch das Gefecht von Lexington Green; Fischfang, Handel, Textilien und Lederindustrie bestimmten die Wirtschaft im 19. Jahrhundert; schon früh Bestrebungen, die Sklaverei abzuschaffen. Nach dem Niedergang der Textilindustrie Anfang des 20. Jh. Entwicklung zu einem der führenden High-Tech-Standorte; vor allem der Großraum Boston hat eine internationale Führungsrolle als Wissenschaftsstandort.

Michigan Mittlerer Westen; MI

Si quaeris peninsulam amoenam circumspice

Fläche: 250 465 km² (Rang: 11)

Einwohner: 10 079 985 (8) = 40,2 je km²

Hauptstadt: Lansing

www.michigan.gov

LANDESSTRUKTUR **Fläche** 250 465 km² ▪ **Landesnatur**: Im Gebiet der vier Großen Seen gelegen; über 11 000 kleinere Seen; im Norden hügelig, im Süden vorwiegend flaches, fruchtbares Relief; feuchtes Kontinentalklima mit langen Wintern ▪ **Städte**: (F 2003) Detroit 911 402 Einw., Grand Rapids 195 601, Warren 136 016, Sterling Heights 126 182, Flint 120 292

BEVÖLKERUNG Z 2000: 9 938 444 – 80,2 % Weiße, 14,2 % Schwarze, 1,8 % Asiaten, 0,6 % Indianer, 1,3 % andere; 3,3 % Hispanics ▪ **Bevölkerungswachstum** 1990 – 2000: 6,9 %

STAAT UND REGIERUNG **Beitritt zur Union**: 26. 1. 1837 (26.) ▪ Verfassung von 1964 ▪ **Gouverneurin** Jennifer Granholm (Dem.), seit 1. 1. 2003 ▪ Senat mit 38 Mitgliedern und Repräsentantenhaus mit 110 Mitgliedern

WIRTSCHAFT **BIP** 2001: 320 470 Mio. $ ▪ **Pro-Kopf-Einkommen** 2003: 30 439 $ (25) ▪ **Arbeitslosigkeit** 2003: 7,3 %

GESCHICHTE UND GEGENWART Bis 1760 unter franz., dann unter britischer Hoheit; 1783 im Frieden von Paris nominell den USA zugesprochen, waren Teile bis 1796 weiterhin im Besitz Großbritanniens; bis 1800 Teil des Northwest Territory; ab 1803 Teil des Indiana Territory; 1805 selbst Status eines Territoriums. Während des 19. Jahrhunderts dominierte der Pelzhandel die Wirtschaft; Eröffnung des Erie-Kanals 1825 sowie neue Landgesetze ließen die Bevölkerung explodieren; 1837 Eigenstaatlichkeit. Im 20. Jahrhundert rasante Entwicklung zu einem führenden Industriestaat, beherrscht durch die drei führenden Automobilhersteller Ford, General Motors und Chrysler in Detroit und Umgebung.

Minnesota Norden; MN

L'étoile du nord

Fläche: 225 182 km² (Rang: 12)

Einwohner: 5 059 375 (21) = 22,5 je km²

Hauptstadt: St. Paul

www.state.mn.us

LANDESSTRUKTUR **Fläche** 225 182 km² ▪ **Landesnatur**: Flaches Relief, während der Eiszeit zum größten Teil von Gletschern überformt; zahlreiche Seen, Sümpfe und Moore; kaltes, kontinentales Klima ▪ **Städte**: (F 2003) Minneapolis 373 188 Einw., St. Paul 280 404, (F 2002) Rochester 90 515, Duluth 86 419

BEVÖLKERUNG Z 2000: 4 919 479 – 89,4 % Weiße, 12,3 % Schwarze, 3,6 % Asiaten, 1,1 % Indianer, 1,3 % andere; 2,9 % Hispanics ▪ **Bevölkerungswachstum** 1990 – 2000: 12,4 %

STAAT UND REGIERUNG **Beitritt zur Union**: 11. 5. 1858 (32.) ▪ Verfassung von 1857 ▪ **Gouverneur** Tim Pawlenty (Rep.), seit 6. 1. 2003 ▪ Senat mit 67 Mitgliedern und Repräsentantenhaus mit 134 Mitgliedern

WIRTSCHAFT **BIP** 2001: 188 050 Mio. $ ▪ **Pro-Kopf-Einkommen** 2003: 34 443 $ (8) ▪ **Arbeitslosigkeit** 2003: 5,0 %

GESCHICHTE UND GEGENWART 1679 von Frankreich beansprucht; Ostteil 1763 an England, 1783 an die USA; westlicher Teil im Rahmen des Louisiana Purchase 1803 an die USA; im 18. und 19. Jh. zahlreiche deutsche und skandinavische Einwanderer; 1849 Status als US-Territorium; 1859 Eigenstaatlichkeit; 1862 Vertreibung der Sioux nach Aufstand unter Häuptling Little Crow. Beginn des wirtschaftlichen Aufschwungs durch Holzwirtschaft und Abbau von Eisenerz in den 1870er Jahren; Mitte der 1950er Jahre Diversifizierung der Wirtschaft; heute einer der führenden Agrarstaaten in den USA.

Mississippi Südens; MS

Virtute et armis

Fläche: 125 443 km² (Rang: 32)

Einwohner: 2 881 281 (31) = 23,0 je km²

Hauptstadt: Jackson

www.mississippi.gov

LANDESSTRUKTUR **Fläche** 125 443 km² ▪ **Landesnatur**: Zwischen den Flüssen Mississippi und Pearl River gelegen, vorwiegend fruchtbare Böden; das flache Hügelland im Osten fällt zur East Gulf Coastal Plain, die den größten Teil von Mississippi bedeckt, sanft ab; subtropisches Klima ▪ **Städte**: (F 2003) Jackson 179 599 Einw., (F 2002) Gulfport 72 511, Biloxi 49 809, Hattiesburg 45 773, Greenville 40 286

BEVÖLKERUNG Z 2000: 2 844 658 – 61,4 % Weiße, 36,3 % Schwarze, 0,7 % Asiaten, 0,4 % Indianer, 0,5 % andere; 1,4 % Hispanics ▪ **Bevölkerungswachstum** 1990 – 2000: 10,5 %

STAAT UND REGIERUNG **Beitritt zur Union**: 10. 12. 1817 (20.) ▪ Verfassung von 1890; mehrfach erweitert ▪ **Gouverneur** Haley Barbour (Rep.), seit 13. 1. 2004 ▪ Senat mit 52 Mitgliedern und Repräsentantenhaus mit 122 Mitgliedern

WIRTSCHAFT **BIP** 2001: 67 125 Mio. $ ▪ **Pro-Kopf-Einkommen** 2003: 23 448 $ (51) ▪ **Arbeitslosigkeit** 2003: 6,3 %

GESCHICHTE UND GEGENWART 1682 von Frankreich beansprucht, welches das Gebiet 1763 an Großbritannien abtrat; 1798 Gründung des Mississippi Territory; 1817 Beitritt zur Union; im bedeutendsten Baumwollstaat wurde vehement an der Sklaverei festgehalten; starke Zerstörungen durch den Bürgerkrieg und Verlust von 30 000 Soldaten. Erst gegen Ende des 19. Jahrhunderts wieder langsames Wirtschaftswachstum; 1939 Entdeckung von Erdölvorkommen. In den 1960er Jahren Unruhen zwischen weißen und farbigen Bevölkerungsgruppen, die immer wieder aufflackern; noch heute der ärmste Bundesstaat, der v. a. vom Baumwollanbau und der Papierindustrie abhängig ist.

Missouri Mittlerer Westen; MO

Salus populi suprema lex esto

Fläche: 180 546 km² (Rang: 21)

Einwohner: 5 704 484 (17) = 31,6 je km²

Hauptstadt: Jefferson City

www.missouri.gov

LANDESSTRUKTUR **Fläche** 180 546 km² ▪ **Landesnatur**: Vorwiegend flaches bis hügeliges Relief mit mäßig fruchtbarem Boden; im Süden maritimes, gegen Norden zunehmend kontinentales Klima; zahlreiche Wirbelstürme ▪ **Städte**: (F 2003) Kansas City 442 768 Einw., St. Louis 332 223, Springfield 150 867, Independence 112 079, (F 2002) Columbia 86 981

BEVÖLKERUNG Z 2000: 5 595 211 – 84,9 % Weiße, 11,2 % Schwarze, 1,1 % Asiaten, 0,4 % Indianer, 0,8 % andere; 2,1 % Hispanics ▪ **Bevölkerungswachstum** 1990 – 2000: 9,3 %

STAAT UND REGIERUNG **Beitritt zur Union**: 10. 8. 1821 (24.) ▪ Verfassung von 1945; mehrfach geändert ▪ **Gouverneur** Matt Blunt (Rep.), gewählt am 2. 11. 2004 ▪ Senat mit 34 Mitgliedern und Repräsentantenhaus mit 163 Mitgliedern

WIRTSCHAFT **BIP** 2001: 181 493 Mio. $ ▪ **Pro-Kopf-Einkommen** 2003: 29 252 $ (31) ▪ **Arbeitslosigkeit** 2003: 5,6 %

GESCHICHTE UND GEGENWART Anfang des 17. Jahrhundert franz. Besiedlung; 1763 an Spanien, 1803 an die USA (Teil des Louisiana Purchase); 1812 eigenständiges Territorium; 1821 Beitritt zur Union; während des Bürgerkriegs blieb ein Großteil Missouris auf Seiten der Union; nach Ende des Kriegs größerer Strukturwandel; trotzdem erst Mitte des 20. Jh. Entwicklung vom Agrar- zu einem modernen Industriestaat (v. a. Luft- und Raumfahrt- sowie Fahrzeugindustrie); in den 1990er Jahren Ausbau des Dienstleistungssektors; Überschwemmungen der Flüsse Missouri und Mississippi verursachten 1993 Schäden in Höhe von drei Mrd $.

Montana Nordwesten; MT

Oro y plata

Fläche: 380 850 km² (Rang: 4)

Einwohner: 917 621 (44) = 2,4 je km²

Hauptstadt: Helena (26 353 Einw.)

www.montana.gov

LANDESSTRUKTUR **Fläche** 380 850 km² ▪ **Landesnatur**: Im Westen von den Rocky Mountains, im Osten von den Great Plains geprägter Staat; höchste Erhebung mit 3901 m ist der Granite Peak; karge, für die Landwirtschaft eher ungeeignete Böden; vorwiegend kaltes Kontinentalklima ▪ **Städte**: (F 2002) Billings 92 008 Einw., Missoula 59 518, Great Falls 56 046

BEVÖLKERUNG Z 2000: 902 195 – 90,6 % Weiße, 6,2 % Indianer, 0,5 % Asiaten, 0,3 % Schwarze, 0,6 % andere; 2,0 % Hispanics ▪ **Bevölkerungswachstum** 1990 – 2000: 12,9 %

STAAT UND REGIERUNG **Beitritt zur Union**: 8. 11. 1889 (41.) ▪ Verfassung von 1972 ▪ **Gouverneur** Brian Schweitzer (Dem.), gewählt am 2. 11. 2004 ▪ Senat mit 40 bis max. 50 Mitgliedern und Repräsentantenhaus mit 80 bis max. 100 Mitgliedern

WIRTSCHAFT **BIP** 2001: 22 635 Mio. $ ▪ **Pro-Kopf-Einkommen** 2003: 25 920 $ (45) ▪ **Arbeitslosigkeit** 2003: 4,7 %

GESCHICHTE UND GEGENWART Erste Erkundung durch franz. Entdecker in den 1740er Jahren; 1803 als Teil Louisianas an die USA (Louisiana Purchase); 1805/06 Erforschung des Gebiets durch die Lewis-und-Clark-Expedition; 1862 Entdeckung von Gold; ab 1864 als Montana Territory organisiert; 1876 Niederlage der US-Truppen unter General Custer am Little Big Horn gegen die Dakota- und Cheyenne-Indianer; in den 1880er Jahren Kupferfunde; 1889 Beitritt zur Union. 1940 Bau des Fort-Peck-Staudamms; in den 1980er Jahren verstärkter Abbau von Kohle und Erdöl in den Great Plains; wichtige Zweige daneben die Viehwirtschaft und der Wintersporttourismus.

Nebraska Zentral-USA; NE

Equality before the law

Fläche: 200 358 km² (Rang: 16)

Einwohner: 1 739 291 (38) = 8,7 je km²

Hauptstadt: Lincoln

www.nebraska.gov

LANDESSTRUKTUR **Fläche** 200 358 km² ▪ **Landesnatur**: Vorwiegend flaches Relief mit fruchtbaren bis wüstenhaften Böden; kontinentales Klima mit regelmäßigen Dürreperioden ▪ **Städte**: (F 2003) Omaha 404 267 Einw., Lincoln 235 594, (F 2002) Bellevue 46 217, Grand Island 43 010

BEVÖLKERUNG Z 2000: 1 711 263 – 89,6 % Weiße, 4,0 % Schwarze, 1,3 % Asiaten, 0,9 % Indianer, 2,8 % andere; 5,5 % Hispanics ▪ **Bevölkerungswachstum** 1990 – 2000: 8,4 %

STAAT UND REGIERUNG **Beitritt zur Union**: 1. 3. 1867 (37.) ▪ Verfassung von 1875; mehrfach geändert ▪ **Gouverneur** Mike Johanns (Rep.), seit 7. 1. 1999 ▪ Legislativkammer mit 43 Mitgliedern (seit 1937 einziger Staat der USA mit einem Einkammer-Parlament)

WIRTSCHAFT **BIP** 2001: 56 967 Mio. $ ▪ **Pro-Kopf-Einkommen** 2003: 30 758 $ (22) ▪ **Arbeitslosigkeit** 2003: 4,0 %

GESCHICHTE UND GEGENWART Zwischen 1700 und 1763 von Frankreich kontrolliert; danach fiel das Gebiet an Spanien, 1803 an die USA (Louisiana Purchase); 1804 – 06 Erforschung durch die Lewis-und-Clark-Expedition; 1834 Status als Indianerterritorium; ab 1862 trotzdem verstärkte Zuwanderung durch den Free Homestead Act; 1867 Beitritt zur Union; im selben Jahr Fertigstellung der Union Pacific Railroad, welche die Besiedlung förderte. Auch im 20. Jh. führender Agrarstaat; nach Ende des Zweiten Weltkriegs Bau von Hochwasserdämmen zum Schutz der Landwirtschaft vor Überschwemmungen; starke Rüstungsindustrie.

Nevada Westen; NV

All for our country

Fläche: 286 367 km² (Rang: 7)

Einwohner: 2 241 154 (35) = 7,8 je km²

Hauptstadt: Carson City

www.nevada.gov

LANDESSTRUKTUR **Fläche** 286 367 km² ▪ **Landesnatur**: Im wüstenhaften Great Basin gelegen; kurze bewaldete Gebirgszüge (bis 4006 m); niederschlagsarm und unfruchtbar ▪ **Städte:** (F 2003) Las Vegas 517 017 Einw., Henderson 214 852, Reno 193 882, North Las Vegas 144 502, (F 2002) Sparks 73 730, Carson City 54 311

BEVÖLKERUNG Z 2000: 1 998 257 – 75,2 % Weiße, 6,8 % Schwarze, 4,5 % Asiaten, 1,3 % Indianer, 8,0 % andere; 19,7 % Hispanics ▪ **Bevölkerungswachstum** 1990 – 2000: 66,3 %

STAAT UND REGIERUNG **Beitritt zur Union**: 31. 10. 1864 (36.) ▪ Verfassung von 1864; zahlreiche Änderungen ▪ **Gouverneur** Kenny Guinn (Rep.), seit 4. 1. 1999 ▪ Senat mit 20 Mitgliedern und Repräsentantenhaus mit 40 Mitgliedern

WIRTSCHAFT **BIP** 2001: 79 220 Mio. $ ▪ **Pro-Kopf-Einkommen** 2003: 31 266 $ (19) ▪ **Arbeitslosigkeit** 2003: 5,2 %

GESCHICHTE UND GEGENWART 1848 von Mexiko an die USA abgetreten; ab 1859 reiche Goldfunde und infolgedessen starke Besiedlung des kargen Landes; endgültige Grenzfestlegung 1861; ab 1900 wirtschaftlicher Aufschwung durch die Kupfer- und Erzindustrie; in der 2. Hälfte des 20. Jh. vor allem eine boomende Glücksspielindustrie um Las Vegas (die Hälfte der Steuereinnahmen stammen aus dieser Branche) und wachsender Fremdenverkehr; in den 1990er Jahren stärkster Bevölkerungszuwachs in den USA, v. a. durch Einwanderung.

New Hampshire Nordosten; NH

Live free or die

Fläche: 24 219 km² (Rang: 46)

Einwohner: 1 287 687 (41) = 53,2 je km²

Hauptstadt: Concord

www.state.nh.us

LANDESSTRUKTUR **Fläche** 24 219 km² ▪ **Landesnatur**: Zwischen dem Küstentiefland, dem Hochland von Neuengland und den White Mountains gelegenes Bergland; zu etwa 83 Prozent bewaldet, mit zahlreichen Seen; kaltes Kontinentalklima ▪ **Städte**: (F 2003) Manchester 108 871 Einw., (F 2002) Nashua 87 705, Concord 41 404

BEVÖLKERUNG Z 2000: 1 235 786 – 96,0 % Weiße, 1,3 % Asiaten, 0,7 % Schwarze, 0,2 % Indianer, 0,6 % andere; 1,7 % Hispanics ▪ **Bevölkerungswachstum** 1990 – 2000: 11,4 %

STAAT UND REGIERUNG **Beitritt zur Union**: 21. 6. 1788 (9.) ▪ Verfassung von 1784; zahlreiche Änderungen ▪ **Gouverneur** John Lynch (Dem.), gewählt am 2. 11. 2004 ▪ Senat mit 24 Mitgliedern und Repräsentantenhaus mit 375 bis max. 400 Mitgliedern

WIRTSCHAFT **BIP** 2001: 47 183 Mio. $ ▪ **Pro-Kopf-Einkommen** 2003: 34 702 $ (7) ▪ **Arbeitslosigkeit** 2003: 4,3 %

GESCHICHTE UND GEGENWART 1629 als Eigentümerkolonie zu Massachusetts gehörig, wurde es 1679 königliche Provinz Englands; 1776 als erste Kolonie Verabschiedung einer Verfassung; 1803 Bau der ersten Textilfabrik; in der zweiten Hälfte des 19. Jh. Veränderung der Bevölkerungsstruktur durch starke Zuwanderung von Frankokanadiern; zur Jahrhundertwende Erstarken des Tourismus als Wirtschaftszweig; Anfang der 1990er Jahre starke Rezession, v. a. in der auch heute noch wichtigen Elektronik- und Elektrotechnikindustrie und im Maschinenbau.

New Jersey Osten; NJ

Liberty and prosperity

Fläche: 22 590 km² (Rang: 47)

Einwohner: 8 638 396 (10) = 382,4 je km²

Hauptstadt: Trenton

www.state.nj.us

LANDESSTRUKTUR **Fläche** 22 590 km² ▪ **Landesnatur**: Im Norden hügelige, sonst vorwiegend flache, zu fast 40 Prozent bewaldete Landschaft; fruchtbare Lehmböden; an den Unterläufen der zahlreichen Flüsse Sumpfgebiete; gemäßigtes Klima ▪ **Städte**: (F 2003) Newark 277 911 Einw., Jersey City 239 097, Paterson 150 782, Elizabeth 123 215

BEVÖLKERUNG Z 2000: 8 414 350 – 72,6 % Weiße, 13,6 % Schwarze, 5,7 % Asiaten, 0,2 % Indianer, 5,4 % andere; 13,3 % Hispanics ▪ **Bevölkerungswachstum** 1990 – 2000: 8,6 %

STAAT UND REGIERUNG **Beitritt zur Union**: 18. 12. 1787 (3.) ▪ Verfassung von 1947 ▪ **Gouverneur** Richard J. Codey (Dem.), amtierend seit 15. 11. 2004 ▪ Senat mit 40 Mitgliedern und Generalversammlung mit 80 Mitgliedern

WIRTSCHAFT **BIP** 2001: 365 388 Mio. $
▪ **Pro-Kopf-Einkommen** 2003: 40 427 $ (3)
▪ **Arbeitslosigkeit** 2003: 5,9 %

GESCHICHTE UND GEGENWART 1664 von den Engländern beansprucht; 1702 brit. Kronkolonie. Während des Unabhängigkeitskriegs mehr als hundert Schlachten auf dem Staatsgebiet, darunter die von Trenton (1776), Princeton (1777) und Monmouth (1778). Zunächst hauptsächlich Agrarstaat, sorgte der Bürgerkrieg für einen ersten Industrialisierungsschub; starke Zuwanderung seit 1900, heute der am dichtesten besiedelte Bundesstaat; Mitte des 20. Jh. weiteres Wirtschafts- und Bevölkerungswachstum, u. a. durch den Hafen- und Flughafenbau in Newark; Entwicklung zu einer der führenden Industrieregionen der USA; 1990 Verabschiedung des strengsten Waffengesetzes des Landes.

New Mexico Süden; NM

Crescit eundo

Fläche: 314 939 km² (Rang: 5)

Einwohner: 1 874 614 (36) = 5,6 je km²

Hauptstadt: Santa Fe

www.state.nm.us

LANDESSTRUKTUR **Fläche** 314 939 km²
▪ **Landesnatur**: Im Osten Anteil an den Great Plains, im Zentrum von den südl. Rocky Mountains geprägt (höchste Erhebung Wheeler Peak mit 4011 m); halbtrockenes bis trockenes, im Süden wüstenhaftes Kontinentalklima.
▪ **Städte**: (F 2003) Albuquerque 471 856 Einw., (F 2002) Las Cruces 75 015, Santa Fe 65 127, Rio Rancho 56 614

BEVÖLKERUNG Z 2000: 1 819 046 – 66,8 % Weiße, 9,5 % Indianer, 1,9 % Schwarze, 1,1 % Asiaten, 17,0 % andere; 42,1 % Hispanics ▪ **Bevölkerungswachstum** 1990 – 2000: 20,1 %

STAAT UND REGIERUNG **Beitritt zur Union**: 6. 1. 1912 (47.) ▪ Verfassung von 1912; zahlreiche Änderungen ▪ **Gouverneur** Bill Richardson (Dem.), seit 1. 1. 2003 ▪ Senat mit 42 Mitgliedern und Repräsentantenhaus mit 70 Mitgliedern

WIRTSCHAFT **BIP** 2001: 55 426 Mio. $
▪ **Pro-Kopf-Einkommen** 2003: 25 541 $ (47)
▪ **Arbeitslosigkeit** 2003: 6,4 %

GESCHICHTE UND GEGENWART Ab 1598 Besiedlung des Gebietes durch Spanier; 1610 Gründung von Santa Fe; Aufstände der Indianer zwangen die Spanier 1680 zum Rückzug, bis 1696 jedoch Rückeroberung des Gebietes; 1821 an Mexiko, nach Ende des Mexikanisch-Amerikanischen Krieges 1848 Annektierung des Landes durch die USA; 1850 Status als Territorium zusammen mit Arizona und Colorado; schwere Kämpfe mit den Indianern; 1912 Beitritt zur Union; ab 1942 Entwicklung der ersten Atombombe in Los Alamos. Der Staat ist reich an Bodenschätzen (Uranerz, Erdöl), zudem ist der Tourismus ein wichtiger Wirtschaftszweig.

New York Nordosten; NY
Excelsior

Fläche: 141 080 km² (Rang: 27)

Einwohner: 19 190 115 (3) = 136,0 je km²

Hauptstadt: Albany

www.state.ny.us

LANDESSTRUKTUR **Fläche** 141 080 km² ▪ **Landesnatur**: Sehr abwechslungsreiches Relief mit unterschiedlicher Bodenbeschaffenheit; Küstenebenen wechseln sich ab mit Hochplateaus und Mittelgebirgslandschaften; feuchtes, mäßig warmes Klima ▪ **Städte**: (F 2003) New York City 8 085 742 Einw., Buffalo 285 018, Rochester 215 093, Yonkers 197 388, Syracuse 144 001

BEVÖLKERUNG Z 2000: 18 976 457 – 67,9 % Weiße, 15,9 % Schwarze, 5,5 % Asiaten, 0,4 % Indianer, 7,1 % andere; 15,1 % Hispanics ▪ **Bevölkerungswachstum** 1990 – 2000: 5,5 %

STAAT UND REGIERUNG **Beitritt zur Union**: 26. 7. 1788 (11.) ▪ Verfassung von 1895 ▪ **Gouverneur** George E. Pataki (Rep.), seit 1. 1. 1995 ▪ Senat mit 60 Mitgliedern und Repräsentantenhaus mit 150 Mitgliedern

WIRTSCHAFT **BIP** 2001: 826 488 Mio. $ ▪ **Pro-Kopf-Einkommen** 2003: 36 574 $ (6) ▪ **Arbeitslosigkeit** 2003: 6,3 %

GESCHICHTE UND GEGENWART 1524 Ankunft des italienischen Entdeckers Giovanni da Varrazano in der Bucht von New York; 1625 Gründung von New Amsterdam durch niederländische Siedler auf Manhattan Island; 1664 Übernahme durch die Engländer und Umbenennung in New York; 1776 Unabhängigkeitserklärung und Gründung des Staates New York; 1825 Eröffnung der Erie-Kanals, der die wirtschaftliche Entwicklung stark vorantrieb; bis zur Mitte des 20. Jh. war New York der bevölkerungsreichste US-Staat. Am 11. 9. 2001 starben beim Terroranschlag auf das World Trade Center in New York City rund 2800 Menschen. Die internationale Wirtschafts- und Kulturmetropole steht in starkem Kontrast zum agrarischen Hinterland.

North Carolina Südosten; NC
Esse quam videri

Fläche: 139 397 km² (Rang: 28)

Einwohner: 8 407 248 (11) = 60,3 je km²

Hauptstadt: Raleigh

www.ncgov.com

LANDESSTRUKTUR **Fläche** 139 397 km² ▪ **Landesnatur**: Geprägt von der Küstenebene im Osten (zahlreiche Inseln), dem Piedmont Plateau in der Landesmitte und den Appalachen im Westen; subtropisches (Südosten) bis feuchtes Kontinentalklima (Westen) ▪ **Städte**: (F 2003) Charlotte 584 658 Einw., Raleigh 316 802, Greensboro 229 110, Durham 198 376, Winston-Salem 190 299

BEVÖLKERUNG Z 2000: 8 049 313 – 72,1 % Weiße, 21,6 % Schwarze, 1,4 % Asiaten, 1,2 % Indianer, 2,3 % andere; 4,7 % Hispanics ▪ **Bevölkerungswachstum** 1990 – 2000: 21,4 %

STAAT UND REGIERUNG **Beitritt zur Union**: 21. 11. 1789 (12.) ▪ Verfassung von 1971 ▪ **Gouverneur** Mike Easley (Dem.), seit 6. 1. 2001 ▪ Senat mit 50 Mitgliedern und Repräsentantenhaus mit 120 Mitgliedern

WIRTSCHAFT **BIP** 2001: 275 615 Mio. $ ▪ **Pro-Kopf-Einkommen** 2003: 28 235 $ (38) ▪ **Arbeitslosigkeit** 2003: 6,5 %

GESCHICHTE UND GEGENWART 1689 Teilung der engl. Eigentümerkolonie Carolina in Nord und Süd; 1729 britische Kronkolonie; als erste Kolonie sprach sich North Carolina 1776 für die Unabhängigkeit von Großbritannien aus; 1781 verlor die Krone die Kontrolle über das Gebiet; 1838 Vertreibung der Cherokee-Indiander nach Oklahoma; auf Seiten der Konföderierten im Amerikanischen Bürgerkrieg; 1868 Wiedereintritt in die Union; 1890 Gründung der American Tobacco Company; wichtigster Tabakproduzent der USA. Im 20. Jh. Diversifizierung der Wirtschaft mit zunehmender High-Tech-Industrie seit den 1980er Jahren.

North Dakota Norden; ND

Liberty and union, now and forever, one and inseparable

Fläche: 183 123 km^2 (Rang: 19)

Einwohner: 633 837 (48) = 3,5 je km^2

Hauptstadt: Bismarck

www.discovernd.com

LANDESSTRUKTUR **Fläche** 183 123 km^2
■ **Landesnatur**: Im Westen Teil der Great Plains, im Osten Teil des Zentralen Tieflandes; fruchtbare Böden und ausgedehnte Präriegebiete; kaltes Kontinentalklima mit langen Wintern ■ **Städte**: (F 2002) Fargo 91 240 Einw., Bismarck 56 234, Grand Forks 48 546

BEVÖLKERUNG Z 2000: 642 200 – 92,4 % Weiße, 4,9 % Indianer, 0,6 % Schwarze, 0,6 % Asiaten, 0,4 % andere; 1,2 % Hispanics ■ **Bevölkerungswachstum** 1990 – 2000: 0,5 %

STAAT UND REGIERUNG **Beitritt zur Union**: 2. 11. 1889 (39.) ■ Verfassung von 1889, mehrfach geändert ■ **Gouverneur** John Hoeven (Rep.), seit 15. 12. 2000 ■ Senat mit 50 Mitgliedern und Repräsentantenhaus mit 100 Mitgliedern

WIRTSCHAFT **BIP** 2001: 19 005 Mio. $
■ **Pro-Kopf-Einkommen** 2003: 29 204 $ (33)
■ **Arbeitslosigkeit** 2003: 4,0 %

GESCHICHTE UND GEGENWART 1738 erste Erkundung des Gebietes durch Europäer, schließlich Teil der franz. Kolonie Louisiana, bevor es 1803 an die USA ging (Louisiana Purchase); 1812 erste ständige Siedlung in Pembina; 1861 Errichtung des Dakota Territory, zu dem North Dakota, South Dakota, Wyoming und Montana gehörten. Mit dem Bau der Northern Pacific Railway 1872 in den 1870er bis 1890er Jahren starker Zustrom von Siedlern; 1889 Entstehung des Bundesstaates North Dakota; auch heute insbesondere durch Landwirtschaft geprägter Staat (v. a. Weizen); 1997 schwere Überschwemmungen des Red River; in den 1990er Jahren zweitniedrigstes Bevölkerungswachstum und seitdem rückläufige Zahlen.

Ohio Mittlerer Westen; OH

With God, all things are possible

Fläche: 116 103 km^2 (Rang: 34)

Einwohner: 11 435 798 (7) = 98,5 je km^2

Hauptstadt: Columbus

www.ohio.gov

LANDESSTRUKTUR **Fläche** 116 103 km^2
■ **Landesnatur**: Flaches bis hügeliges Relief; im Osten stärker zerklüftet; dort wenig fruchtbare, sonst gut zur landwirtschaftlichen Nutzung geeignete Böden; im Süden feuchtes, im Norden trockenes kontinentales Klima ■ **Städte**: (F 2003) Columbus 728 432 Einw., Cleveland 461 324, Cincinatti 317 361, Toledo 308 973, Akron 212 215, Dayton 161 696

BEVÖLKERUNG Z 2000: 11 353 140 – 85,0 % Weiße, 11,5 % Schwarze, 1,2 % Asiaten, 0,2 % Indianer, 0,8 % andere; 1,9 % Hispanics ■ **Bevölkerungswachstum** 1990 – 2000: 4,7 %

STAAT UND REGIERUNG **Beitritt zur Union**: 1. 3. 1803 (17.) ■ Verfassung von 1851, mehrfach geändert ■ **Gouverneur** Bob Taft (Rep.), seit 11. 1. 1999 ■ Senat mit 33 Mitgliedern und Repräsentantenhaus mit 99 Mitgliedern

WIRTSCHAFT **BIP** 2001: 373 708 Mio. $
■ **Pro-Kopf-Einkommen** 2003: 29 944 $ (26)
■ **Arbeitslosigkeit** 2003: 6,1 %

GESCHICHTE UND GEGENWART 1682 von Frankreich beansprucht; 1763 von Großbritannien in Besitz genommen; 1783 an die USA und 1787 Teil des Northwest Territory; 1803 Beitritt zur Union; 1832 Fertigstellung des Ohio- und Erie-Kanals; nach dem Bürgerkrieg Wandel vom Agrar- zum Industriestaat; großer politischer Einfluss, zwischen 1860 und 1923 allein sieben US-Präsidenten aus Ohio. 1913 kam es zu einer Flutkatastrophe im Miami River Valley mit mehr als 400 Opfern. Nach Ende des Zweiten Weltkriegs Aufschwung durch Raumfahrt- und Kernenergietechnologie; in den 1970er Jahren starke Anti-Vietnamkrieg-Bewegung.

Oklahoma Zentral-USA; OK

Labor omnia vincit

Fläche: 181 048 km² (Rang: 20)

Einwohner: 3 511 532 (28) = 19,4 je km²

Hauptstadt: Oklahoma City

www.oklahoma.gov

LANDESSTRUKTUR **Fläche** 181 048 km²
▪ **Landesnatur**: Vorwiegend im Bereich der Inneren Ebene gelegen; im Nordosten sehr fruchtbare Böden; im Südosten subtropisches, ansonsten kontinentales Klima mit großen Temperaturschwankungen im Tagesverlauf; regelmäßig schwere Unwetter ▪ **Städte**: (F 2003) Oklahoma City 523 303 Einw., Tulsa 387 807, (F 2002) Norman 97 831, Lawton 91 333

BEVÖLKERUNG Z 2000: 3 450 654 – 76,2 % Weiße, 7,9 % Indianer, 7,6 % Schwarze, 1,4 % Asiaten, 2,4 % andere; 5,2 % Hispanics ▪ **Bevölkerungswachstum** 1990 – 2000: 9,7 %

STAAT UND REGIERUNG **Beitritt zur Union**: 16. 11. 1907 (46.) ▪ Verfassung von 1907; zahlreiche Änderungen ▪ **Gouverneur** Brad Henry (Dem.), seit 13. 1. 2003 ▪ Senat mit 48 Mitgliedern und Repräsentantenhaus mit 101 Mitgliedern

WIRTSCHAFT **BIP** 2001: 93 855 Mio. $
▪ **Pro-Kopf-Einkommen** 2003: 26 656 $ (40)
▪ **Arbeitslosigkeit** 2003: 5,7 %

GESCHICHTE UND GEGENWART Im 16. und 17. Jh. Besiedlung durch franz. Händler und Jäger; 1682 Teil der franz. Kolonie Louisiana, 1803 an die USA (Louisiana Purchase); ab 1817 Umsiedlung der großen Indianerstämme nach Oklahoma; ab 1834 Indianerterritorium der USA; trotz Verbots kontinuierliche Besiedlung des Gebietes durch Weiße; 1889 offizielle Freigabe zur Besiedlung; 1890 Einrichtung des Oklahoma Territory; 1907 Beitritt zur Union; in den 1920er Jahren Entdeckung von Erdöl- und Ergasvorkommen (auch heute noch Hauptwirtschaftszweig). 1995 Anschlag auf ein Regierungsgebäude in Oklahoma City mit 168 Toten.

Oregon Nordwesten; OR

She flies with her own wings

Fläche: 254 819 km² (Rang: 9)

Einwohner: 3 559 596 (27) = 14,0 je km²

Hauptstadt: Salem

www.oregon.gov

LANDESSTRUKTUR **Fläche** 254 819 km²
▪ **Landesnatur**: Im Osten und Süden stark bewaldete Gebirgszüge; im übrigen Land flaches bis bergiges Relief; im Westen feuchtes Meeresklima, im Osten trockenes Kontinentalklima; höchste Erhebung ist der Mount Hood mit 3426 m ▪ **Städte**: (F 2003) Portland 538 544 Einw., Salem 142 914, Eugene 142 185, (F 2002) Gresham 94 706

BEVÖLKERUNG Z 2000: 3 421 399 – 86,6 % Weiße, 3,0 % Asiaten, 1,6 % Schwarze, 1,3 % Indianer, 4,2 % andere; 8,0 % Hispanics ▪ **Bevölkerungswachstum** 1990 – 2000: 20,4 %

STAAT UND REGIERUNG **Beitritt zur Union**: 14. 2. 1859 (33.) ▪ Verfassung von 1857, mehrfach geändert ▪ **Gouverneur** Ted Kulongoski (Dem.), seit 13. 1. 2003 ▪ Senat mit 30 Mitgliedern und Repräsentantenhaus mit 60 Mitgliedern

WIRTSCHAFT **BIP** 2001: 120 055 Mio. $
▪ **Pro-Kopf-Einkommen** 2003: 29 340 $ (30)
▪ **Arbeitslosigkeit** 2003: 8,2 %

GESCHICHTE UND GEGENWART 1778 Ankunft von James Cook; 1805 weitere Erforschung durch die Lewis-und-Clark-Expedition; ab 1811 Aufbau einer Handelsstation in der Region des Columbia River; 1818 unter amerik.-brit. Verwaltung gestellt und immer wieder Streitpunkt zwischen den Staaten; ab 1848 Status als Territorium; Abwanderung nach Goldfunden 1849 in Kalifornien; 1859 Eigenstaatlichkeit; in der zweiten Hälfte des 19. Jh. starkes Bevölkerungswachstum; in den 1930er Jahren Aufschwung der Landwirtschaft durch den Bau mehrerer Staudämme; während des Zweiten Weltkriegs Boom der Rüstungsindustrie; noch heute führend in der Holzwirtschaft; Tourismus an der Küste.

Pennsylvania Nordosten; PA

Virtue, liberty and independence

Fläche: 119 291 km² (Rang: 33)

Einwohner: 12 365 455 (6) = 103,7 je km²

Hauptstadt: Harrisburg

www.state.pa.us

LANDESSTRUKTUR **Fläche** 119 291 km²
■ **Landesnatur**: Vorwiegend hügeliges bis leicht bergiges Relief; in den Tälern meist fruchtbare Böden; sowohl von den kontinentalen als auch von den atlantischen Luftmassen beeinflusstes Klima ■ **Städte**: (F 2003) Philadelphia 1 479 339 Einw., Pittsburgh 325 337, Allentown 105 958, Erie 101 373

BEVÖLKERUNG Z 2000: 12 281 054 – 85,4 % Weiße, 10,0 % Schwarze, 1,8 % Asiaten, 0,1 % Indianer, 1,5 % andere; 3,2 % Hispanics
■ **Bevölkerungswachstum** 1990 – 2000: 3,4 %

STAAT UND REGIERUNG **Beitritt zur Union**: 12. 12. 1787 (2.) ■ Verfassung von 1873; 1967 – 68 überarbeitet ■ **Gouverneur** Edward G. Rendell (Dem.), seit 21. 1. 2003 ■ Senat mit 50 Mitgliedern und Repräsentantenhaus mit 203 Mitgliedern

WIRTSCHAFT **BIP** 2001: 408 373 Mio. $
■ **Pro-Kopf-Einkommen** 2003: 31 998 $ (17)
■ **Arbeitslosigkeit** 2003: 5,6 %

GESCHICHTE UND GEGENWART 1609 von Holland beansprucht; ab 1664 unter engl. Vorherrschaft; 1681 erhielt der englische Quäker William Penn ein königliches Patent für das Gebiet; 1682 Gründung von Philadelphia; mit Ende des Britisch-Französischen Kolonialkriegs 1763 brit. Kronkolonie; in den 1770er Jahren Zentrum der Unabhängigkeitsbewegung; 1781 Gründung der Bank of North America, der ersten kommerziellen Bank der Welt; in der ersten Hälfte des 19. Jh. rasche Entwicklung des Staates zu einem der größten Holz-, Kohle- und Eisenlieferanten; bis heute ist Pennsylvania einer der wichtigsten Industriestandorte in den USA.

Rhode Island Nordosten; RI

Hope

Fläche: 4002 km² (Rang: 50)

Einwohner: 1 076 164 (43) = 268,9 je km²

Hauptstadt: Providence

www.state.ri.us

LANDESSTRUKTUR **Fläche** 4002 km²
■ **Landesnatur**: Kleinster Bundesstaat; an der Atlantikküste gelegen, flaches bis hügeliges Relief mit unfruchtbaren Böden; mildes Küstenklima
■ **Städte**: (F 2003) Providence 176 365 Einw., (F 2002) Warwick 87 039, Cranston 81 113

BEVÖLKERUNG Z 2000: 1 048 319 – 85,0 % Weiße, 4,5 % Schwarze, 2,3 % Asiaten, 0,5 % Indianer, 5,0 % andere; 8,7 % Hispanics ■ **Bevölkerungswachstum** 1990 – 2000: 4,5 %

STAAT UND REGIERUNG **Beitritt zur Union**: 29. 5. 1790 (13.) ■ Verfassung von 1842 ■ **Gouverneur** Donald Carcieri (Rep.), seit 7. 1. 2003
■ Senat mit 50 Mitgliedern und Repräsentantenhaus mit 100 Mitgliedern

WIRTSCHAFT **BIP** 2001: 36 939 Mio. $
■ **Pro-Kopf-Einkommen** 2003: 31 916 $ (18)
■ **Arbeitslosigkeit** 2003: 5,3 %

GESCHICHTE UND GEGENWART 1620 Ankunft der Mayflower und Errichtung der ersten Siedlungen; erste laizistische Kolonie Englands, daher Anziehungspunkt für Angehörige verfolgter Religionen; im 18. Jh. schnelle wirtschaftliche Entwicklung; unterstützte Massachusetts 1775 beim Aufstand gegen Großbritannien; 1790 Beitritt zur Union als letztes Gründungsmitglied; während des Bürgerkriegs auf Seiten der Union; schwerste Überschwemmungskatastrophe in der Geschichte der USA forderte 1889 2200 Tote. Von der Weltwirtschaftskrise in den 1930er Jahren stark in Mitleidenschaft gezogen, erholte sich die Wirtschaft des Staates auch in der zweiten Hälfte des 20. Jh. nicht mehr vollständig. Zu Beginn der 1980er Jahre hohe Arbeitslosigkeit; heute der am zweitdichtesten besiedelte Bundesstaat.

South Carolina Südosten; SC

Animis opibusque parati; Dum spiro spero

Fläche: 82 902 km² (Rang: 40)

Einwohner: 4 147 152 (25) = 50,0 je km²

Hauptstadt: Columbia

www.myscgov.com

LANDESSTRUKTUR **Fläche** 82 902 km²
■ **Landesnatur**: Zur Hälfte in der atlantischen Küstenebene gelegen; dort sandige Böden; in der anderen Hälfte steigt das Relief über das Piedmont Plateau bis zu den Blue Ridge Mountains langsam an; überwiegend feuchtes, subtropisches Klima ■ **Städte**: (F 2003) Columbia 117 357 Einw., Charleston 101 024; (F 2002) North Charleston 80 691, Greenville 56 181

BEVÖLKERUNG Z 2000: 4 012 012 – 67,2 % Weiße, 29,5 % Schwarze, 0,9 % Asiaten, 0,3 % Indianer, 1,0 % andere; 2,4 % Hispanics
■ **Bevölkerungswachstum** 1990 – 2000: 15,1 %

STAAT UND REGIERUNG **Beitritt zur Union**: 23. 5. 1788 (8.) ■ Verfassung von 1896; mehrfach geändert ■ **Gouverneur** Mark Sanford (Rep.), seit 15. 1. 2003 ■ Senat mit 46 Mitgliedern und Repräsentantenhaus mit 124 Mitgliedern

WIRTSCHAFT **BIP** 2001: 115 204 Mio. $
■ **Pro-Kopf-Einkommen** 2003: 26 132 $ (43)
■ **Arbeitslosigkeit** 2003: 6,8 %

GESCHICHTE UND GEGENWART 1566 Siedlung der Spanier; zu Beginn des 17. Jh. dann unter der Vorherrschaft der Engländer; 1729 Teilung der brit. Kronkolonie Carolina in Nord und Süd; 1788 Unterzeichnung der Constitution; im Osten Baumwollgroßplantagen mit verbreiteteter Sklaverei, im Westen Kleinbauern; verließ als erster Bundesstaat 1860 die Union; 1868 Wiedereintritt. Von der Großen Depression in den 1930er Jahren stark erschüttert; in den 1950er Jahren Opposition gegen die Bürgerrechtsbewegung der Schwarzen. Die vorher stark von der Textilbranche abhängige Wirtschaft ist nun von einem starken Dienstleistungssektor geprägt.

South Dakota Norden; SD

Under God the people rule

Fläche: 199 744 km² (Rang: 17)

Einwohner: 764 309 (46) = 3,8 je km²

Hauptstadt: Pierre

www.state.sd.us

LANDESSTRUKTUR **Fläche** 199 744 km²
■ **Landesnatur**: Durch den Missouri River in zwei Hälften geteilt; im westlichen Teil durch Prärie geprägt, ist der regenreichere östliche Teil für Landwirtschaft besser geeignet; kontinentales Klima
■ **Städte**: (F 2003) Sioux Falls 133 834 Einw.; (F 2002) Rapid City 60 262, Aberdeen 24 312

BEVÖLKERUNG Z 2000: 754 844 – 88,7 % Weiße, 8,3 % Indianer, 0,6 % Schwarze, 0,6 % Asiaten, 0,5 % andere; 1,4 % Hispanics ■ **Bevölkerungswachstum** 1990 – 2000: 8,5 %

STAAT UND REGIERUNG **Beitritt zur Union**: 2. 11. 1889 (40.) ■ Verfassung von 1889 ■ **Gouverneur** Mike Rounds (Rep.), seit 7. 1. 2003 ■ Senat mit 35 Mitgliedern und Repräsentantenhaus mit 70 Mitgliedern

WIRTSCHAFT **BIP** 2001: 24 251 Mio. $
■ **Pro-Kopf-Einkommen** 2003: 29 234 $ (32)
■ **Arbeitslosigkeit** 2003: 3,6 %

GESCHICHTE UND GEGENWART 1743 erste Erkundungen des Gebietes durch franz. Entdecker; 1803 als Teil des Louisiana Purchase an die USA; 1804 – 06 weitere Erforschung durch die Lewis-und-Clark-Expedition; 1817 erste ständige Siedlung; 1861 Teil des Dakota Territory; 1868 wurde das Gebiet westlich des Missouri Indianerreservat; nach Goldfunden in den Black Hills 1874 starker Zustrom von Weißen; 1889 nach der Teilung Dakotas 40. US-Staat; Auseinandersetzung zwischen Indianern und Siedlern gipfelten im Massaker der Schlacht am Wounded Knee 1890. In der ersten Hälfte des 20. Jh. wiederholte Dürreperioden; durch groß angelegte Staudammprojekte in den 1940er Jahren Stärkung der Landwirtschaft; noch heute stark landwirtschaftlich geprägt; niedrigste Arbeitslosenrate der USA.

Tennessee Osten; TN

Agriculture and commerce

Fläche: 109 158 km² (Rang: 36)

Einwohner: 5 841 748 (16) = 53,5 je km²

Hauptstadt: Nashville

www.tennessee.gov

LANDESSTRUKTUR **Fläche** 109 158 km² ■ **Landesnatur**: Zwischen den Appalachen im Osten und der hügeligen Valley-and-Ridge-Region im Westen gelegen; in der Landesmitte vorwiegend flaches Relief mit mäßig fruchtbaren Böden; gemäßigtes Klima ■ **Städte**: (F 2003) Memphis 645 978 Einw., Nashville-Davidson 544 765, Knoxville 173 278, Chattanooga 154 887

BEVÖLKERUNG Z 2000: 5 689 283 – 80,2 % Weiße, 16,4 % Schwarze, 1,0 % Asiaten, 0,3 % Indianer, 1,0 % andere; 2,2 % Hispanics ■ **Bevölkerungswachstum** 1990 – 2000: 16,7 %

STAAT UND REGIERUNG **Beitritt zur Union**: 1. 6. 1796 (16.) ■ Verfassung von 1870 ■ **Gouverneur** Phil Bredesen (Dem.), seit 18. 1. 2003 ■ Senat mit 33 Mitgliedern und Repräsentantenhaus mit 99 Mitgliedern

WIRTSCHAFT **BIP** 2001: 182 515 Mio. $ ■ **Pro-Kopf-Einkommen** 2003: 28 455 $ (37) ■ **Arbeitslosigkeit** 2003: 5,8 %

GESCHICHTE UND GEGENWART Erste Besiedlung Mitte des 16. Jh. durch Spanier; Mitte des 17. Jh. folgten Franzosen und Engländer (1663 engl. Eigentümerkolonie); ab 1790 US-Territorium; durch eine Reihe von Verträgen Enteignung der Indianer (1770 – 1835); 1861 Austritt aus der Union; während des Bürgerkriegs Schauplatz zahlreicher Schlachten; 1866 Wiedereintritt als erster Südstaat; im 19. und 20. Jh. starke Rassenkonflikte (1866 Gründung des Ku-Klux-Klan); erst seit 1930 Industrialisierung mit der Gründung der Tennessee Valley Authority, die für Elektrizität und Infrastruktur sorgte; v. a. chemische Industrie und Maschinenbau; 1968 Ermordung des schwarzen Bürgerrechtlers Martin Luther King in Memphis.

Texas Süden; TX

Friendship

Fläche: 695 676 km² (Rang: 2)

Einwohner: 22 118 509 (2) = 31,8 je km²

Hauptstadt: Austin

www.texas.gov

LANDESSTRUKTUR **Fläche** 695 676 km² ■ **Landesnatur**: Hauptsächlich von den trockenen Great Plains geprägt; in den Osage Plains und den West Gulf Plains im Osten und Süden fruchtbarere Böden; dort auch feuchtes, subtropisches Klima ■ **Städte**: (F 2003) Houston 2 009 690 Einw., San Antonio 1 214 725, Dallas 1 208 318, Austin 672 011, Fort Worth 585 122, El Paso 584 113, Arlington 355 007, Corpus Christi 279 208

BEVÖLKERUNG Z 2000: 20 851 820 – 71,0 % Weiße, 11,5 % Schwarze, 2,7 % Asiaten, 0,6 % Indianer, 11,7 % andere; 32,0 % Hispanics ■ **Bevölkerungswachstum** 1990 – 2000: 22,8 %

STAAT UND REGIERUNG **Beitritt zur Union**: 29. 12. 1845 (28.) ■ Verfassung von 1876; mehrfach geändert ■ **Gouverneur** Rick Perry (Rep.), seit 21. 12. 2000 ■ Senat mit 31 Mitgliedern und Repräsentantenhaus mit 150 Mitgliedern

WIRTSCHAFT **BIP** 2001: 763 874 Mio. $ ■ **Pro-Kopf-Einkommen** 2003: 29 372 $ (29) ■ **Arbeitslosigkeit** 2003: 6,8 %

GESCHICHTE UND GEGENWART 1684 teilweise von Frankreich beansprucht; 1690 langsame Besiedlung durch Spanier; ab 1800 Beginn der amerikanischen Einwanderung; 1821 zu Mexiko; 1836 Unabhängigkeit nach der texanischen Revolution; 1845 Beitritt zu den USA, der den Amerikanisch-Mexikanischen Krieg auslöste; während des Bürgerkriegs auf Seiten der Konföderation; Wiedereintritt in die Union 1870, danach rasanter Bevölkerungsanstieg. Bis zum Beginn des 20. Jh. stark agraisch geprägt; mit der Entdeckung von Erdöl 1901 jedoch starker Boom der petrochemischen Industrie bis in die 1980er Jahre; Landwirtschaft neben der Erdölindustrie immer noch bestimmend.

Utah Westen; UT

Industry

Fläche: 219 902 km² (Rang: 13)

Einwohner: 2 351 467 (34) = 10,7 je km²

Hauptstadt: Salt Lake City

www.utah.gov

LANDESSTRUKTUR **Fläche** 219 902 km² ▪ **Landesnatur**: Im Great Basin zwischen den Rocky Mountains und der Sierra Nevada gelegen; trockene und unfruchtbare Landschaft, im Westen Wüste mit dem Großen Salzsee ▪ **Städte**: (F 2003) Salt Lake City 179 894 Einw., West Valley City 111 687, Provo 105 410

BEVÖLKERUNG Z 2000: 2 233 169 – 89,2 % Weiße, 1,7 % Asiaten, 1,3 % Indianer, 0,8 % Schwarze, 4,2 % andere; 9,0 % Hispanics ▪ **Bevölkerungswachstum** 1990 – 2000: 29,6 %

STAAT UND REGIERUNG **Beitritt zur Union**: 4. 1. 1896 (45.) ▪ Verfassung von 1896; zahlreiche Änderungen ▪ **Gouverneur** Jon Huntsman (Rep.), gew. am 2. 11. 2004 ▪ Senat mit 30 Mitgliedern und Repräsentantenhaus mit 150 Mitgliedern

WIRTSCHAFT **BIP** 2001: 70 409 Mio. $ ▪ **Pro-Kopf-Einkommen** 2003: 24 977 $ (48) ▪ **Arbeitslosigkeit** 2003: 5,6 %

GESCHICHTE UND GEGENWART Seit Beginn des 19. Jh. Besiedlung durch Pelzjäger und Durchgangsgebiet für Siedlerzüge nach Westen; 1847 Einwanderung der aus Illinois vertriebenen Mormonen; die USA erhielten das Gebiet 1848 von Mexiko; Gründung des »neuen Zions« Salt Lake City; Mormonenstaat »Deseret« wurde vom US-Kongress 1849 nicht anerkannt; 1850 Gründung des Utah-Territory; die Mormonen verzichteten 1890 auf Polygamie, bekannten sich zur Religionsfreiheit und zum Laizismus und ebneten damit den Weg zum Beitritt zur Union 1896. 1906 Eröffnung des damals weltgrößten Kupferbergwerks; in der zweiten Hälfte des 20. Jh. weiterer wirtschaftlicher Aufschwung durch Uran-, Erdöl- und Erdgasfunde; Bevölkerung auch heute zu zwei Dritteln Mormonen.

Vermont Nordosten; VT

Freedom and unity

Fläche: 24 903 km² (Rang: 45)

Einwohner: 619 107 (49) = 24,9 je km²

Hauptstadt: Montpelier

www.vermont.gov

LANDESSTRUKTUR **Fläche** 24 903 km² ▪ **Landesnatur**: Hügelige, von den Ausläufern der Appalachen geprägte Landschaft; zu drei Vierteln bewaldet; niederschlagreiches, kühles Kontinentalklima ▪ **Städte**: (F 2002) Burlington 39 466 Einw., Rutland 17 098, South Burlington 15 870

BEVÖLKERUNG Z 2000: 608 827 – 96,8 % Weiße, 0,9 % Asiaten, 0,5 % Schwarze, 0,4 % Indianer, 0,2 % andere; 0,9 % Hispanics ▪ **Bevölkerungswachstum** 1990 – 2000: 8,2 %

STAAT UND REGIERUNG **Beitritt zur Union**: 4. 3. 1791 (14.) ▪ Verfassung von 1793 ▪ **Gouverneur** Jim Douglas (Rep.), seit 8. 1. 2003 ▪ Senat mit 30 Mitgliedern und Repräsentantenhaus mit 150 Mitgliedern

WIRTSCHAFT **BIP** 2001: 19 149 Mio. $ ▪ **Pro-Kopf-Einkommen** 2003: 30 740 $ (23) ▪ **Arbeitslosigkeit** 2003: 4,6 %

GESCHICHTE UND GEGENWART Im 17. Jh. vereinzelt franz. Siedlungen, 1724 dann erste brit. Siedlung; in den 1760er Jahren verstärkter Zustrom von Siedlern aus Connecticut, Rhode Island und Massachusetts; 1763 zu Großbritannien, 1777 – 91 unabhängige Republik unter Ethan Allen mit einer liberalen Verfassung (Sklavereiverbot und allgemeines Wahlrecht); 1791 Beitritt zur Union. Der 1823 gebaute Kanal zwischen Hudson River und Lake Champlain ermöglichte den direkten Zugang zum Hafen von New York; im 20. Jh. weiterhin stark von der Landwirtschaft geprägt; neben der Elektronik- und Papierindustrie ist der Tourismus zentraler Wirtschaftszweig.

Virginia Osten; VA

Sic semper tyrannis

Fläche: 110 792 km² (Rang: 35)

Einwohner: 7 386 330 (12) = 66,7 je km²

Hauptstadt: Richmond

www.virginia.gov

LANDESSTRUKTUR **Fläche** 110 792 km² ▪ **Landesnatur**: An der Küste flaches, im Landesinnern hügeliges bis bergiges Relief; zu etwa 60 Prozent bewaldet; subtropisches bis feuchtgemäßigtes Klima ▪ **Städte**: (F 2003) Virginia Beach 439 467 Einw., Norfolk 241 727, Chesapeake 210 834, Richmond 194 729, Arlington 187 873

BEVÖLKERUNG Z 2000: 7 078 515 – 72,3 % Weiße, 19,6 % Schwarze, 3,7 % Asiaten, 0,3 % Indianer, 2,0 % andere; 4,7 % Hispanics ▪ **Bevölkerungswachstum** 1990 – 2000: 14,4 %

STAAT UND REGIERUNG **Beitritt zur Union**: 25. 6. 1788 (10.) ▪ Verfassung von 1971 ▪ **Gouverneur** Mark R. Warner (Dem.), seit 12. 1. 2002 ▪ Senat mit 40 Mitgliedern und Repräsentantenhaus mit 100 Mitgliedern

WIRTSCHAFT **BIP** 2001: 273 070 Mio. $ ▪ **Pro-Kopf-Einkommen** 2003: 33 671 $ (12) ▪ **Arbeitslosigkeit** 2003: 4,1 %

GESCHICHTE UND GEGENWART 1607 Gründung von Jamestown durch engl. Siedler (erste ständige Siedlung in Nordamerika); führende Rolle Virginias während der Revolution, 1776 Grundrechtserklärung Virginia Declaration of Rights; Ende des Unabhängigkeitskriegs 1781 nach der Kapitulation von Charles Cornwallis, dem Kommandeur der englischen Südarmee in Yorktown; 1861 Austritt aus der Union; während des Bürgerkriegs wichtigster Kriegsschauplatz, dadurch große Verwüstungen; 1870 Wiedereintritt in die Union. Erst zu Beginn des 20. Jh. langsame Erholung der Wirtschaft; in der zweiten Hälfte des 20. Jh. immer wieder Rassenunruhen; Landwirtschaft immer noch wichtiger Zweig (Tabak, Weizen, Mais), daneben Schiffbau und Tourismus.

Washington Nordwesten; WA

Alki

Fläche: 184 672 km² (Rang: 18)

Einwohner: 6 131 445 (15) = 33,2 je km²

Hauptstadt: Olympia

www.access.wa.gov

LANDESSTRUKTUR **Fläche** 184 672 km² ▪ **Landesnatur**: Vom Küstengebirge und der Kaskadenkette geprägte Landschaft; an der Küste mildes und niederschlagreiches, im Landesinnern vorwiegend kontinental-trockenes Klima ▪ **Städte**: (F 2003) Seattle 569 101 Einw., Tacoma 196 790, Spokane 196 624, Vancouver 151 654, Bellevue 112 344

BEVÖLKERUNG Z 2000: 5 894 121 – 81,8 % Weiße, 5,5 % Asiaten, 3,2 % Schwarze, 1,6 % Indianer, 3,9 % andere; 7,5 % Hispanics ▪ **Bevölkerungswachstum** 1990 – 2000: 21,1 %

STAAT UND REGIERUNG **Beitritt zur Union**: 11. 11. 1889 (42.) ▪ Verfassung von 1889 ▪ **Gouverneur** Gary Locke (Dem.), 15. 1. 1997 bis Jan. 2005 ▪ Senat mit 49 Mitgliedern und Repräsentantenhaus mit 98 Mitgliedern

WIRTSCHAFT **BIP** 2001: 222 950 Mio. $ ▪ **Pro-Kopf-Einkommen** 2003: 33 332 $ (14) ▪ **Arbeitslosigkeit** 2003: 7,5 %

GESCHICHTE UND GEGENWART Im 18. Jh. durchstreiften vorwiegend Pelzjäger das Gebiet; 1805 Erkundungen durch die Lewis-und-Clark-Expedition; 1836 erste ständige Siedlung; 1846 in den Besitz der USA und 1853 US-Territorium. Durch kriegerische Auseinandersetzungen zwischen Weißen und Indianern in den folgenden Jahren nur langsame wirtschaftliche Entwicklung; erst die Vollendung der zwei großen Eisenbahnlinien Northern Pacific (1886) und Great Northern (1893) sowie große Goldfunde im Yukon-Gebiet sorgten für Bevölkerungs- und Wirtschaftswachstum. Im 20. Jh. stabile wirtschaftliche Entwicklung besonders um Seattle (Flugzeug- und Schiffbau, Computerindustrie), aber auch starke Landwirtschaft.

West Virginia Osten; WV

Montani semper liberi

Fläche: 62 759 km² (Rang: 41)

Einwohner: 1 810 354 (37) = 28,8 je km²

Hauptstadt: Charleston

www.wv.gov

LANDESSTRUKTUR **Fläche** 62 759 km² ▪ **Landesnatur**: Hügelige bis bergige Landschaft mit vorwiegend unfruchtbaren Böden; von den Appalachen geprägt; zu drei Vierteln bewaldet; feucht-gemäßigtes Kontinentalklima ▪ **Städte**: (F 2002) Charleston 51 702 Einw., Huntington 49 910, Parkersburg 32 299

BEVÖLKERUNG Z 2000: 1 808 344 – 95,0 % Weiße, 3,2 % Schwarze, 0,5 % Asiaten, 0,2 % Indianer, 0,2 % andere; 0,7 % Hispanics ▪ **Bevölkerungswachstum** 1990 – 2000: 0,8 %

STAAT UND REGIERUNG **Beitritt zur Union**: 20. 6. 1863 (35.) ▪ Verfassung von 1872 ▪ **Gouverneur** Joe Manchin (Dem.), gewählt am 2. 11. 2004 ▪ Senat mit 34 Mitgliedern und Repräsentantenhaus mit 100 Mitgliedern

WIRTSCHAFT **BIP** 2001: 42 368 Mio. $ ▪ **Pro-Kopf-Einkommen** 2003: 24 379 $ (49) ▪ **Arbeitslosigkeit** 2003: 6,1 %

GESCHICHTE UND GEGENWART Zu Beginn des 18. Jh. vor allem deutsche und irische Einwanderer; in der zweiten Hälfte des 18. Jh. Kriegsschauplatz von Konflikten zwischen den Shawnee-Indianern und weißen Siedlern; Landwirtschaft des bis zum Bürgerkrieg zu Virginia gehörenden Westteils von Kleinbauern bestimmt, daher keine Sklaverei; 1861 waren die vorwiegend unionstreuen Bewohner gegen den Austritt aus der Union, 1863 gründeten sie dann einen eigenen Bundesstaat. Ab Ende des 19. Jahrhundert stark vom Steinkohlebergbau geprägt; Anfang des 20. Jh. große Arbeiterunruhen; heute neben dem Kohletagebau v. a. Eisen- und Stahlindustrie; zu Beginn der 1980er Jahre mit 18 Prozent höchste Arbeitslosenrate der USA, auch heute noch einer der ärmsten Bundesstaaten.

Wisconsin Mittlerer Westen; WI

Forward

Fläche: 169 643 km² (Rang: 23)

Einwohner: 5 472 299 (20) = 32,3 je km²

Hauptstadt: Madison

www.wisconsin.gov

LANDESSTRUKTUR **Fläche** 169 643 km² ▪ **Landesnatur**: Flaches bis hügeliges Relief; vor allem im Gebiet der Eastern Great Lake Lowlands sehr fruchtbare Böden; kontinentales, durch die Großen Seen abgemildertes Klima ▪ **Städte**: (F 2003) Milwaukee 586 941 Einw., Madison 218 432, Green Bay 101 467, (F 2002) Kenosha 92 513, Racine 80 712

BEVÖLKERUNG Z 2000: 5 363 675 – 88,9 % Weiße, 12,3 % Schwarze, 1,7 % Asiaten, 0,9 % Indianer, 1,6 % andere; 3,6 % Hispanics ▪ **Bevölkerungswachstum** 1990 – 2000: 9,6 %

STAAT UND REGIERUNG **Beitritt zur Union**: 29. 5. 1848 (30.) ▪ Verfassung von 1848; zahlreiche Änderungen ▪ **Gouverneur** Jim Doyle (Dem.), seit 6. 1. 2003 ▪ Senat mit 33 Mitgliedern und Repräsentantenhaus mit 99 Mitgliedern

WIRTSCHAFT **BIP** 2001: 177 354 Mio. $ ▪ **Pro-Kopf-Einkommen** 2003: 30 898 $ (21) ▪ **Arbeitslosigkeit** 2003: 5,6 %

GESCHICHTE UND GEGENWART Zunächst in franz. Besitz, ging das Gebiet 1763 an Großbritannien; vor allem von Pelzjägern besiedelt; 1783 als Teil des Northwest Territory an die USA; bis zum Black-Hawk-Krieg 1832 erbitterter Widerstand der Indianer gegen die Weißen. Danach intensive Einwanderung von deutschen, skandinavischen und holländischen Bauern; 1836 unabhängiges US-Territorium; 1911 als erster Staat Einführung der Einkommensteuer; auch heute noch einer der führenden Agrarstaaten in den USA, wird wegen seiner starken Milchwirtschaft als »Dairy State« bezeichnet; seit den 1980er Jahren verstärkt Fremdenverkehr.

Wyoming Westen; WY

Equal rights

Fläche: 253 349 km² (Rang: 10)

Einwohner: 501 242 (51) = 2,0 je km²

Hauptstadt: Cheyenne

www.wyoming.gov

LANDESSTRUKTUR **Fläche** 253 349 km² ▪ **Landesnatur**: Zwischen den Rocky Mountains im Westen (bis 4202 m) und den Great Plains im Osten gelegen; dort auch fruchtbare Böden; kontinentales, trockenes Klima ▪ **Städte**: (F 2002) Cheyenne 53 658 Einw., Casper 50 024, Laramie 26 885

BEVÖLKERUNG Z 2000: 493 782 – 92,1 % Weiße, 0,8 % Schwarze, 0,6 % Asiaten, 2,3 % Indianer, 2,5 % andere; 6,4 % Hispanics ▪ **Bevölkerungswachstum** 1990 – 2000: 8,9 %

STAAT UND REGIERUNG **Beitritt zur Union**: 10. 7. 1890 (44.) ▪ Verfassung von 1890; zahlreiche Änderungen ▪ **Gouverneur** Dave Freudenthal (Dem.), seit 6. 1. 2003 ▪ Senat mit 30 Mitgliedern und Repräsentantenhaus mit 60 Mitgliedern

WIRTSCHAFT **BIP** 2001: 20 418 Mio. $ ▪ **Pro-Kopf-Einkommen** 2003: 32 808 $ (16) ▪ **Arbeitslosigkeit** 2003: 4,4 %

GESCHICHTE UND GEGENWART Bis zur Gründung von Fort Laramie 1834 hauptsächlich Durchgangsland für viele tausend Siedler auf dem Oregon Trail Richtung Westen; der Bau der Eisenbahn 1867 forcierte die Besiedlung; 1868 Status als US-Territorium, aber erst nach der Schlacht am Little Bighorn River unter Kontrolle der Weißen; erstmals in den USA wurde schon 1869 das Frauenwahlrecht eingeführt. Yellowstone wurde 1872 zum ersten Nationalpark der Welt; im 20. Jh. wirtschaftlicher Aufschwung durch Uranfunde; niedrigste Bevölkerungszahl aller US-Staaten; neben dem Bergbau einschließlich der Erdöl- und Erdgasgewinnung ist der Fremdenverkehr (besonders in den Nationalparks) von wirtschaftlicher Bedeutung.

Nördliche Marianen Bund der Nördlichen Marianen; Commonwealth of the Northern Mariana Islands

Fläche: 457 km²; 16 Inseln, davon 6 bewohnt: Saipan 120 km², Tinian 102 km², Rota 85 km², Pagan 48 km², Anatahan 32 km², Agrihan 30 km² ▪ **Bevölkerung** Z 2000: 69 221 Einw. – 26,2 % Filipinos, 22,1 % Chinesen, 21,3 % Chamorros, Caroliner u. a. ▪ **Sprachen**: Englisch, Chamorro, Carolinisch (polynesische Sprache) ▪ **Religion**: Christen (v. a. Katholiken) ▪ **Hauptstadt** (Z 2000): Garapan (Saipan) 3588 Einw. ▪ **Status:** Self-governing Incorporated Territory – Innere Autonomie seit 1986 (Proklamation am 3. 11. 1986, Aufhebung der UN-Treuhandschaft am 22. 12. 1990) – Verfassung von 1978 – Bewohner sind Bürger der USA, bei US-Wahlen aber ohne Stimmrecht – Parlament: Repräsentantenhaus mit 18 Mitgl. u. Senat mit 9 Mitgl.; Wahl alle 2 J. – Direktwahl des Gouverneurs alle 5 J. ▪ **Regierung:** Gouverneur: Juan N. Babauta (RP), seit 14. 1. 2002

Puerto Rico Freistaat Puerto Rico; Estado Libre y Asociado de Puerto Rico; Commonwealth of Puerto Rico

Fläche: 8959 km² einschl. der Inseln Vieques 133,9 km², Mona 50,5 km², Culebra 28,5 km² u. a. ▪ **Bevölkerung** Z 2000: 3 808 610 Einw. ▪ **Sprachen**: 84 % Spanisch, Englisch ▪ **Religion** 2000: 72 % Katholiken, 5 % Protestanten ▪ **Hauptstadt** (Z 2000): San Juan 421 958 Einw. ▪ **Status:** Self-governing Incorporated Territory – Innere Autonomie seit 1951 – Verfassung von 1952 – Bewohner sind Bürger der USA, bei US-Wahlen aber ohne Stimmrecht – Parlament: Abgeordnetenhaus mit 51 Mitgl. und Senat mit 27 Mitgl., Wahl alle 4 J.; Direktwahl des Gouverneurs alle 4 J. ▪ **Regierung:** Gouverneurin: Sila María Calderón (PPD), seit 2. 1. 2001

Amerikanische Jungferninseln
United States Virgin Islands

Fläche: 347,1 km²; St. Croix 215 km², St. Thomas 80,3 km², St. John 51,8 km² ▪ **Bevölkerung** Z 2000: 108 612 Einw. (einschl. US-Streitkräfte) – 80 % Schwarze u. Mulatten, 15 % Weiße ▪ **Sprachen**: Englisch, Spanisch, Kreolisch ▪ **Religion**: v. a. Christen ▪ **Hauptstadt** (Z 2000): Charlotte Amalie (auf St. Thomas) 11 044 Einw. ▪ **Status:** Unincorporated Territory mit innerer Autonomie – Verfassung: Organic Act von 1936, zuletzt geändert 1973 – Parlament: Senat mit 15 Mitgl., Wahl alle 4 J. ▪ **Regierung:** Gouverneur: Charles Turnbull (Dem.), seit 4. 1. 1999

Amerikanisch-Samoa (American Samoa)

Fläche: 194,8 km²; östl. Teil der Samoa-Gruppe: Tutuila, Aunn'u, Ta'u, Otu, Olosega, Swain's Islands ▪ **Bevölkerung** Z 2000: 57 291 Einw. – 90 % Polynesier ▪ **Sprachen**: Samoanisch, Englisch ▪ **Religion**: über 50 % Mitgl. der Christian Congregational Church, 20 % Katholiken ▪ **Hauptstadt** (F 2000): Pago Pago (Tutuila) 4278 Einw. ▪ **Status:** Unincorporated Territory mit innerer Autonomie – Verfassung von 1967 – Parlament (Fono): Repräsentantenhaus mit 20 Mitgl., Wahl alle 2 J. und Senat mit 18 durch lokale Häuptlinge (Matai) gewählte Mitgl., Wahl alle 4 J. ▪ **Regierung:** Gouverneur: Togiola Tulafono, seit 7. 4. 2003

Guam

Fläche: 549 km² ▪ **Bevölkerung** Z 2000: 154 805 Einw. – 37,0 % Chamorros, 26,3 % Philippiner ▪ **Sprachen**: Englisch, Chamorro ▪ **Religion**: 90 % Katholiken ▪ **Hauptstadt** (Z 2000): Hagåtña (Agana) 1122 Einw. ▪ **Status:** Unincorporated Territory mit innerer Autonomie seit 1982 – Verfassung: Organic Act von 1950 – Parlament: 15 Mitgl., Wahl alle 2 J.; Direktwahl des Gouverneurs alle 4 J. ▪ **Regierung:** Gouverneur: Felix Camacho (Rep.), seit 6. 1. 2003

Pazifik

Bakerinsel (Baker Island)
Fläche: 2,3 km² ▪ **Bevölkerung** unbewohnt

Howlandinsel (Howland Island)
Fläche: 2,3 km² ▪ **Bevölkerung** unbewohnt

Jarvisinsel (Jarvis Island)
Fläche: 7,7 km² ▪ **Bevölkerung** unbewohnt

Johnstonatoll (Johnston Atoll)
Fläche: 2,6 km²

Kingmanriff (Kingman Reef)
Fläche: 8 km² ▪ **Bevölkerung** unbewohnt

Midwayinseln (Midway Islands)
Fläche: 5 km² ▪ **Bevölkerung** ca. 450 Einw.

Palmyra
Fläche: 6 km² ▪ **Bevölkerung** unbewohnt

Wake (Wake Island)
Fläche: 7,8 km² ▪ **Bevölkerung** ca. 200 Einw.

Karibik

Navassa (Navassa Island)
Fläche: 5 km² ▪ **Bevölkerung** unbewohnt

Guantánamo (Guantánamo Bay Naval Station)
Fläche: 111,9 km² ▪ **Bevölkerung** 4000 militärische und zivile Angestellte; seit 1903 von Kuba an die USA verpachtet

Zeittafel

zwischen 25 000 und 8000 v. Chr. ▪ Nordamerika wird von Jägern und Nomaden aus Asien über eine die beiden Kontinente noch verbindende Landbrücke besiedelt

um 1000 n. Chr. ▪ Die ersten Europäer, die Nordamerika erreichen, sind von Leif Ericson geführte isländische Wikinger

1492 ▪ Der genuesische Seefahrer Christoph Kolumbus, der im Auftrag der spanischen Krone in westlicher Richtung einen Seeweg nach Indien finden sollte, landet irrtümlich auf einer der Inseln der Bahamas-Gruppe (13.10.), auf Kuba (27.10.) und Haiti (6.12.); diese und weitere Entdeckungsreisen (u. a. durch John Cabot, Giovanni da Verrazano und Jacques Cartier) schaffen die Voraussetzung für die schrittweise Besiedlung des amerikanischen Kontinents durch Europäer

1565 ▪ Gründung von Saint Augustine im heutigen Florida durch den spanischen Entdecker Pedro Menéndez de Avilés als Hauptsiedlung der Spanier

1607 ▪ Gründung der ersten englischen Dauersiedlung Jamestown (benannt nach König Jakob I. von England) an der Küste der späteren Kolonie Virginia; ab 1612 wird Tabak in Monokultur angebaut, 1619 werden die ersten afrikanische Sklaven nach Virginia gebracht; bis 1733 entstehen entlang der Atlantikküste 13 englische Kolonien

1620 ▪ Pilgerväter, von England nach Holland emigrierte Puritaner, landen mit der Mayflower bei Cape Cod im heutigen Massachusetts, errichten die Kolonie Plymouth und erarbeiten den Mayflower-Vertrag, die erste geschriebene amerikanische Verfassung

1681 ▪ Englische Quäker unter William Penn gründen die Kolonie Pennsylvania: sie wird Zufluchtstätte für wegen ihrer Religion Verfolgte (Quäker, Mennoniten, Baptisten u. a.)

1764 – 1768 ▪ Großbritannien erhebt Einfuhrzölle und Steuern; Widerstand v. a. in Neuengland

5. 3. 1770 ▪ Der Protest Bostoner Bürger gegen die Teesteuer wird von britischen Soldaten niedergeschlagen (»Boston Massacre«; am 16. 12. 1773 folgt die »Boston Tea Party«)

5. 9.–26. 10. 1774 ▪ Kontinentalkongress in Philadelphia: Alle britischen Kolonien außer Georgia lehnen sich gegen die Steuergesetze des britischen Parlaments und schließlich dessen legislative Kompetenz (»no taxation without representation«) auf und beschließen einen Handelsboykott gegen Großbritannien

1775 – 1783 ▪ Nordamerikanischer Unabhängigkeitskrieg

4. 7. 1776 ▪ Der zweite Kontinentalkongress setzt die Unabhängigkeitserklärung der »Vereinigten Staaten von Amerika« in Kraft

3. 9. 1783 ▪ Frieden von Paris: England erkennt die Souveränität seiner 13 ehemaligen Kolonien an; Kanada bleibt britisch, die Grenze der USA wird bis zu den Großen Seen vorverlegt

17. 9. 1787 ▪ Der Verfassungskonvent in Philadelphia verabschiedet die Verfassung für einen Bundesstaat mit starker Zentralgewalt (4. 3. 1789 in Kraft)

30. 4. 1789 ▪ George Washington wird erster Präsident der USA (bis 1797)

15. 12. 1791 ▪ Bill of Rights: Zehn Verfassungszusätze garantieren Grundrechte wie Rede-, Presse- und Religionsfreiheit

30. 4. 1803 ▪ Kauf des Louisiana-Territoriums von Frankreich (»Louisiana Purchase«)

1812 – 1814 ▪ Krieg gegen Großbritannien: Vergeblicher Versuch, nach Kanada vorzustoßen

22. 2. 1819 ▪ Florida wird Spanien abgekauft; 1816 – 1821 entstehen sechs neue Staaten: Indiana, Illinois, Maine, Mississippi, Alabama und Missouri

2. 12. 1823 ▪ Präsident James Monroe verkündet den Grundsatz der politischen Nichteinmischung der USA in Europa, Interventionen nichtamerikanischer Mächte in Staaten der westlichen Hemisphäre werden aber als unfreundliche Akte betrachtet (Monroe-Doktrin)

1837 – 1841 ▪ Formierung der Demokratischen Partei

1. 3. 1845 ▪ Annexion von Texas (Mexiko)

15. 6. 1846 ■ Oregon-Vertrag mit Großbritannien: Das Gebiet südlich des 49. Breitengrads gelangt an die USA

1846 – 1848 ■ Krieg mit Mexiko: USA erhalten im Frieden von Guadalupe Hidalgo (2. 2. 1848) Kalifornien und Neu-Mexiko

24. 2. 1848 ■ Bekanntwerden von Goldfunden im Tal des Sacramento – Goldrausch in Kalifornien, Einwanderungswelle

31. 1. 1854 ■ Die USA zwingen Japan zur Öffnung zweier japanischer Häfen für den US-Handel (Vertrag von Kanagawa); 1867 besetzen sie die Midway-Inseln und leiteten damit den Erwerb von Stützpunkten im Pazifik ein

6. 7. 1854 ■ Gründung der Republikanischen Partei, die gegen die Sklaverei eintritt

9. 11. 1860 ■ Der Republikaner Abraham Lincoln wird zum US-Präsidenten gewählt

8. 2. 1861 ■ Die von der Abschaffung der Sklaverei wirtschaftlich bedrohten elf Südstaaten (South Carolina, Mississippi, Florida, Alabama, Georgia, Louisiana, Texas, Virginia, Arkansas, Tennessee und and North Carolina) erklären den Austritt aus den USA und die Schaffung der »Konföderierten Staaten von Amerika«

12. 4. 1861 ■ Beginn des Sezessionskriegs der Konföderierten gegen den Norden

20. 5. 1862 ■ Homestead Act: Siedler mit Familie können günstig 160 acres Land im Westen in Besitz nehmen und es bewirtschaften

9. 4. 1865 ■ Kapitulation der Konföderierten, die Einheit der USA ist wiederhergestellt; vor allem im Nordosten und im Mittleren Westen erlebt die Industrie eine explosionsartige Entwicklung

14. 4. 1865 ■ Präsident Abraham Lincoln wird von einem Rassenfanatiker erschossen

18. 12. 1865 ■ Durch den 13. Verfassungszusatz wird die Sklaverei endgültig beseitigt (in Mississippi formell erst am 16. 3. 1995)

9. 4. 1866 ■ Der 14. Verfassungszusatz sichert allen ehemaligen Sklaven formalrechtliche Gleichstellung zu

30. 3. 1867 ■ Erwerb Alaskas von Russland

1870 – 1920 ■ New Immigration, vor allem aus Süd-und Osteuropa

10. 5. 1869 ■ Die erste transkontinentale Eisenbahnverbindung wird eröffnet; sie fördert die Erschließung des Westens, die mit der Vernichtung der Existenzgrundlage und der gewaltsamen Vertreibung der Indianer einhergeht. Ende des 19. Jahrhunderts ist die Erschließung der USA bis zum Pazifik als Siedlungsgebiet abgeschlossen

15. 12. 1890 ■ Im letzten großen Aufstand der Sioux-Indianer in South Dakota gegen die eindringenden Siedler wird ihr Häuptling Sitting Bull von US-Truppen erschossen (»Massaker am Wounded Knee«). – Die Territorien der Indianer waren in den 80er Jahren ständig verkleinert und die Indianer unter unwürdigen Bedingungen in unfruchtbare Reservate zurückgedrängt worden

1896 ■ Separate-but-equal-Doktrin: Rassentrennung in Verkehrsmitteln, Schulen u. a.

10. 12. 1898 ■ Der Spanisch-Amerikanische Krieg (seit 24. 4.) wird durch den Frieden von Paris beendet; die USA erhalten Puerto Rico, Guam, die Philippinen und Kuba und annektieren Hawaii; 1899 teilen sich die USA und Deutschland die Samoa-Inseln. – Durch die Besitzungen außerhalb ihres kontinentalen Kernlandes werden die USA zur Kolonialmacht

15. 8. 1914 ■ Der Panamákanal zwischen Pazifik und Atlantik wird eröffnet (1901 – 99 US-Besitz)

August 1914 ■ Beginn des Ersten Weltkriegs in Europa; Präsident Woodrow Wilson setzt auf eine Politik strikter Neutralität der USA

6. 4. 1917 ■ Zwei Monate nach Beginn des uneingeschränkten U-Boot-Kriegs erklären die USA Deutschland den Krieg (am 7. 12. auch Österreich-Ungarn)

8. 1. 1918 ■ Präsident Wilson formuliert 14 Punkte für eine friedliche Nachkriegsordnung

28. 10. 1919 ■ Prohibitionsgesetz (1920 in Kraft) verbietet die Herstellung, den Transport oder Verkauf alkoholischer Getränke (1933 wieder aufgehoben); es förderte die Schwarzbrennerei und das Gangstertum

26. 8. 1920 ■ Frauenwahlrecht in allen Staaten

1921 ■ Friedensverträge mit Österreich (24. 8.), Deutschland (25. 8.) und Ungarn (29. 8.)

2. 6. 1924 ▪ Indianer erhalten volle Bürgerrechte

25. 10. 1929 ▪ Schwarzer Freitag an der New Yorker Börse beendet weltweit den Wirtschaftsaufschwung der »Goldenen Zwanziger« (Beginn der Weltwirtschaftskrise; Große Depression)

4. 3. 1933 ▪ Präsident Franklin D. Roosevelt verkündet Maßnahmen zur Reform des Wirtschafts- und Gesellschaftssystems der USA (New Deal)

1. 9. 1939 ▪ Beginn des Zweiten Weltkriegs

11. 3. 1941 ▪ Das Leih- und Pachtgesetz ermächtigt den Präsidenten, Waffen, Kriegsmaterial und Lebensmittel an Länder zu liefern, deren Verteidigung gegen den Zugriff der totalitären Achsenmächte als lebensnotwendig angesehen wird

14. 8. 1941 ▪ Atlantik-Charta: Präsident Roosevelt und der britische Premier Winston Churchill verkünden Acht-Punkte-Erklärung zur zukünftigen Friedensordnung (u. a. Selbstbestimmungsrecht der Völker, Entmilitarisierung von Staaten, die sich der Aggression schuldig gemacht haben)

7. 12. 1941 ▪ Japanischer Überfall auf Pearl Harbor (Hawaii); US-Pazifikflotte wird aber nur teilweise vernichtet

8. 12. 1941 ▪ Die USA erklären Japan den Krieg; am 11. 12. erklären Italien und Deutschland den USA den Krieg

6. 6. 1944 ▪ Beginn der Landung der Alliierten in der Normandie (D-Day)

4.–11. 2. 1945 ▪ Konferenz von Jalta (Roosevelt, Churchill, Stalin) über die Aufteilung Deutschlands und die Westverschiebung Polens

12. 4. 1945 ▪ Tod von Präsident Roosevelt, Harry S. Truman neuer US-Präsident

8./9. 5. 1945 ▪ Kapitulation Deutschlands

26. 6. 1945 ▪ Unterzeichnung der Charta der Vereinten Nationen (UN), basierend z. T. auf der Atalantik-Charta; am 24. 10. in Kraft

2. 8. 1945 ▪ Potsdamer Abkommen der Siegermächte über Entnazifizierung, Entmilitarisierung und Reparationszahlungen Deutschlands

6./9. 8. 1945 ▪ Die USA zünden Atombomben über Hiroshima und Nagasaki (Japan)

14. 8. 1945 ▪ Kapitulation Japans (2. 9. unterzeichnet): Ende des Zweiten Weltkriegs

12. 3. 1947 ▪ Präsident Truman formuliert die Doktrin über eine Militär- und Wirtschaftshilfe für Griechenland und die Türkei, die vom Kommunismus bedroht sein könnten; der Kalte Krieg mit der Sowjetunion beginnt (Containement 1: Eindämmungspolitik gegenüber kommunistischem Machtstreben)

5. 6. 1947 ▪ Außenminister George C. Marshall verkündet ein Wiederaufbauprogramm für Europa (Marshallplan; bis 1952)

26. 7. 1947 ▪ Durch den National Security Act werden die bisher getrennt verwalteten Streitkräfte unter einem neuen Verteidigungsministerium zusammengefasst, der Nationale Sicherheitsrat errichtet und die Geheimdienste bei der Central Intelligence Agency (CIA) gebündelt

24. 6. 1948 ▪ Als Reaktion auf die Währungsreform in den westlichen Besatzungszonen (21. 6.) beginnt die Sowjetunion mit der Blockade Westberlins (bis 12. 5. 1949); sie wird durch eine Luftbrücke (US-»Rosinenbomber«) überwunden

4. 4. 1949 ▪ Gründung der NATO (im Rahmen von Containement 1) durch Staaten Westeuropas und Nordamerikas als Sicherheitsbündnis (Ratifizierung am 24. 8.)

25. 6. 1950 ▪ Der Korea-Krieg beginnt mit dem Einfall nordkoreanischer Truppen in Südkorea; Präsident Truman ordnet am 27. 6. mit Billigung der UN die Unterstützung Südkoreas durch US-Truppen an – das Engagement der USA und die Unterstützung Nordkoreas durch China wird zur Gefahr für den Weltfrieden; die 1953 beendeten Waffenstillstandsverhandlungen bestätigen den Vorkriegsstatus: Teilung Koreas entlang des 38. Breitengrads

1950 – 1954 ▪ Senator Joseph R. McCarthy leitet im Senat die Kampagne gegen eine angebliche kommunistische Unterwanderung der Verwaltung und Bereichen des öffentlichen Lebens; dies löst eine antikommunistische, nationalistische und antisemitische Verfolgungswelle aus (zahlreiche Künstler werden auf »schwarze Listen« gesetzt)

8. 9. 1951 ▪ Die USA beenden Kriegszustand mit Japan, am 19. 10. mit Deutschland

1. 11. 1952 ▪ Die USA zünden ihre erste Wasserstoffbombe, die Sowjetunion 1953: Rüstungswettlauf im Kalten Krieg

20. 1. 1953 ▪ Dwight D. Eisenhower wird US-Präsident; seine wie Trumans Amtszeit ist geprägt von dem auf den Werten der weißen Mittelschicht basierenden American way of life

17. 5. 1954 ▪ Der Oberste Gerichtshof entscheidet, dass Rassentrennung an den Schulen gegen das Gleichheitsprinzip (14. Verfassungszusatz von 1866) verstößt

5. 1. 1957 ▪ Präsident Eisenhower schlägt eine militärische Zusammenarbeit mit Nahost-Staaten vor, die einem kommunistischen Angriff ausgesetzt sind (Eisenhower-Doktrin)

9. 9. 1957 ▪ Kongress verabschiedet das Bürgerrechtsgesetz (Civil Rights Act) zur Gleichstellung rassischer Minderheiten (insbesondere der Afroamerikaner)

24. 9. 1957 ▪ Bundestruppen ermöglichen in Little Rock (Arkansas) den Eintritt afroamerikanischer Schüler in eine weiße Schule

31. 1. 1958 ▪ Erster US-Satellit (Explorer 1) im Weltraum (der Start des ersten sowjetischen Satelliten Sputnik 1 am 4. 10. 1957 hatte in den USA einen Schock ausgelöst)

14. 12. 1958 ▪ USA, Frankreich und Großbritannien weisen die einseitige Aufhebung des Viermächtestatus Berlins durch die Sowjetunion vom 27. 11. zurück (zweite Berlin-Krise)

15.–27. 9. 1959 ▪ Besuch des sowjetischen Partei- und Regierungschefs Nikita Chruschtschow

1958 ▪ Beginn der militärischen und wirtschaftlichen Unterstützung Südvietnams, um eine Ausbreitung des Kommunismus zu verhindern (Dominotheorie)

16. 2. 1959 ▪ Nach der Flucht des kubanischen Diktators Fulgencio Batista y Zaldívar (1. 1.) wird Fidel Castro Ministerpräsident Kubas; er errichtet ein sozialistisches System nach sowjetischem Vorbild und lehnt sich wirtschaftlich und politisch eng an die Sowjetunion an

12. 10. 1960 ▪ Nach der Enteignung von US-Besitz (6. 7.) verhängen die USA ein Wirtschaftsembargo gegen Kuba; 1961 Abbruch der diplomatischen Beziehungen

20. 1. 1961 ▪ John F. Kennedy wird US-Präsident; Eskalation des Vietnamkriegs

14.–20. 4. 1961 ▪ Ein vom US-Geheimdienst CIA gelenkter Landungsversuch von Exilkubanern in der Schweinebucht auf Kuba zur Entmachtung Castros scheitert

5. 5. 1961 ▪ Erster US-Astronaut (Alan B. Shepard) im Weltraum (12. 4. erster sowjetischer)

13. 8. 1961 ▪ Bau der Berliner Mauer; die USA belassen es bei einem Protest in Moskau

22. 10.–20. 11. 1962 ▪ Kuba-Krise: US-Seeblockade nach der Entdeckung sowjetischer Raketenbasen auf Kuba; Sowjetunion erklärt sich am 28. 10. zum Abtransport der Waffen bereit; ein drohender Krieg ist abgewendet

5. 8. 1963 ▪ Unterzeichnung des Vertrags von Moskau zur Beendigung der Kernwaffentests (außer unterirdischer) durch USA, Sowjetunion und Großbritannien (im selben Jahr in Kraft)

28. 8. 1963 ▪ Massendemonstration afroamerikanischer und weißer Bürgerrechtler in Washington D. C. unter Führung von Martin Luther King (Rede: »I have a dream …«) für eine fortschrittliche Bürgerrechtsgesetzgebung

22. 11. 1963 ▪ Präsident Kennedy wird in Dallas (Texas) ermordet, Vizepräsident Lyndon B. Johnson wird US-Präsident

29. 6. 1964 ▪ Der Kongress verabschiedet ein Bürgerrechts- und Wahlrechtsgesetz zur Aufhebung der Rassendiskriminierung

7. 8. 1964 ▪ Nachdem zwei US-Zerstörer von nordvietnamesischen Kriegsschiffen beschossen wurden (Tonking-Zwischenfall), gibt der US-Kongress Präsident Johnson weitgehende Vollmachten für die Kriegsführung gegen Nordvietnam

13. 2. 1965 ▪ Präsident Johnson ordnet nach Angriffen des Vietcong auf US-Stützpunkte in Südvietnam Bombenangriffe gegen Nordvietnam an

4. 4. 1968 ▪ Ermordung von Martin Luther King

1.7.1968 ▪ Unterzeichnung des Vertrags zur Nichtweitergabe von Atomwaffen (Atomwaffensperrvertrag, 1970 in Kraft)

20.1.1969 ▪ Richard Nixon wird US-Präsident

20.7.1969 ▪ Die US-Astronauten Neil Armstrong und Edwin Aldrin betreten als erste Menschen den Mond

16.11.1969 ▪ Berichte über das Massaker von My Lai (Vietnam) durch US-Soldaten (1968) leiten weltweite Proteste gegen den Vietnamkrieg ein

27.1.1973 ▪ USA unterzeichnen Waffenstillstandsabkommen mit Nord- und Südvietnam

9.8.1974 ▪ Präsident Nixon tritt wegen Verwicklung in die Watergate-Affäre zurück (Machtmissbrauch im Weißen Haus: Anbringung von Abhörgeräten im Hauptquartier der Demokraten durch die Republikaner); Vizepräsident Gerald R. Ford wird neuer US-Präsident

30.4.1975 ▪ Südvietnam kapituliert vor Nordvietnam; Flucht der letzten US-Bürger

20.1.1977 ▪ Jimmy Carter wird US-Präsident

6.–17.9.1978 ▪ Friedensgespräche von Camp David; sie führen am 26.3.1979 zum Friedensvertrag zwischen Ägypten und Israel

12.12.1979 NATO-Doppelbeschluss: Nachrüstung mit Mittelstreckenraketen in Westeuropa, verbunden mit Abrüstungsangebot

4.11.1979 – 20.1.1981 ▪ Geiselnahme von US-Botschaftsangehörigen in Teheran

20.1.1981 ▪ Ronald Reagan wird US-Präsident; Beginn starker militärischer Aufrüstung der USA sowie Aufleben des Antikommunismus

23.3.1983 ▪ Präsident Reagan kündigt Strategische Verteidigungsoffensive (SDI) an

25.10.1983 ▪ Besetzung Grenadas durch US-Truppen zum Sturz des dortigen Regimes

10.3.1985 ▪ Nach Wahl Michail Gorbatschows zum ZK-Generalsekretär der KPdSU Verbesserung der Beziehungen zur UdSSR

1986 – 1987 ▪ Iran-Contra-Affäre: Illegale Waffenverkäufe durch hochrangige Mitglieder der US-Regierung an den Iran, um mit den Erlösen die rechten Contras in Nicaragua im Kampf gegen die linke Regierung der Sandinisten mit Waffen auszurüsten

1.6.1988 ▪ INF-Vertrag mit der Sowjetunion in Kraft; alle landgestützten atomaren Mittelstreckenraketen in Europa werden bis 1991 vernichtet

20.1.1989 ▪ George H. W. Bush wird US-Präsident

20.–26.12.1989 ▪ US-Truppen besetzen Panamá zum Sturz des Diktators Manuel Noriega

17.1.1991 ▪ Beginn des Kriegs gegen den Irak zur Befreiung Kuwaits

Dezember 1991 ▪ Auflösung der Sowjetunion

20.1.1993 ▪ Bill Clinton wird US-Präsident

25.7.1994 ▪ Im Weißen Haus wird die Beendigung des Kriegszustands zwischen Israel und Jordanien besiegelt

11.7.1995 ▪ Aufnahme diplomatischer Beziehungen der USA mit Vietnam

24.4.1997 ▪ Der Senat ratifiziert das Abkommen über ein Chemiewaffenverbot

7.8.1998 ▪ Terroranschläge auf die US-Botschaften in Nairobi und Daressalam

März – Juni 1999 ▪ Führungsrolle der USA im Kosovo-Krieg der NATO gegen Jugoslawien

12.2.1999 ▪ Im Senat scheitert ein Amtsenthebungsverfahren gegen Präsident Clinton

14.10.1999 ▪ Der Senat lehnt die Ratifizierung des Atomteststoppvertrags ab

20.1.2001 ▪ George W. Bush wird US-Präsident

11.9.2001 ▪ Terroranschläge der Al-Qaida auf New York und Washington mit rund 3000 Todesopfern

7.10.2001 ▪ Beginn der Operation »Enduring Freedom« in Afghanistan

29.1.2002 ▪ Rede Bushs zur Lage der Nation: »Krieg gegen den Terror«

20.3.2003 ▪ Beginn des Kriegs der Alliierten gegen den Irak unter Führung der USA

1.5.2003 ▪ Präsident Bush erklärt den Krieg im Irak für weitgehend beendet

28.7.2004 ▪ Wahlparteitag der Demokraten: John Kerry als Kandidat für die Präsidentschaftswahl am 2.11. nominiert

31.8.2004 ▪ Wahlparteitag der Republikaner: Präsident Bush als Kandidat für die Präsidentschaftswahl nominiert

2.11.2004 ▪ Präsident Bush wird mit klarer Mehrheit wiedergewählt

Präsidenten der USA

	Name	Partei	Herkunft	Amtsperiode
1.	George Washington (1732–1799)	Föderalisten	Virginia	1789–1797
2.	John Adams (1835–1826)	Föderalisten	Massachusetts	1797–1801
3.	Thomas Jefferson (1743–1826)	Dem. Republikaner	Virginia	1801–1809
4.	James Madison (1751–1836)	Dem. Republikaner	Virginia	1809–1817
5.	James Monroe (1758–1831)	Dem. Republikaner	Virginia	1817–1825
6.	John Quincy Adams (1767–1848)	Dem. Republikaner	Massachusetts	1825–1829
7.	Andrew Jackson (1767–1845)	Demokraten	South Carolina	1829–1837
8.	Martin Van Buren (1782–1862)	Demokraten	New York	1837–1841
9.	William Henry Harrison (1773–1841)	Whigs	Virginia	1841
10.	John Tyler (1790–1862)	Demokraten	Virginia	1841–1845
11.	James Knox Polk (1795–1849)	Demokraten	North Carolina	1845–1849
12.	Zachary Taylor (1784–1850)	Whigs	Virginia	1849–1850
13.	Millard Fillmore (1800–1874)	Whigs	New York	1850–1853
14.	Franklin Pierce (1804–1869)	Demokraten	New Hampshire	1853–1857
15.	James Buchanan (1791–1868)	Demokraten	Pennsylvania	1857–1861
16.	Abraham Lincoln (1809–1865)	Republikaner	Kentucky	1861–1865
17.	Andrew Johnson (1808–1875)	Republikaner	North Carolina	1865–1869
18.	Ulysses S. Grant (1822–1885)	Republikaner	Ohio	1869–1877
19.	Rutherford B. Hayes (1822–1893)	Republikaner	Ohio	1877–1881
20.	James A. Garfield (1831–1881)	Republikaner	Ohio	1881
21.	Chester A. Arthur (1829–1886)	Republikaner	Vermont	1881–1885
22.	Grover Cleveland (1837–1908)	Demokraten	New Jersey	1885–1889
23.	Benjamin Harrison (1833–1901)	Republikaner	Ohio	1889–1893
24.	Grover Cleveland (1837–1908)	Demokraten	New Jersey	1893–1897
25.	William McKinley (1843–1901)	Republikaner	Ohio	1897–1901
26.	Theodore Roosevelt (1858–1919)	Republikaner	New York	1901–1909
27.	William Howard Taft (1857–1930)	Republikaner	Ohio	1909–1913
28.	Woodrow Wilson (1856–1924)	Demokraten	Virginia	1913–1921
29.	Warren G. Harding (1865–1923)	Republikaner	Ohio	1921–1923
30.	Calvin Coolidge (1872–1933)	Republikaner	Vermont	1923–1929
31.	Herbert Hoover (1874–1864)	Republikaner	Iowa	1929–1933
32.	Franklin D. Roosevelt (1882–1945)	Demokraten	New York	1933–1945
33.	Harry S. Truman (1884–1972)	Demokraten	Missouri	1945–1953
34.	Dwight D. Eisenhower (1890–1969)	Republikaner	Texas	1953–1961
35.	John F. Kennedy (1917–1963)	Demokraten	Massachusetts	1961–1963
36.	Lyndon B. Johnson (1908–1973)	Demokraten	Texas	1963–1969
37.	Richard M. Nixon (1913–1994)	Republikaner	California	1969–1974
38.	Gerald R. Ford (*1913)	Republikaner	Nebraska	1974–1977
39.	Jimmy Carter (*1924)	Demokraten	Georgia	1977–1981
40.	Ronald Reagan (1911–2004)	Republikaner	Illinois	1981–1989
41.	George H. Bush (*1924)	Republikaner	Massachusetts	1989–1993
42.	Bill Clinton (*1946)	Demokraten	Arkansas	1993–2001
43.	George W. Bush (*1946)	Republikaner	Connecticut	2001–

Eine Chronik der Ereignisse von 1989 bis heute

Die 1980er Jahre waren von einem beispiellosen Rüstungswettlauf geprägt. Die Devise des US-Präsidenten Ronald Reagan (Amtszeit 1981 – 1989) lautete: Die USA müssen die globale Führungsrolle übernehmen. Dies trat unter Reagans Nachfolger George H. W. Bush ein, in dessen Amtszeit mit dem Zerfall des kommunistischen Ostblocks und der Sowjetunion das **Ende der bipolaren Weltordnung** fiel.

Die Amtszeit von George H. W. Bush (1989 – 1993)

Wahl: Die Präsidentschaftswahlen am 8. 11. 1988 gewann der republikanische Vizepräsident Reagans, George Herbert Walker Bush, mit 54 % der Stimmen vor dem einzigen Gegenkandidaten, dem Demokraten Michael Dukakis. Bush wurde am 20. 1. 1989 in Washington D. C. als 41. Präsident der USA vereidigt, mit ihm als Vizepräsident der Senator von Indiana, John Danforth Quayle.

Bei den ebenfalls am 8. 11. 1988 abgehaltenen Kongresswahlen bauten die Demokraten im Repräsentantenhaus ihre bisherige Mehrheit gegenüber den Republikanern um drei auf 261 Sitze (Republikaner: 174), im Senat um zwei auf 56 Sitze (Republikaner: 44) aus. Bei den Zwischenwahlen am 6. 11. 1990 gewannen die Demokraten im Repräsentantenhaus weitere neun Sitze, im Senat einen Sitz.

Politik: Zu den innenpolitischen Herausforderungen von Präsident Bush gehörten der Abbau des hohen Haushaltsdefizits und der Staatsverschuldung und die Überwindung der wirtschaftlichen Rezession. Die Außenpolitik war von Rüstungskontrollverhandlungen sowie dem ersten Irak-Krieg geprägt.

Wirtschafts- und Finanzpolitik

Am 4. 8. 1989 nahm der Kongress eine Gesetzesvorlage des Präsidenten zur Sanierung der insolventen privaten **Sparbanken** an. Über die nächsten zehn Jahre sollten dafür 166 Mrd. US-$ aufgewendet werden, vor allem zur Abgeltung von Einlegeransprüchen. Von den rund 3000 Sparbanken, die der Aufsicht der Federal Deposit Insurance Corporation unterstellt wurden, waren 500 bereits bankrott, etwa die gleiche Zahl gefährdet. In der Finanzpolitik musste Bush gegenüber dem demokratisch dominierten Kongress zurückstecken und von seinem Wahlversprechen »Keine neuen Steuern« abweichen. Am 9. 5. 1990 einigte er sich mit führenden Politikern des Kongresses auf überparteiliche Verhandlungen über einen mehrjährigen Plan zur Konsolidierung des stark defizitären Bundeshaushalts. Auf dieser Grundlage verabschiedete der Kongress im Oktober 1990 ein Bündel von **Steueranhebungen** sowie **Ausgabenkürzungen** – vor allem beim Verteidigungshaushalt, bei den Agrarsubventionen, den Zuwendungen zur Krankenversicherung und bei weiteren Sozialleistungen. Die wirtschafts- und finanzpolitischen Probleme blieben jedoch ungelöst: Sowohl die Arbeitslosigkeit (1990 5,5 %, 1992 7,3 %) als auch das Haushaltsdefizit nahmen in der Amtszeit von Präsident Bush stetig zu.

Drogenbekämpfung

Am 5. 9. 1989 legte Bush einen Plan zur Bekämpfung des illegalen Drogenhandels und -konsums vor, der auch die Unterstützung lateinamerikanischer Staaten, insbesondere Kolumbiens, im Kampf gegen Drogenkriminalität einschloss. Am 20. 12. 1989 ließ Präsident Bush eine 24 000 Mann starke Truppe in **Panamá** einmarschieren, um das Regime von General Manuel Antonio Noriega zu stürzen und den General, gegen den ein US-Bundesgericht u. a. wegen organisierten Verbrechens Anklage erhoben hatte, festzunehmen. Am 9. 4. 1992 wurde Noriega von einem Gericht in Miami des Drogenschmuggels in die USA für schuldig befunden und am 10. 7. zu 40 Jahren Gefängnis verurteilt.

Rassenkonflikte

Im Frühjahr 1992 kam es in Los Angeles und anderen Städten zum Ausbruch schwerer Rassenunruhen. Auslöser war der Freispruch vier wei-

George Bush und Michail Gorbatschow besiegeln das Ende des Kalten Kriegs

ßer Polizisten, die 13 Monate zuvor einen schwarzen Autofahrer misshandelt hatten. 58 Personen kamen bei den Unruhen ums Leben, die Sachschäden waren erheblich. In einem Wiederaufnahmeverfahren wurden am 17. 4. 1993 zwei der Polizisten für schuldig befunden und am 4. 8. zu je 30 Monaten Haft verurteilt.

Rüstungskontrolle und Verteidigung

Bei einem Treffen zwischen Bush und dem sowjetischen Präsidenten Michail Gorbatschow vor Malta (2. / 3. 12. 1989) betonten beide Seiten, dass der Kalte Krieg beendet und eine neue Ära der Beziehungen zwischen ihren Staaten angebrochen sei. Am 31. 7. 1991 unterzeichneten Bush und Gorbatschow den **START-I-Vertrag**, in dem ein Abbau der strategischen Atomwaffensysteme mit einer Reichweite von mehr als 5500 km um etwa ein Drittel binnen sieben Jahren festgelegt wurde. Dieser Vertrag trat erst nach seiner Ratifizierung durch die Parlamente Russlands sowie Kasachstans, der Ukraine und Weißrusslands (1993) am 5. 12. 1994 vollständig in Kraft. Bis Mitte 1997 waren die Bestimmungen des Vertrags weitgehend erfüllt.

Während des Besuchs des russischen Präsidenten Boris Jelzin in den USA (16.–18. 6. 1992) einigten sich beide Seiten auf einen weiteren Abbau der Atomwaffen. In dem am 3. 1. 1993 unterzeichneten **START-II-Vertrag** wurde die Verpflichtung eingegangen, fast drei Viertel der noch in den USA, in Russland, in der Ukraine, in Weißrussland und in Kasachstan stationierten strategischen Atomgefechtsköpfe bis 2003 abzuschaffen. Die USA ratifizierten START-II 1996; die russische Duma stimmte erst im April 2000 auf Betreiben von Jelzins Nachfolger Wladimir Putin dem Vertrag zu.

Irak

Nachdem der **Irak**, der im August 1990 Kuwait besetzt hatte, den Rückzugsforderungen des UN-Sicherheitsrats nicht nachkam, begann am 17. 1. 1991 eine von den USA angeführte Koalition von 26 Staaten (darunter Frankreich, Großbritannien und die Sowjetunion) im UN-Auftrag die **»Operation Wüstensturm«** zur Befreiung Kuwaits mit massiven Luftangriffen gegen militärische und zivile Ziele im Irak und in Kuwait. Am 23. 2. starteten die Alliierten ihre Bodenoffensive, zwei Tage später leiteten die irakischen Truppen bereits ihren Rückzug aus Kuwait ein. Bush hielt sich an das begrenzte Mandat der UN zur Befreiung Kuwaits und unternahm daher nicht den Versuch, Bagdad zu erobern und den Diktator Saddam Hussein zu stürzen. Am 28. 2. verkündete Bush die Einstellung aller Kampfhandlungen am Golf. Als Aufstände von Kurden im Norden und Schiiten im Süden des Landes während des Golfkriegs von irakischen Truppen im März niedergeschlagen wurden und hunderttausende Kurden in die Türkei und in den Iran flohen, errichteten die USA, Frankreich und Großbritannien im April 1991 eine mit einem Flugverbot für irakische Maschinen verbundene Schutzzone für die kurdische Bevölkerung nördlich des 36. Breitengrads und im August eine Flugverbotszone zum Schutz der Schiiten südlich des 32. Breitengrads, zu deren Durchsetzung die drei Alliierten Flugzeuge in die Golfregion verlegten.

Nahostpolitik

Die US-Diplomatie konzentrierte sich nach dem Ende des Irak-Kriegs auf den Nahen Osten. Die erste Nahost-Friedenskonferenz vom 30. 10.–1. 11. 1991 in Madrid, an der die Konfliktparteien – Israel, Syrien, Jordanien, Libanon und die Palästinenser, nicht jedoch die PLO als Organisation – vertreten waren, stand unter der Schirmherrschaft der USA und Russlands.

Somalia

Anfang Dezember 1992 entsandten die USA mit einem UN-Mandat mehr als 20 000 Soldaten in das vom Bürgerkrieg zerrüttete **Somalia**. Die Intervention wurde ein Misserfolg; nach der Ermordung und Geiselnahme mehrerer US-Soldaten im Herbst 1993 wurden die US-Truppen bis Ende März 1994 wieder abgezogen.

Die Amtszeit von Bill Clinton (1993 – 2001)

Wahl: Die Präsidentschaftswahlen vom 3. 11. 1992 gewann der Gouverneur von Arkansas, der Demokrat Bill (William Jefferson) Clinton, mit 43 % der Stimmen vor dem republikanischen Amtsinhaber George H. W. Bush (38 %) und dem unabhängigen Kandidaten Ross Perot (19 %). Clinton wurde am 20. 1. 1993 in Washington D. C. als 42. Präsident der USA vereidigt, mit ihm sein Stellvertreter, Senator Al (Albert) Gore.

Bei den ebenfalls am 3. 11. 1992 abgehaltenen Kongresswahlen gelang es den Demokraten, ihre Mehrheit in beiden Häusern (Senat und Repräsentantenhaus) zu behaupten. Zum ersten Mal seit zwölf Jahren wurden somit das Weiße Haus und der Kongress wieder von der selben Partei bestimmt. Diese Phase war aber von kurzer Dauer, denn bei den Zwischenwahlen vom 8. 11. 1994 gewannen die Republikaner in beiden Parlamentshäusern die Mehrheit, wodurch Clintons innenpolitischer Handlungsspielraum deutlich eingeschränkt wurde.

Bei den Präsidentschaftswahlen am 5. 11. 1996 wurde Clinton mit 49 % der Stimmen klar gegen seinen republikanischen Herausforderer Bob Dole (41 %) wieder gewählt und am 20. 1. 1997 für eine zweite Amtszeit als US-Präsident vereidigt. Im Kongress konnten die Republikaner ihre bestehenden Mehrheiten behaupten. Sie stellten im Abgeordnetenhaus nun 225 der insgesamt 435 Sitze (Demokraten: 205), ein Verlust von elf Sitzen. Im Senat gewannen die Republikaner zwei Sitze hinzu und stellten nunmehr 55 Senatoren (Demokraten: 45). Bei den Zwischenwahlen am 3. 11. 1998 erhielten die Demokraten überraschend fünf weitere Sitze im Repräsentantenhaus; im Senat blieb die Sitzverteilung unverändert.

Politik: Vorrangige Ziele Clintons waren die Bekämpfung der Arbeitslosigkeit, des Drogenhandels, der Waffengewalt und der Armut. Er setzte sich für eine Demokratisierung in sozialen und kulturellen Bereichen ein, etwa durch sein Engagement gegen die Immunschwächekrankheit Aids, den Rassenhass und für die Besserstellung gleichgeschlechtlicher Lebenspartnerschaften, sowie für Maßnahmen zum Umweltschutz. Vor allem aber hatte es sich der neue Präsident zur Aufgabe gemacht, die von seinen Amtsvorgängern Ronald Reagan und George H. W. Bush hinterlassene, mit jährlichen Haushaltsdefiziten von über 300 Mrd. US-$ höchste Staatsverschuldung in der Geschichte der USA abzubauen. Außenpolitisch standen der Nahostkonflikt, NATO-Einsätze in Bosnien und im Kosovo sowie Vergeltungsschläge gegen den internationalen Terrorismus im Vordergrund.

Bill Clinton und seine Frau Hillary, ein Jahr nach der Lewinsky-Affäre

Sozialpolitik

Clinton brachte Anfang 1993 zahlreiche Initiativen insbesondere in den Bereichen **Sozial- und Gesundheitswesen** ein. Eine Reihe davon, darunter auch die von ihm am 22. 9. 1993 vorgestellte Gesundheitsreform, durch die eine von den Arbeitgebern mitfinanzierte Pflichtversicherung für alle Arbeitnehmer eingeführt werden sollte, scheiterte jedoch, da die Republikaner bei den Kongresswahlen im November 1994 in beiden Häusern des Kongresses die Mehrheit gewonnen hatten. Die **Sozialhilfereform** konnte erst am 1. 8. 1996 vom Kongress verabschiedet werden, nachdem der Präsident seinen Verzicht auf ein Veto erklärt hatte. Mit der Annäherung an Positionen der Republikaner erfüllte Clinton zugleich ein Wahlkampfversprechen, in dem er die Abschaffung der »Fürsorge, so wie wir sie kennen«,

Die Affären von Präsident Clinton
Für weltweites Aufsehen sorgten 1998/99 Vorwürfe hinsichtlich angeblicher bzw. tatsächlicher **Sexaffären Clintons** mit ehemaligen Mitarbeiterinnen. Der Präsident hatte zunächst versucht, eine sexuelle Beziehung zu Monica Lewinsky, einer 1995/96 im Weißen Haus beschäftigten Praktikantin, zu vertuschen. Am 17. 8. 1998 gab er jedoch in einer Fernsehansprache zu, eine »unangemessene Beziehung« unterhalten zu haben. Auf der Grundlage eines im September 1998 dem Kongress vorgelegten Untersuchungsberichts des republikanischen Sonderermittlers Kenneth Starr, in dem Clinton Meineid und Behinderung der Justiz vorgeworfen wurden, leitete das von den Republikanern dominierte Repräsentantenhaus am 7. 1. 1999 ein Amtsenthebungsverfahren gegen Clinton ein – das zweite Impeachment in der Geschichte der USA. Am 12. 2. 1999 erhielt der Antrag im Senat keine Mehrheit: 55 der 100 Senatoren hielten Clinton in der Anklage des Meineids und 50 im Anklagepunkt der Justizbehinderung für unschuldig. Ein Klage von Paula Corbin Jones wegen sexueller Belästigung während Clintons Zeit als Gouverneur wurde vom zuständigen Gericht am 2. 4. 1998 zurückgewiesen. Dennoch fand sich Clinton am 14. 11. in einem außergerichtlichen Vergleich dazu bereit, 850 000 US-$ an Jones zu bezahlen, wenn diese im Gegenzug ihre Klage zurückzieht.

In der **Whitewater-Affäre**, einem zwielichtigen Immobiliengeschäft des Ehepaars Clinton aus der Zeit, als Bill Clinton noch Gouverneur war, hatte Hillary Clinton 26. 1. 1996 als erste First Lady der USA unter Eid aussagen müssen. Beweise für ein strafrechtlich relevantes Vergehen Hillary Clintons fanden sich jedoch nicht.

angekündigt hatte. So haben Bedürftige keinen Anspruch mehr auf lebenslange Unterstützung; Sozialhilfe wird höchstens fünf Jahre gewährt. Im Zusammenhang mit der geplanten Senkung des Haushaltsdefizits waren 1995 bereits Einsparungen bei den Gesundheitsprogrammen und anderer Wohlfahrtsausgaben in Höhe von über 500 Mrd. US-$ verabschiedet worden.

Wirtschafts- und Finanzpolitik

Im Mai/Juni 1993 verabschiedete der Kongress mit knapper Mehrheit Clintons Wirtschaftsprogramm zum **Abbau der Staatsverschuldung** bis 1998 um 500 Mrd. US-$ – je zur Hälfte durch Steuererhöhungen und Ausgabenkürzungen.

Clintons zweite Amtszeit war von Auseinandersetzungen mit dem Kongress um Haushaltsfragen geprägt. Nach monatelangem Ringen zwischen Regierung und Kongress wurde am 28. 7. 1997 eine Einigung über umfangreiche Steuerentlastungen der Bürger erzielt. Der von Clinton am 2. 2. 1998 vorgelegte, 1730 Mrd. US-$ umfassende Haushaltsentwurf für 1998 wies erstmals seit 1969 einen Überschuss aus.

Das seit 1993 anhaltende **Wirtschaftswachstum** bescherte den USA einen Rückgang der Arbeitslosigkeit. Die Quote fiel im November 1997 auf 4,6 % (im Januar 2000 weiter auf 4,0 %, den niedrigsten Stand seit 1970). Im Gesamtjahr 1997 wurden 3,2 Mio. neue Arbeitsplätze geschaffen. Diese entstanden jedoch vor allem in den kaum mit Sozialleistungen verbundenen Niedrigstlohn- und schlecht bezahlten Teilzeitsektoren. Der gesetzliche Mindestlohn beträgt seit 1. 9. 1997 (bis heute unverändert) 5,15 US-$.

Innere Sicherheit

Eine innenpolitische Niederlage für den Präsidenten war die Ablehnung seines Programms zur **Verbrechensbekämpfung** durch das Repräsentantenhaus am 11. 8. 1994. Wenige Tage später fand jedoch eine revidierte Gesetzesvorlage (Crime Bill) die Mehrheit in beiden Häusern des Kongresses. Wichtige Eckpunkte des auf 30,2 Mrd. US-$ gekürzten Programms blieben erhalten – so die Schaffung von 100 000 neuen Planstellen für Polizeibeamte und das Verbot des Erwerbs von 19 Typen halbautomatischer Sturm- und Schnellfeuerwaffen durch Privatpersonen. Nach einer Reihe von Tötungsdelikten in Schulen mahnte Clinton im Frühjahr 2000 vergeblich die Verabschiedung eines verschärften Waffengesetzes an. 2004 setzte sich die US-Waffenlobby wieder durch: Das Gesetz von 1994 wurde nicht verlängert, und seit 14. 9. 2004 dürfen halbautomatische Waffen wieder frei verkauft werden.

Als Reaktion auf den Bombenanschlag auf das Federal Building in Oklahoma City am 19. 4.

1995, bei dem 168 Menschen getötet wurden, billigte der Kongress am 18. 4. 1996 ein **Antiterrorgesetz**, das den Behörden erheblich erweiterte Vollmachten zur Bekämpfung von Terrorismus und Gewaltverbrechen einräumte.

Rassenkonflikte

Nach einer Serie von Brandanschlägen auf Kirchen von schwarzen Gemeinden in den Südstaaten appellierte Clinton am 11. 6. 1996 an die Bevölkerung, »den Kräften des Hasses zu zeigen, dass sie nicht gewinnen können«. Zwei der mutmaßlichen Täter hatten Verbindungen zum rassistischen weißen Geheimbund Ku-Klux-Klan.

Rüstungskontrolle, Verteidigung

Am 13. 5. 1993 gab Verteidigungsminister Les Aspin formell den Verzicht der USA auf die Fortführung des SDI-Programms bekannt, das 1983 vom damaligen Präsidenten Reagan begonnene und auch als **»Star Wars«** bezeichnete Programm zur Stationierung von Raketenabwehrsystemen im Weltraum (Strategic Defense Initiative / SDI), da die seinerzeitige Bedrohung durch einen massiven Raketenangriff der Sowjetunion nicht mehr bestehe.

Am 11. 8. 1995 verkündete Clinton die Einstellung aller US-amerikanischen **Atomwaffentests**. Der Senat verweigerte jedoch am 14. 10. 1999 unter Hinweis auf »Schurkenstaaten« wie etwa Irak, Libyen und Nordkorea die Ratifizierung des Vertrags über ein umfassendes Verbot von Atomwaffenversuchen, den Clinton drei Jahre zuvor unterzeichnet hatte.

Im März 1997 vereinbarte Clinton mit dem russischen Präsidenten Boris Jelzin die Aufnahme von Verhandlungen über einen **START-III-Vertrag** mit weiteren Reduzierungen der strategischen Atomgefechtsköpfe auf jeweils 2000 bis 2500.

Am 24. 4. 1997 ratifizierte der US-Senat nach langwierigen Auseinandersetzungen das 1993 unterzeichnete Übereinkommen über das **Verbot chemischer Waffen**. Auf Ablehnung stieß hingegen ein Beitritt zum Übereinkommen über das Verbot von **Antipersonenminen**, das im selben Jahr auf einer internationalen Konferenz in Oslo von Vertretern von 89 Regierungen paraphiert wurde und 1999 in Kraft treten konnte. Die Hauptproduzentenstaaten von Landminen – China, Russland und die USA – haben das Übereinkommen bisher weder unterzeichnet noch ratifiziert.

Die Pläne zum Aufbau eines Nationalen Raketenabwehrsystems (**NMD**) führten im Juni 2000 zu einer Abkühlung der Beziehungen zu Russland, da ein solches System gegen den 1972 mit der damaligen Sowjetunion unterzeichneten Vertrag über das Verbot von Anti-Raketen-Systemen (**ABM**) verstoße. In Washington erklärte Clinton am 1. 9. 2000, er überlasse die Entscheidung über NMD seinem Nachfolger und verwies auf die »ernsten Einwände« Russlands und der US-Verbündeten gegen das seiner Ansicht nach noch nicht ausgereifte System.

Handelsbeziehungen

Präsident Clinton setzte im November 1993 im Kongress die Ratifizierung der noch unter Bush unterzeichneten Abkommen zur Schaffung der Nordamerikanischen Freihandelszone (**NAFTA**) zwischen den USA, Mexiko und Kanada durch, die am 1. 1. 1994 in Kraft traten. Ende 1994 ratifizierte der Kongress auch die am 15. 4. 1994 in Marrakesch unterzeichneten Verträge über die Welthandelsorganisation (**WTO**) – ein weiterer wichtiger Erfolg der auf Marktöffnung und Exportförderung ausgerichteten Außenwirtschaftspolitik der US-Regierung.

Clintons Bemühungen um eine Normalisierung des Verhältnisses zu **Vietnam** führten im Februar 1994 zur Aufhebung des Handelsembargos und am 11. 7. 1995 zur Aufnahme voller diplomatischer Beziehungen. Im November 2001 absolvierte Clinton – 25 Jahre nach dem Fall von Saigon – einen als historisch eingestuften offiziellen Besuch in Vietnam.

Das Verhältnis zu **China** entspannte sich allmählich: Im Februar 1996 wurden die nach der Niederschlagung der chinesischen Demokratiebewegung auf dem Pekinger Platz des Himmlischen Friedens (4. 6. 1989) gegen China verhängten Handelsbeschränkungen aufgehoben. Nach einem Besuch des chinesischen Staats- und Parteichefs Jiang Zemin in den USA (25. 10.–2. 11. 1997) und einem Gegenbesuch Clintons in China (Juni / Juli 1998) gipfelte die Entspannung der Beziehungen zwischen beiden Staaten in der Verabschiedung eines Handelsgesetzes durch beide Häuser des US-Kongresses im Mai bzw. September 2000, das zugleich den Weg für einen Beitritt Chinas zur WTO ebnete.

Nach Massenfluchten von Kubanern nach Florida wurde die automatische Asylgewährung in den USA aufgehoben. Mit **Kuba** wurde am 9. 9. 1994 bzw. am 2. 5. 1995 eine Vereinbarung über die legale Einreise von jährlich höchstens 20 000 Kubanern in die USA unter der Bedingung getroffen, dass Kuba wieder Küstenkontrollen einführt. Mit dem vom Kongress am 11. 3. 1996 verabschiedeten Helms-Burton-Gesetz wurde indessen das Handelsembargo gegen Kuba weiter verschärft, von Clinton jedoch bis zum Ende seiner Amtszeit teilweise außer Kraft gesetzt.

UN / NATO – Militäreinsätze

Im September 1994 stationierten die USA mit einer Ermächtigung durch die UN 15 000 Soldaten in **Haiti** und erzwangen die Rückkehr des Präsidenten Jean-Bertrand Aristide.

Im **Bosnien-Krieg** unterstützten die USA den NATO-Einsatz gegen die Serben (seit April 1993) mit Kampfflugzeugen entscheidend und vermittelten anschließend gemeinsam mit der Europäischen Union zwischen den Kriegsparteien Serbien, Kroatien und Bosnien-Herzegowina. Nach zähen Verhandlungen auf dem US-Luftwaffenstützpunkt bei Dayton / Ohio (1.–20. 11. 1995) konnte am 14. 12. 1995 in Paris ein Friedensabkommen unterzeichnet werden. Auch beim NATO-Einsatz gegen Jugoslawien im **Kosovo-Konflikt** im Frühjahr 1999 übernahmen die USA eine Führungsrolle.

Irak

Im Irak weiteten die USA am 3. 9. 1996 nach mehreren Übergriffen der irakischen Armee gegen die Kurden und Schiiten die 1991 verhängte Flugverbotszone auf südlich des 33. (seit 1991 32.) Breitengrads aus. Diese Flugverbotszonen waren weder ausdrücklich durch die UN autorisiert noch durch eine Resolution des UN-Sicherheitsrats sanktioniert. Auf die massive Behinderung der Rüstungskontrolleure der UN durch das irakische Regime reagierten die USA mit Unterstützung Großbritanniens, aber gegen den Einspruch Frankreichs, Chinas und Russlands, mit einem nicht von den UN sanktionierten Militärschlag gegen Ziele im Irak (16.–19. 12. 1998).

Nahostpolitik

Clinton engagierte sich für eine Beilegung des Nahostkonflikts: Im Juli 1994 wurde im Weißen Haus das Ende des Kriegszustands zwischen Israel und Jordanien besiegelt. Nachdem er bereits zum Zustandekommen des am 13. 9. 1993 in Washington unterzeichneten Oslo-Abkommens zwischen Israel und den Palästinensern beigetragen hatte, gelang Clinton am 23. 10. 1998 ein weiterer Erfolg: In seinem Beisein wurde durch den israelischen Ministerpräsidenten Benjamin Netanjahu und den Palästinenserpräsidenten Jassir Arafat das Wye-Abkommen (benannt nach dem Verhandlungsort Wye Plantation bei Washington D.C.) unterzeichnet, das die Rahmenbedingungen für die Teilautonomie der Palästinenser in den besetzten Gebieten, zunächst im Gazastreifen und in Jericho, regelt. Hingegen scheiterten im Januar 2000 die von Clinton vermittelten syrisch-israelischen Verhandlungen über einen israelischen Rückzug von den Golanhöhen, ebenso die Verhandlungen zwischen Arafat und dem israelischen Ministerpräsidenten Ehud Barak über eine endgültige israelisch-palästinensische Friedensregelung, die im Juli 2000 unter Clintons Leitung in Camp David (USA) stattfanden und nach zwei Wochen abgebrochen wurden.

Internationaler Terrorismus

Gegen **Libyen** (Lockerbie-Affäre) und den **Iran** wurden am 5. 8. 1996 härtere Sanktionen verhängt, nachdem beide Länder angeblich terroristische Aktivitäten unterstützt hatten.

In die Amtszeit Clintons fielen bereits verstärkte Aktivitäten des Terrornetzwerks **Al-Qaida**. Nach Bombenanschlägen auf die US-Botschaften in Kenia und Tansania, bei denen 257 Menschen ums Leben kamen, feuerten die USA am 19. 8. 1998 als Vergeltung Marschflugkörper auf mutmaßliche Ausbildungslager der Terroristen in Afghanistan und auf eine Fabrik im Sudan, die Arzneimittel herstellte und nicht – wie vermutet – chemische Kampfmittel. Bei einem Terroranschlag auf den US-Zerstörer USS Cole vor dem jemenitischen Aden am 12. 10. 2000 starben 17 US-Soldaten. Die USA verstärkten die Suche nach Osama bin Laden.

Die Amtszeit von George W. Bush (seit 2001)

Wahl: Am 20. 1. 2001 legte George Walker Bush, Sohn des früheren US-Präsidenten George H. W. Bush, den Amtseid als 43. Präsident der USA ab, mit ihm Richard (Dick) Bruce Cheney als sein Stellvertreter. Die Republikaner übernahmen damit nach zwei demokratischen Amtsperioden wieder die Führung im Weißen Haus.

Die Ermittlung des Wahlsiegers hatte sich nach dem äußerst knappen Ausgang der Präsidentschaftswahlen vom 7. 11. 2000 über fünf Wochen hingezogen, in denen die Kandidaten wegen erneuter Stimmauszählungen prozessierten. Der Rechtsstreit über die entscheidenden 25 Wahlmänner-Stimmen aus Florida wurde am 12. 12. 2000 beendet, als der Oberste Gerichtshof eine Beendigung der erneuten Auszählung in Florida verfügte. Aufgrund dieser Entscheidung erhielt Bush, bis dahin Gouverneur von Texas, die Wahlmännerstimmen aus Florida und damit die erforderliche Mehrheit von 271 der 538 Voten für seine Wahl zum neuen US-Präsidenten. Der demokratische Herausforderer, Clintons Vizepräsident Al Gore, erreichte 267 Stimmen. Bezogen auf die Stimmabgabe der rund 209 Mio. wahlberechtigten US-Bürger hatte Vizepräsident Gore mit 48,38 % der Stimmen vor Bush mit 47,87 % gelegen.

Bei den gleichfalls am 7. 11. 2000 abgehaltenen Kongresswahlen erreichten die Republikaner im Repräsentantenhaus 221 Mandate, die Demokraten 212; zwei Mandate gingen an Unabhängige. Im Senat, wo über 34 der 100 Sitze entschieden wurde, hielten die Demokraten eine knappe Mehrheit von 50 zu 49 Sitzen (ein Unabhängiger). Bei den Zwischenwahlen am 5. 11. 2002 konnten die Republikaner ihre Mehrheit im Repräsentantenhaus um acht Sitze auf 229 zu 205 ausbauen (ein Unabhängiger) und im Senat mit jetzt 51 Sitzen zurückgewinnen. Erstmals seit 1954 hatte damit eine regierende Partei in beiden Parlamentskammern die Mehrheit.

Politik: Bush setzte bei seinem Amtsantritt Prioritäten wie Steuersenkungen, die Verbesserung des Bildungswesens, die Stützung der Sozial- und Krankenversicherung, die Entwicklung eines umfassenden Energieplans sowie vor allem die Schaffung von Arbeitsplätzen und Stärkung der Wirtschaft, die sich in einer Phase der Rezession befand. Zum wesentlichen außenpolitischen Thema der Amtszeit Bushs entwickelte sich nach den Anschlägen des 11. September 2001 die Bekämpfung des internationalen Terrorismus und der Irak-Krieg.

Wirtschafts- und Finanzpolitik

Am 26. 5. 2001 billigte der Kongress mit Unterstützung einiger Demokraten die umfangreichsten **Steuersenkungen** seit zwei Jahrzehnten. Das Gesetzespaket sah Steuererleichterungen in Höhe von 1,35 Billionen US-$ bis 2010 vor, u. a. die Senkung des Spitzensteuersatzes auf Jahreseinkommen von über 297 350 US-$ bis 2006 stufenweise von 39,6 auf 35 %; der neue Mindeststeuersatz wurde auf 10 % festgesetzt. Nach einem weiteren Steuersenkungsgesetz vom Mai 2003, das Entlastungen in Höhe von 350 Mrd. US-$ (verteilt auf zehn Jahre) bringen soll, stimmte der Kongress Ende September 2004 einem weiteren Gesetzentwurf zu, der Steuersenkungen von rund 150 Mrd. US-$ um fünf Jahre verlängert. Damit belaufen sich die Kosten für alle drei Steuersenkungsrunden auf fast 1,9 Billionen US-$.

Allerdings belasteten die Erhöhung des Verteidigungsetats, die Kosten für die unmittelbaren Folgen der Terroranschläge vom 11. September 2001 sowie die Sondermittel für die Terrorbekämpfung und den Irak-Krieg (→ unten) den Bundeshaushalt beträchtlich: Aus einem Überschuss von etwa 137 Mrd. US-$ (2001) wurde 2002 ein Defizit von fast 150 Mrd. US-$, und die **Staatsverschuldung** überstieg die gesetzliche Obergrenze von 5,95 Bill. US-$. Um die Zahlungsunfähigkeit der Regierung zu vermeiden, hob der Kongress am 28. 6. 2002 die Höchstgrenze der Staatsverschuldung um 450 Mrd. US-$ an. Der Arbeitsmarkt profitierte 2003 nicht vom Wirtschaftswachstum; die Arbeitslosenquote erreichte Ende Juni 2003 mit 6,4 % den höchsten Stand seit neun Jahren.

Sozialpolitik

Das von Präsident Bush am 8. 12. 2003 unterzeichnete Gesetz zur **Reform der Gesundheitsvorsorge** (Medicare) war am 25. 11. mit nur zehn Stimmen Mehrheit im Senat verabschiedet worden. Kernpunkte der Reform, die im Bundeshaushalt innerhalb von zehn Jahren mit 400 Mrd. US-$ zu Buche schlagen soll, ist das Medicaid-Programm. Es entlastet die nicht privat versicherten Rentner durch Verbilligung von Medikamenten und gewährt Sozialhilfeempfängern Zuschüsse für die Finanzierung von Gesundheitsleistungen. Von dieser größten Umgestaltung des unter dem demokratischen Präsidenten Lyndon B. Johnson 1965 eingerichteten staatlichen Gesundheitssystems erhofften sich die Republikaner im Wahlkampf eine deutliche Verbesserung des Ansehens der Bush-Administration bei den in der Gesundheitsversorgung benachteiligten sozialen Gruppen.

Umwelt

Am 13. 3. 2001 gab Präsident Bush bekannt, dass seine Regierung keine gesetzlichen Regelungen zur Reduzierung des Treibhausgases Kohlendioxid (CO_2) erlassen werde, da eine Senkung des CO_2-Ausstoßes der Kraftwerke eine schwere Belastung für die US-Wirtschaft mit sich bringen würde. Die mit der Entscheidung verbundene **Ablehnung des Kyoto-Protokolls** von 1997, in dem man sich auf eine globale Reduzierung der Emission des Treibhausgases Kohlendioxid geeinigt hatte, wurde international kritisiert, da die USA der mit Abstand größte Verursacher der globalen Treibhausemissionen sind.

Internationaler Terrorismus

Am 11. 9. 2001 wurden die USA durch beispiellose **Terroranschläge** erschüttert: Nach gezielten Einschlägen zweier entführter Passagierflugzeuge stürzten beide Türme des World Trade Center in New York ein, beim Absturz eines weiteren entführten Flugzeugs wurden Teile des Pentagon nahe Washington zerstört. Eine weitere Boeing 757 mit 45 Insassen stürzte im Anflug auf Washington südlich von Pittsburgh ab, vermutlich nach einem Kampf zwischen Passagieren und Entführern. Bei den Anschlägen gegen die Symbole der wirtschaftlichen und militärischen Weltmacht USA starben rund 3000 Menschen. Als verantwortlich für die Anschläge vermutete die US-Regierung, gestützt auf Erkenntnisse ihrer Geheimdienste, die islamistische Organisation Al-Qaida – geführt vom expatriierten saudischen Millionär Osama bin Laden. Präsident Bush kündigte am 13. 9. 2001 Vergeltung an und sprach vom »ersten Krieg des 21. Jahrhunderts«. Der US-Kongress gab Bush am 14. 9. 2001 freie Hand, im Kampf gegen den internationalen Terrorismus Vergeltungsschläge anzuordnen. Bush rief den nationalen Notstand aus und ließ 35 000 Reservisten mobilisieren. Gestützt auf Resolutionen des UN-Sicherheitsrats, die ihnen die Selbsthilfe ohne UN-Mandat erlaubten, begannen die USA eine **Antiterrorkoalition** zu schmieden, deren erstes Ziel die Zerschlagung des Taliban-Regimes in Afghanistan und die Ergreifung der Al-Qaida-Führer sein sollte. Die Mitgliedstaaten der Europäischen Union unterstützten ein Vorgehen in Afghanistan, und die NATO rief am 2. 10. 2001 zum ersten Mal seit ihrem Bestehen den kollektiven Bündnisfall aus.

Von Mitte Oktober bis Ende November 2001 löste die **Versendung von Milzbranderregern** (Anthrax) in Briefen an Parlamentarier, Regierungsstellen und Medien Panik aus. Fünf der 27 an Milzbrand Erkrankten starben. Die Ermittlungsbehörden gingen zunächst von Al-Qaida-Anschlägen aus, konzentrierten sich dann aber auf einheimische Verdächtige. Anthrax ist ein biologischer Kampfstoff und auch in den USA Gegenstand militärischer Forschung.

11. September 2001 in New York

Per Dekret schuf Bush am 13. 11. 2001 **Militärtribunale für Ausländer**, die von ermittelnden Behörden als Terroristen benannt werden. Etwa 1200 Verdächtige wurden unmittelbar nach den Terroranschlägen verhaftet, viele von ihnen Ausländer, die meist abgeschoben wurden. Die Behörden gaben über diese Praxis trotz zahlreicher Klagen von Menschenrechtsorganisationen keine Auskunft. Erst der Spruch eines Bundesgerichts vom 4. 8. 2002 zwang sie, die Namen der Inhaftierten zu nennen.

Innere Sicherheit

Mit der Unterzeichnung des zuvor vom Kongress verabschiedeten neuen **Antiterrorgesetzes** (Patriot Act 2001) durch Bush am 26. 10. 2001 wurden die Überwachungskompetenzen von Polizei und Nachrichtendiensten erheblich erweitert. Neben neuen Vorschriften in der Einwanderungspolitik und der Aufsicht über den Geldverkehr erhielten die Geheimdienstbehörde (CIA) und die Bundesermittlungsbehörde (FBI) ausgedehnte Überwachungsvollmachten; die Polizei darf Durchsuchungen ohne Ankündigung und ohne richterliche Anordnung vornehmen und Ausländer können bis zu einem halben Jahr ohne Anklage in Haft genommen werden.

Am 25. 11. 2002 unterzeichnete Präsident Bush das ebenfalls vom Kongress gebilligte Gesetz über die Schaffung eines Ministeriums für den Heimatschutz (**Department of Homeland Security**) zur Koordinierung aller Sicherheitsaktivitäten des Landes. Im Rahmen der größten Verwaltungsreform seit 1947 wurden 22 Behörden zusammengefasst, u. a. die Ressorts Einwanderung, Zoll, Küstenwache und Regierungsschutz (Secret Service). Der Auslandsgeheimdienst CIA und die Bundespolizei FBI bleiben selbständig. Die neue Behörde mit rund 170 000 Beschäftigten nahm im Januar 2003 unter ihrem Leiter im Kabinettsrang, Tom Ridge, die Arbeit auf.

Afghanistan

Nachdem sich die Taliban weigerten, Osama bin Laden auszuliefern, begannen US-Streitkräfte mit britischer Unterstützung am 7. 10. 2001 mit Angriffen der Luftwaffe auf Afghanistan die Operation »Enduring Freedom«, die Ende Dezember zur Vertreibung der Taliban aus ihrer Hochburg Kandahar führte und einer politischen Neugestaltung des Landes den Weg ebnete. Die nachfolgenden militärischen Operationen richteten sich auf die Erkundung und Zerschlagung der noch verbliebenen Taliban- und Al-Qaida-Gruppen. Die Ausschaltung von Osama bin Laden ist bisher nicht gelungen.

Irak

Vorbereitung des Irak-Kriegs: Nach dem Sieg über das Taliban-Regime machte die US-Regierung deutlich, dass sie ihre militärische Kampfansage gegen den internationalen Terrorismus nicht auf Afghanistan beschränken wolle. Obwohl sich eine Beteiligung des Irak an der Vorbereitung der Anschläge vom 11. 9. 2001 nicht nachweisen ließ, verfolgte die US-Regierung seit Anfang 2002 offen den Plan einer militärischen Intervention im Irak mit dem Ziel, das Regime von Saddam Hussein zu stürzen.

Präsident Bush und sein Verteidigungsminister Donald Rumsfeld äußerten im Vorfeld des Irak-Kriegs mehrfach die Überzeugung, dass der Irak trotz gegenteiliger Beteuerungen chemische und biologische Waffen besitze und der irakische Staatschef Saddam Hussein entschlossen sei, auch an Atomwaffen zu gelangen. Mit der Gefahr durch Massenvernichtungswaffen in der Hand feindlicher Regime – Präsident Bush sprach in seiner Botschaft zur Lage der Nation vom 29. 1. 2002 von einer den Weltfrieden gefährdenden »Achse des Bösen« und nannte namentlich den Irak neben Iran und Nordkorea – rechtfertigte die US-Regierung ihre am 17. 9. 2002 veröffentlichte **Nationale Sicherheitsstrategie**, die eine grundlegende Neuausrichtung der US-amerikanischen Außen- und Sicherheitspolitik formuliert und bei der Bekämpfung der neuen Gefahren durch »Schurkenstaaten« und Terroristen, die Massenvernichtungswaffen einsetzen könnten, als äußerstes Mittel den Präventivkrieg vorsieht.

In den nächsten Wochen konzentrierten sich die amerikanischen Bemühungen auf die Ausarbeitung einer umfassenden UN-Resolution, die von möglichst vielen Sicherheitsrat-Mitgliedern mitgetragen werden würde. Zugleich bekräftigten die USA aber auch, notfalls unilateral vorzugehen, und begannen mit den militärischen Vorbereitungen für einen Einmarsch im Irak.

In der am 8. 11. 2002 einstimmig verabschiedeten UN-Resolution 1441 wurde dem Regime von Saddam Hussein eine letzte Chance gewährt, die Auflagen der Waffeninspekteure gemäß einem präzisen Zeitplan zu erfüllen und abzurüsten; sie enthielt aber nicht die von den USA gewünschte explizite Vollmacht zum Angriff. Parallel zu den wieder aufgenommenen Waffenkontrollen der UNMOVIC unter Leitung von Hans Blix intensivierte sich der militärische Aufmarsch am Golf. Während US-Außenminister Colin Powell am 5. 2. 2003 vor dem Sicherheitsrat die von US-Geheimdiensten zusammengetragenen Beweise über das irakische Waffenprogramm und die Zusammenarbeit mit dem Al-Qaida-Netzwerk präsentiert hatte, erklärte Blix am 14. 2., dass die Inspektionen **keine Beweise für verbotene Massenvernichtungswaffen** zu Tage gebracht hätten.

Vor dem Hintergrund **weltweiter Proteste und Demonstrationen gegen einen Krieg** kündigten Frankreich und Russland am 5. 3. an, bei einer eventuellen zweiten Resolution Veto einzulegen. US-Verteidigungsminister Donald Rumsfeld hatte zuvor durch seine Äußerung vom 22. 1. 2003, das »alte Europa« (Deutschland und Frankreich) müsse dem »neuen Europa« (Großbritannien, Spanien und die EU-Beitrittsländer Polen, Tschechien, Ungarn, Slowakei, die sich für die US-Intervention erklärt haben) weichen, die **Spaltung in Europa** zwischen Befürwortern und Gegnern der US-Strategie vertieft. Am 30. 1. veröffentlichten die Staats- und Regierungschefs von acht Staaten (Dänemark, Großbritannien, Italien, Polen, Portugal, Spanien, Tschechien und Ungarn) einen Offenen Brief, in dem sie US-Präsident Bush ihre Solidarität mit den USA versichern. Am 5. 2. schlossen sich im litauischen Vilnius zehn mittel- und osteuropäische Staaten an.

Irak-Krieg: Nachdem es Präsident Bush nicht gelungen war, ein Mandat des UN-Sicherheitsrats für eine militärische Intervention zu erhalten, beschlossen die USA und Großbritannien mit Unterstützung einiger weiterer Staaten (»Koalition der Willigen«) die Invasion in den Irak ohne völkerrechtliche Legitimation. Der Irak-Krieg begann am 20. 3. 2003, und nach nur drei Wochen war Bagdad besetzt. Am 1. 5. 2003 erklärte Bush die Kampfhandlungen im Irak für beendet und bezeichnete den militärischen Erfolg als einen Sieg in dem seit dem 11. 9. 2001 andauernden »Kampf gegen den Terror«.

Nur wenige Tage nach dem Sturz des Regimes in Bagdad installierten die USA im Irak eine Übergangsverwaltung unter dem ehemaligen US-General James Garner (im Mai 2003 vom US-Diplomaten Paul Bremer abgelöst) und im Juli 2003 einen irakischen Übergangsregierungsrat; am 28. 6. 2004 erfolgte die **formelle Machtübergabe** durch die US-geführte Koalition **an die irakische Übergangsregierung**. Die völkerrechtliche Grundlage für den Machttransfer im Irak bildete die Resolution 1546 des UN-Sicherheitsrats vom 8. 6. 2004. Formell endete die US-Besatzung zwar mit der Übertragung der Souveränität an den Irak; die von den USA geführte rund 160 000 Mann starke multinationale Streitmacht bleibt jedoch weiterhin für die Sicherheit im Land zuständig. Diese Truppen unterstehen nicht irakischem Kommando. Allerdings kann die Übergangsregierung laut Resolution 1546 die Truppen zum Abzug auffordern.

Die Truppen der US-geführten »Koalition der Willigen« sehen sich im Irak einem **bewaffneten Widerstand** ausgesetzt. Auch die neuen irakischen Streitkräfte werden immer wieder in Kämpfe mit Aufständischen verwickelt, die weite Teile des Landes kontrollieren. Täglich werden Sprengstoffanschläge mit zahlreichen Todesopfern verübt. Mit der Entführung und auch Tötung ausländischer Zivilisten wollen Extremisten den Abzug der Soldaten oder des zivilen Personals der betreffenden Länder aus dem Irak erzwingen, teilweise mit Erfolg.

Eine führende **Rolle der UN** beim Wiederaufbau und der Neuordnung des Irak lehnten die USA ab. Desgleichen widersetzten sie sich einer Rückkehr der UN-Waffeninspektoren in den Irak und übernahmen die Suche nach den vermeintlichen Massenvernichtungswaffen nun selbst, jedoch ebenso erfolglos wie vor ihnen die UN-Inspektoren. Damit wurde der offiziellen US-amerikanischen Rechtfertigung des Krieges – die Beseitigung der Massenvernichtungswaffen im Irak – nach und nach jede Grundlage entzogen.

Internationale Organisationen warfen den USA die wiederholte **Verletzung der Genfer Abkommen** von 1949 zum Schutz der Kriegsgefangenen in ihrem seit den Anschlägen vom 11. 9. 2001 geführten »Krieg gegen den Terrorismus« vor. Dabei geht es um den Status und die Haftbedingungen der Gefangenen aus Afghanistan auf dem auf Kuba gelegenen US-Stützpunkt Guantánamo Bay, um angebliche Menschenrechtsverletzungen in Afghanistan und – seit der Veröffentlichung entsprechender Fotos im April 2004 – um den Vorwurf der Folterung und sexuellen Demütigung von Häftlingen im Irak durch US-Militärs. Die Folterungen im Gefängnis von Abu Ghraib nahe Bagdad haben den moralischen Anspruch der USA im Irak nachhaltig untergraben. Gegen mehrere US-Soldaten wird wegen der Misshandlungen ermittelt; erste Verurteilungen sind bereits erfolgt. Im Mai 2004 räumte die US-Regierung Verstöße gegen die Genfer Abkommen ein, und das Verteidigungsministerium verbot einige besonders grausame Verhörmethoden in irakischen Gefängnissen. Den Vorwurf von Menschenrechtsorganisationen, dass die Folterungen vom Pentagon gebilligt worden seien, wies die US-Regierung zurück.

Der Oberste Gerichtshof der USA bereitete der Bush-Administration am 28. 6. 2004 in einer richtungweisenden Entscheidung eine empfindliche Niederlage. Entgegen der Rechtsauffassung der Regierung, sie könne die auf dem exterritorialen Stützpunkt **Guantánamo Bay** (Kuba) inhaftierten Gefangenen ohne Anwalt, rechtliches Gehör und ordentlichen Prozess auf unbestimmte Zeit festhalten, stellte es fest, dass die Gefangenen nach dem Habeas-Corpus-Grundsatz Anspruch auf Überprüfung der Rechtmäßigkeit ihrer Gefangenschaft durch ein US-Bundesgericht haben. Das Gericht bestätigte der Regierung aber das Recht, im Interesse der nationalen Sicherheit Personen zunächst ohne Anklage festzusetzen.

Inhaftierte Terrorverdächtige im Camp X-Ray in Guantánamo im Januar 2002

Präsident Bush räumte in einem von der New York Times am 27. 8. 2004 veröffentlichten Interview erstmals **Fehleinschätzungen** im Zusammenhang mit der Situation im Nachkriegs-Irak ein. Seine Strategie sei aber flexibel genug gewesen, um angemessen reagieren zu können. Der seit 17 Monaten anhaltende Widerstand sei ein ungewollter Nebeneffekt des schnellen Sieges über die irakische Armee gewesen. Seit Kriegsbeginn sind im Irak über 1000 US-Soldaten getötet und mehr als 7000 verwundet worden.

In Reden zum Auftakt der 59. UN-Generalversammlung am 21. 9. 2004 warfen sich Präsident Bush und UN-Generalsekretär Kofi Annan Fehler in der Irak-Politik vor. Bush forderte die Staatengemeinschaft zu mehr Hilfen beim Aufbau eines demokratischen Irak auf und verteidigte seine Entscheidung, gegen den Irak in den Krieg zu ziehen. Annan warnte davor, sich über das Völkerrecht zu stellen.

Rüstungskontrolle und Verteidigung

Am 13. 6. 2002 trat die sechs Monate zuvor von Präsident Bush ausgesprochene einseitige Kündigung des 1972 mit der Sowjetunion geschlossenen Vertrags über das Verbot von Anti-Raketen-Systemen **ABM** (Anti-Ballistic Missile Systems) in Kraft. Sein Vorgehen rechtfertigte der Präsident u. a. mit dem Hinweis auf die Gefahr weiterer terroristischer Anschläge. Die Aufhebung des ABM-Vertrags – die USA hatten ihr ABM-System inzwischen bereits wieder abgebaut – gestattete nun die Umsetzung der US-Pläne zum Aufbau des umstrittenen **nationalen Raketenabwehrsystems NMD** (National Missile Defense) gegen mögliche Raketenangriffe aus Staaten wie Irak, Iran oder Nordkorea. Beim NMD handelt es sich um eine landgestützte Raketenabwehr, deren Aufbau im Juni 2003 begonnen wurde und die bis 2007 einsatzbereit sein soll.

Das am 24. 5. 2002 von den Präsidenten Wladimir Putin und Bush in Moskau unterzeichnete Abkommen über die weitere Verringerung der land-, see- und luftgestützten strategischen Kernwaffen (Reichweite über 5500 km) sieht vor, die Zahl der Sprengköpfe bis 2012 um etwa zwei Drittel auf 1700 bis 2200 zu reduzieren. Dabei bleibt es den Vertragsstaaten überlassen, ob sie die ausgemusterten Sprengköpfe zerstören oder lagern. Das Abkommen ergänzt den START-I- und START-II-Vertrag von 1991 (1994 in Kraft) bzw. 1993 (2000 in Kraft) zur Abrüstung strategischer Trägersysteme, d. h. bodengestützter und auf U-Booten stationierter Interkontinentalraketen sowie Fernbomber.

Bei den seit Juli 2001 in Genf geführten Verhandlungen zur Erweiterung des 1975 in Kraft getretenen Übereinkommens über das Verbot der Entwicklung, Herstellung und Lagerung bakteriologischer (biologischer) und toxischer Waffen und ihre Vernichtung – kurz: **Biowaffenübereinkommen** (Biological Weapons Convention / BWC) – durch einen wirksamen Überwachungsmechanismus lehnten die USA jede multilaterale Kontrolle auf ihrem Territorium wegen der damit verbundenen Spionagegefahr grundsätzlich ab.

Am 16. 8. 2004 gab Präsident Bush in einer Rede vor Veteranen im US-Bundesstaat Ohio erstmals offiziell die größte Umstrukturierung der US-Streitkräfte seit dem Kalten Krieg bekannt. Dabei sollen in den kommenden Jahren bis zu 70 000 Soldaten von bisherigen US-Standorten in Europa und Asien abgezogen werden. Mit flexibleren, kleineren Truppenteilen und Spezialeinheiten wollen die USA insbesondere den Kampf gegen islamistische Terroristen verstärken.

Antiterrorkampf in der Kritik

Deutliche **Kritik an der Arbeit der Sicherheitsbehörden** vor den Anschlägen vom 11. 9. 2001 übten zwei Sonderkommissionen: Ein Komitee der Geheimdienstausschüsse des Kongresses legte am 25. 7. 2003 einen umfassenden Bericht vor, in dem es heißt, bereits seit 1998 hätten CIA, FBI und die nationale Sicherheitsagentur NSA konkrete Hinweise auf Terroranschläge durch Al-Qaida erhalten, die aber wegen unzureichender Koordination zwischen den Diensten sowie Fehleinschätzungen und weiterer schwer wiegender Fehler und Versäumnisse nicht weiter verfolgt worden seien. Der Untersuchungsausschuss konnte nicht alle einschlägigen Dokumente auswerten, da die Regierung ihre Herausgabe unter Berufung auf nationale Sicherheitsinteressen verweigerte.

Am 17. 6. 2004 beendete die Ende 2002 eingerichtete sog. **9 / 11-Kommission**, ein Kongressgremium aus je fünf Abgeordneten der Republikaner und Demokraten, ihre Arbeit, die auch die Leistungen der Regierung und der Bundesbehörden in der Terrorabwehr bewerten sollte. Über 1000 Zeugen wurden vernommen, darunter in einer gemeinsamen nicht öffentlichen und nicht protokollierten Anhörung am 29. 4. Präsident Bush und sein Vizepräsident Cheney. Öffentlich und unter Eid sagten auch zahlreiche Vertreter der Administration aus: u. a. Sicherheitsberaterin Condoleezza Rice, CIA-Direktor George Tenet, Außenminister Colin Powell und Verteidigungsminister Donald Rumsfeld. In ihrem Abschlussbericht (22. 7.) übte die Kommission Kritik an der mangelnden Koordination der Geheimdienste vor den Attentaten und ihren Fehlinformationen über den Irak, ebenso an der zu langsamen Reaktion der Luftstreitkräfte auf die Terrorangriffe und kam auch zu dem Schluss, sie habe keine glaubwürdigen Beweise für eine Zusammenarbeit des Terrornetzwerks Al-Qaida mit dem irakischen Regime vorgefunden.

Internationaler Strafgerichtshof

Im Mai 2002 erklärte Präsident Bush, dass er sich an die von seinem Amtsvorgänger Clinton im Dezember 2000 ausgesprochene Zustimmung zum Statut des Internationalen Strafgerichtshofs (ICC) in Den Haag nicht mehr gebunden fühle. Das Tribunal schränke die nationale Souveränität ein und biete Gegnern der USA die Möglichkeit, verleumderische Klagen einzubringen; US-Militär in internationalen Einsätzen könnte deshalb nicht seiner Jurisdiktion unterstellt werden. Widerstand im UN-Sicherheitsrat gegen eine Resolution, die militärischen und zivilen Teilnehmern an US-Friedensmissionen Straffreiheit zusichern sollte, beantworteten die USA mit der Drohung, die anstehende Verlängerung der UN-Mission in Bosnien durch ihr Veto zu verhindern. Am 12. 7. 2002 beschloss der UN-

Sicherheitsrat einstimmig, dass die US-Friedenstruppen für eine Frist von einem Jahr Immunität vor dem ICC erhalten sollen (2003 erneuert). Der Skandal um Folter und Misshandlungen irakischer Gefangener durch US-Soldaten überschatteten das Bemühen der USA, im UN-Sicherheitsrat eine Mehrheit für die dritte Erneuerung zu gewinnen. Als sich abzeichnete, dass acht der 15 Sicherheitsratsmitglieder sich der Stimme enthalten würden, zogen die USA am 23. 6. 2004 ihren Entwurf für die neue Resolution zurück. Das State Department kündigte daraufhin an, die fehlende Immunität für US-Soldaten werde Folgen für Entscheidungen der Regierung über künftige Friedenseinsätze haben. Bereits am 2. 8. 2002 hatte Präsident Bush den American Servicemen's Protection Act (ASPA) in Kraft gesetzt, der US-Behörden die Zusammenarbeit mit dem ICC untersagt, Ländern, die mit dem Gericht kooperieren, Sanktionen androht, und dem Präsidenten sogar das Recht zugesteht, militärische Interventionen am Gerichtsort in den Niederlanden anzuordnen. Zugleich hatte das State Department eine weltweite Initiative zum Abschluss von bilateralen Verträgen mit Staaten über die Nichtauslieferung von Staatsbürgern der USA an den ICC gestartet.

Nahostpolitik

Israel: Nach ihrem Amtsantritt hielt sich die Bush-Regierung im Konflikt zwischen Israel und den Palästinensern zunächst deutlich zurück. Am 20. 12. 2002 legte sie einen Friedensplan vor, der unter ihrer Federführung gemeinsam mit den UN, der EU und Russland (»Nahostquartett«) erarbeitet worden war. Der dreistufige »Fahrplan zum Frieden« (Road Map), dessen Kernpunkte eine demokratische Reform der Palästinensischen Autonomieverwaltung und den Verzicht auf Terrorakte sowie den Rückzug Israels auf die Grenzen vor dem Beginn der Intifada und die Beendigung aller Siedlungsaktivitäten in den besetzten Gebieten beinhaltete, sollte bis 2005 unter internationaler Aufsicht zur Entstehung eines unabhängigen »lebensfähigen« Palästinenserstaates in friedlicher Koexistenz mit Israel führen. Die Einsicht, dass der Friedensplan von Scharon zum Scheitern gebracht worden war, bewirkte Ende 2003 eine gemäßigt kritische Haltung gegenüber Israel.

Iran: In den seit 20 Jahren eingefrorenen Beziehungen zum Iran gab es Ende 2003 erste Anzeichen für eine leichte Entspannung. Iran hatte die Inspektion seiner Atomanlagen durch die Internationale Atomenergiebehörde (IAEA) zugelassen und seine Beziehungen zu US-freundlichen Regierungen im Nahen Osten (Ägypten, Jordanien) verbessert. Als die iranische Führung nach der Erdbebenkatastrophe in Bam im Dezember 2003 auch Hilfsorganisationen der USA ins Land ließ, setzten die USA einige der Sanktionen gegen das Land aus.

Syrien: Trotz fortgesetzter politischer Kontakte mit Syrien, das den USA als Unterstützer irakischer Aufständischer und des palästinensischen Widerstands gilt, setzte das US-Außenministerium das Land am 16. 9. 2003 auf die Liste der »Schurkenstaaten«; am 13. 12. unterzeichnete Präsident Bush ein Sanktionsgesetz und verschärfte es auf Verlangen des Kongresses am 12. 5. 2004.

Nordkorea

Im Streit über das Atomprogramm in Nordkorea suchten die USA über die sog. Sechserrunde, die von der VR China moderiert wurde, weiterhin eine Lösung. Am 23. 6. 2004 legte der US-Unterhändler einen Plan vor, der Sicherheitszusagen und Wirtschaftshilfen der USA vorsieht, wenn Nordkorea schrittweise und international kontrolliert seine Nuklearaktivitäten einstellt.

Libyen

Am 28. 6. 2004 gab das US-Außenministerium die Wiederaufnahme der 24 Jahre zuvor abgebrochenen diplomatischen Beziehungen zu Libyen bekannt. Im September hob die US-Regierung als Gegenleistung für den Verzicht Libyens auf ABC-Waffen weitere Sanktionen, u. a. Einschränkungen im Luftverkehr und eingefrorenes Vermögen in Höhe von rund einer Mrd. US-$, auf, nachdem bereits im April die Sanktionen gegen das Land aus dem Iran-Libya Sanctions Act (Flugverbot sowie Investitionsverbot für amerikanische Firmen) weitgehend ausgesetzt worden waren. Zuvor hatte Libyen als Bedingung die Verantwortung für mehrere Anschläge, u. a. auf den Jet der US-Gesellschaft PanAm über der schottischen Ortschaft Lockerbie, übernommen und die Angehörigen entschädigt.

Auswahlbibliografie

Adams, Willi Paul (Hg.) Die USA im 20. Jahrhundert, München 2000

Angermann, Erich Die Vereinigten Staaten von Amerika seit 1917, München 1995

Barber, Benjamin R. Imperium der Angst. Die USA und die Neuordnung der Welt, München 2003

Brzezinski, Zbigniew Die einzige Weltmacht. Amerikas Strategie der Vorherrschaft, Frankfurt a. M. 1999

Davis, Mike Ökologie der Angst. Das Leben mit der Katastrophe, München 2004

Dippel, Horst Geschichte der USA, München 2003

Emmott, Bill Vision 20/21. Die Weltordnung des 21. Jahrhunderts, Frankfurt a. M. 2003

Ferguson, Niall Das verleugnete Imperium. Chancen und Risiken amerikanischer Macht, Berlin 2004

Franklin, John Hope / Moss, Alfred, A. Jr. Von der Sklaverei zur Freiheit. Die Geschichte der Schwarzen in den USA, Berlin 1999

Friedrich, Wolfgang-Uwe Vereinigte Staaten von Amerika. Eine politische Länderkunde, Opladen 2000

Fukuyama, Francis Staaten bauen. Die neue Herausforderung internationaler Politik, Berlin 2004

Garton Ash, Timothy Freie Welt. Europa, Amerika und die Chance der Krise, München 2004

Greven, Thomas Die Republikaner. Anatomie einer amerikanischen Partei, München 2004

Heideking, Jürgen (Hg.) Geschichte der USA, Tübingen 2000

Hersh, Seymour M. Die Befehlskette. Vom 11. September bis Abu Ghraib, Reinbek 2004

Hoffman, Bruce Terrorismus, der unerklärte Krieg, Frankfurt a. M. 2001

Hübner, Emil Das politische System der USA. Eine Einführung, München 2003

Huntington, Samuel P. Der Kampf der Kulturen. Die Neugestaltung der Weltpolitik im 21. Jahrhundert, München / Wien 1996

Huntington, Samuel P. Who are we? Die Krise der amerikanischen Identität, Hamburg 2004

Jäger, Wolfgang / Welz, Wolfgang Regierungssystem der USA. Lehr- und Handbuch, München / Wien 1998

Kagan, Robert Macht und Ohnmacht. Amerika und Europa in der neuen Weltordnung, Berlin 2003

Koydl, Wolfgang John Kerry. Eine neue Politik der Weltmacht USA? Frankfurt a. M. 2004

Kremp, Werner / Schissler, Jakob / Wasser, Hartmut (Hg.) USA. Wirtschaft – Gesellschaft – Politik, Opladen 2000

Krugman, Paul Der große Ausverkauf. Wie die Bush-Regierung Amerika ruiniert, Frankfurt a. M. 2004

Kupchan, Charles Die europäische Herausforderung. Vom Ende der Vorherrschaft Amerikas, Berlin 2003

Laurent, Eric Die Kriege der Familie Bush. Die wahren Hintergründe des Irak-Konflikts, Frankfurt a. M. 2003

Müller, Harald Amerika schlägt zurück. Die Weltordnung nach dem 11. September, Frankfurt a. M. 2003

Nye, Joseph S. Das Paradox der amerikanischen Macht. Warum die einzige Supermacht der Welt Verbündete braucht, Hamburg 2003

Phillips, Kevin Die amerikanische Geldaristokratie. Eine politische Geschichte des Reichtums in den USA, Frankfurt a. M. 2003

Rifkin, Jeremy Der europäische Traum. Die Vision einer leisen Supermacht, Frankfurt a. M. 2004

Rorty, Richard Stolz auf unser Land. Die amerikanische Linke und der Patriotismus, Frankfurt a. M. 1999

Rose, David Guantánamo Bay. Amerikas Krieg gegen die Menschenrechte, Frankfurt 2004

Schmidt, Gustav Friedrich Geschichte der USA, Darmstadt 2003

Schneider-Sliwa, Rita USA. Geographie – Geschichte – Wirtschaft – Politik, Darmstadt 2004

Thurow, Lester Die Zukunft der Weltwirtschaft, Frankfurt a. M. 2004

Woodward, Bob Der Angriff. Plan of Attack, München 2004